U0566779

从英国的纺织厂到20世纪的
美国、东欧和苏联的钢铁厂和汽车厂
再到今天中国和越南的巨型工厂
这是一趟贯穿三个世纪的
全球工厂之旅

这不仅仅是一部经济史
更是一部建筑壮举和劳工运动的编年史

Joshua B. Freeman

Behemoth: A History of the Factory and the Making of the Modern World
Copyright ©2018 by Joshua B. Freeman
Excerpt of translation of Blaise Cendrars "Tower" ©Tony Baker
All rights reserved
First edition
中文版根据 W.W.Norton & Company, Inc.2018 年第一版译出

［美］乔舒亚·B.弗里曼 ／著

李 珂 ／译

巨 兽

工 厂 与 现 代 世 界 的 形 成

A History of
the Factory and the Making of
the Modern World

社会科学文献出版社
SOCIAL SCIENCES ACADEMIC PRESS (CHINA)

一如既往，
献给黛比、朱莉娅和莉娜

重读了你的这一著作，我惋惜地感到，我们渐渐老了。这本书写得多么清新、热情和富于大胆的预料，丝毫没有在学术上和科学上的疑虑！连认为明天或后天就会亲眼看到历史结果的那种幻想，也给了整个作品以热情和乐观的色彩，与此相比，后来的"灰色而又灰色"就显得令人极不愉快。

　　——卡尔·马克思在 1863 年写给弗里德里希·恩格斯的一封谈论英国工人阶级状况的信

　　在海上，水手们……搓出了一种笨拙的麻绳，这玩意儿叫作"细纱"……他们使用的材料是旧索具的零碎绳头，通常被称为"垃圾"。水手们把它们的纱线拆散，然后搓成新的绳子，就像大多数书化成纸浆回炉重造一样。

　　——赫尔曼·梅尔维尔，《雷德伯恩：他的第一次航行》（1849 年）

中文版序

中国拥有的制造业，是有史以来最庞大的：最多数量的工人，最大规模的工厂，一系列令人叹为观止的产品。在过去 40 年中，工业生产的爆炸性增长，构成了中国人发生了翻天覆地变化的生活的核心部分，包括大范围脱贫、大规模城市化以及先进技术的广泛应用。长期以来，中国工厂向世界的每一个角落输出庞大的货物流，而这是中国崛起并成为世界强国的重要因素。但是，就像在世界上其他地方一样，在中国，工厂生产带来了新的挑战，包括大规模的人口流动、糟糕的工作条件、劳资纠纷和工业污染。由于成本上升、技术过时和竞争激烈，在一些地区陆续建立新工厂的同时，其他地区的工厂正在倒闭或搬迁。

中国的工业历程，是长达 300 年的大型工厂历史上崭新的篇章，中国也因此成为在现代世界舞台上闪亮登场的崭新的角色。《巨兽：工厂与现代世界的形成》通过一系列的典型事例研究讲述了一个故事，它开始于 18 世纪的英国，一直延续到当代的亚洲。这个题目来自《约伯记》（《圣经·旧约全书》的一部分），其中描述了一种巨大的动物——"贝摩西丝"。这种动物饕餮无厌，力大无比，骨头"有如铁杖"。就像《圣经》中的"巨兽"一样，巨型工厂在改变全世界的资本主义和共产主义社会的同时，也激起了人们的敬畏和恐惧。

《巨兽：工厂与现代世界的形成》英文版原书于 2018 年在美国出版之后备受关注，一部分原因是工厂已经成为许多公众讨论和政治辩论的主题。在工会组织下的工厂工作岗位，曾经为数以百万计的美国家庭提供了一条维持生计和向上流动的途径。但在过去 40 年中，制造业就业大幅萎缩，这使许多曾经繁荣的社区陷入困境。如何解决制造业工作岗位的流失，是 2016 年美国总统选举中的一个关键问题。而它推动了唐纳德·特朗普登上总统之位。自那时以来，如何增加工厂就业，一直是美国国内政治中的一个关键问题。

《巨兽：工厂与现代世界的形成》是一部历史作品，它致力于帮助我们理解工厂在创造我们今天生活的这个世界的进程中所扮演的角色。在这本书里，我想阐明：工业生产的发展不是抽象力量所造成的必然结果，而是一系列人类非凡的智慧、努力和牺牲所缔结的果实。工厂促进了人们生活水平的提高，这种提高是史无前例的，但也给工人及其家庭和社区带来了许多痛苦。工人、政治领袖、记者和艺术家们，绞尽脑汁反复琢磨着工厂的意义。

如果我们理解历史，历史会回馈我们，我希望这本书的读者会有所收获。而且，它也可以为当下提供助益。理解我们是如何达到现在这般模样，可以帮助读者思考他们想要创造什么样的未来。

乔舒亚·B. 弗里曼

Contents /

我们生活在一个工厂制造出来的世界里，或者，至少我们当中大多数人是这样的。在我从事写作的这个房间里，几乎所有的东西都来自工厂：家具、灯、电脑、书、铅笔、钢笔和玻璃水杯。连我的衣服、鞋子、手表和智能手机也是工厂制造出来的。这个房间本身大部分也是工厂制造出来的：预制板、窗户和窗框、空调、地板。工厂还生产出了我们吃的食品、我们服用的药、我们驾驶的汽车，甚至是我们死后装殓尸体的棺材。我们当中大多数人会发现，如果离开工业产品，即使是短短一段时间，我们也会无所适从。

然而，在大多数国家，除了工厂里的工人，其他人很少会注意他们所依赖的工业设施。大多数工业产品的消费者从未去过工厂，也不知道工厂里究竟有什么。工厂所缺乏的是宣传，而不是它们自身的存在。从 2000 年到 2016 年[1]，大约 500 万个制造业工作岗位流失，右翼和左翼对此提出了尖锐的批评，国际贸易协定被认为是这些工作岗位流失的罪魁祸首。工厂里的工作往往被认为是"好工作"，很少有人去调查它们实际上会带来什么。只是在某些偶然情况下，工厂本身才会成为一个大新闻。

事实并非总是如此。工厂，特别是规模最庞大、技术最先进的工厂，曾经是令人惊叹的对象。作家们，从丹尼尔·笛福（Daniel Defoe）和弗朗西斯·特罗洛普（Frances Trollope），到赫尔曼·梅尔维尔（Herman Melville）和马克西姆·高尔基（Maxim Gorky），都对它感到惊讶不已，或者目眩神迷。参观者们，无论是名人还是普通人，如阿历克西·德·托克维尔（Alexis de Tocqueville）、查尔斯·狄更斯（Charles Dickens）、查理·

卓别林（Charlie Chaplin）、夸梅·恩克鲁玛（Kwame Nkrumah）也是如此。在20世纪，工厂成为画家、摄影师和电影制作者最喜欢的题材之一，成就了查尔斯·希勒（Charles Sheeler）、迭戈·里维拉（Diego Rivera）和吉加·维尔托夫（Dziga Vertov）等著名艺术家。那些政治思想家，从亚历山大·汉密尔顿（Alexander Hamilton）到毛泽东，也对它们进行过探讨。

从18世纪的英国开始，观察者们就意识到了工厂的革命属性。工厂显然带来了一个全新的世界。那些新颖的机器、规模空前的劳动力和源源不断产出的标准化产品都引起了人们的注意。生理、社会和文化方面的新安排也是为了适应它而被创造出来的。大型工业企业生产了大量的消费品和生产资料，它在物质生活和精神生活上都带来了相较于过去的彻底的突破。大型工厂成了人类野心和成就的狂热象征，但同时也成了痛苦的象征。一次又一次，它成为衡量工作、消费和权力的标准，以及对未来的梦想和梦魇的具体体现。

在我们这个时代，工厂制造的产品无处不在，工厂缺乏新奇的存在感，这使人们对与之相关的非凡的人类体验的欣赏变得迟钝了。至少在发达国家，人们已经开始把工业制造的现代社会视为生活的自然状态。但是，事实绝非如此。这个工业的时代，只是人类历史上的一瞬间，并不像伏尔泰的第一部戏剧或者楠塔基特（Nantucket）的捕鲸船那样久远。工厂的创立，需要非凡的聪明才智、百折不挠的决心和痛苦的磨难。我们继承了它神奇的生产力和长期的剥削历史，却没有认真思考过它。

但是我们应该思考。工厂仍然定义着我们的世界。近半个世纪以来，美国的学者和记者一直在宣称工业时代已经结束，他们把美国看作一个"后工业社会"。今天，只有8%的美国工人在制造业工作，低于 1960 年 24% 的比例。工厂及其工人失去了曾经拥有的文化主导权。但在世界范围内，我们正处于制造业的鼎盛时期。根据国际劳工组织统计的数据，2010 年全球近 29% 的劳动力在"工业"中工作，相比 2006 年经济衰退前 30% 的比例略有下降，但仍然远高于 1994 年的 22%。世界上最大的制造业之国——中国，在 2015 年，有 43% 的劳动力受雇于工业。[2]

有史以来最庞大的工厂正在运转，它们制造智能手机、笔记本电脑和名牌运动鞋等产品，为全世界的几十亿人定义何为现代。这些工厂规模大得惊人，有 10 万、20 万甚至更多工人，但它们并非没有先例。两个多世纪以来，大型工厂一直是工业生活的一个特点。自从工厂登上历史舞台以来，在每一个时代，都有一些工业综合体凭借其规模、机器、管理、工人的努力和生产的产品，在社会和文化景观上脱颖而出。它们的鼎鼎大名——洛厄尔（Lowell）、马格尼托哥尔斯克（Magnitogorsk），或者现在的富士康——引发了一系列广泛的联想。

这本书讲述了这些具有里程碑意义的工厂的故事，大型工厂从 18 世纪的英国迁移到 19 世纪的美国，那时主要是钢铁和纺织工业，然后到 20 世纪初的汽车工业，接着是在 20 世纪 30 年代的苏联，还有第二次世界大战后新出现的社会主义国家，最后是我们这个时代的亚洲"巨兽"。在某种程度上，这是对生产逻辑的探索，在某些时间和地点导致制造业大规模地集中出现，导致高收益的产业出现，在其他时间和地点，它却具有分散性和社会隐蔽性。同样，这也是一项关于大型工厂如何和为何成为与工业化和社会变革相关的梦想和梦魇的载体的研究。

工厂引领了一场改变人类生活和全球环境的革命。在人类历史的大部分时间里，直到工业革命最初爆发和 18 世纪初第一批工厂建立前，世界上绝大多数人口是农民和城市贫民，他们处在饥饿和疾病的困扰下，过着朝不保夕的生活。在 18 世纪中期的英国，人们的预期寿命不到 40 岁，同一时期，在法国的部分地区，只有一半的儿童活到了 20 岁。从耶稣降生到第一个工厂出现，全球经济产出的年均增长率基本为零。但在 18 世纪，它开始加速发展，在 1820 年到 1913 年之间接近 1%。从 1950 年到 1970 年，这一比例一直在上升，并达到峰值，接近 3% 的商品和服务产品的增加所产生的累积效应是彻底的、变革性的。基本上可以以预期寿命来衡量，如今英国人均预期寿命 80 岁，法国更高一点，全球人均寿命预期接近 69 岁。稳定的食物供应、清洁的水和像样的卫生设备已经成为世界上许多地方的常态，不再局限于最发达地区的小部分富人圈子。同时，地球的表面、海洋的结构以及气温都发生了深刻的变化，甚至威胁到物种本身。严格说来，这并不都是工业革命的结果，更不用说只归罪于大型工厂了，但大部分是工业革命的结果。3

无论是在资本主义国家还是在社会主义国家，这类庞大的工厂都是被作为一种实现新的、更好的生活方式的途径而得以推广的，其途径是通过先进技术和规模经济来提高效率和产出。大型工业项目不仅是增加利润或储备的一种手段，还被视为实现广泛的社会改善的手段。现代性的理念随着工厂而产生，工厂的物质结构和过程也因其象征性和审美特征而受到作家和艺术家的欢迎。但大型工厂不仅激发了乌托邦式的梦想和机器崇拜的幻想，也引起了人们对未来的担忧。对许多工人、社会批评家和艺术家来说，大型工厂意味着无产阶级的苦难、社会冲突和生态退化。

了解大型工厂的历史可以帮助我们思考想要什么样的未来。特大型的工厂一直以单位成本持续降低和大量生产产品而著称。

然而，那些证明人类智慧和劳动的证据往往是短暂的。本书中讨论的大多数设施已不复存在，或运行规模已经大大缩小。在欧洲、美洲，以及最近在亚洲，工厂的废弃已经成为一种让人痛心的、司空见惯的景象。生产集中在几个大型综合企业，造成了其脆弱性，因为现有工人的数量越来越少，雇员开始要求得到适当的补偿和人道待遇，并提出民主诉求（如今许多国家的制造商面临这样的要求）。大量资本投资使新产品和新生产技术出现时的灵活性减弱了。工业的废弃物和高耗能导致生态被破坏。保持工业巨人的方式，在任何一个地方都不是实现它的可持续发展，而是让它一次又一次地在新的地方东山再起，拥有新的劳动力、自然资源和有待开发的落后条件。今天，我们可能正在目睹这个巨型工厂的历史顶峰，当下的经济和生态状况表明，我们需要重新思考现代化的含义，以及它是否应继续等同于在巨大的、等级分明的工业设施中进行更多的物质生产，这类设施曾是祸根，也是昔日的荣耀。

在欧洲和美国的标志性工厂关闭后，那里留下了有形的废墟和无形的社会痛苦，人们对工厂及工业世界的怀旧之情也在增长，在蓝领社区的人们当中更是如此。一些网站充满留恋地记录着长时间关闭的工厂的情况，一些学者称之为"烟囱怀旧"，或尖刻地把它叫作"恋废墟癖"。这种情怀也有文学版本。在一篇关于菲利普·罗斯（Philip Roth）的文章中，马歇尔·伯曼（Marshall Berman）提到了他的小说《美国牧歌》（*American Pastoral*）的主题：美国工业城市的悲惨毁灭。罗斯"把衰颓写得很生动，但他的写作真正腾飞时，是他试图把城市想象为工业的乌托邦时。他为讲述这个故事而发出来的声音可以被称为'工业牧歌'。普遍的感觉是，当男人穿靴子制造东西的时候，生活比今天要'真实'得多，也更'可靠'，而我们现在整天都在做什么就更难说了"。伯曼提醒我们：

"田园视角的一个重要特征就是它遗漏了肮脏的劳作。"4

一些对工厂权力的怀旧来自联想到工厂带来的理念的进步。启蒙运动产生了这样一种观念，即通过人类的努力和理性，世界可以变得更加富足、幸福和有道德秩序，这既是领导工业革命的企业家的核心信仰，也是前者的最严厉的批评者——社会主义者的核心信仰。工厂被反复描述为一种进步的工具，一种实现现代化的神奇手段，一个更大的普罗米修斯计划的一部分，它也为我们带来了巨大的水坝、发电厂、铁路和运河，这些改变了我们星球的面貌。

今天，对许多人来说，进步的想法似乎是离奇的，甚至是残忍的。一个维多利亚时代的手工艺品，是无法在世界大战、种族灭绝和物资过剩中幸存下来的。在一个被称为后现代的世界里，现代似乎过时了。但对另一些人来说，进步的概念仍然对他们的想象力和深层的道德意义具有强大的影响力，它使人们渴望回到，或者到达一个拥有大规模工业的世界。

了解巨型工厂需要掌握进步的和现代化的理念。在关于其建筑、技术或劳资关系的研究中，一个完整的巨型工厂的历史使我们越过了工厂的围墙，去改变道德、政治和审美的感受，以及工厂在生产中的作用。

与工厂相联系的现代化是一个模糊的术语。它可以简单地表示现代的性质、当代的东西，它存在于当下。但它往往不仅仅是一种中立的分类。直到19世纪，现代与过去相比，通常是不被赞誉的。然后，在这个工业化的时代，现代日益成为一种意义上的进步，一种渴望，一种可以实现的最好的东西。现代意味着对过去的否定，对之前的旧思想的拒绝，以及拥抱进步。有一本词典将现代性定义为："对传统观念、教义和文化价值观的背离或否定，而倾向于当代或激进的价值观和信仰。"19世纪兴起的艺术和文学中的现代主义，以现代性为战斗口号，于尔根·哈贝马斯（Jürgen Habermas）称之为"对新事物的崇拜"，尽管它有时会批评或嘲笑崇拜本身。新奇成为一种自我美德，一种攻击传统价值观和统治权威的武器。工厂制度和它所带来的令人目眩的变化概率是它的先决条件。在意料之中的是，工厂本身成了现代派艺术家青睐的主题。[5]

本研究的重点是巨型工厂，其规模大小是根据它们所雇用的工人数量来判断的，而不是研究所有的工厂。[6]巨型工厂成为未来的模板，为技术、政治和文化讨论设定了条件。它们并不典型。大多数工厂规模小得多，也不那么复杂。后者的工作条件常常更糟。但巨型工厂垄断了公众的注意力。关于工厂意义的争论往往集中在当今的工业巨头上。

很少有人研究过工厂，但巨型工厂除外，它们往往跨越了时间和空间。它们很少被认为是一个机构，尽管它们具有独特的历史、审美、社会特征、政治特征和生态影响。[7]但是关于特定工厂的报道已经很多了。在接下来的部分，是非常真实的关于工厂的讨论，它们之所以被选中，部分是因为它们在当时是如此受欢迎或受谴责。如果没有其他学者的工作，以及丰富的新闻报道、政府报告、视觉表现、虚构描写和第一人称描述，这项研究将是不可能的。我的那些前辈们的工作特别令人印象深刻，因为，虽然一些工厂被它们的创造者自豪地展示出来，但许多其他工厂，从英国最早的纺织工厂到今天的巨型工厂，都被人挖空心思地掩盖起来，以努力保护贸易机密和掩盖丑行。

对现代世界的许多居民来说，工厂似乎远离了他们的日常事务和忧虑。但是它并没有远离。没有它，他们的生活就不可能像现在这样存在。除了一些非常偏僻的地方之外，我们都是工厂系统的一部分。考虑到大型工厂的巨大成本以及巨大效益，我们有责任了解它是如何形成的。

注　释

1　大多数制造业岗位在工厂里，但不是全部岗位都在工厂。有的在零售店，比如面包店职员，有的岗位甚至在家里。U.S. Bureau of Labor Statistics, "Employment, Hours and Earnings from the Current Employment Statistics Survey（National）," http://data.bls.gov/pdq/SurveyOutputServlet（accessed Sept. 24, 2016）.

2　Heather Long, "U.S. Has Lost 5 Million Manufacturing Jobs Since 2000," CNN Money, Mar. 29, 2016, http://money.cnn.com/2016/03/29/ news/economy/us-manufacturing-jobs/; The World Bank, World Data Bank, "Employment in Industry and World Development Indicators"（based on International Labour Organization data）, http://data.worldbank.org/indicator/SL.IND.EMPL.ZS, and http://databank.worldbank.org/data/reports.aspx?source=2&series=SL IND.EMPL.ZS&country=（accessed Sept. 24, 2016）; Central Intelligence Agency, *The World Factbook, 2017*（New York: Skyhorse Publishing, 2016）, p.179.

3　工业革命前夕的状况，见于 Fernand Braudel, *The Structures of Everyday Life: Civilization and Capitalism, 15th–18th Century*, Vol. 1（New York: Harper and Row, 1981）（French life expectancy, 90）, and E. J. Hobsbawm, *The Age of Revolution, 1789–1848*（New York: New American Library, 1962）, pp.22–43。另见于 Roderick Floud, Kenneth Wachter, and Annabel Gregory, *Height, Health and History: Nutritional Status in the United Kingdom, 1750–1980*（Cambridge: Cambridge University Press, 1990）, p.292; Thomas Piketty, *Capital in the Twenty-First Century*（Cambridge, MA: Harvard University Press, 2014）,pp.71–72; and Central Intelligence Agency, *World Factbook*, 2017, pp.303, 895, 943。

4　Tim Strangleman, "'Smokestack Nostalgia,' 'Ruin Porn' or Working-Class Obituary: The Role and Meaning of Deindustrial Representation," *International Labor and Working-Class History* 84（Fall 2013）, pp.23–37; Marshall Berman, "Dancing with America: Philip Roth, Writer on the Left," *New Labor Forum* 9（Fall-Winter 2001）, pp.53-54.

5 "modern, adj. and n." and "modernity, n." OED Online. September 2016. Oxford University Press. http://www.oed.com/view/Entry/120618（accessed Sept. 17, 2016）; Raymond Williams, *Keywords: A Vocabulary of Culture and Society*, rev. ed.（New York: Oxford University Press, 1983）, pp.208-209; Jürgen Habermas, "Modernity: An Unfinished Project," in M. Passerin d'Entrèves and Seyla Benhabib, eds., *Habermas and the Unfinished Project of Modernity: Critical Essays on the Philosophical Discourse of Modernity*（Cambridge, MA: MIT Press, 1997）; Peter Gay, *Modernism: The Lure of Heresy, From Baudelaire to Beckett and Beyond*（New York: W. W. Norton, 2008）.

6 规模可以用不同的方法衡量。我是按雇员人数来界定的。作为一个劳工史学家，这是很自然的，因为我的研究方向是工人的生活经历和阶级关系。如果用其他方法来定义规模，这将致使我们研究的结果截然不同。如果我们看工厂建筑的规模，在当今时代，波音和空客的大型飞机制造厂拔地而起，大型建筑不断涌现，工人数量却比许多小型工厂少得多。为了了解大型工厂对生态的影响，我们可以根据生产设施所占用的面积来确定规模。按照这个标准，化工厂，特别是原子燃料和武器复合体在规模上超过了本书中所讨论的大多数工厂。我对规模的定义或许有些武断，但它能很好地服务于本研究，即工厂和现代性之间的联系。

7 Gillian Darley, *Factory*（London: Reaktion Books, 2003），和 Nina Rappaport, *Vertical Urban Factory*（New York: Actar, 2016）都是例外，但都很有建筑学上的倾向。

/ 第一章　"如同从朱庇特大脑中诞生的智慧女神"
——工厂的发明

1721 年，在离英国德比市的全圣徒教堂（All Saints'
Church，现在的大教堂*）一箭之地的地方，就像我们今天习以
为常的那样，在德文特河（River Derwent）的一个岛上建起了
一个工厂，这是第一座兴办成功的工厂。这座建筑，与许多旧式
建筑——教堂、清真寺、宫殿，或者要塞、剧院、澡堂、宿舍，
或者演讲厅、法庭、监狱，或者市政厅——全然不同。严格来
说，它是现代世界的产物，它也为现代世界的构建助一臂之力。
早在远古时代，就出现过一幕幕许多工人聚集在一起的景象，他
们打响战争，或是建造像金字塔、公路、防御工事和输水管道这
样的建筑物。但是，直到 19 世纪，制造业的规模，通常比前者
小得多。它由手工艺者及其助手们单独或者组成小组工作，或由
家庭成员从事生产家庭消费的物品。在美国，直到 1850 年，平
均每个制造业企业雇用的工人不到 8 名。[1]

有了约翰和托马斯·隆贝（Thomas Lombe）的德比丝绸
厂，工厂似乎跳过了婴儿时期，一下子就兴旺繁荣起来了。[2]它
是一座长方形砖房，有五层楼高，其外立面是一排排格子状的大
窗户，外表看起来很像即将出现的数千个工厂，其中有许多工
厂，直到今天仍在运行。

它的内部具备了现代工厂所有的主要特征：大量的劳动力使
用以动力推动的机械进行协作生产。在这个工厂里，动力来自一

---

*　大教堂（Cathedral），意思是教区主教的座堂，教区内的其他教堂与它是从属关系。
　　——译者注（如无特别说明，本书脚注均为译者注）

图 1-1　托马斯·隆贝爵士的德比丝绸厂（拍摄于 1835 年）

个 23 英尺高的水车。在同一个空间里，提供外部动力的设备和众多的工人一起工作，这也许跟今天不太一样，但在当时，它代表了一个新世界的开始。[3]

　　建造第一个工厂，并非出于造福社会的宏大愿景，而是源于从商业机遇中获利的世俗动机。隆贝建造工厂是为了从一种用于经纱的紧俏丝线中获利。在织布时，横向穿插的纱线被称为"纬纱"，与纬纱交叉的被称为"经纱"。由于交替的经纱要被反复地拉起，以使纬纱能够穿过去，因此经纱需要用更结实的纱线。为了织布，要先把家蚕吐出的长丝制成绞纱。这些长丝必须卷绕在线轴上，和其他丝线捻在一起，然后再卷绕，再捻丝，这个过程被称为"抛丝"。在欧洲大陆上，可以用机器来抛丝。而在英国，人们使用的是纺车，这样生产太慢了，无法满足纺织工人的需求。

1704 年，德比市的一位律师建造了一座三层的水力磨坊来装配从荷兰进口的抛丝机，但事实证明他无法生产出高质量的纱线。当地的纺织商隆贝接下来尝试了一下，派他同父异母的弟弟约翰去意大利北部学习那里使用机器抛丝的方法。他违反了意大利禁止泄露抛丝机械机密的法律，带着几名意大利工人回到英国，并向隆贝的公司提供了足够的信息，他们与当地一名工程师合作，建造并装配了工厂。很明显的是，这个工厂里使用的大部分工人是童工。

隆贝声称，他的工厂从来没有赚过大钱，部分原因是他很难从意大利获得生丝。这可能是他使用的一种计策，以防止别人与他竞争，并且能说服议会延长他的机器专利权。然而，在 1732 年，英国政府为了促进工业发展，让隆贝公开了他的机器模型，并给了他一大笔现金作为回报。[4]

工厂体系传播得很慢。1765 年，只有 7 家用机器进行生产的工厂。其中一家位于曼彻斯特附近的工厂，到那个世纪末已经有 2000 名工人，就算以现在的标准来看，也是一个庞大的企业。但是，更多的还是小型工厂，它们往往采用动力推动的机械来生产"缆线"，这是一种强度较弱的用来做纬线的丝线。[5]

在讲求实际的想法的推动下，企业家们谨慎地追随着隆贝的脚步。观察者们几乎立刻就意识到了德比丝绸厂的创新性和重要性。丹尼尔·笛福在 18 世纪 20 年代参观了这家工厂，称它是"一个非常奇特的珍品"。例如，查尔斯·狄更斯小说里的汤玛斯·葛莱恩（Thomas Gradgrind），就是一个典型的早期工业时代的文学形象。笛福在面对这个现代的奇迹时，倾倒不已地说道："事实、事实、事实！""只有事实！"他描绘了隆贝的机器："包含了 26586 个轮子和 97746 个零件。水车每旋转一次，就能织出 73726 码的丝线。这个水车 1 分钟能旋转 3 次，所以，一天一夜就能织出 318504960 码的丝线。"[6]并且他预见到了，这种惊人的景象会变得不再罕见，未来将会出现无数大型工厂。半个世纪后，詹姆斯·博斯韦尔（James Boswell）也参观了同一个工厂。他同一群游客一起，在阳光下看到了这个新东西。他对这个机器的描述更加简洁："一个令人愉快的惊喜。"[7]

尽管，德比丝绸厂可能仍然是"一个新奇的不可思议的造物"，但是，它带来的是工厂时代的开始。随它而来的是更多的工厂，这将彻底改变英国经济，最终将改变整个世界的社会形态。大型工厂将被证明是一个时代先锋，一个更广泛的工业革命的主要标志，它创造了我们所生活的这个世界。

棉花

隆贝的工厂一直具有重要性，但不是作为丝绸工厂的模板，而是作为棉纺织工厂的模板。英国丝绸的生产受到重重限制，需求有限，国外竞争激烈，而且难以获得合适的原料。但是，棉花的历史是与之不同的，它是工业革命的推动力，并创造了我们今天仍然使用的工厂系统。

用于服装和装饰的棉布，很晚才在英国的棉纺织工厂里出现。在 16 世纪，印度纺纱工和织布工用简单的手工设备在家里工作，这些纺织品被出口到欧洲、西非和美洲。一个世纪后，它们已经成为真正的全球性商品。[8]

直到 17 世纪晚期，在欧洲很少有人穿棉布衣服，进口的棉纺织品主要用于家居装饰。大多数人穿的衣服是用其他纤维制成的，例如羊毛、亚麻、大麻或丝绸。[9]但是，棉布性能优良和品种繁多的优点，使它很快成为欧洲服装界的宠儿。随着人口的增长和收入的增加，人们的需求也被推动着增长了，当地商人试图至少从外国生产者那里接管一部分生产棉纺织品的过程，这是后来被称为进口替代的一个早期例子。[10]欧洲商人不再从印度进口带有印花图案的棉布，而是开始从印度购买纯白的棉布，再由本地工匠进行印花。到了18世纪中叶，欧洲各地都有大型印花店在经营，其中有些店雇用了几百名工人。[11]英国商人也开始进口棉纱，与亚麻纤维混在一起来生产粗斜纹布。[12]

1774年，像对待丝绸和羊毛工业一样，英国为了保护本土的全棉纺织业，取消了对棉纺织品生产和印染的限制。管制的放松，再加上棉线的生产扩大，导致了棉纱需求大增。[13]商人、工匠和企业家开始凭借在本土生产的产品占领市场。但他们面临的阻碍相当大。

首先要解决的问题是，要便于获得足够的棉花。印度的织布者使用印度种植的棉花，但欧洲气候不适合种植棉花。在18世纪晚期，英国从世界各地进口棉花，包括亚洲和奥斯曼帝国的各个地区。供不应求的状况，导致了在美洲使用奴隶劳动力种植棉花的现象越来越普遍。首先是在西印度群岛和南美洲，然后，在采用了伊莱·惠特尼（Eli Whitney）的轧棉机（1794年获得专利）后，美国南部也加入了这一行列。到19世纪初，英国使用的棉花90%以上是由美洲的奴隶种植的。随着英国纺织品产量的激增，美国的棉花种植者向西扩张，进入了密西西比河流域。在那里，一个残酷的帝国在非洲奴隶劳工的基础上崛起〔弗雷德里克·道格拉斯（Frederick Douglass）将"黑奴"劳动力称为

"棉花田的粮食"〕。因此，工厂体系的兴起，以及它与现代性的联系，完全依赖于奴隶劳动制度的扩展。"没有奴隶制就没有棉花；没有棉花就没有现代工业。"卡尔·马克思写道——言过其实，但是说得很有道理。[14]

将原棉加工成经线和纬线，需要一定的技术，于是产生了第二个挑战。正如爱德华·贝恩斯（Edward Baines）1835年在《大不列颠棉纺织业的历史》（*History of the Cotton Manufacture in Great Britain*）中写的那样："生产丝线，只需要把蚕吐出来的丝拧在一起，让它们足够结实，就完事了。而棉花、亚麻和羊毛，它们的纤维却又短又细，要纺成线以后才能织成布。"英国使用的原棉，一般只有不到一英寸的单纤维长度。要把它变成纱线，必须经过"梳棉"，将缠绕在一起的纤维拉开，并且平行排列，形成一个"条子"。将棉条拉到一定的厚度（粗纱），然后捻制，以获得足够的强度。最后一个步骤被称为"纺纱"，上述步骤的总称也是"纺纱"。[15]

直到18世纪60年代，纺纱还是一种家庭手工业，男性从事繁重的梳棉工作，女性使用纺纱轮来制作成品的纱线，儿童则以各种方式进行帮助。正如贝恩斯所指出的："他们所用的机器……几乎和印度用的一样简单。"然而，在英国生产棉纱的成本比在印度高，而且生产出来的棉纱质量比较差，不够结实，不能用作经纱。不仅如此，至少要有3个纺纱工和几个辅助工人一起生产，才能保证一个织布工（通常是男性）有足够的纱线用，这就意味着织布工们常常不得不放下手头的工作去纺线。在18世纪30年代，飞梭的发明，极大地提高了织布效率，使得棉纱不足的状况更加严重。[16]

一个彻底的变革，已经条件成熟了。扩大棉布、棉袜和其他棉纺织品的生产，将确保发明者和投资者得到回报，如果他们能做到增加棉纱产量、提高质量、降低成本的话。通过组织国内纺纱工和织布工的广泛网络，企业家们已经有了大规模生产的相关经验。由中央代理商向纺纱工和织布工提供原材料，让他们生产特定类型的纱线或布料，并按件支付报酬。尽管，在纺织业上，银行系统的财力和技术能力都十分有限，但制造商、交易商和地主阶级都拥有支持一个新事业的资本。农业劳动力无法充分就业，大量闲置，这构成了大规模工业的潜在劳动力库。[17]

在 18 世纪的最后几十年里，英国的发明家、工匠和商人们开发了一系列的机器，用以提高本土生产的棉纱的质量和数量。在 1764 年，詹姆斯·哈格里夫斯（James Hargreaves）发明了第一台机械纺纱机——"珍妮机"。事实证明，它的用途很有限。因为它只能用来纺纬纱，而且需要由熟练工人操作。理查德·阿克莱特（Richard Arkwright）比他更成功。他是一个小修理工，在理发师、假发师和酒店主的工作中，经历了几番起起落落。阿克莱特于 1768 年申请了纺纱机专利，并于 7 年后申请了梳棉机专利。他与别人合作，先是在诺丁汉建了一个工厂，用马作为动力来推动纺纱机。他很快转向利用水力。在此之前，锯木厂、谷物厂、矿石粉碎厂和造纸厂就已经长期运用水力了，但是应用到棉纺织业上，他是第一个成功的。他在克罗姆福德（Cromford）建了一个工厂，选址在德文特河岸边，在隆贝的工厂的上游，两者距离大约 16 英里。他改进了他的梳棉和纺纱机器，并与各种合伙人在德文特河一带和其他地方建立了更多的工厂。从工厂获取的利润和专利使用费，使阿克莱特成为一个非常富有的人。[18]

为了规避阿克莱特的专利，一些不同的梳棉机和纺纱机被

图 1-2　英国发明家和企业家理查德·
阿克莱特爵士（拍摄于 1835 年）

开发出来，包括塞缪尔·克朗普顿（Samuel Crompton）的纺
纱机，以让那些想从事棉纱生产的人可以选择不同的设备，其中
一些更适合生产经纱，一些更适合生产纬纱。生产效率的提高
是惊人的：最早的珍妮机，将每名工人的产量提高了 6 倍甚至更
多；阿克莱特的设备改进成功后，效率提高了几百倍。18 世纪
后期，第一台动力织机问世，使纺织生产进一步迈向机械化。早
期的织布机有许多问题，只能用来生产一些质量低劣的织物。因
此，在 19 世纪 20 年代以前，手工纺织在棉纺织业中一直占主导
地位，甚至在呢绒和毛纺织业中也占主导地位。但是，随着不断
地改进，在几乎所有类型的纺织业中，动力织机的应用逐渐成为
常态。[19]

　　阿克莱特的诺丁汉工厂雇用了 300 名工人，大约与隆贝的

工厂人数相同。他开在克罗姆福德的第一个工厂规模较小，有大约 200 名雇员，大部分是童工。他在克罗姆福德建的第二个工厂有 800 名工人。杰迪代亚·斯特拉特（Jedidiah Strutt）是阿克莱特的早期合伙人，他在克罗姆福德以南 7 英里处的贝尔珀（Belper）建立了一个工厂综合体，在 1792 年时雇用了 1200 至 1300 名工人，在 1815 年雇用了 1500 名工人，到了 1833 年雇用了 2000 名工人。1816 年，在苏格兰新拉纳克（New Lanark）的工厂有 1600 至 1700 名工人，是阿克莱特帮助建造的，但是后来这个工厂由罗伯特·欧文（Robert Owen）和他的合伙人接手了。那时，在城市地带，正在建造着蒸汽动力棉纺厂，曼彻斯特有几个工厂雇用了 1000 多名工人。巨型工厂已经出现了。[20]

为什么会有巨型工厂？

为什么棉纺织商采用工业化生产？为什么他们的工厂会这么大？在第一座大型工厂建成时，近代学者已经进行了相当多的讨论，直到今天仍未停止。工厂往往被描述为一种由技术驱动的迫切需要，一系列改天换地发明的产物，比如阿克莱特的纺纱机。但是，正如许多学者所证明的，机械发明、社会组织和生产规模之间存在的关系并没有那么简单。

早期的机械化纺纱设备，不需要在工厂环境里进行运转。最早的阿克莱特机器是小型的，可以在一个农舍的环境里使用，以手摇的形式提供动力。早期的珍妮机和塞缪尔机也是如此。阿克莱特显然不是出于技术上的考虑，而是为了保证他能够收取专利使用费，才会推动工厂的集中生产。原因是，如果他的机器在国内被广泛应用于棉纱生产，就不可避免地会在他没有收到钱的情况下被复制。因此，他只允许他的设备在千锭或更大单位的情况下使用，仅适用于他自己建造的类似水力磨坊的大型工厂（因此他的纺纱机被称为"水机"）。即便如此，阿克莱特还是竭力保守他设备的秘密。1772年，他写信给斯特拉特说："我已经把将来的事打算好了，那就是——不要让任何人弄清里头的门道。"[21]

即使在19世纪早期，大型工厂已经成了人们所熟悉的景象时，在英国纺织工业中，它们也不是最常见的生产方式。非制造业的生产不但未消失，而且还在工业的各个部门中继续发展，甚至有所增长。直到19世纪中叶，许多纺织厂都是既有纺纱织布机器，也有由国内的手工织布者组成的供应网。[22]此外，进入19世纪以后，英国纺织厂的规模还是很小。1838年，一家棉纺厂平均有132名工人，一家毛纺厂平均只有39名工人。1841年，在最重要的纺织区兰开夏郡（Lancashire）的1105家纺织厂中，只有85家雇用了500多名工人。[23]

/ 010

不一定要按照隆贝或阿克莱特的模式去运作一个完整的、以动力推动的工厂。一些工厂收容了大量使用手动设备的工人。此外，到19世纪20年代，工厂通常会把厂房空间和动力租给多个小雇主。1815年，曼彻斯特三分之二的棉纺织公司，只占自己所在工厂的一部分。斯托克波特（Stockport）的一个工厂有27名工头，他们共雇用了250名工人，这一系统与金属加工厂普遍实施的制度并无不同。金属加工厂的工匠为自己人租用工作空间，并使用蒸汽动力。进入19世纪中叶，一位历史学家写道，在毛纺织业，"工厂的多租户租用、厂房空间和动力的分割租用已经成了共性"。甚至有一些"合作"工厂的产品，是从小生产者手里收购过来的。在丝绸行业，蒸汽织机在19世纪四五十年代开始使用，当时这种技术在英国已经普遍用于生产。蒸汽机竖立在一排由织工占据的小屋的末端，通过传动轴将动力输送到小屋中，每间小屋里都有几台织布机。[24]

在第一座大型水力棉纺织厂建成后的近一个世纪里，就涌现了无数技术和商业组织的发明创造。但是，直到19世纪中叶，在由单一实体拥有和经营的工厂里使用蒸汽或水力设备，才成为英国纺织工业所有关键部门的主导模式。即使在那时，以当时的标准可以被视为非常大的工厂——雇用了超过1000人——无论在城市还是农村都很罕见，而不是司空见惯的。[25]但是，在当时和自那时以来，大型工厂受到的关注就特别多，因为它们不仅被视为工业和技术的先锋，也被视为社会规划的前沿。[26]

为什么这些设备的拥有者选择大型工厂，采用大型的、集中的工业模式？伟大的英国数学家和发明家查尔斯·巴贝奇（Charles Babbage）在其1832年出版的著作《关于机器和制造商的经济》（On the Economy of Machinery and Manufacturers）中用了整整一章的篇幅来阐述"大型工厂的原因和后果"。巴贝奇开宗明义地指出，机械化生产能带来巨大的生产力，促进"伟大工业的奠基"。他指出，一个首要的因素，就是高度细化的分工，高效的生产单位必须要把特定生产过程中最有效的劳动分工所需要的工种类别再翻上几倍。他还提到了各种花销的数额。其中包括机器的保养和维修人员以及会计人员的费用，在规模太小的工厂里，他们不能得到充分利用。此外，将生产的各个阶段集中在一座大楼中，会降低运输成本，并且使一个实体能够负责质量控制，这就降低了失误的可能性。[27]

但是到底怎么样才算是"大"的？巴贝奇阐明了在有效尺寸上设置地板的因素，但没有说明如何确定最佳尺寸。在棉花产业中，一台纺纱机或织布机只需要少数工人就可以操作。实际上，在 19 世纪的前几十年里，无论是大型棉纺厂、中型棉纺厂，还是规模比较小的企业，似乎都很少实现规模经济。在 19 世纪晚期，经济理论家阿尔弗雷德·马歇尔（Alfred Marshall）富有开创性地指出："似乎……存在这样一种现象。在一些行业中，一旦缩小到中等规模，大型工厂从机械经济中获得的优势就会几近消失……在棉纺织业和印花布业方面，相对较小的工厂有自己的工厂，并且在每一道工序中，经常会租用运转最好的机器：因此，一家大工厂只是同一个屋檐下几个并存的小工厂。"[28]

在巴贝奇写了这本书后不久，利兹（Leeds）的记者贝恩斯也附和了他对采用工厂模式的一些解释，同时补充了一些指向不同方向的解释。他认为，集中管理可以让一个老练的监督者对生产的每个阶段进行更严格的监督。这也降低了原料浪费和失窃的风险。最后，它促进了生产过程各个阶段的协调性，避免了"由于某类工人在其他几类工人依赖他们的情况下无法履行其职责而造成的极度不便"。[29] 总之，集中给制造商提供了更好地监督协调劳工的能力，许多曾在外包制度下工作的个人将在远离家庭的环境中监督他们自己的雇工（和家庭成员）劳动。

试图解释工厂制度兴起的学者们，详尽阐述了贝恩斯的论点。直到 20 世纪 70 年代，研究工业化的历史学家一直强调技术是变革的推动力。1969 年，大卫·兰德斯（David Landes）在他的名著《英国工业革命》（*The Industrial Revolution in Britain*）里"被解放的普罗米修斯"一章中写道："在 18 世纪，一系列的发明改变了英国的棉花生产方式，产生了一种新的生产方式——工厂制。"新机器创造了提高生产率和利润的可能性，引发了一系列组织性和社会性的转变，这些转变通常是很突然的，包括大型工厂的崛起和随之而来的工业革命。

就在兰德斯完成他的著作时，新潮的马克思主义在学术领域兴起了。它引发了对工厂的兴起这一事件的重新思考，并指出在工厂制度的崛起中，是劳动监督存在优势，而不是技术存在优势。集中起来的工人可以比分散的工人工作得时间更长、更努力，同时生产出更稳定的产品，并且部分防止偷窃材料和盗用钱款现象。因此，早期的工厂没有引进动力机械或改变生产方法，就已经有了把工人集中在一个屋檐下工作的例子。但是，随后其他学者就对集中劳动力进行工厂生产来节省成本这一观点提出了质疑。但他们也承认，巴贝奇、贝恩斯和马歇尔在将曾经分包到外部的多个工序转移到一个地点和单一机构内的时候注意到了一些好处：减轻仓储负荷，降低运输成本，以及使生产更适应需求的变化。[30]

就在人们对采用工厂模式的原因进行辩论的同时，越来越多的文献驳斥了工业化必须与过去的做法彻底决裂的观点，认为这种观点是站不住脚的。相反，经济史学家认为，一个不那么明显的"原始工业化"过程为后来被称为工业革命的更为戏剧性和引起广泛注意的变革奠定了基础。到了18世纪初，在英国和欧洲其他地方，商人和企业家正在组织越来越大的本土生产商网络，将产品销售到不断扩大的市场里，并积累资本。在这一过程中，以城市为基础的制造业迁移到农村，在那里，过剩和农闲的农业工作者成为现成的劳动力来源。因此，大规模的、以农村为基础的制造业在动力驱动的机器和大型工厂出现之前就已经存在了，这使得看似革命性的飞跃并没有那么大。[31]

尽管对工厂制的兴起有了新的解释，但是那时候还不清楚为什么棉纺厂如此迅速地发展到1000~1500人的规模，而在此之后停止增长，新建的棉纺厂规模越来越小了。在工厂发展的初期，鉴于场地相对稀缺以及建造水坝和渠道以向水轮提供稳定流量所需的资本，使用水力的相关效益可能使建造大型工厂有利可图。在新拉纳克，有英国最大的工厂，工人们不得不挖出一条100码长的岩石水渠来给工厂的轮子供应水流。蒸汽动力提供了更大的灵活性。虽然一些蒸汽动力工厂的规模也很庞大，这或许只是快速抢占市场份额的一种方式。历史学家 V. A. C. 加特里尔（V. A. C. Gatrell）表示，在第一批棉纺厂建成之后，新进入者意识到，如果试图在工厂的规模上与先行者较劲，几乎赚不到什么钱，还会担很大的风险。他们意识到，管理上的制约，可能会造成工厂越大效率越低。[32]

也许工厂的大小，并不仅仅反映经济效益。在英国大多数的财富以土地所有权或政府债券的形式显现的时候，大型工厂提供了一种构建社会地位的新方式。阿克莱特在他的克罗姆福德工厂附近建造了一座城堡——威勒斯利（Willersley），并买下了周围的大部分土地。这位前理发师很快就成了一位德高望重的长者，为他的工人建造了一座教堂和一所学校（后者有义务参加劳动），并为他的工人举办节日庆典。他的劳动者大军里，大部分是孩子。

阿克莱特借给德文郡（Devonshire）公爵夫人 5000 英镑以偿还她的赌债，他以这样一种夸张的姿态说明他的发明和工厂使社会地位的提高成为可能。他的儿子在继续经营家庭工厂的同时，也在土地和政府债券上投入巨资，为绅士甚至贵族提供抵押贷款，并成为英国最富有的平民。斯特拉特一家，尽管比阿克莱特更家喻户晓，却也遵循着相似的轨迹。1840 年，弗朗西斯·特罗洛普（Frances Trollope）在小说《工厂男孩迈克尔·阿姆斯特朗的生活与冒险》（*The Life and Adventures of Michael*

Armstrong the Factory Boy）中，写了一个大型工厂。工厂主马修·道利（Matthew Dowley）爵士有一个庄园，他在里面建造了一座豪宅，从宅邸向外望去，可以看到"面目狰狞的烟囱"，那里就是他的工厂所在了。[33] 工厂不仅带来了一种新的生产方式，而且产生了一批新晋的富豪实业家。他们试图加入统治阶级的精英团体里，而这种尝试会一再发生。

创造工厂的世界

最初出现在河谷和城镇中的小型商业和住宅建筑的规模，与棉纺厂的规模相比，是完全不能同日而语的。英国拥有庞大的建筑物——大教堂，比新出现的最大的棉纺厂还大。在 17、18 世纪，新类型的城市建筑如雨后春笋般涌现：医院、兵营、城堡、监狱、学院、仓库和船坞。但大教堂和其他大型建筑内部空间的体系，与制造业非常不同。[34] 为了适应可实现大规模生产、由动力驱动的机器和大批工人的需求，需要新的建筑设计和被改进的建筑技术及材料。为满足棉花工业的特殊需要而进行的创新很快扩展到了这一领域之外，并在接下来的两个世纪里塑造了英国和其他地方的建筑环境。显然，阿克莱特在克罗姆福德的第一个工厂是仿照隆贝的建造的，后者也是五层楼高。历史学家 R. S. 菲顿（R. S. Fitton）写道："它那长而狭窄的比例、高度、窗户的范围……以及相对完整的大面积室内空间，成为 18 世纪后半叶以及整个 19 世纪工业建筑的基本设计。"阿克莱特在克罗姆福德的第二个工厂有七层楼高，120 英尺长；他在附近建起的第三个工厂有 150 英尺长，有一个圆顶。[35]

阿克莱特在他的工厂建筑内部使用大量木质的柱子和梁，这使它们容易受到随时可能发生的火灾的威胁，因为有这么多易燃的线和布，还有空气中的棉絮粉尘。在18世纪90年代初，威廉·斯特拉特（William Strutt）（杰迪代亚的儿子）建造了一个工厂，里面有铸铁的柱子、铁皮包的房梁和砖砌的拱形楼层支撑，以减少火灾的危险。不久之后，斯特拉特的朋友查尔斯·巴格（Charles Bage）设计了一个五层的亚麻工厂，它是世界上第一座完全由铁框架构成的建筑，是所有铁结构和钢结构建筑的先驱，因为它虽然不是钢结构，但是使钢结构成为可能。铁梁的改良也随之产生。用铁代替木料不仅减少了火灾的危险，还增加了可跨越的距离，使更宽敞的楼层出现，以便容纳19世纪20年代引入的大型骡子动力旋转机器。为了使他们的多层工厂保持温度（这样可以减少纺线断裂），阿克莱特和斯特拉特家族效仿了隆贝的工厂的做法，设计了复杂的系统来循环加热空气。[36]

在19世纪二三十年代，动力织机变得越来越普遍，但是，它们变得不易被安装到现有的工厂里了。因为操作它们所造成的震动非常巨大，以至于放在一楼之上的楼层都是不安全的。因此，一个普遍的做法是，搭建一个单层的织布棚子，它往往在毗邻纺纱工厂的地方，或者设置在纺纱工厂的院子里。为了便于采光，这些庞大建筑的屋顶都由一排排倾斜的屋脊组成，每个屋脊的两侧都有窗户，以使阳光透进来。"锯齿形屋顶"很快就出现在各种工业建筑的上面，而且在大西洋两岸比比皆是。[37]

/ 016

在早期的纺织厂里，由转轴和齿轮组成的复杂体系，把水车产生的动力分配到一台台机器上。只要有稳定的水流，水力就是便宜、效率高的动力。这意味着工厂必须建在河流上，而且是像德文特河那样有稳定流量的河流。即便如此，有时也没有足够的水流，这使得包括阿克莱特在内的一些工厂主尝试使用蒸汽机——刚被改进用于抽水——把水抽到水池里，从而稳定地向一个水车供水。蒸汽机可以稳定水源供应。

然而，良好的厂址，常常是孤立在荒凉之地的，劳动力供应很稀少，这就出现了一个更大的问题。（阿克莱特选择克罗姆福德作为他的厂址，部分原因是那里靠近一个铅矿，他希望雇用矿工的妻子和孩子。）[38] 使用蒸汽动力直接驱动纺线和织布设备，尽管价格较高，但可以在城市地区建造工厂，为其提供更多的劳动力，并且工厂主不必再为工人提供住所。

从技术上说，只需稍加修改就可以使工厂的设计从水力转向蒸汽动力，但这种变化产生了巨大的影响。蒸汽机需要燃煤锅炉，这导致了煤炭工业的大规模扩张，这成为工业革命的另一个推动力。蒸汽动力的工厂对环境造成了极大的破坏，无论是煤炭开采还是锅炉排放的煤渣和黑烟都是如此。在《艰难时世》（Hard Times）中，狄更斯描述了工厂蒸汽机的"嘎嘎作响"和"震颤"，活塞上下跳动，"就像一只大象的头正在癫狂地摆动"，锅炉喷出"可怕的烟雾"，喷吐的黑烟和被污染的空气成了曼彻斯特及其他纺织生产的城市中心和工业革命本身的象征。[39]

在棉纺厂里首次出现的另一个创新是电梯。它是一个巧妙的解决方案，可以解决人员和原材料快速进出多层建筑的问题。在刚步入19世纪时，斯特拉特的几个工厂里安装了原始的水力升降机。威廉·费尔贝恩（William Fairbairn）在1834年设计了一个大型的蒸汽动力磨粉机，每个侧翼上都装有一台蒸汽电梯，这种装置如此新颖，以至于当时的人不知道如何用语言描述才好，他们把这四个玩意儿称为"垂直上升通道"。

费尔贝恩是传播诸多创新设计的关键人物。他的公司可以提供一个完整的、设备齐全的工厂所需物品的清单。"资本家只需说明他的资本多寡、制造物品的种类、预定的地点和与水源或煤相匹配的位置设施，他就可以向前者提供设计、估价和货物。"
费尔贝恩的公司在世界各地建立了工厂，包括为土耳其的苏丹在
伊斯坦布尔附近建立了一家羊毛厂，以及孟买的一个巨大的纺线
织布厂。[40]

在英国纺织区，没有什么比贝尔珀的斯特拉特工厂里建
造的"圆形厂房"更能体现发明的感觉了。这座三层的圆形石
头建筑，分成了八个部分，显然是出自塞缪尔和杰里米·边沁
（Jeremy Bentham）设想的"圆形监狱"（panopticon）。它的
中心有一个检查站，监督人员可以站在这里观察整个建筑物里的
一举一动，实现边沁所倡导的持续监督的理想。斯特拉特采用边
沁的设计，可能是为了尽量减轻火灾的威胁，因为中央的监督员
可以把建筑内任意部分的大门关闭，以隔绝火焰和保护其余的结
构。[41] 尽管圆形厂房没有被多少后来者效仿，但持续监视的想法
越来越多地成为工厂制度的一部分，并且在我们所处的这个时代
变得前所未有的重要。

变革从高墙环绕的大型工厂开始，逐渐向外扩散。工厂主必
须发展物质、社会和心理方面的基础设施，以保障工厂的生产。
仅仅是把人和材料往乡村地区的工厂送进送出，就需要非同一般
的努力。当阿克莱特到达克罗姆福德时，离这里最近的适合轮式
车辆行进的道路远在几英里之外。作为原材料的棉花被分成小
包，用驮马运过荒野。直到 1820 年，工厂主们才在德文特河边
修了一条新的道路。即使每天步行四五英里去上班，住在工厂附
近农村的人也不足以为工厂提供充足的人力。早期的许多工厂主
为他们的工人建造了住房，有时包括教堂、学校、旅馆和市场，
甚至包括整个新村庄。[42]

在孤零零的工厂附近养活如此多的人，解决他们的吃饭问

题也是一个挑战。一些工厂主建立了自己的农场，为工人提供食品。通常工人的工资只有一小部分是以现金形式支付的，其余部分是以扣除房屋（归公司所有）租金、给"代金券"〔在公司的商店（汤米商店）获得实物〕和偿还账单的方式支付的，这些商店出售食品、煤炭和其他供应品，往往高于市场价格，质量低劣，这也是工人怨恨、不满的一个源头。[43]

代金券帮助雇主们解决了他们面临的另一个问题，即支付员工工资的货币短缺。小面额硬币的流通量不够大，这在工厂出现之前是极不寻常的现象。囤积行为使这个问题加剧。工厂主们不得不拿一些代币或外国货币来支付给工人，或者发行他们自己的钞票，并且希望当地商人能够照收不误。[44]

尽管这些挑战是很困难的，但在纪律问题面前，它们都算不了什么。对于新兴工厂系统的领军者安德鲁·乌尔（Andrew Ure）来说，他所面临的最大困难是：训练人类放弃杂乱无章的工作习惯，并认同复杂自动化过程中一成不变的规则。当然，手工操作的国内制造业——就像所有的工作一样——也需要纪律约束，但前者是一种完全不同的纪律，工作节奏是完成特定任务的关键。就像农业一样，紧张的活动和空闲的时间交替进行。小生产者将梳棉、纺线和织布与家务、耕作以及其他种类的劳动和休闲交织在一起。众所周知，在许多行业，工人利用"圣星期一"（有时也用"圣星期二"）来处理个人事务，从宿醉中恢复或进入新的宿醉，社交，或干脆懒散地混日子，只投入很少的时间在工作上。在1819年的一个议会委员会上，一位目击者根据回忆做证说："通常情况下，当一个星期开始时，他们都会喝上一两天的酒，为了完成落下的工作，他们会工作很长时间，直到周末。"

　　有时候，这种浪漫化的家务自主权，仅限于户主本人，通常是男性。妻子、孩子、学徒和受雇的熟练工对他们的时间并没有同样的自主权。他们受到外部纪律的约束，不仅他们的工作时间和速度被规定，而且生产过程的各个方面也被规定。纪律是以家庭为单位的，是普遍服从于一家之主的。这可能是严酷的，但它仍然是以任务为导向的，市场生产混合在家庭的生产、家务里，如果他们够幸运的话，还有些娱乐。

　　相比之下，工厂的生产需要数十名或几百名工人的协调活动，这些工人被要求日复一日地同时开始和停止工作。公司制定了一套详细的规则和制度，以罚款和禁闭来惩治违反规则的人。监工们监视工人上班下班，以及他们在厂里做了些什么。一些工人的活动被他们所使用的机器的要求制约，必须在机器周期性运行中的特定时间点上做一项特定的工作。乌尔对这种按部就班的劳动的紧张程度嗤之以鼻。在他看来，纺纱的"细纺工"、被指派重接断线的孩子们，每分钟里至少有四分之三的休息时间。所以，在他看来，这种工作十分轻松。十年后，弗里德里希·恩格斯（Friedrich Engels）提出了不同的看法："保养机器——例如，不断地接上断线——是一项需要工人全神贯注的活动。这同时也是一种非常费神的工作，它不容许操作者的思想被任何别的东西占据……[它]使得操作者没有机会进行体育锻炼，甚至疏松疏松筋骨……这完全是最严厉的酷刑……服务于一台永不停止的机器。"马克思在《资本论》（Capital）中写道："在手工制造业和手工业，是劳动者利用工具；在工厂，则是劳动者服侍机器。"[45]

　　如果真像大卫·兰德斯说的那样，"工厂是一种新型监狱，时钟是一种新型狱卒"，那么这反过来又产生了另一个问题，在一个工人们不拥有钟表的世界里如何守时。在过去，工人们从来不需要守时或将他们的工作固定在特定的时间。为了加强新时期的纪律，一些工厂敲起了晨钟，以唤醒它们的工人。在市区，工人们雇了一个"敲窗人"，他每天早晨用一根长杆敲打他们楼上的窗户，以确保工人们按时起床上班。最终，"敲窗人"变成了兰开夏音乐厅舞台上的一个丑角，在这个词的原始意义之外又增加了第二个意思，而后者保留到今天。[46]

工厂旅游

尽管最新的学术成果揭示了这样一种观点：工厂制度起源于少数发明者和企业家中的天才，他们改变了一切，而且早在工业革命开始之前，他们就预见了即将开始的经济和社会变革。但工业革命仍然是一场革命，在当时和现在看来都是这样的。当代的观察家们毫不怀疑，棉纺厂和它所带来的变化代表了技术、经济和社会与过去决裂。从 18 世纪后期开始，工厂、工厂村和制造业主导的城市吸引了来自欧洲大陆和北美的许多游客、记者和慈善家。[47]新奇是它们吸引人的一部分原因。19 世纪 40 年代初，爱尔兰的一个制造商的儿子 W. 库克·泰勒（W. Cooke Taylor）在兰开斯特（Lancaster）的工业区游览过。他写道："蒸汽机没有先例，珍妮机没有祖先，骡子和动力织机进入生产领域，没有任何征兆。它们突然出现，就像密涅瓦（Minerva）*突然从朱庇特（Jupiter）的大脑中诞生一样。"[48]

工厂建筑的规模和配置，无论是在乡村地区的河谷还是拥挤的工业城市里，都让游客们感到震惊。英国桂冠诗人罗伯

---

* 密涅瓦是古罗马神话中的智慧女神。她的父亲宙斯有一天头痛欲裂，命人劈开了自己的大脑，而她就从脑中跳了出来，就此诞生了。

特·骚塞（Robert·Southey）写道，接近新拉纳克工厂使他想起了"蒙希克（Monchique）浴池的宏伟遗址"，这个浴池是由罗马人在葡萄牙南部建造的。和许多其他观察家一样，骚塞也在寻找先例以理解他所面对的新奇事物。他写道，这番景象让他感到惊讶，因为这些建筑"看起来太有规律了"，"如果放到一个天主教国家，从远处望去，可能会被误认为修道院"。1835年访问曼彻斯特的阿历克西·德·托克维尔把工厂比作"巨大的宫殿"，在一个很少有这样规模的世俗建筑的世界里，这是一个普遍的比喻。一位到英格兰北部的德国游客写道："我仿佛已经到了埃及，因为许多工厂的烟囱……像巨大的方尖碑一样高耸入云。""正当他们似乎在为自己和事物进行革命，在创造前所未有的东西，"马克思在骚塞访问新拉纳克30年后写道，"就在这个革命危机时期，""（人们）焦虑地把古老的精神召唤到他们的行为当中，把他们的名字、战斗的呐喊和服装一股脑拿来，以便于用这些古老的伪装和这种借用的语言来呈现世界历史的新景象。"[49]

工厂里的机械装置甚至比建筑物本身更令人着迷。在《迈克尔·阿姆斯特朗》（Michael Armstrong）中，特罗洛普写道，参观者被安排了一次工厂之旅："他们被庞大、美丽、精巧的机械环绕着，这吸引了他们的全部注意力和惊叹之情。那整齐划一的无休无止的运动，以其强大的力量和不屈不挠的活力而获得升华，吸引了每一个观察者的眼睛，并且使每一个观察者的头脑中充满了对神奇的科技力量的无限崇拜！"特罗洛普哀叹游客们对身边的童工漠不关心："陌生人不来工厂看他们；他们看到的只有大不列颠机械体系的完美无瑕。"法国社会主义者、女权主义者弗洛拉·特里斯坦（Flora Tristan）写到了她在英国看到的蒸汽机："站在这样的怪兽面前，你只有目瞪口呆的份儿。"[50]

工厂的现代化，令观察者眼花缭乱。在 19 世纪初，为了延长作业时间，工厂主开始安装煤气灯，这成了一个奇观，吸引了远近的诸多游客。狄更斯在《艰难时世》中把"焦煤镇"的早晨描述为"童话宫殿迸发出的光芒"。工厂和配套仓库的大小甚至使新的娱乐形式成为可能。1837 年，在曼彻斯特，山姆·斯科特（Sam Scott）从一座五层楼高的仓库的屋顶上跳下，跳入欧韦尔河（River Irwell），吸引了大批市民围观，后来他又在博尔顿（Bolton）表演了这一特技。另一个大胆的人是詹姆斯·邓肯·赖特（James Duncan Wright），在 19 世纪 50 年代，他的表演吸引了更多的人，他利用一个滑轮从连接到工厂烟囱的绳子上滑下来，他声称这让他成为世界上移动速度最快的人。[51]

关于工厂生产制的争论

在诸多奇迹中，尽管充满了建筑和机器方面的奇迹，但应用更广泛的是社会方面的创新——后来被称为"工厂系统"的东西——在 19 世纪上半叶，它是讨论、争论和冲突的焦点。"工厂系统"是一个不够精确的术语，一般是指工厂带来的全新生产方式，包括必须按部就班的劳动力、工人的劳动条件和生活条件，以及工厂对经济和社会的影响。库克·泰勒与新的制造商结成联盟，并认识到，英国"已经被机器填塞得拥挤不堪"，迅速发展的机械化工业生产"打乱了所有现有的社会机器"。"一个巨人强行挤进了拥挤的人群，"他写道，"将痛苦和困扰延伸到最偏远的地方：被他推开的人，依次推开别人……因此，工厂制度使得没有制造业的地区也感受到了它的存在：所有的阶级都在为陌生人腾出空间。"[52]

对于它的许多批评者，甚至一些支持者来说，对劳动力特别是童工的剥削，成为他们评价这一新制度的焦点。虽然未被充分利用的农业人力资源吸引了制造商，但这些工厂的规模之大，使得招聘和留住劳动力成为一个挑战，特别是在农村地区。许多当地人不愿意进厂做工，不愿意服从他们不习惯的严密监督和纪律。在任何情况下，工厂主都不希望雇用成年男子来干大多数的工作，他们更喜欢可以少付钱的妇女和儿童，而且他们容易摆弄，没有受过学徒培训后的自豪感和手艺。机械动力的推广，使对大多数重体力劳动的需求消失了，特别是在纺纱过程中。这种新的纱线生产设备需要持续不断的监督，以寻找断裂的线头和其他需要迅速解决的问题，需要灵巧的手指和机敏的头脑，而不是力量。所以工厂主招募了一大批年轻的、主要是女性的劳动力。1835 年，乌尔估计英格兰三分之一的棉纺工人年龄在 21 岁以下，在苏格兰，一半的棉纺工人年龄在 21 岁以下。[53] 许多人的年龄非常小，在克罗姆福德，一些工人只有 7 岁（尽管工厂更愿意雇用 10 岁到 12 岁的工人）。在一些纺纱厂，工头几乎是唯一一个在场的成年人。今天，在美国，工厂与男子气概联系在一起，但在早期，它主要是妇女和儿童的地盘。[54]

工人的工作条件很艰苦。第一次进入工厂，可能会是一种可怕的经历：机器的噪音和震颤；令人窒息的空气，棉絮粉尘弥漫其中，许多工厂为了减少断线而使空气保持闷热；用于润滑机器的鲸油和动物油脂产生的恶臭（在石油产品问世之前）和数百名劳工的汗水气味；工人们苍白的面容和孱弱的身体；工头凶狠的举止，其中有些人还挥舞着皮带或鞭子来维持纪律。在织房里，几十台织布机发出震耳欲聋的嗡嗡声，每台织布机每分钟往复 60 次，使工人们无法听到彼此说话的声音。

在最初的几十年中，工厂主们通常让他们的工厂日夜开动，按照德比丝绸厂所开创的时间表看，是实行两个 12 小时或 13 小时的轮班制（包括一个小时的晚餐休息时间）。童工们干活也是两班倒。星期天是唯一的休息日，每周工作超过 70 小时是寻常现象。为了让筋疲力尽的孩子保持清醒和继续工作，主管和成年工人用皮带、巴掌，甚至是木棍打他们（尽管人们对这种虐待的普遍程度有很多争论）。[55]

也许并不令人意外的是，早期的工厂主们常常发现自己无法为工厂配备心甘情愿工作的工人。所以一些人转向寻找不情愿的工人。济贫院是孤儿和穷困潦倒之人的最后去处，那里的孩子是童工苗子，教区官员让这些孩子去给工厂主做学徒，让工厂主对学徒拥有充分的法律权力，并将儿童逃跑视为犯罪行为。在约克郡（Yorkshire），往往 70% 以上的劳动力是来自济贫院的学徒。新拉纳克的一个工厂，在罗伯特·欧文接管之前，有些学徒只有五岁。普通学徒是由他们的父母注册的，如果他们逃跑的话，有可能进监狱。如果签订定期合同的工人在合同到期之前辞职不干，也有可能面临牢狱之灾。此外，1823 年的一项法律规定，任何未经报告即离职的工人可被判处三个月监禁。因此，政府的强权有助于为新的工厂制度配备和维持劳动力。更重要的是，官员和雇主实际上是同一个人的情况并不少见，因为工厂主有时担任法官，审判的就是涉及他们自己工人开小差的案件。[56] 在前几十年的工厂体系里，合法的非自由劳动，在棉花种植和工厂内部都发挥了重要的作用。

今天，在大众话语和主流意识形态中，工业革命常常与个人自由和所谓的自由市场联系在一起。[57] 但是在工厂体系的早期，它可能是一种新的自由形式，同时也可以被称为一种新的奴隶制形式。约瑟夫·利维塞（Joseph Livesey）是一位著名的报刊出版人和戒酒运动家，他自己也是一个工厂主的儿子，他在书中写到了童年时在工厂里看到的那些学徒童工："他们在被一个只有西印度奴隶才能与之相比的体系里做学徒。"[58] 在《工厂男孩迈克尔·阿姆斯特朗的生活与冒险》一书中，特罗洛普写道，当学徒的穷孩子"过着悲惨的生活，终日辛劳，贫困不堪，其境况比任何黑人奴隶都更惨。"在小说情节中，迈克尔·阿姆斯特朗的故事，是拯救奴隶类型故事的翻版，讲述了女主人公——工厂老板的女儿，一个富家小姐——试图将处在凄惨的学徒生活中的阿姆斯特朗从一个封闭的工厂里解救出来并最终成功的经历。[59]

用奴隶制来比喻工厂劳动，无疑反映了 19 世纪初期关于奴隶制本身的激烈辩论，最终导致 1834 年英国对奴隶的解放。不过，这也是衡量工人的生活被看得有多么凄惨的一个标准，以至于许多观察家将工厂劳动等同于奴役奴隶。一位名叫"棉纺工观察者"的人写道，纺纱室里酷热无比，工人们得不到片刻休息："西印度群岛的黑人奴隶，如果在烈日下工作，有时可能会有一点风给他吹吹凉，他还能有一块自留地，还有时间去耕种它。而做奴隶的英国人，却享受不到来自天堂的空气和微风。"恩格斯在特罗洛普之后几年，也写到了英国纺织工人，他相信"他们做奴隶比美国黑人还要低贱，因为他们受到更严格的监督"。他还哀叹，工人的妻子和女儿在奴役中，也不得不满足制造商的"基本欲望"。在其他地方，恩格斯把工厂体系下的工人比作"在诺曼男爵的皮鞭下的撒克逊农奴"。同样，在本杰明·迪斯雷利（Benjamin Disraeli）的小说《西比尔》（Sybil）中，有一个角色宣称："这个国家工人阶级中的许多人比诺曼征服之后的任何时期都更接近于野蛮人的状况。"1830 年，理查德·奥斯特勒（Richard Oastler）在《利兹水星报》（Leeds Mercury）上发表了一封题为《约克郡奴隶制》（Yorkshire Slavery）的公开信，

图 1-3 《梳棉、拉棉和纺纱》（1835 年），关于英国工厂生活的一个比较理想化的插图

这封信发起了减少工厂工作时间的"十小时运动"。[60]

　　对罗伯特·骚塞来说，奴隶制与工厂制度的联系并不是源于特定的虐待形式，而是源于制度本身的性质。欧文甚至在他思想急剧转变之前就因以人道的方式对待新拉纳克工厂的工人而著称，但骚塞仍然觉得："欧文实实在在地骗了我。他是一家大企业的股东和唯一董事，他与种植园主几乎别无二致。只不过在他手下干活的人是白人，法律允许他们辞去他这里的工作，但在他们仍然在那里的时候，他们和那些黑人奴隶一样，都在他的绝对管理之下。"骚塞认为，工厂系统，即使在它最好的时候，也会倾向于"破坏个性和家庭生活"。在最坏的情况下，这里简直是个魔窟。在参观了一家曼彻斯特棉花厂后，他写道："如果但丁的地狱迎来了一个来自这个工厂的童工，那么童工可以好好跟他形容一下工厂的样子，这样可以为他提供新的恐怖图景。"[61]

　　工厂体系的一些批评者，以及一些奴隶制的捍卫者，对自由劳动和奴隶制之间的区别提出了质疑，因为工人生活的环境实在是太糟糕了。1773 年塞缪尔·马丁（Samuel Martin）写道，英国劳工"作为必需品的奴隶"，无法"减轻他们的劳动强度"或"增加他们的工资"。欧文提出了关于工人的疑问："除了外表之外，他们真的是自由劳动者吗？……在这种境地下，除了饥饿的自由，他们还有什么别的选择或自由？"[62] 在这里，有一种批评直指市场关系的传播核心，而这正是工业革命的一部分。

　　除了虐待劳工，环境破坏在对工厂制度的批评中也占有重要地位。关于曼彻斯特和其他工业中心的报道一次又一次地提到了阴暗污浊的空气。1845 年，苏格兰地质学家休·米勒（Hugh Miller）这样评价曼彻斯特："人们第一次从笼罩在城市上空的可怕的阴郁气氛中得到它存在的暗示。"同样，库克·泰勒也写道："我清楚地记得我的感受……当我眺望这座城镇……看到一大片的烟囱冒出滚滚浓烟，形成了一片漆黑的天幕，仿佛将整个地域都包围并囊括其中。"泰勒观察到，空气被污染得如此严重，以至于在曼彻斯特本土以外生活的人都这样做了。[63] 少将查尔斯·詹姆斯·纳皮尔（Charles James Napier）在 1839 年被任命掌管包括曼彻斯特在内的英格兰北部地区，他把这座城市描述为"通往地狱的入口"，因为它贫富悬殊、道德沦丧、污染严重，整个城市就像"一座烟囱"。[64]

　　水污染与空气污染一样严重。休·米勒描述了破布、污水和其他废物对欧韦尔河的污染，因此它看起来"与其说是一条河，不如说是一个流动着的粪坑，在里面什么生命都活不下去"。[65]也许山姆·斯科特飞跃的最令人印象深刻的方面不是从五层楼坠

图 1-4 《棉厂，联合街，曼彻斯特》，这幅 1835 年的版画展示了英国工厂数目激增的状况和由此产生的污染

落下来，而是他跳进含有剧毒物质的污水河里，却幸存下来。

棉花生产对环境的破坏远远超出了工厂本身。棉花种植需要砍伐森林开荒，而种植棉花会迅速耗尽土壤肥力，这也是美国的棉花种植业，以及奴隶劳动力，从东海岸迁移到密西西比河河谷的原因之一。煤矿开采污染了河流，给环境造成了损害。[66]

也许对工厂制度的最著名的批评——至少是我们这个时代记忆最深刻的批评——用几句话就抓住了掠夺大自然的本质，即威廉·布莱克（William Blake）对"黑暗的撒旦工厂"的谴责，他说它玷污了英国"青翠的山冈"和"宜人的牧场"，这是他写于 1804 年的诗句，构成了他的长诗《弥尔顿》（Milton）序章的一部分。这首诗在 1916 年被改编为著名歌曲《耶路撒冷》，这首歌至今仍在英语国家的教堂里和足球场上广为传唱。至少在一定程度上，布莱克似乎是直接对被浓烟笼罩的天空做出了反应，而这种天空正在成为英国城市生活的特征之一。在他伦敦的家附近，一个蒸汽动力的大型磨粉厂运转到1791年时，被大火烧毁了（据一些报道，是愤怒的工人纵火引起的）。然而，对布莱克来说，使工厂成为"恶魔"的不仅仅是烟雾。对于这位伟大的神秘诗人来说，工厂象征着一个精神荒漠，危害着被上帝赐福的前工业时代英国人的世系后裔。布莱克决心要克服这一整套生活方式，以便在英格兰绿色、宜人的土地上建立一个新耶路撒冷。[67]

城市的贫困常常被描绘成另一种形式的掠夺和堕落。棉花工业的机械化使工厂所在地区的人口大量增加。兰开夏郡的人口几乎翻了一番，从1801年的163310人增加到1851年的313957人。恩格斯在1845年写道："这里曾经是一片荒凉的、人烟稀少的沼泽地，现在已经成了人口稠密的工业区。"如曼彻斯特、格拉斯哥（Glasgow）、博尔顿（Bolton）和罗奇代尔（Rochdale）等工业城镇，"就像雨后的蘑菇一样冒出来"。曼彻斯特和邻近的索尔福德（Salford）的人口增长了两倍多，从1800年的9.5万人增加到1841年的31万多人。仅在1830年，兰开夏郡就有超过10万名棉纺厂工人。[68]来自英格兰其他地方的农村移民构成了新的工业劳动力的大部分，来自苏格兰和爱尔兰的新移民也是如此，那里农村的贫困状况迫使成千上万的人背井离乡。[69]

在工厂附近迅速出现的密集的工人阶级社区，其方式与工厂本身一样新奇且令人不安。这么多工人挤在一片弹丸之地，是前所未有的情况。泰勒写道："工厂制度最显著的现象是突然在某些点上大量聚集的人口。""我们的祖辈目睹了每天晚上从（曼彻斯特）联合街的工厂里涌出人群的情景，治安官们会赶来，警员会专门集结在此，骚乱法令被宣读，武装力量被召集起来，而且这里很可能发生一些致命的冲突。"对泰勒来说，最可怕的不仅仅是工人的数量，而且是这样一个事实——工厂里的工人是一种新的生物，一种未知的和不受控制的品种。"他们的思想和行为习惯是全新的，是由其生存的条件所形成的，他们几乎无法无天，没有受过多少外部指导和规训。"[70]

在《英国工人阶级状况》（*The Condition of the Working Class in England*）一书中，恩格斯几乎同时以最生动的方式描述了英国工人的悲惨生活条件：他们的穷困，他们简陋肮脏的住房，他们破旧的衣服，他们的家和所生活街区的恶臭气味。（曼彻斯特的法律助理专员说，街道上"到处都是垃圾和令人难以置信的物质，泥泞不堪，几乎无法通行，散发的恶臭也让人无法忍受"。）和布莱克一样，恩格斯把工厂制度下的生活与前工业时代的理想化生活做了对比，家庭纺织工人生活在"田园诗般的"世界，他们"快乐地生活"，如果不涉足思想或政治意识的领域，他们就能自给自足。对恩格斯来说，使他震惊的不仅仅是新工人阶级的贫困，还有他们的工作本身、机器的生产节奏、监督者要求的"钢铁纪律"，以及"无休止的枯燥工作"。"没有什么是比这更糟糕的命运了，当它降临到一个人身上时，这个人就不得不每天从早到晚违背自己的意愿去做令自己厌恶的工作。"[71]

但是，归根到底，对于像泰勒和恩格斯这样的人来说，大量工人集中在工厂和工厂附近，最重要的影响是创造一个新的社会形态，一个"通过引进机械而产生的无产阶级"。恩格斯写道，城市化"有助于将无产阶级凝聚成一个紧凑的群体，使其拥有自己的生活方式和思想，以及自己的社会观"。历史学家 E.P. 汤普森（E. P. Thompson）总结了 19 世纪英国人的普遍情绪："不管他们对价值的判断如何不同，保守派、激进派和社会主义观察家都给出了同样的公式：蒸汽动力＋棉纺厂＝新的工人阶级。"这个阶级，对恩格斯和许多其他人来说，意味着一个新的历史阶段的到来。[72]

当然，在全国辩论中，工厂体系也有其维护者。更具体地说，从 19 世纪初开始，主要是通过限制女工和童工的工作时间来对他们进行保护。[73]工厂的少数辩护者声称没有任何问题，或者至少没有任何问题是工厂主的责任。被马克思称为"自动化工厂的品达"*的安德鲁·乌尔认为，在毛纺厂的"粗纺机"（准备用来纺纱的纱线）上工作的童工挨打，是子虚乌有的事。乌尔声称，粗纱机是手工操作的，如果助手童工们松了手，工头才会打他们。如果在提供动力的设备上设定好劳动的速度，将消除对儿童的虐待。在认识到使用蒸汽或水力的棉纺厂也存在这样的问题后，乌尔退回到简单的不承认上，他在走访曼彻斯特及周边地区的工厂时写道："我从来没有看到过对一个孩子施加体罚的例子，也从来没有见过一个孩子带病工作……这些生机勃勃的小精灵在工作时，似乎就像进行一项运动，在这个过程中，习惯给他们带来了一种令人愉快的灵巧劲儿。"[74]

库克·泰勒承认工人的贫困，并承认"做童工是一种委屈"。他既没有责怪工厂系统，也没有责怪工厂主，而是归咎于英国与法国长期冲突和限制贸易所造成的萧条的经济状况。夏洛

---

* 品达是生活在约公元前 518 年到公元前 438 年的希腊抒情诗人。他以《颂歌》而闻名，该颂歌庆祝奥林匹亚和其他地方的体育比赛中的胜利，并将其与宗教和道德主题联系起来。

蒂·勃朗特（Charlotte Brontë）在她的小说《雪莉》（Shirley）（以拿破仑战争时期为背景）中也有同样的观点。对泰勒来说，有一件事比少年劳工更糟糕，那就是"少年饥饿"。"我宁愿看到男孩和女孩在工厂里挣钱养家糊口，也不愿看到他们在路边挨饿，在人行道上瑟瑟发抖，或者被塞进马车里拉到布雷特维尔（Bridewell）感化院*。"作为对进口谷物征收关税的反对者，泰勒认为，解决工厂弊端的办法在于自由贸易，这将扩大国外市场，降低国内食品的价格。[75] 托马斯·卡莱尔（Thomas Carlyle）同意泰勒的观点，即工厂制度的弊端并不是其内在的问题："织布可以为衣不蔽体者提供衣物。人的成功在于以行为战胜客观条件。煤烟和绝望并不是工厂的本质。它们是可以从煤烟中分离出来的。"这种信念，即工厂的普罗米修斯式的胜利从根本上代表了人类的进步，并且能够被洗刷掉弊端，从那时起，这一直是自由主义的一个核心信仰。[76]

尽管改革者为工厂系统存在的缺陷进行辩护，但其他人致力于约束工厂。1833 年，在关于限制工厂儿童工作时间议案的辩论中，财政大臣阿尔索普子爵（Lord Althrop）担心新的规定会削弱英国的竞争力，减少国际市场对英国纺织品的需求，伤害到那些本应受到保护的产品。一些工厂的拥护者以财产权不可侵犯为由，反对管制。[77]

能为工厂体系辩护的一个潜在的有力论据是，如果条件糟糕的话，也不比其他地方差，而它获得的赞同微乎其微，尽管这种说法在很多方面是对的。库克·泰勒抨击了支持《谷物法》

---

* 布雷特维尔感化院，是英国第一所济贫院，在亨利八世时代修建，用来收容孤儿和流浪者，后来改为监狱。由于条件恶劣，劳作任务繁重，成为流浪者监狱的代名词。

（Corn Laws）的乡村绅士们，声称农业劳工的生活条件比工厂工人更糟糕。乌尔认为，在煤矿工作的孩子比在纺织厂工作的孩子境况更差，比"那些在工厂里照看动力驱动机器的牢骚满腹的工人"还要糟糕得多。恩格斯并不是只反对工厂。他对英国工人阶级状况的研究记录囊括了矿工、帮佣工人、陶工、农业劳工以及工厂工人的悲惨处境。在他看来，"最受压迫的工人"并不是工厂的雇员，而是"那些不得不与一台正在取代手工劳动的新机器竞争的工匠"。[78]

历史学家约翰·格雷（John Gray）在一项关于工厂监管争论的研究中指出了工厂如何成为工业化所带来的广泛变化的象征，并成为改善工人，特别是阻止妇女和儿童沦落到可怕状况的努力的焦点。非工厂的工作者——一些工人在更苛刻的条件下领着微薄的薪水干活——几乎被忽略。新出现的工厂体系带来了对劳动力的剥削，长期以来对农业工人、家庭生产者、仆人（其中所包含的妇女人数几乎是纺织业妇女人数的两倍），以及其他一些人的剥削，基本上没有受到政客、记者和作家的注意，他们通常对下层阶级是没有什么兴趣的。[79]

英国议会于1802年、1819年、1825年、1829年和1831年通过的《工厂法》（The Factory Acts）只适用于棉纺厂，而且只管得到童工，对绝大多数英国工人毫无意义。[80] 它们对实际情况的影响非常有限，缺乏有效的执行机制。1833年的法案带来了实质性的变化，结束了对9岁以下儿童的雇用，限制了他们的工作时间，禁止年龄稍大的儿童上夜班。在对1833年法案的辩论中，皇家委员会批准，工厂可以自行管理。这并不是因为工厂必须严酷压榨童工，而是因为在这样的情况下，更方便进行管理，即"建造起绝对不会被误认为私人住宅的奇特的建筑物"，在这里，人们比在其他工作场所更加守时和服从"军事化纪律"。正因为纺织制造业已经集中在知名的大型纺织厂里，所以它比分散的就业更容易受到管制和得到改进。格雷指出，在大量的关于纺织厂工人的官方调查和长时间的议会辩论中，"对需要干预的问题进行鉴别，与对工业资本主义的系统性批判是分离的，而且监管良好的工厂是社会和道德改善的场所，也是经济进步的象征，这些观点联结在了一起"。因此，这种大型工厂不仅成为不断提高生产力和创造物质财富的工具，也成为一种观念的载体，即一个更人性化的、即将被称为"资本主义"的经济体系是可行的。[81]

并非所有人都赞同他。恩格斯在谈到1833年的法案时说："通过这种行为，中产阶级的残酷和贪婪被用伪善的面具遮掩起来了。"他承认，这项法案制止了"制造商最严重的极端行为"，但他指出，其中的一些规定是无效的，例如，关于工厂童工每天上学两小时的要求，因为工厂主经常雇用不合格的退休工人充当教师。更深刻的见解是，恩格斯与马克思一样，认为剥削劳动是资本主义的固有特征，而纺织厂是资本主义的主力军。在马克思和恩格斯看来，苦难是无法从工厂体系中分割出来的，对工人来说，苦难就是它的本质。[82]

马克思的作品《资本论》是对整个体系的抽象分析，论述了资本和与其相关的社会活动的创造、流通和再生产。今天，就其研究范围而言，它通常是对资本主义作为一种经济体系的普遍描述和批判。然而，《资本论》一书深深扎根于特定的时代和地点，即在当时纺织业处于主导地位的英国。《资本论》中到处都在谈论棉花：马克思对剩余价值等核心概念的解释，他对旧的手工生产观念向动力驱动机器生产转变的宏观历史叙述，他对新的阶级关系的评判，他对工人被剥削的愤慨。马克思在《资本论》

中把关于劳动时间的斗争放到中心地位，"与资本积累进行的斗争，资产阶级与团结起来的劳动者，即工人阶级之间的斗争"。在他看来，劳动时间是受剥削工人的主要争论点。它是当时全英国范围内关于监管英国棉纺厂这一争论的反映。对于劳动时间问题的重要性，马克思和恩格斯都详细地论述过。[83]

当马克思在《资本论》中举例子来说明他的理论时，他一次又一次地提到了棉纺厂。在一个典型的章节中，马克思阐述了他计算剩余价值率的方法，并以实例向读者解释了其背后的崭新原理："我们先举一家纺纱厂的例子，该厂拥有 10000 个走锭精纺纱锭，用美国棉花纺 32 支纱，每个纱锭一周生产 1 磅棉纱。飞花占 6%。因此，每周有 10600 磅棉花被加工成 10000 磅棉纱和 600 磅飞花。1871 年 4 月，这种棉花每磅花费 $7\frac{3}{4}$ 便士，因此 10600 磅棉花约为 342 镑。10000 个纱锭（包括粗纺机和蒸汽机在内），按每个花费 1 镑计算，共为 10000 镑。"接着他又花了半页的篇幅进行详细的计算。这里没有什么抽象的东西，马克思在谈论日常生产棉纱的细节，他从恩格斯那里获得了许多信息。恩格斯花了将近 20 年的时间来协助管理他家族部分拥有的一家位于曼彻斯特的棉纺厂。[84] 因此，在工业资本主义的产生和关于工业资本主义最重要的评论家的思想中，棉纺厂占有很重要的地位。他们在理解资本主义制度时，给予了这样一种特殊的生产形式以及被视为代表未来社会形态的特定工人群体特殊的地位，尽管当时他们在经济活动和工人阶级中仍然只占很小的一部分。

保护工人

为工人愤愤不平的记者、评论家、政府调查委员会成员、小说家，甚至诗人，几乎都来自中产阶级或上层阶级，在 19 世纪上半叶，他们对工厂体系倾吐了大量的言论。相比之下，只有一小部分出自工人自己的评价，他们中的大多数人即使不是文盲，也没有什么机会或能力来记录他们的思想，而那些记录形式将得到极大的关注或者被留存多年。[85] 在一定程度上，我们可以还原工人对工厂体系的态度，但是我们必须通过观察他们的行动，而不是凭借他们的言语来判断。

不过，有一个与其相关的词是由工人带到英语中的，即"卢德分子"（luddite）。现在，卢德分子被用作形容技术恐惧者的流行语，用来形容反对基于机器的进步的人，这已经脱离了原有的语境了。[86] 这个词来自工人和他们的支持者在 1811 年和 1812 年以及 1814 年到 1817 年对英格兰中部和北部的纺织机械、工厂和工厂主的多次袭击，他们在此期间声称自己是在将军（有时是上校或国王）内德·卢德（Ned ludd）*的指挥下行动的。

在英国历史上的很长一段时间，人们选择将破坏机器作为一种抗议和释放压力的方式。这一方式早在卢德分子出现之前就有了，在他们之后仍在继续。在纺织业，破坏机器的行为早在 1675 年就发生了，对丝绸织机的攻击则持续到 19 世纪 20 年代，对棉织设备的周期性攻击也一直在继续。哈格里夫斯和阿克莱特早期的机器装置都被暴徒破坏了。这使阿克莱特主持设计出了他那易守难攻的克罗姆福德综合体，它地处荒僻之地，墙壁高厚，门户层层设卡，限制出入。[87] 不过，卢德分子发动了一个更广泛、更有威胁性、更令人震惊的机器破坏事件，它比之前或之后的任

---

* 内德·卢德是生活在 18 世纪后期英国的一个平民，在 1779 年曾经因砸坏两个纺织机而被当局逮捕并当众鞭打。"卢德分子"为卢德抬高了身份，有向英国政府和工厂主调侃和挑衅之意。

何事件都要严重。

在卢德分子发动袭击之前，通常会寄信件给雇主，威胁说要摧毁机器和建筑物，甚至进行谋杀，除非雇主满足他们的特定要求。一封写于1811年的信，显然是寄给一个名叫爱德华·霍林斯沃思（Edward Hollingsworth）的针织品生产商的，上面写着："先生，如果你不推到（倒）机架（器），或停止计件支[付]工资，那么，我的伙[计]就会[光]顾你那里，让你的机器跟你说拜[拜]……"（抄自受损的原件）签名是"内德·卢[德]"。[88]

针织机的主要用途，是用毛线生产长袜、花边和其他编织品，这些针织机有时是生产者拥有的，但通常是从针织商那里租来的，这些生产者是第一批开始行动的卢德分子。为了降低劳动力成本，商人们提高了租金，引进了宽幅针织机。在这种针织机上，可以生产出大块的针织材料，然后裁剪、缝制，以生产包括长袜在内的各种廉价商品。同时，许多商人也开始用期票支付工资，而不是现金。面对日益减少的收入和他们所认为的贸易价值的贬低，针织工人们在神秘的卢德"将军"的旗帜下团结起来，敌对目标就是宽幅针织机和压低价钱的商人。在一年的时间里，在诺丁汉、莱斯特郡和德比郡大约有1000台针织机被毁。它导致英国颁布了一项法令，规定破坏机器者将被处以极刑。

约克郡西骑区（West Riding）的"收割者"*，是卢德"将军"麾下的第二阵营。他们的末日到了，因为一种新的机器出现了，一台这样的机器可以代替1000名高度熟练的工人完成编织羊毛、梳理绒毛和使用大而沉重的剪刀平整表面的工作。编织羊毛、

---

*　指羊毛纺织工匠。

梳理绒毛、绷架、修剪，原本都是可以使技术熟练者得到优厚待遇的工作。收割者们试图利用诉讼和议会游说来阻止新机器的推广，但没有成功。工匠们对机器所在的工厂发起了一系列武装袭击。大约300名卢德分子成功袭击了利兹附近的一个工厂，在劳福尔兹（Rawfolds）的一个工厂也发生了武装冲突，这两起事件导致两名卢德分子死亡（这为《雪莉》一书提供了情节）。不久之后，一个特别招人讨厌的工厂主被暗杀了。为了恢复秩序，当局派出4000名士兵占领西骑区。[89]

在兰开夏郡，爆发了第三次工人暴力事件，包括食品暴动和用蒸汽织布设备破坏工厂。工厂袭击事件——包括由100多人组成的团体发起的袭击——反映了机械化对手工织布工的影响。他们竖起了卢德"将军"的雕像，并烧毁了工厂主的一座房子，而后一支军队前来镇压，至少打死了7名抗议者。而在一开始，工厂体系曾为手工织布工带来过繁荣时期，因为纺纱机生产了大量廉价的纱线，并产生了对织布的日益增长的需求。1820至1840年，手工织布工的人数可能超过50万人，超过了所有工厂的纺织工人。但是，织工们所谓的"黄金时代"只是昙花一现。甚至在织布厂开始与他们进行实质性竞争之前，那些向织布工提供纱线并购买其产品的企业家就开始压低工资了。一旦他们这样做了，织布工工资和生活水平的下降就会造成可怕的压力，因为大规模的贫困——有时是实实在在的饥饿——降临在织布工身上和他们的家庭里。机器编织出现后不久，就几乎消灭了手工劳动。回首这样一段历史，马克思写道："历史揭示的最大悲剧，莫过于英国手工织布行业的逐渐消亡。"不仅在英国，其他地方的传统纺织业也被工业体系严重破坏了；1834至1835年，印度总督威廉·本廷克（William Bentinck）报告说："织工的白骨使印度平原都白成一片了。"[90]

卢德主义，虽然是大多数关于工业化的争论的焦点，但在大多数情况下，仅仅是间接地与最新出现的那些大型工厂联系在一起。18世纪，袜类针织品一般是在规模不大的作坊里生产的。同样，羊毛纺织一般不会在大型工厂进行。在工业巨头的地盘上，只发生过对毛线机的袭击。

卢德分子通常更在意的是他们对特定雇主的不满，而不是抽象地反对技术。有些机器故障是埃里克·霍布斯鲍姆（Eric Hobsbawm）所谓"集体谈判式暴动"传统的一部分，即利用破坏财产的行为迫使雇主提高工资和做出其他让步。许多卢德分子自己也操作机器，尽管是手动的，并且大部分要依靠工厂生产的纱线谋生。[91]

卢德主义，与其被理解为反对机器或工厂体系，倒不如被理解为工人对痛苦的反应——工厂在与他们竞争，却根本不与他们接触——即在19世纪上半叶混乱的工业化中经受痛苦的工人采取的一种抗议形式。工人采取这样的形式行动，部分是因为其他形式的集体活动受到阻碍。工人们集中在工厂和城市居民区，这种情形积累了产生一个政治讨论和劳工组织的临界量，正如汤普森所说的那样[92]，"工人阶级创造了自己"的环境。但他们采取行动的渠道是有限的。

在19世纪的大部分时间里，工人被排除在直接参与管理的权限之外。在工厂成为一个关键的社会机构的头几十年里，妇女和工人阶级中的男子被排除在投票之外。工人们确实向议会寻求过补偿，提出过法律建议，提交过有许多签名的请愿书，在委员会听证会上做过证，并派代表团游说过议员们，但通常收效甚微。在19世纪三四十年代，宪章运动的活动者领导了大规模的民众动员，要求实现男性普选和议会民主化，但他们的要求被置若罔闻。[93]

政府还严格限制工人们联合起来向雇主施加压力以提高工资和改善工作条件的行为。由于 18 世纪后期工会组织的激增（在工厂劳工群体之外），以及法国大革命引发的英国统治者对任何激进主义或民众行动的恐惧，议会通过了一系列反对工人组织的法律——最重要的是 1800 年的《组合法令》（Combination Act）。1792 至 1815 年，英国当局在工业区建造了 155 个军营。[94]

尽管有法律上的禁令，工人们还是成立了各种公开的和秘密的组织，举行罢工，参加游行和大规模示威。在 19 世纪初，工人举行了大规模的罢工，有些罢工有数以千计的棉纺工人参与。政府的反应是严厉的，它把主要的活动家逮捕、监禁，并将他们流放到殖民地。有时候，如果是卢德分子的话，就判处绞刑。1819 年，大约 6 万名抗议者聚集在曼彻斯特，要求进行民主改革。一支由当地工厂主、商人和店主组成的军队对和平人群发起了镇压，导致 11 人死亡，并在被称为"彼得卢大屠杀"（Peterloo Massacre）的行动中造成数百人受伤。政府的反应是通过更严厉的立法，逮捕、监禁了 50 多人。

19 世纪 20 年代，更多的罢工、机器破坏和改革运动接踵而至，在 19 世纪 30 年代，它们成为限制工厂工作时间立法的巨大推动力。1842 年，在工厂工人和矿工中爆发了一场大范围的罢工，被称为"塞子暴动"（Plug Riots），因为罢工者从蒸汽机上取下塞子，使它们无法运转。到 19 世纪 50 年代，在纺织工人中开始形成更大、更稳定的工会（虽然仍主要是地方工会）。一些人发动了大规模的、长期的、通常不成功的罢工。在第一个巨型工厂建立了半个多世纪之后，尽管它们不断地、反复地做出大规模的努力，它们内部的工人们仍然缺乏有效的政治或组织方法来改变他们的命运或塑造他们所生活的社会。[95]

18 世纪末和 19 世纪初的英国经常被描绘成一个比欧洲大陆更自由的社会。一些学者，如兰德斯，认为这是工业革命首先在英国兴起的原因之一。[96]但对工人，特别是工厂工人来说，英国远远不是一个自由社会。工厂是在专制的政治制度下成长起来的，至少对工人来说是这样的。工人没有投票权，没有集会的权利，没有权利联合起来与雇主进行集体谈判。他们在任何时候都没有权利辞职，也没有权利说任何他们想说的话。国家对新兴工业体系给予支持的最"好"表现，莫过于对不攻击他人、仅仅攻击没有生命的物件——破坏机器的犯罪者处以绞刑。工厂制度是在严格限制工人权利成为可能的情况下发展起来的，后来却作为一种新形式的自由的胜利而被歌颂。国家的压迫力量使这类大工厂能够在未开垦的土地上生根发芽，并一直延续下来。[97]

归于平凡

19 世纪下半叶，在关于英国社会结构及其未来形态的讨论和斗争中，棉纺厂变得不那么重要了。一方面，它们不再是新奇的。那时，几代人已经在大型工厂的包围中长大，后者成为他们所生活的世界的一部分。一些新的奇迹取代它成为现代化的象征，最重要的是铁路，这引起了作家、艺术家和公众的极大关注。1829 年，约有 1 万到 1.5 万人聚集在兰开夏郡，观看新设计的机车的竞速测试。第二年，第一条现代化铁路线通车，将利物浦与曼彻斯特连接起来，政要们挤满了第一列火车，铁轨上挤满了看热闹的人群。正如托尼·朱特（Tony Judt）所说，火车成为"现代生活的化身"。[98]

纺织厂在规模上也不再处于第一位，因为其他类型的工厂已经赶上或超过了它们。铁路系统占用大量的劳动力，一些商店建造和维护相关设备，它们雇用的工人和大型纺织厂一样多。其他行业，尤其是金属加工，也建立了非常大的工厂。到19世纪40年代末，威尔士（Wales）的道勒斯（Dowlais）钢铁厂雇用了大约7000名工人，他们围绕着18个鼓风炉，以及炼铁炉、轧钢厂和矿山等工作，即使是最大的纺织厂也相形见绌。[99]

经济和政治环境的变化也使公众对纺织厂的关注减弱了。19世纪中期，英国经济开始显著改善，国际市场对英国纺织品的需求不断增长，这促进了收入的增加和工人工作条件的改善。立法还开始实现工厂员工的诉求，特别是1831年的《工资法案》（Truck Act），该法要求以现金支付工人工资，1833年通过了关于童工的法案，1847年又通过了一项法令，将工厂中的儿童和妇女的工作时间限制在10小时以内，实现了工人阶级改革者的长期目标。1849年，恩格斯重返曼彻斯特，在他为《英国工人阶级状况》一书在此地做调研的七年之后，他发现曼彻斯特变成了一个非常不同的城市，它更加繁荣与和平。"英国无产阶级，"他抱怨道，"实际上正在变得越来越资产阶级化。"[100]

这种转变既是政治上的，也是经济上的。宪章派未能实现他们的诉求，尽管他们在动员支持方面取得了巨大成功，激进运动的势头却被大大削弱了。与此同时，强调男性投票权的宪章运动将人们的注意力从女性和儿童工人身上转移到了成年男性身上，如工匠、建筑工人和其他非工厂雇员的劳动者。反对《谷物法》

的运动始于 1838 年，在八年后大获全胜。这场运动也改变了政治格局，实际上让工人和工厂主结成联盟，一致反对地主阶级，至少在这一备受争议的问题上如此。为了进一步缓解与工人的紧张关系，更多工厂主开始采用家长式做法，这种做法在一些最早出现的纺织厂里实施，如阿克莱特和斯特拉特，但其他的工厂大都没有采纳。[101]

纺织工人们继续抗议他们在工厂面临的恶劣条件，但他们的斗争并不比矿工和通过工会行动的其他团体更突出。19 世纪中叶以后，中产阶级改革者和观察家的注意力从工厂转移了，尽管工人的条件得到了改善，但通常还是压迫性的，童工——尽管年龄稍大一些——直到 20 世纪仍在被广泛使用。围绕大型纺织厂和它所产生的工厂体系问题，被转变为关于劳动权利和标准的一个更寻常的、不那么悲惨的争论的一部分。到 1849 年夏洛蒂·勃朗特出版《雪莉》的时候，她把围绕工厂制度的巨大戏剧性斗争看作过去的东西，并认为大型棉纺厂已经成为社会改良的源泉。[102]

那时，这个巨大的棉纺厂已经带来了组织生产的新方法、新社会关系和看待世界的新思维方式。除了最顽固的捍卫者之外，所有人都认识到，这类大型工厂在短期内给工人和流离失所者带来了巨大的痛苦。然而，对许多人来说，工厂带来了一个关于更美好世界的希望。在一篇即将成为《共产党宣言》（The Communist Manifesto）基础的未发表的文章中，弗里德里希·恩格斯写道："正是大规模工业的体量制造了当今社会中所有的苦难和所有的贸易危机，也正是前者为一个前所未有的社会组织奠定了基础，这个社会组织将铲除日后所有的痛苦和灾难性波动。"[103] 不管是好是坏，工厂这个非凡的社会发明，是首先以隆贝的工厂和早期棉纺厂的形式亮相的。工厂的巨兽，代表了朝向崭新世界的一个巨大飞跃。这个新世界，就是我们的现代世界。

注　释

1　在1721年以前，只有少数英国工厂有集中的生产设施，按照后来的标准，这些工厂相当小，比如诺丁汉的机架编织工厂，每个工厂里雇用几十名工人。在中欧和西欧，有一些大规模的、非机械化的生产作业工厂。Maxine Berg, *The Age of Manufactures: Industry, Innovation and Work in Britain, 1700-1820* (Oxford: Basil Blackwell, 1985), p.212; Fernand Braudel, *The Wheels of Commerce: Civilization and Capitalism, 15th-18th Century*, Vol. II (New York: Harper & Row, 1982), pp.329-338. U.S. Figure Calculated from 1850 Census Data in U.S. Census Office, *Manufacturers of the United States in 1860* (Washington, D.C., 1865), p.730.

2　德比丝绸厂通常被认为是英国第一个工厂和工业革命的先驱。但是，其他一些早期的生产机构，也具有现代工厂的某些特点，虽然不是全部的特点，它们包括博洛尼亚（Bologna）在16世纪的丝绸厂，这些工厂发展出来的一些机器和组织后来被隆贝剽窃了。Anthony Calladine, "Lombe's Mill: An Exercise in Reconstruction," *Industrial Archeology Review* XVI, 1 (Autumn 1993),pp. 82, 86.

3　Calladine, "Lombe's Mill," pp.82, 89; William Henry Chaloner, *People and Industries* (London, Frank Cass and Co., Ltd., 1963), pp.14-15. 1891年的一场大火摧毁了这座建筑的大部分，人们后来进行了较小规模的重建。现在这里是德比丝绸厂博物馆。

4　S. R. H. Jones, "Technology, Transaction Costs, and the Transition to Factory Production in the British Silk Industry, 1700-1870," *Journal of Economic History* XLVII (1987), p.75; Chaloner, *People and Industries*, pp.9-18; Calladine, "Lombe's Mill," pp.82, 87-88; R. B. Prosser and Susan Christian, "Lombe, Sir Thomas (1685-1739)," rev. Maxwell Craven, Susan Christian, *Oxford Dictionary of National Biography* (Oxford: Oxford University Press, 2004); online ed., Jan. 2008, http://www.oxforddnb.com/view/article/16956.

5　和约翰·隆贝一起回来的意大利工人约翰·瓜迪瓦格里奥（Jhon Cuardivaglio），帮助隆贝在曼彻斯特附近建了一个工厂。这个工厂可以用从波斯进口的生丝制成丝线，这比购买高档意大利或中国丝线更容易。Calladine, "Lombe's Mill," pp.87, 96-97; Berg,

The Age of Manufactures,pp. 202-203; Jones, "Technology, Transaction Costs, and the Transition to Factory Production," p.77.

6 Daniel Defoe, *A Tour Thro'the Whole Island of Great Britain*, 3rd. ed., Vol. III(London: J. Osborn, 1742) ,p. 67; Charles Dickens, *Hard Times for These Times* ([1854] London: Oxford University Press, 1955), pp.7, 1.

7 James Boswell, *The Life of Samuel Johnson*, Vol. III (London: J.M. Dent & Sons, 1906), p.121.

8 虽然印度是最著名的棉纺织中心，但也有其他一些国家和地区（包括东南亚、波斯湾沿岸和奥斯曼帝国）的工匠们生产印度棉布的仿制品。Prasannan Parthasarathi, "Cotton Textiles in the Indian Subcontinent, 1200-1800," pp.17-41, and Giorgio Riello, "The Globalization of Cotton Textiles: Indian Cottons, Europe, and the Atlantic World, 1600-1850," p.274, in *The Spinning World: A Global History of Cotton Textiles, 1200-1850*, ed. Riello and Parthasarathi (Oxford: Oxford University Press, 2009), pp.17-41.

9 Giorgio Riello, *Cotton: The Fabric that Made the Modern World* (Cambridge: Cambridge University Press, 2013), p.126; Andrew Ure, *The Philosophy of Manufactures or An Exposition of the Scientific, Moral, and Commercial Economy of the Factory System of Great Britain* (1835; New York: Augustus M. Kelley, 1967), p.12.

10 D. T. Jenkins, "Introduction," in D. T. Jenkins, *The Textile Industries* (Volume 8 of the *Industrial Revolutions*, ed. R. A. Church and E. A. Wrigley)(Cambridge, MA: Blackwell, 1994), xvii; Riello, Cotton, p.127.

11 Riello, *Cotton*, pp.172-173, 176; Berg, *The Age of Manufactures*, p.205.

12 由于亚麻经纱更有韧性，在织造过程中比棉质经纱断裂的可能性更小，因此这种布比全棉织物更容易生产。

13 Riello, "The Globalization of Cotton Textiles", pp.337-339; Riello, *Cotton*, pp.217, 219.

14 19世纪50年代，英国进口的原棉有77%来自美国，法国进口的原棉有90%来自美国，俄罗斯进口的原棉有92%来自美国，德意志各邦进口的原棉有60%来自美国。1820至1860年，密西西比州和路易斯安那州的奴隶数量从101878人增加到768357人，主要是为了种植棉花。R. S. Fitton and A. P. Wadsworth, *The Strutts and the Arkwrights 1758-1830: A Study of the Early Factory System* (Manchester: Manchester University Press, 1958), pp.347-348; Riello, *Cotton*, pp.188, 191, 195 (Marx quote), 200-207, 259; Frederick Douglass, "What to the Slave Is the Fourth of July?" in *Frederick Douglass: Selected Speeches and Writings*, ed. Philip S. Foner (Chicago: Lawrence Hill, 1999), p.197; Sven Beckert, *Empire of Cotton: A Global History* (New York: Knopf, 2014), p.243; Walter Johnson, *River of Dark Dreams: Slavery and Empire in the Cotton Kingdom* (Cambridge, MA: Harvard University Press, 2013), p.256.

15 Edward Baines, *History of the Cotton Manufacture in Great Britain* (London: H. Fisher, R. Fisher, and P. Jackson, [1835]), p.11; R. L. Hills, "Hargreaves, Arkwright and Crompton, 'Why Three Inventors?' " *Textile History* 10 (1979), pp.114-115.

16 Baines, *History of the Cotton Manufacture*, p.115; Deborah Valenze, *The First Industrial Woman* (New York: Oxford University Press, 1995), p.78; David S. Landes, *The Unbound Prometheus: Technological Change and Industrial Development in Western Europe from 1750 to the Present* (Cambridge: Cambridge University Press, 1969), p.57. 长期以来，欧洲的评论家和历史学家一直声称，印度的工资远低于英国，这导致棉制品价格下跌，但最近一些历史学家对这一观点提出了质疑。一些观点独到的作品，见于 Beckert, *Empire of Cotton*, p.64。一个重新评估认为工资几乎相等，请参阅 Prasannan Parthasarathi, *Why Europe Grew Rich and Asia Did Not: Global Economic Divergence, 1600-1850* (Cambridge: Cambridge University Press, 2011), pp.35-46。

17 Jenkins, "Introduction," x; Franklin F. Mendels, "Proto-Industrialization: The First Phase of the Industrialization Process," *Journal of Economic History* XXXII (1972), pp.241-261; S. D. Chapman, "Financial Restraints on the Growth of Firms in the Cotton Industry, 1790-1850," *Textile History* 5 (1974), pp.50-69; Berg, *The Age of Manufactures*, p.182.

18 Hills, "Hargreaves, Arkwright and Crompton," pp.118-123; Berg, *The Age of Manufactures*, p.236; Fitton and Wadsworth, *The Strutts and the Arkwrights*,pp. 61-68, 76-78, 94-97; Adam Menuge, "The Cotton Mills of the Derbyshire Derwent and Its Tributaries," *Industrial Archeology Review* XVI (1) (Autumn 1993), p.38.

19 Berg, *The Age of Manufactures*, pp.236, 239, 244, 248, 258; George Unwin, *Samuel Oldknow and the Arkwrights* (Manchester: Manchester University Press, 1924), pp.30-32, 71, 124-125; Landes, *Unbound Prometheus*, p.85; E. P. Thompson, *The Making of the English Working Class* ([1963] London: Pelican Books, 1968), p.327, 335; Jones, "Technology, Transaction Costs, and the Transition to Factory Production," pp.89-90.

20 Chaloner, *People and Industries*, pp.14-15; Fitton and Wadsworth, *The Strutts and the Arkwrights*, pp.98-99, 192-195, 224-225.

21 小型的四轴手摇纺纱机，是根据阿克莱特的设计，作为示范模型而建造的，可以在克罗姆福德和贝尔珀的博物馆看到。Hills, "Hargreaves, Arkwright and Crompton," p.121; Berg, *The Age of Manufactures*, p.236, 239, 242, 246; Menuge, "The Cotton Mills of the Derbyshire Derwent," p.56 (Arkwright quote).

22 John S. Cohen, "Managers and Machinery: An Analysis of the Rise of Factory Production," *Australian Economic Papers* 20 (1981), pp.27-28; Berg, *The Age of*

Manufactures, pp.19, 24, 40-42.

23　Jenkins, "Introduction," xv.

24　Berg, *The Age of Manufactures*, pp.40-41, 231-232, 282-283; Pat Hudson, *The Genesis of Industrial Capital: A Study of the West Riding Wool Textile Industryc. 1750-1850*(Cambridge: Cambridge University Press, 1986), p.137; Jones, "Technology, Transaction Costs, and the Transition to Factory Production," p.89-90; Roger Lloyd-Jones and A. A. Le Roux, "The Size of Firms in the Cotton Industry: Manchester 1815-1840," *The Economic History Review*, new series, Vol. 33, No. 1 (Feb. 1980) , p.77.

25　V. A. C. Gatrell, "Labour, Power, and the Size of Firms in Lancashire Cotton in the Second Quarter of the Nineteenth Century," *Economic History Review*, new series, Vol. 30, No. 1 (Feb. 1977) , pp.96, 98, 112; Jenkins, "Introduction," xv.

26　Berg, *The Age of Manufactures*, pp.23-24; Thompson, *Making of the English Working Class*, pp.208-211; Robert Gray, *The Factory Question and Industrial England, 1830-1860* (Cambridge: Cambridge University Press, 1996) ,pp. 3-4.

27　Charles Babbage, *On the Economy of Machinery and Manufacturers*, 4th ed. (London: Charles Knight, 1835) , pp.211-223.

28　Gatrell, "Labour, Power, and the Size of Firms," pp.96-97, 108; Alfred Marshall, *Principles of Economics* (1890; London: Macmillan and Co., Ltd., 1920) , 8th ed., IV.XI.7, http://www.econlib.org/library/Marshall/marP25.html#Bk. IV,Ch.XI.

29　Baines, *History of the Cotton Manufacture*, pp.184-185.

30　Landes, *Unbound Prometheus*, p.41; Jones, "Technology, Transaction Costs, and the Transition to Factory Production," pp.71-74; Jenkins, "Introduction," xiii; Berg, *The Age of Manufactures*, pp.23-24, 190, 246; Hudson, *Genesis of Industrial Capital*, pp.70-71. 马克思做了长篇论述，用来解释规模经济效益与工厂体系，见于 Karl Marx, *Capital: A Critique of Political Economy*, Vol. 1 ([1867] New York: International Publishers, 1967) , chap. 13 and 14 ("Cooperation" and "Division of Labour and Manufacture")。

31　Jenkins, "Introduction," x-xii; Berg, *The Age of Manufactures*, p.24; Hudson, *Genesis of Industrial Capital*, pp.81, 260; Thompson, *Making of the English Working Class*, pp.299, 302.

32　Gatrell, "Labour, Power, and the Size of Firms," pp.96-97, 107.

33　关于当时大不列颠人的健康状况，见于 Thomas Piketty, *Capital in the Twenty-First Century* (Cambridge, MA: Harvard University Press, 2014), pp.113-120, 129-131。Willersley Castle now is a Christian Guild hotel. Fitton and Wadsworth, *The Strutts and the Arkwrights*, pp.91, 94-98, 102, 169, 246; R. S. Fitton, *The Arkwrights: Spinners of Fortune* ([1989] Matlock, Eng.: Derwent Valley Mills Educational Trust, 2012), pp.224-

296; Frances Trollope, *The Life and Adventures of Michael Armstrong the Factory Boy* ([1840] London: Frank Cass and Company Limited, 1968), quote on 76.

34 然而，当地的教堂塔楼在高度上的确与工厂不相上下。Mark Girouard, *Cities & People: A Social and Architectural History* (New Haven, CT: Yale University Press, 1985), pp.211-218; Thomas A. Markus, *Buildings and Power: Freedom and Control in the Origin of Modern Building Types* (London: Routledge, 1993), p.263.

35 Fitton, *The Arkwrights*, pp.30, 50, 81.

36 Fitton, *The Arkwrights*, pp.30, 81; Thomas A. Markus, "Factories, to 1850," *The Oxford Companion to Architecture*, Vol. 1, ed. Patrick Goode (New York: Oxford University Press, 2009), pp.304-305; Fitton and Wadsworth, *The Strutts and the Arkwrights*, pp.200-207, 211-212; Malcolm Dick, "Charles Bage, the Flax Industry and Shrewsbury's Iron-Framed Mills," accessed Mar. 29, 2017, http://www.revolutionaryplayers.org.uk/charles-bage-the-flax-industry-and-shrewsburys-iron-framed-mills/; Markus, *Buildings and Power,* pp.266-267, 270-271, 281-282; Menuge, "The Cotton Mills of the Derbyshire Derwent," pp.52-56.

37 A. J. Taylor, "Concentration and Specialization in the Lancashire Cotton Industry, 1825-1850," *Economic History Review*, 2nd series, I (1949), pp.119-20; Markus, *Buildings and Power*, p.275. 并非所有的动力织机都位于棚子里，一些制造商建造了多层织布工厂。见于 Colum Giles, "Housing the Loom, 1790-1850: A Study of Industrial Building and Mechanization in a Transitional Period," *Industrial Archeology Review* XVI (1) (Autumn 1993), pp.30-33.Betsy Hunter Bradley, *The Works: The Industrial Architecture of the United States* (New York: Oxford University Press, 1999), pp.192-193.

38 早年的克罗姆福德钢铁厂，虽然靠近德文特河，但是是从它的一条支流小溪获得水力，而不是河流本身。Fitton, *The Arkwrights*, pp.28-29.

39 蒸汽动力最早于 1789 年被一家棉纺厂使用，但数十年来，水仍是最常见的动力源。1870年的一次工业普查发现，棉纺厂所使用的蒸汽机产生的动力比任何其他工业的要多。Fitton and Wadsworth, *The Strutts and the Arkwrights*, p.103; Unwin, *Samuel Oldknow and the Arkwrights,* p.119; Markus, *Buildings and Power*, p.265-266; Parthasarathi, *Why Europe Grew Rich and Asia Did Not*, p.155; Dickens, *Hard Times*, pp.22, 69; W. Cooke Taylor, *Notes of a Tour in the Manufacturing Districts of Lancashire*, 2nd ed. (London: Duncan and Malcolm, 1842), pp.1-2.

40 在工厂委员会的第一份报告中，埃德温·查德威克（Edwin Chadwick）把电梯描述为"一个上升和下降的房间，蒸汽推动它移动"。Ure, *The Philosophy of Manufactures*, pp.32-33, 44-54 ("upright tunnels" on 45); Markus, *Buildings and Power*, pp.275,

280–281; Gray, *The Factory Question*, pp.92–93.

41　这个工厂建造于 1803 到 1813 年之间，一直存续到 1959 年，当拆除它的时候，发生了安全事故，4 名工人死亡。Fittonand Wadsworth, *The Strutts and the Arkwrights*, p.221; Markus, *Buildings and Power*, p.125; Humphrey Jennings, *Pandemonium, 1660–1886: The Coming of the Machine as Seen by Contemporary Observers*, ed. Mary-Lou Jennings and Charles Madge（New York: Free Press, 1985），p.98; Belper Derbyshire, Historical & Genealogical Records, "Belper & the Strutts: The Mills," July 20, 2011, http://www.belper-research.com/strutts_mills/mills.html.

42　阿克莱特在克罗姆福德建造的房屋，现在还有人住。一排房子是给织工居住的阁楼，他们从阿克莱特那里买纱线加工，他们的妻子和孩子在他的工厂里干活。Fitton, *The Arkwrights*, pp.29, 187; Arkwright Society Presentation at Cromford Mills, May 15, 2015; Fitton and Wadsworth, *The Strutts and the Arkwrights*, pp.97, 102–104, 246; Chris Aspin, *The First Industrial Society; Lancashire, 1750–1850*（Preston, UK: Carnegie Publishing, 1995），p.184; Unwin, *Samuel Oldknow and the Arkwrights*, p.95.

43　Fitton and Wadsworth, *The Strutts and the Arkwrights*, pp.246, 252; Unwin, *Samuel Oldknow and the Arkwrights*, p.191; Fredrich Engels, *The Condition of the Working Class in England*, trans. W. O. Henderson and W. H. Chaloner（Stanford, CA: Stanford University Press, 1958），p.205.

44　Fitton and Wadsworth, *The Strutts and the Arkwrights*, pp.240–244; Unwin, *Samuel Oldknow and the Arkwrights*, p.178.

45　Ure, *The Philosophy of Manufactures*, pp.150, 283–284, 312; Fitton, *The Arkwrights*, pp.146, 151; John Brown, "A Memoir of Robert Blincoe, An Orphan Boy（1832），" reprinted in James R. Simmons, Jr., ed., *Factory Lives: Four Nineteenth-Century Working-Class Autobiographies*（Peterborough, ON: Broadview Editions, 2007），p.169; Cohen, "Managers and Machinery," p.25; Engels, *The Condition of the Working Class in England*, pp.174, 199; Marx, *Capital*, Vol. 1, p.422. 关于从计件工资制到计时工资制转变的经典研究是 E. P. Thompson, "Time, Work-Discipline, and Industrial Capitalism," *Past and Present* 38（Dec. 1967），pp. 56–97。

46　Landes, *Unbound Prometheus*, p.43; Ellen Johnston, "Autobiography"（1869），reprinted in Simmons, Jr., ed., *Factory Lives*, p.308; Aspin, *First Industrial Society*, p.92; "knocker, n." OED Online. September 2014. Oxford University Press. http://www.oed.com/view/Entry/104097; "knock, v." OED Online. September 2014. Oxford University Press. http://www.oed.com/view/ Entry/104090.

47　Fitton and Wadsworth, *The Strutts and the Arkwrights*, p.97; Gray, *The Factory Question*, p.136; Giorgio Riello and Patrick K. O'Brien, "The Future Is Another

Country: Offshore Views of the British Industrial Revolution," *Journal of Historical Sociology* 22（1）（March 2009）, pp.4-5.

48　Taylor, *Notes of a Tour*, p.4.

49　Robert Southey, *Journal of a Tour in Scotland in 1819*, quoted in Jennings, *Pandemonium*, p.156; Steven Marcus, *Engels, Manchester, and the Working Class* (New York: Random House, 1974), pp.34-40, 60-61; Riello and O'Brien, "The Future Is Another Country," p.6; Benjamin Disraeli, *Sybil, or the Two Nations* (London: Henry Colburn, 1845), p.195; Karl Marx, *The Eighteenth Brumaire of Louis Bonaparte* (1852; New York: International Publishers, 1963), p.15.

50　Tollope, *The Life and Adventures of Michael Armstrong*, pp.236-237; Flora Tristan, *Promenqades dans Londres* (Paris, 1840), quoted in Riello and O'Brien, "The Future Is Another Country," 5.

51　Dickens, *Hard Times*, p.69; Aspin, *First Industrial Society*, pp.4, 239-241.

52　泰勒把社会比喻成机械从而对它进行描述，这种比喻手法在 18 世纪以前是很罕见的，这反映了工业系统的传播速度之快。Gray, *The Factory Question*, pp.23-24; Thompson, *Making of the English Working Class*, p.209; Taylor, *Notes of a Tour*, p.4-5; "machinery, n." OED Online. September 2016. Oxford University Press, http://www.oed.com/view/Entry/111856.

53　Thompson, *Making of the English Working Class*, p.341; Ure, *The Philosophy of Manufactures*, pp.20-22, 474.

54　Fitton and Wadsworth, *The Strutts and the Arkwrights*, p.226; Katrina Honey-man, "The Poor Law, the Parish Apprentice, and the Textile Industries in the North of England, 1780-1830,." *Northern History* 44（2）（Sept. 2007）, p.127.

55　Brown, *Memoir of Robert Blincoe*, p115-118, 132, 173; William Dodd, *A Narrative of the Experience and Sufferings of William Dodd, A Factory Cripple, Written by Himself* (1841), reprinted in Simmons, Jr., ed., *Factory Lives*, pp.191, 193-195; Fitton and Wadsworth, *The Strutts and the Arkwrights*, pp.98-99, 103, 226; Fitton, *The Arkwrights*, pp.152, 160-161; Honeyman, "The Poor Law," pp.123-125; Ure, *The Philosophy of Manufactures*, pp.171, 179-180, 299, 301; Jennings, *Pandemonium*, pp.214-215.

56　一些工厂扣留了部分合同工人的工资，直到每个季度末才一起发放，用这种手段把他们拴在工作岗位上，防止他们离开。Fitton and Wadsworth, *The Strutts and the Arkwrights*, pp.104-106, 226, 233; Aspin, *First Industrial Society*, pp.53, 104.

57　Parthasarathi, *Why Europe Grew Rich and Asia Did Not*, pp.3-4, 53-54. See, for example, Thomas E. Woods, Jr., "A Myth Shattered: Mises, Hayek, and the Industrial

Revolution," Nov. 1, 2001, Foundation for Economic Education, https://fee .org/ articles/a-myth-shattered-mises-hayek-and-the-industrial-revolution/; "Wake Up America," Freedom: A History of US（PBS）, accessed Dec. 8, 2016, http://www.pbs. org/wnet/historyofus/web04/.

58   Livesey quoted in Aspin, *First Industrial Society*, p.86. See also, Brown, *Memoir of Robert Blincoe*, pp.91, 109, 138-139.

59   Trollope, *The Life and Adventures of Michael Armstrong*, quote on 186.

60   英国的工厂工人与西印度群岛的奴隶的对比，不仅被工厂系统的批评者所提到，而且也被奴隶制的捍卫者所提到，他们认为奴隶实际上比工厂工人的境况要好。Thompson, *Making of the English Working Class*, p.220; Engels, *Condition of the Working Class in England*, pp.202, 204, 207-208; Disraeli, *Sybil*, p.198; Catherine Gallagher, *The Industrial Reformation of English Fiction: Social Discourse and Narrative Form, 1832-1867*（Chicago: University of Chicago Press, 1985）, pp.1-2.

61   Southey, *Journal of a Tour in Scotland in 1819*, quoted in Jennings, *Pandemonium*,p.157-158, Robert Southey, *Espiella's Letters*, quoted in Aspin, *First Industrial Society*, p.53.

62   Gallagher, *Industrial Reformation of English Fiction*,pp. 6-21（quotes on p.7, 10）.

63   Jennings, *Pandemonium*, pp.230; Taylor, *Notes of a Tour*, pp.1-2, 30.

64   Marcus, *Engels, Manchester, and the Working Class*, pp.45-46.

65   Jennings, *Pandemonium*, p.231.

66   Johnson, *River of Dark Dreams*, pp.154-157, 180-183; Paul L. Younger, "Environmental Impacts of Coal Mining and Associated Wastes: A Geochemical Perspective," *Geological Society, London, Special Publications* 236（2004）pp.169-209.

67   William Blake, *Collected Poems*, ed. W. B. Yeats（[1905] London: Routledge, 2002）, pp.211-212. Blake's original manuscript, with the punctuation used here, can be seen at http://en.wikipedia.org/wiki/And_did_those_feet_in_ancient_time#mediaviewer/ File:Milton_preface.jpg（accessed Dec. 6, 2016）. Steven E. Jones, *Against Technology: From the Luddites to Neo-Luddism*（New York: Routledge, 2006）, pp.81-96.

68   1881 年，兰开夏郡的人口又翻了一番，达到了 630323。GB Historical GIS / University of Portsmouth, Lancashire Through Time | Population Statistics | Total Population, *A Vision of Britain Through Time*（accessed Oct. 5, 2016）, http://www.visionofbritain. org.uk/ unit/10097848/cube/TOT_POP. Engels, *The Condition of the Working Class in England*, p.16; Tristram Hunt, *Marx's General: The Revolutionary Life of Friedrich Engels*（New York: Metropolitan Books, 2009）, pp.78-79.

69 Landes, *Unbound Prometheus*, pp.116–117.

70 Taylor, *Notes of a Tour*, pp.6–7. 有一个与之不同的观点，它强调工厂主和工人都受到贪婪的影响，请参见 Robert Owen, *Observations on the Effect of the Manufacturing System*, 2nd ed. (London: Longman, Hart, Rees, and Orml, 1817), p. 5–9。

71 写这些话之前不久，恩格斯辞去了他的第一份工作，前往他家族在曼彻斯特的棉纺厂工作，他自己很讨厌后一份工作，却还要再干 20 年。Engels, *Condition of the Working Class in England*, pp.9–12, 153, 174, 199–202.

72 《英国工人阶级状况》是一本影响深远的著作，对马克思主义的发展以及马克思对曼彻斯特和工业革命的观点都有很大的影响。但是，它并没有直接在英语世界造成影响，因为直到 1886 年，也就是在德文版出版四十年之后，它才以英文出版，当时是在美国出版。直到 1892 年才在英国出版。Engels, *Condition of the Working Class in England*, pp.13438; Thompson, *Making of the English Working Class*, p.209; Hunt, *Marx's General*, p.81, 100, 111–112, 312.

73 有关工厂立法争论的历史，参见 Gray, *The Factory Question*。

74 Marx, *Capital*, Vol. 1, p. 418; Ure, *The Philosophy of Manufactures*, pp.17–18, 171, 179–180, 290, 299–301.

75 Taylor, *Notes of a Tour*, p.3–4, 46, 237–238, 330.

76 Thomas Carlyle, *Chartism*, quoted in Jennings, *Pandemonium*, p.35. 马克思和恩格斯都相信，工厂制度的兴起代表了人类的进步，在他们眼中，工厂制度为一个崭新的、更加民主平等和有创造力的社会制度奠定了基础。示例见于 Hunt, *Marx's General*, pp.323–324。

77 Gray, *The Factory Question*, pp.100–101, 103–104; Ure, *The Philosophy of Manufactures*, p.295.

78 Taylor, *Notes of a Tour*, pp.80–82, 223–224; Ure, *The Philosophy of Manufactures*, pp.334–338; Engels, *The Condition of the Working Class in England*, pp.27, 156, 278.

79 Gray, *The Factory Question*; Valenze, *The First Industrial Woman*, p.5.

80 B. L. Hutchins and A. Harrison, *A History of Factory Legislation* (London: P.S. King & Son, 1911).

81 Gray, *The Factory Question*, pp.23–24, 59–60, 72, 88 (quote from Factory Commission First Report), p.130; Michael Merrill, "How Capitalism Got Its Name," Dissent (Fall 2014), pp. 87–92.

82 Engels, *The Condition of the Working Class in England*, p.195.

83 马克思在《资本论》中专门论述了"工作日"，资本主义的"吸血鬼吮吸劳动鲜血的欲望"，其中包括对工厂管理规定的详细论述。Marx, *Capital*, Vol. 1, pp.231–302 ("struggle" on 235; "vampire" on 256). Engels analyzed the Factory Acts in *The*

Condition of the Working Class in England, pp.191-199.

84 Marx, *Capital*, Vol. 1, p.219; Hunt, *Marx's General*, p.1, 7, 179, 198, 234. 正如亨特（Hunt）反复指出的那样，恩格斯担任棉纺厂经理期间，不仅向马克思提供了有关该类企业如何运作的详细信息，而且为他撰写《资本论》提供了资金支持。

85 Janice Carlisle, "Introduction," in Simmons, Jr., ed., *Factory Lives*, pp.27-28. See also David Vincent, *Bread, Knowledge, and Freedom: A Study of Nineteenth-Century Working-Class Autobiography* (London: Europa Publications, 1981), and Kevin Binfield, ed., *Writings of the Luddites* (Baltimore, MD, and London: Johns Hopkins Press, 2004). 该书论述了一个事实，即工人阶级对工厂系统的了解十分有限。

86 在《对抗科技》(*Against Technology*) 一书中，史蒂芬·E. 琼斯（Steven E. Jones）追溯了 20 世纪以来英国和美国文化中对卢德主义的理解的演变历史。

87 Berg, *The Age of Manufactures*, p.262; E. J. Hobsbawm, "The Machine Breakers," in *Labouring Men: Studies in the History of Labour* ([1964] Garden City, NY: Anchor Books, 1967), p.7-26; Fitton, *The Arkwrights*,p. 51, 53-55.

88 关于卢德主义有大量的著作，特别有价值的有 Hobsbawm, "The Machine Breakers"; Thompson, *Making of the English Working Class*, chap. 14 ("An Army of Redressers") 和 Kevin Binfield, ed., *Writings of the Luddites* (quoted letter on 74)。

89 Thompson, *Making of the English Working Class*, pp.570-591, 608-618.

90 Maxine Berg, *The Age of Manufactures*, pp.42, 259; Aspin, *First Industrial Society*, p.67; Thompson, *Making of the English Working Class*, pp.211, 297-346, 616-621; Marx, *Capital*, Vol. I, pp.431-432.

91 Jones, *Against Technology*, pp.9, 47; Hobsbawm, "The Machine Breakers," p.9-16.

92 然而，汤普森质疑恩格斯的描述，即棉纺工人能构成新兴劳工运动核心这一描述。Aspin, *First Industrial Society*, p.55; Engels, *Condition of the Working Class in England*, pp.24, 137, 237; Thompson, *Making of the English Working Class*,pp. 211, 213.

93 不仅工人没有投票权，而且由于席位分配的方式，工厂所在的地区在议会中的代表人数也严重不足。Aspin, *First Industrial Society*,pp. 56-57, 153-154; Henry Pelling, *A History of British Trade Unionism* (Hammondsworth, UK: Penguin Books, 1963), pp.18-19.

94 Pelling, *History of British Trade Unionism*, pp.24-29; Beckert, *Empire of Cotton*, p.196.

95 霍布斯鲍姆总结了 1800 至 1850 年英国爆发的主要动乱，见于 *Labouring Men*, p.155. 也 可 见 Ure, *The Philosophy of Man-ufactures*, pp.287, 366-367; Pelling. *History of British Trade Unionism*, pp.29-33, 36-37,43-44,46-49; and Thompson, *Making of the English Working Class*, pp.308, 706-708,734-768。

96 Landes, *Unbound Prometheus*, pp.48-50, 62, 71. Walt Rostow 也提出了相同的要求，

064   见于 W. W. Rostow, *The Stages of Economic Growth: A Non-Communist Manifesto* (Cambridge: Cambridge University Press, 1960), pp.33–34, 54。

97   冯·米塞斯（Von Mises）在书中是这样描述早期的工厂的："工厂主没有权力强迫任何人接受工作。"但是，忽略了国家代替他们履行这一职能的事实。关于绞死卢德分子的论述，见于 Ludwig Von Mises, *Human Action: A Treatise on Economics* (Auburn, AL: Ludwig Von Mises Institute, 1998), pp.613–619.Thompson, *Making of the English Working Class*, pp.627–628, 以及 Lord Byron's Eloquent Speech in the House of Lords Against Making Machine Breaking a Capital Crime, http://www.luddites200.org.uk/LordByronspeech.html (accessed Oct. 7, 2016)。

98   Patrick Joyce, *Work, Society and Politics: The Culture of the Factory in Later Victorian England* (New Brunswick, NJ: Rutgers University Press, 1980), p.55; Leo Marx, *The Machine in the Garden: Technology and the Pastoral Ideal in America* (New York: Oxford University Press, 1964), P.194; Aspin, *First Industrial Society*, p.15–17, 23–30; *Mechanics'* magazine, Sept. 25, 1830, reprinted in Jennings, *Pandemonium*, pp.176–79; J. C. Jeaffreson and William Pole, *The Life of Robert Stephenson, F.R.S.*, Vol. 1 (London: Longmans, Green, Reader, and Dyer, 1866), p.141; Tony Judt, "The Glory of the Rails" and "Bring Back the Rails!," *The New York Review of Books*, Vol. 57, No. 20 (Dec. 23, 2010), and Vol. 58, No. 1 (Jan. 13, 2011).

99   Timothy L. Alborn, *Conceiving Companies; Joint-Stock Politics in Victorian England* (London and New York: Routledge, 1998), pp.182–183; Jennings, *Pandemonium*, pp.311–312; Landes, *Unbound Prometheus*, p.121.

100 G. W. Hilton, "The Truck Act of 1831," *The Economic History Review*, new series, Vol. 10, No. 3 (1958), pp. 470–479; Hutchins and Harrison, *History of Factory Legislation*, pp.43–70; Hunt, *Marx's General*, pp.184–186.

101 Gray, *Factory Question*, pp.140, 163; Aspin, *First Industrial Society*, p.185. On Paternalism, see Joyce, *Work, Society and Politics*, esp. pp.135–153, 168–171, 185.

102 Brontë, *Shirley*, pp.487–488; Pelling, *History of British Trade Unionism*, pp.43–49; Carlisle, "Introduction," in Simmons, Jr., ed., *Factory Lives*, pp.63–65.

103 Engels, "Principles of Communism," quoted in Hunt, *Marx's General*, p.144.

/ 第二章 "生命之光"

—— 新英格兰纺织品和乌托邦愿景

在 1842 年的美国之旅中，查尔斯·狄更斯花了一天的时间访问马萨诸塞州（Massachusetts）最大的棉花制造中心洛厄尔（Lowell）。这座坐落在乡间的中型城市，诞生于 20 年前，如今已成为一个由工厂、公寓和教堂组成的热闹的聚居地，街道两旁种满了树木和鲜花，到处都是活泼的年轻女子。狄更斯写道，如果要拿洛厄尔和英国的工厂做个比较的话，"这将是一个强烈的反差，因为它将是善与恶、鲜活的光明和最深重的阴影之间的对比"。在与英国的制造业中心相比时，狄更斯并不是唯一将洛厄尔视为完全不同的社会秩序的欧洲游客。英国人约翰·迪克斯（John Dix）在 1845 年写道："拿曼彻斯特来反衬……洛厄尔更加美妙了……简直无法想象。"法国政治经济学家迈克尔·谢瓦利埃（Michael Chevalier）将制造业描述为"英国的溃烂"，这至少"暂时涉及最具灾难性的后果"。相比之下，他发现洛厄尔是"整洁、正派、和平、贤明"的。小说家安东尼·特罗洛普，也就是弗朗西斯·特罗洛普（《工厂男孩迈克尔·阿姆斯特朗的生活与冒险》一书的作者）的儿子，戏称洛厄尔为"商业乌托邦"。[1]

新世界的希望

到洛厄尔旅游的欧洲作家们尤其被美洲新世界的田园风光和年轻的女性劳动者所吸引。"棉纺厂！在英国，这个词本身就是苦难、疾病、贫穷、肮脏、挥霍和罪恶的同义词！"迪克斯写道，"洛厄尔与我们现在所处的环境是多么的不同啊，我们这里唯一能听到的是旋转的纺锤声和机器的嘈杂声,在洛厄尔能听到的却是虫儿的鸣叫或知更鸟的歌声。"谢瓦利埃发现洛厄尔"崭新鲜亮得就像一出歌剧场景"。他写道,"衣着体面"的年轻女人"在房前屋后侍弄花草。我告诉自己,曼彻斯特一点也比不上这里"。迪克斯也对洛厄尔工人的"健康、和善、漂亮的面孔和诚实赚来的服装"印象深刻,他写道,与曼彻斯特的工人相比,她们"属于另一个种族"。[2]

如果是在旧世界,棉纺厂会被认为是反乌托邦的,而在新大陆,棉纺厂被多次誉为光明未来的指路明灯。结果却是,新英格兰纺织制造业的许多特点——工厂田园般的环境、整洁的工业城镇和吸引人的年轻女工——只持续了几十年。但是洛厄尔制造业体系的其他方面,很少引起偶然来访者的注意。它正在酝酿着,在近一个世纪后将成为所谓的"大规模生产"模式。通过促使这样理想化的工业小镇成为一个道德提升和文化启蒙的社区,并制定一个成本低廉、标准化制造的系统,洛厄尔传播了这样的观点,即经济和社会层面上的改善都可以通过技术先进的工业来实现。洛厄尔减轻了人们对工业化的恐惧,同时把进步与消费品的高效生产挂钩。这使新英格兰纺织工业不仅成为大型工厂历史上的一个重要事件,也成为现代世界发展史上的一个重要事件。[3]

开端

洛厄尔并不是美国发展棉纺织业的第一个尝试。早些时候,该行业已经开始沿着英国的模式发展了。在 18 世纪后期,人们曾做过一些努力来制造纺纱机和梳棉机。其中有一种机器就像在阿克莱特的早期工厂里一样,把马作为动力的来源。[4]但是,只有当纺织机械师塞缪尔·斯莱特(Samuel Slater)在 1825 年躲开英国对熟练的制造业工人移民的禁令来到美国时，这里的纺织业才取得了成功，这与当年隆贝盗窃意大利技术的行为如出一辙。和意大利人一样，英国人希望通过法律的力量来维持自己对先进技术的垄断——纺织机械在1843年之前都不被允许出口——但结果证明这种努力是徒劳的。

斯莱特出生于贝尔珀，这里的工厂是世界上最早成功的棉纺厂之一。他在杰迪代亚·斯特拉特手下做过学徒，与斯特拉特一家同住，在工厂里工作，在那里他熟悉了阿克莱特的设备。1789年，他偷偷离开了英国，没有把他的内心筹划告诉任何人。到达美国后，他很快就和罗得岛州（Rhode Island）阿尔米和布朗公司（Company Almy and Brown）的股东摩西·布朗（Moses Brown）取得了联系。布朗雇他在罗得岛州的波塔基特（Pawtucket）建造并装备了一个水力磨粉厂。与英国用砖石搭建的工厂相比，阿尔米和布朗公司的工厂是非常普通的，是两层半楼高的木结构房屋，建筑和配件几乎完全由木材制成。刚开始时进展缓慢，它在当地招募了9个孩子，组成了梳棉和纺纱的队伍。到了1801年，已经有100多个孩子在这里工作。[5]

阿尔米和布朗公司的工厂很快有了新的业务，斯莱特和在那里工作的其他机械师做起了他们自己的生意，通常是与商人们合伙。斯莱特的工厂仍然规模很小，因为他把工厂建造在河流边上，这些河流一般只能为小型工厂提供动力。而且，附近没有足够的孩子能被招来当童工，也没有像英国那样的济贫院，可以用来强迫穷人做工。工厂登广告招聘人口众多的大家庭，男工做技工，儿童照看机器。但是在人口稀少的美国，劳动力稀缺，招聘工人是很困难的。因此，扩大生产不是通过扩大工厂规模，而是通过不断复制，工厂进一步向内地转移，在那里可以找到尚未开发的劳动力资源。到了 1809 年，至少有 20 家工厂在罗得岛州、康涅狄格州（Connecticut）东部和马萨诸塞州南部运营。[6]

美国的工厂一直模仿英国的做法，最明显的迹象是广泛使用童工，包括年仅四岁的儿童。还有一个比较相似的方面，除了熟练的技工外，它们通常用公司商店的票券而不是现金来支付员工工资，这反映了像英国一样的货币短缺，以及周转资金有限的问题。为了节省现金和留住工人，工厂通常每个季度支付一次工资，甚至间隔时间更长，并且在工人辞职时推迟数周后才发放最后的工资。

起初，美国工厂总产量保持在中等水平。首先，对棉纱的需求是有限的。大多数美国人穿亚麻或羊毛衣服。那些喜欢棉布的人可以购买英国的出口产品。其次，原棉很难获得。当斯莱特刚开始发展事业时，矮种棉花刚刚在美国种植，所以起初他使用从卡宴（Cayenne）和苏里南（Surinam）进口的棉花，到后来才使用美国南部种植的棉花。[7]

但是在 19 世纪 20 年代，美国的棉织品产量激增。拿破仑战争，《禁运法案》（The Napoleonic Wars，1807 至 1809 年生效）和 1812 年战争中断了对英国商品的进口，而当时棉织品的需求不断增长，阿勒格尼山脉（Alleghenies）以西居民点的棉织品市场不断扩大，刺激了对棉花的需求。为了赚钱，商人和机械师在北方各州掀起了一场纺织厂建设浪潮。织布仍然是纯手工制作。在宾夕法尼亚州（Pennsylvania），由全职的熟练工匠生产优质布料。在新英格兰，一些工厂建立了外包工网络来织布，但很少有全职工匠。由于无法及时完成工作，阿尔米和布朗感到很沮丧，于是他们雇了织工到公司的工厂里工作。[8]

正是在这种背景下，弗朝西斯·卡伯特·洛厄尔（Frances Cabot Lowell）构思了一种新颖的生产棉布的方法。有一位富有的波士顿商人，名叫洛厄尔，在英国生活了很长时间，他认为可以在一家工厂里的各个工序上都使用动力机械设备，通过大规模的纺织综合体来获得巨大的利润。当时，由于英国的技术禁运，美国很少能够在同一家工厂既纺纱又织布，也从未使用过动力织机。回国后，洛厄尔聘请了一位技术熟练的机械师——保罗·穆迪（Paul Moody），以帮助他仿制出他在英国看到的机器。到1814年，他们有了一台能成功运转的动力织机和一台准备经纱的梳棉机。[9]

与此同时，洛厄尔和其他波士顿商人成立了一个股份公司，即"波士顿制造公司"，来建造和经营一家工厂。投资者意识到，随着英国在1812年战争后全面恢复贸易，他们在国际商业中获取利润的机会将会减少。尽管制造业有望成为一种有回报的选择，但他们仍在继续积极参与贸易和房地产投资。

创立这家公司是一项激进的创新举措。在19世纪初，股份公司是罕见的，每一个股份公司的成立，都需要一个单独授权的州级法令。一般来说，它们只用于公用事业，比如修建运河。公司的组织形式具有很大优势，它是允许少数人承担义务并由多方分担风险的资本聚合体，商人们对此很熟悉，因为他们经常结成合伙关系，为船舶航行提供资金。当投资者选择提取资金和放宽继承程序时，股份公司这一形式还促进了企业的连续性，这对于富裕的、基本上是被动的股东很重要，因而他们会被吸引到纺织业中来。（19世纪三四十年代，在新英格兰的多数州里，公司被授予了有限责任，从而获得了额外的优势。）在五年内，波士顿制造公司筹集了40万美元的资本（很快筹集到60万美元）。相比之下，直到 1831 年，罗得岛州 119 家工厂的平均资本额还不到 4.5 万美元。[10]

为了开展运营，波士顿制造公司在波士顿查尔斯河（Charles River）上游的沃尔瑟姆（Waltham）买下了一家工厂，那里的一家造纸厂已经在使用水力机。在那里，公司建造了一个四层楼高的砖房，宽 40 英尺，长 90 英尺，屋顶是圆形的，挂着一个通知员工上班的铃铛。沃尔瑟姆的工厂虽然比美国现有最大的棉纺厂大不了多少，却有根本上的不同，因为它既有纺纱设备，又安装了织布设备，因此在同一个建筑里，打包的原棉直接被加工成成品布运出来。此外，波士顿制造公司招聘了与以前的工厂不同的劳动力，不仅雇用了一些熟练的男性技工，也让当地年轻妇女来操作纺纱设备和织布设备。[11]

波士顿制造公司生产的线是粗糙的、未经处理的纱线——比在英国使用的粗得多——以避免纱线断裂。结果，这家工厂只能生产简单的厚布。起初，这家公司推出了一码宽的白色床单，这种床单是从印度学来的样式，这种产品在日益增多的西方定居点很受欢迎。在那里，家庭纺织不如在新英格兰那么常见，因而人们更重视纺织品的耐用性。有些布是卖到南方给奴隶做衣服的。该公司通过单一代理商销售其所有的产品，收取佣金，而不是选择其他工厂也使用的寄售系统。洛厄尔巧妙地保护了自己的市场，通过游说，让 1816 年《关税法》（Tariff Act）对廉价的进口纺织品征收更高的关税，而不是对罗得岛州纺织厂生产的价格较高的同类产品加税，这实际上将外国竞争拒之门外。[12]

成立于 1814 年底的沃尔瑟姆工厂几乎立即就实现了赢利。1817 年，波士顿制造公司首次支付了 12.5% 的股息。到 1822 年，该公司已全额偿还了其最初的投资者的股本，累积股息达到

104.5％。在 1816 年，该公司在第一个工厂附近建造了第二个工厂，大约有 40 英尺宽、150 英尺长，稍大一些。并且盖了一个单独的小房子用来拣棉，即打开容易产生高度易燃的棉尘的原棉包。像第一个工厂一样，第二个工厂在主建筑的外面有塔来容纳楼梯和厕所（将产生的废物倾倒到查尔斯河中）。[13]

　　第二个沃尔瑟姆纺织厂建成后，新英格兰北部纺织业的样板就准备就绪了。正如一个世纪前在隆贝的工厂里发生的那样，一种新的生产模式迅速形成，随后是长时间的复制和逐步改进，但没有发生根本性的变化。在 1858 年，沃尔瑟姆最初的投资者内森·阿普尔顿（Nathan Appleton）指出："自从在沃尔瑟姆建成第一个工厂以来，后来的安排就没有什么变化。"[14]

　　是什么让沃尔瑟姆体系如此不同和重要？第一，在一个单一的空间和一套独立的系统里完成生产全程。原料进了工厂，最后成品就出来了。这样就消除了关于不同厂家和外包工在不同生产阶段中协调和运输材料的所有问题和成本，并保证了质量。在同一屋檐下进行所有工序可以提高生产率，例如将纬纱直接纺到用于后续织造的筒管上。

　　第二，沃尔瑟姆式工厂把精力集中在快速生产标准化产品上。大多数沃尔瑟姆式工厂只生产一种类型的布，或者最多只生产几种布，它们的机器运行速度比英国的同类设备要快。洛厄尔和穆迪推出的创新，牺牲了灵活性，追求速度。他们的"双速"粗纱机，去掉了生产不同类型纱线的昂贵配置，这也鼓励了同类产品的长期生产。穆迪后来采取了其他措施来加快设备的速度，包括使用皮带而不是轴将动力传送到单独的机器，以及用锻铁而不是木头来制造主杆。但是高速设备只能生产相对简单的织物，不能生产有彩色的复杂图案的织物，或其他"花式商品"。

第三，沃尔瑟姆系统使尽可能多的流程自动化，减少了对熟练劳动力的需求。许多沃尔瑟姆式机器有"停止运转"的功能，当一根线断了或者出现了一个别的问题时，设备就会停止运转，减少了操作人员的技术难度，增加了他们可以监视的机器数量。[15]

第四，波士顿集团以企业形式的制造业将大资本和商品生产联系起来。该公司在未来几十年内不会成为纺织行业以外制造业的标准，但它所带来的好处，最终使它成为大型工业企业的楷模。波士顿制造公司及仿照波士顿制造公司而成立的其他公司，在厂房、设备和仓储方面投入了大量资金，可以建造更大、效率更高的工厂，比以斯莱特工厂为模型的小公司更能承受经济的动荡。

第五，使用单一销售代理，而不是多个批发商，在特定产品和特定公司之间建立了密切联系，这是向后来被称为"品牌化"的现象所迈出的一步。有时是销售代理而不是工厂来决定应该生产什么产品，这很像近两个世纪后的今天所出现的情况，名牌公司和大型连锁店会告诉服装、鞋和电子产品制造商确切信息，让他们知道要生产什么。销售代理，而不是制造商，感应到了市场的脉搏。[16]

第六，沃尔瑟姆式工厂最初是作为国内企业而不是国际企业发展起来的。最近许多关于棉纺织工业的文献都强调了它的全球性。英国的情况就是如此，英国进口原棉，出口棉花制品，是世界贸易的中心。但沃尔瑟姆 - 洛厄尔棉纺厂使用的是在美国种植的棉花，其产品也主要是销往美国境内。1840 年，出口在美国棉布生产中所占的份额不到 8%，到了 1860 年，仍然不到 10%。国际市场是一个很好的利润来源，也是消耗过剩产量的好去处，但不是该行业的核心所在。[17]美国丰富的自然资源和不断增长的庞大国内市场，意味着美国工业将主要作为国内企业发展，虽然与国际市场打交道，但不依赖国际市场。

洛厄尔

沃尔瑟姆工厂树立了典范，但出名的是洛厄尔工厂。波士顿制造公司建立了这个城市，以扩大自身的生产能力。在沃尔瑟姆建起第三家工厂后，公司的董事们决定建立一个新的综合工厂来生产印花布。当时的沃尔瑟姆，已经没有足够的水力供应给更多的工厂使用了。于是，公司领导在波士顿以北23英里的地方找到了一处土地，即马萨诸塞州的东切姆斯福德地区（East Chelmsford）。在那里，梅里马克河（Merrimack River）的波塔基特瀑布（Pawtucket Falls）落差高达30英尺，释放出巨大的能量。

几年前，一个叫作梅里马克河船闸与运河所有者公司的生意团体在瀑布附近修建了一条运河，以便于航行。波士顿制造公司悄悄地买下了这家公司，以及沿河土地。为了创办新企业，1822年它创立了梅里马克制造公司，向其投资者提供股份。新公司雇用爱尔兰劳工，把原先的运河拓宽挖深，又重修了船闸，以使工厂有充足的水力。在电力设备和炸药出现之前，开展基础设施工程以及建造和装备新的工厂，花费是极其高昂的。只有这群新英格兰最富有的人，才有可能资助如此大规模的工业发展。[18]

在新址上建造的工厂，以及后来模仿它的其他工厂比最早在罗得岛州建立的工厂大得多，也更气派。漂亮、耐用的砖结构建筑，没有太多的装饰，至少在表面上类似隆贝的工厂，当时后者已经有一个世纪的历史了。[19] 技术因素决定了它们的大小和形状。用来从水车往机器传送动力的木杆装置，只能延伸100英尺长，再长就会从中间断裂。即使在建筑者直接将工厂建造在水车上面，让转动轴可以向水平方向的两边延伸之后，建筑长度也是有限的。由于需要从四周的窗户引来光线，工厂也不能太宽。所以，楼层的面积也不可能很大，比如梅里马克工厂是 156 英尺乘以 44.5 英尺。为了拓展出更多的空间，充分利用水车的动力，他们在梅里马克建造了一座五层楼高的工厂，另外还有一个阁楼和一个地下室。为了获得更大的生产能力，梅里马克和其他纺织公司建立了多个工厂集群。有时，这种集群是围绕一个中心场地排列组合的。

　　直到 19 世纪 40 年代，新英格兰的纺织公司才大量使用铁质结构材料。铸铁在美国很昂贵，而大木梁是现成的，能承受重压和减轻振动，当地建筑工人也对后者更熟悉。和英国人一样，美国人也担心火灾的危险，但他们采取了一种与英国人不同的方法来避免火灾。他们不是试图用铁和砖来代替木材建造防火建筑，而是通过使用非常厚重的木材来阻止火焰的蔓延，不仅在房梁上如此，在地板上也是如此。当房子烧起来后，这些木材将会缓慢地起火，并能够继续支撑重量，即使它烧焦了，工厂也不至于坍塌。

　　到 1825 年，梅里马克已经建成了五座几乎是从一个模子里出来的工厂建筑，以及其他几座用于布料漂白和印花的建筑。每个工厂都是独立的，都有纺纱设备和织布设备，能够把原棉直接织成布。[20] 和沃尔瑟姆一样，新工厂很快就盈利了。在投产后的两年内，梅里马克就支付了它的第一笔红利。为了进一步扩张，公司的董事们想出了一个新的战略，即创建更多的公司，每个公司都有自己的股东和董事，公司之间的所有权层层重叠。这种结构便于从新投资者那里筹集资金，同时允许现有股东从老公司那里撤回资金，投资到新的公司里。

图 2-1　一幅描绘 19 世纪 50 年代马萨诸塞州洛厄尔的版画，突出的前景是一派田园诗般的景象

为了促进公司的扩建，梅里马克将它不需要的土地和水力转归重建的水闸和运河公司所有。这些新的公司还接管了波士顿制造公司的机器车间业务。就像英国威廉·费尔贝恩的公司一样，既售卖，又提供运河航运服务，今天我们将它称为"一站式服务"。1824 年，汉密尔顿制造公司（Hamilton Manufacturing）成立了，随后是洛厄尔制造公司（Lowell Manufacturing）、阿普尔顿公司（Appleton Company）、劳伦斯制造公司（Lawrence Manufacturing）、博特工厂（Boott Mills）、萨福克制造公司（Suffolk Manufacturing），以及特里蒙特工厂（Tremont Mills），总公司向它们出售工厂和机械，并提供水动力（通常是按转轴数量来收费）。

工厂主们为这些公司做了精心安排。每一家新公司都有自己的特色产品，梅里马克公司是印花布，汉密尔顿制造公司是斜纹布和花呢、洛厄尔制造公司是地毯和棉布等，而不是彼此竞争。许多公司共享同一个销售代理，并定期交换成本信息。到了最后，洛厄尔地区有 10 家大公司，总共经营着 32 家工厂。[21]

梅里马克公司和它的子公司们不仅建造了工厂，而且在人口稀少的农业区建造了一个城市。在梅里马克公司的倡议下，工厂和周围的土地被从切姆斯福德地区分离出来，成为一个独立的城镇，以 1817 年逝世的弗朗西斯·卡伯特·洛厄尔命名。当地人口稀少，无法为迅速建设的工厂配备人员，当务之急是为从远处招聘的工人建造住房。

外部观察人士在报道关于洛厄尔的情况时，通常的关注点是，这家公司的寄宿公寓里，住满了活泼的年轻女性。但是，在沃尔瑟姆并不是这样。波士顿制造公司在沃尔瑟姆的确拥有一些住房，但显然主要租给了男性工人。未婚女工，如果是当地人，就与自己的家人在一起，如果不是，就借宿在与公司无关的当地人家。公寓模式是在别处发展起来的。波士顿制造公司成立并投入运营后不久，就开始向其他建立纺织厂的公司出售机器和专利权，这些工厂通常以沃尔瑟姆的第二个工厂为建筑模板。在新罕布什尔州（New Hampshire），多佛制造公司（Dover Manufacturing Company）建造了两个工厂，其中有波士顿制造机器公司和一个新的城镇。城镇有街道、公司商店、银行、商业大楼和为女工提供的宿舍。该公司将公寓出租给管家，让他们进行管理，并详细规定了住户的居住准则。新罕布什尔州大瀑布镇（Great Falls）的一个类似建筑群中，也有供女工居住的宿舍。显然，洛厄尔的建造者在综合体中采用了寄宿公寓的模式。[22]

图 2-2 《梅里马克工厂和寄宿公寓》，一幅 1848 年由 O. 佩尔顿（O. Pelton）创作的版画，描绘了鳞次栉比的公寓房和在街道尽头的工厂

洛厄尔的那些公寓，在设计上并不一致。早期的公寓是用木头建造的，一般有两层楼高，后来的公寓是砖砌的，有三层。到了 1830 年，梅里马克除了有生产厂房外，还有 25 套木质公寓、4 套砖房公寓、25 间农舍、1 个为经理准备的房子、1 座教堂（包括附属牧师住宅和仓库），以及 1 个"消防局"、1 家商店和 2 个货栈。随着洛厄尔的发展，这些纺织公司资助建立了图书馆、阅览室和演讲厅。到 1840 年，洛厄尔容纳了 8000 名纺织工人，总人口超过 2 万人，成为美国第十八大城市。[23]

扩大规模

尽管核心的纺织投资者——经济历史学家维拉·施拉克曼（Vera Shlakman）称之为"波士顿帮"（Boston Associates）——

在洛厄尔扩大产量，建立了多家公司，但除洛厄尔之外，他们在新英格兰北部也建立了新的工业小镇。在马萨诸塞州斯普林菲尔德（Springfield）附近的奇科皮瀑布（Chicopee Falls）旁，他们成立了 4 家纺织公司，模仿洛厄尔公司的模式，即另有一家公司负责控制土地和水力发电以及制造机器。其他综合体出现在马萨诸塞州的汤顿（Taunto）和霍利奥克（Holyoke），新罕布什尔州的纳舒厄（Nashua）和曼彻斯特，以及缅因州的索科（Saco）和比迪福德（Biddeford）。19 世纪 40 年代中期，洛厄尔已经挤不下新的工厂了，于是一群波士顿投资者在梅里马克河附近开发了一个新的城镇——劳伦斯，它成为一个主要的羊毛和棉花加工中心。在少数情况下，波士顿集团接管了其他企业建立的工厂，例如多佛的综合体。[24]

波士顿联合公司是个十足的波士顿人的公司。它们的拥有者主要是波士顿居民，这些人早在投资纺织业之前就发了财。大多数人很少去巡视他们的工厂。即使是那些拥有位置较远的工厂的公司，也是由一位住在波士顿的财务主管打理的，他通过往工厂派驻代理来进行经营。相关销售和金融业务也是在波士顿进行的。掌管者缺席、大量的工人是从远处招聘来的，这就意味着工厂和工业城镇往往在当地没有根基。工业资本主义——在美国和在英国一样，纺织业处于领先地位——不是从现有社区里循序渐进发展出来的，而是完全由外部商业资本植入并形成的。[25]

波士顿集团所创造的纺织联合企业，使当代的工厂相形见绌。在 1832 年，一项联邦调查发现，在 36 家登记雇员超过 250 人的制造业企业中，有 30 家是纺织公司。在南北战争前夕，美国的制造业工厂平均只雇用了 9.34 名工人。相比之下，1857 年洛厄尔规模最大的梅里马克公司有 2400 名工人，该市其他 6 家公司的工人数量都在 1000 人以上。[26]

然而，持续的增长并不意味着持续的创新。在最初爆发过创造性之后，总部设在波士顿的工厂的工厂主和经理被证明是很保守的，几十年来没有带来重大的技术变革。直到 19 世纪 40 年代中期，单个工厂的建筑很少超过第二个沃尔瑟姆工厂的尺寸，一般每个厂房能容纳 250 至 300 名工人。这些公司通过加快现有设备的生产速度和依照完善的模板建立起来的新工厂来增加产量。波士顿的投资者们只需要做重复的事情就能获得很好的回报，因此，他们觉得，基本上不需要新奇的东西了。[27]

动力问题就是一个很好的例子。由于水力充足，而且煤比英国工厂的更远、更贵，新英格兰的工厂主直到南北战争结束后才广泛采用蒸汽动力，那时蒸汽动力在英国已经很普遍了。因此，新英格兰的城镇没有英国工业所特有的黑烟和煤灰。洛厄尔的发展和劳伦斯的规划显示，梅里马克河上的公司选择继续使用水力，而不是安装蒸汽机。工厂主们在 60 多英里之外的新罕布什尔州温尼珀索基湖（Lake Winnipesaukee）的出水口处购买了房地产和用水特权，将更多的水引入河流〔这种傲慢，甚至超过了拉尔夫·沃尔多·爱默生（Ralph Waldo Emerson）〕。[28]

波士顿纺织投资者所采取的公司式发展模式，使制造业的规模空前扩大。1850 年，他们控制的棉纺厂的产量占美国棉纺厂总产量的五分之一。仅在洛厄尔，1857 年就有 10 家工厂，仅仅是洛厄尔漂白厂和洛厄尔机器车间（从运河与机械工厂分离出来）就总共雇用了 13000 多名工人。[29]

但洛厄尔模式并没有充分利用这种庞大规模所带来的潜在效率。在公司内部，把每栋厂房拆作一个独立的生产单位来经营，意味着虽然有一些能够降低成本的协作活动——最重要的是购买原棉和销售成品——但在其他方面，每栋建筑都是作为一个独立的、中等规模的企业运营的。完全整合的、合理化的、多地点分布的公司的构想，仍然未能实现。直到 19 世纪 50 年代，洛厄尔工厂才开始计算单位成本，所以它们在此之前对不同安排的利弊并不清楚，只是坚持在洛厄尔实行第一个沃尔瑟姆工厂的那套系统。即使在这些公司开始将曾经独立的工厂建筑连接起来，并让那些再也看不到城镇和乡村景色的工人感到沮丧的时候，它们仍然继续把每个工厂当作一个独立的实体来对待。由于每一家由 4 个或 5 个工厂组成的企业集群是作为一个独立的公司组织起来的，因此在采购、销售和管理方面可能产生的其他节余并没有实现。[30]

阿莫斯克亚格制造公司（Amoskeag Manufacturing Company）是个例外。它表明，换一种组织方式，可能会产生更高的效率。19 世纪 30 年代后期，该公司在新罕布什尔州的梅里马克河上建立了一个新的纺织中心，也就是一个名为曼彻斯特的大型城镇。该公司最初复制了洛厄尔模式，通过创建一个个新的企业实体来实现扩张。但与洛厄尔不同的是，曼彻斯特两家独立的公司开始在同一管理层的领导下进行整合，直到曼彻斯特的所有工厂都被阿莫斯克亚格控制。合并后的公司结构，促进了生产扩张。在 20 世纪初的鼎盛时期，阿莫斯克亚格有 17000 名工人，分布在 30 个工厂和许多相关的建筑里，在河的一边绵延一英里多，在另一边绵延半英里。它规模很大，使公司几乎可以完全自给自足，甚至在大型建筑项目中使用自己的工人，并自行生产大部分机械供自己使用。[31]

通过复制的模式进行扩张——许多独立的工厂，由许多独立的公司控制——被证明是一个死胡同。这时，其他公司开始接近并超过波士顿联合公司的规模，比如宾夕法尼亚铁路公司（Pennsylvania Railway）、标准石油公司（Standard Oil）和美国钢铁公司（U.S. Steel）。一些公司尝试了连锁董事制度，以便最迅速地采取行动，加强公司控制和金融监管，即使是对地处最偏僻的设施也是如此。[32] 然而，在组织上，是沃尔瑟姆－洛厄尔体系开此先例，把大型工厂带到了美国。在内战之前，正是这个体系代表了政治和文化话语中的工业主义，是评论的焦点，更常见的是，它是对一种全新的社会的赞美。

工厂姑娘

1844 年，在《纽约每日论坛报》（*New-York Daily Tribune*）上发表的一篇关于洛厄尔的文章，创造了"美国工厂姑娘"一词。文章写道："她通常是一位农民的女儿，在地区学校接受过普通教育，在工厂里呆几个季度，赚一点钱，为刚刚开始的人生打些基础。她每年有几个星期或几个月在她父亲家里度过，通常在家乡结婚和定居。许多人在一天的工作结束后去听讲座和上夜校，在 6000 多人中，有一半以上的人经常坐在洛厄尔的教堂里聆听讲道，并为她们的座位付钱……她们还热情地认为，禁酒越严格的地方，作奸犯科的行径就越少。"报纸上的描述也许过于乐观，但是介绍的情况基本上是准确的。正是文章中洛厄尔的"姑娘们"和她们在工厂小镇的生活给国内外游客留下了深刻的印象，并使她们对美国的工厂和英国的工厂进行了鲜明的对比。[33]

弗朗西斯·洛厄尔和他的伙伴们把乡村女孩作为劳动力来源，主要是由于缺乏其他选择。洛厄尔集团试图避免儿童大规模就业带来的社会不满，而且无论如何，它们的动力机器，需要比较大的力气才能操作，因此需要成年工人。与英国不同，美国既没有人口过剩的城市男性工人，也没有人口过剩的农村男性可以雇用。也许在较早的时代，奴隶曾被使用过，在规模小得多的美国南部的纺织业中，就使用了奴隶。据估计，到1860年，有5000多名奴隶在南方的棉纺厂和毛纺厂工作。但是，当洛厄尔建立沃尔瑟姆工厂的时候，奴隶制几乎已经在北方结束了。

作为替代，沃尔瑟姆－洛厄尔式的工厂找到了一个绝妙的解决方案：从新英格兰农村地区招聘年轻女性。她们尚未结婚，年龄在十几岁到二十几岁之间，是受过良好教育的劳动力，她们吃苦耐劳，干活勤快，服从男性权威，收入对她们的家庭并不那么重要，即使大规模失业也不会造成经济或社会危机。而且，对工厂主们来说，她们是召之即来挥之即去的劳动力。当在工厂里感到不愉快，或者是找不到工作时，她们可以回到自己的家庭，而不是待在附近制造麻烦，以避免像英国那样，有一个永久存在的无产阶级，持续成为"不满和混乱的源头"。[34]

对这些工人来说，工厂是机遇的一种象征。在结婚前，她们可以见识到更广阔的世界，也可以为她们自己和她们的家庭赚些钱。她们中很少有人来自穷困的家庭，迫切需要额外的收入，而这在英国是很常见的。相反，她们通常来自中等家庭，是农场主或乡村工匠的女儿。但金钱确实在她们来的原因中占了很大一部分。通常情况下，她们会保留自己的收入，用这些钱来买衣服、积攒嫁妆、为接受更高的教育攒钱，或者脱离家庭，自力更生。许多人还寄钱回家，帮助偿还农场抵押贷款或家庭债务，供养孀居的母亲，或支付兄弟的教育费用。沃尔瑟姆－洛厄尔式工厂的一大吸引力在于，它们像许多罗得岛州的工厂那样，用现金支付工资，而不是用公司商店的票券支付。当时，除了家政服务（许多新英格兰人认为家政服务者是奴工）、学校教学（比工厂里的工作更具有不定期性）和缝纫工作以外，妇女几乎没有其他赚钱的办法。

但是，钱不是全部原因。工厂还提供了一个逃离家庭、逃离农村生活、逃离无聊和孤立的机会，让她们能够体验一个新的、更国际化的世界和独立的生活，拥有购买消费品和参加广泛的社交活动的机会。靠自己谋生给了妇女独立的感觉，减轻了父母的负担。具有讽刺意味的是，纺织厂的裁员，也成了对家庭经济做出的贡献，那时候年轻女工就会回到家中纺线和织布，供家庭使用或者售卖到市场上。[35]

除了年轻妇女外，工人中还有其他类型。特别是在早期，工厂里有严格的性别分工。除了织布和梳棉外，几乎所有与照料有关的工作都由妇女担任。所有的施工、维护和修理工作都由男性工人来做，所有的管理职务也由男性担任。此外，这些工厂从英格兰和苏格兰招聘有技术的男性工人从事专门工作，这些工作没有合格的本地工人能够胜任，包括在布上印花和生产毛线。也有少数儿童在工厂工作（虽然洛厄尔工厂一般不雇用任何 15 岁以下的人），还会有几个年长的已婚妇女。1836 年汉密尔顿制造公司的劳动力结构是一个典型，妇女占其劳动力的 85%。随着时间的推移，女性劳动者的比例有所下降，但是速度缓慢。1857年，除了纯男性的洛厄尔机器厂外，洛厄尔纺织业的全部劳动力中，女性所占比例刚刚超过 70%。[36]

洛厄尔式的工厂很少需要登广告来招聘工人。年轻女性——一个关于汉密尔顿集团雇用工人的抽样调查发现，她们的平均年龄在 20 岁以下——在听说了工厂招聘后，会毛遂自荐或是由姐妹、堂（表）姐妹或朋友介绍。工人的诗歌和小说杂志《洛厄尔奉献》（*Lowell Offering*）不仅受到了参观访问者的广泛赞扬，也成为公司的一种招聘广告形式（公司一直在默默补贴它）。当附近农村地区的工人都被挖走时，这些工厂就会派遣招聘人员到更远的农村地区去搜寻。在铁路出现之前，一般是用货车把他们招来的工人带回来。[37]女工人的在职时间一般较短。大多数人认为，女性的平均工作时间为4到5年，通常在结婚后就应该辞去工作，回归家庭。[38]

从一开始，工厂主就盘算出，只有在她们的安全和福利得到保证的情况下，父母才会允许女儿离开家庭，去工厂工作。1845年，佛蒙特州（Vermont）伯灵顿自由出版社（Burlington Free Press）写道："为了不断从乡村引进女性劳动力，有必要确保她们在洛厄尔工作期间得到妥善对待，生活愉快。"为此，这些公司建立了报纸所称的"道德警察制度"。完善的公司规章制度不仅在工人上班时约束着她们，在下班时也是如此。米德尔塞克斯公司（Middlesex Company）宣称："凡是在安息日缺席公共礼拜及品行恶劣者，绝不雇用。"工人们被禁止在工厂里吸烟和做出有伤风化的事。除非她们的家就在附近，否则她们通常被要求住在归公司所有的寄宿公寓里。同样的，寄宿公寓也有自己的一套规则，包括晚上十点钟的宵禁和所有居住者至少接种一次天花疫苗（公司同意支付费用）。寄宿公寓的女管家必须报告有谁违反了规定，后者可能会被解雇。公司要求员工签一年期合同，并在辞职前两周告知公司。在合同期满前，会发布已经被解雇或已经辞职的工人名单，并对迟到和工作质量差的人处以罚款。[39]

公司的家长式管理，并不仅仅是监管或惩罚性的，特别是在早期，公司试图使工厂变成有吸引力的工作场所和居住场所。洛厄尔是经过精心布局的，宽阔的街道两旁种满了树木，工厂、寄宿公寓和商业建筑也井然有序。公司在建筑物周围和工厂的院子里种植树木并设置花坛，允许工人在工厂的窗台上种植花草。一位新到曼彻斯特的女工对砖房和"非常漂亮的街道"印象深刻，给她的妹妹写信说，她认为那是"一个美丽的地方"。工厂城镇，特别是洛厄尔，以其社交场合，如讲座和文学社团，而受到了广泛的赞扬。这有点夸张，因为由于工作时间很长，工人们从事其他活动的时间很有限。尽管如此，像洛厄尔和曼彻斯特这样的城市的观感都与拥挤、肮脏、贫穷的英国纺织中心，如威根（Wigan）、博尔顿和同名的曼彻斯特，截然不同。[40]

在工厂工作和在工业城镇生活的经历改变了涌向洛厄尔、曼彻斯特、奇科皮等地的妇女。有两个姐姐在洛厄尔工作过的奥古斯塔·沃森（Augusta Worthen）后来回忆道，她们的家乡是新罕布什尔州的萨顿（Sutton）（在 1830 年有 1424 人），她们到洛厄尔或纳舒厄去工作，以便有"一个机会去看看其他的城镇和地方，去看看这个世界，比她们的同龄人所能看到的更多。她们穿着乡间自制的朴素衣服，工作几个月后，就会去旅行，或者结婚。她们还穿着雅致的城市服装，口袋里的钱比以前任何时候都多"。尤其是对寡妇和依靠亲属接济的老处女来说，工厂的工作可能会是个彻底的改变。工人哈里特·罗宾逊（Harriet Robinson）后来想起了她们"沮丧，谦虚，装腔作势，几乎不敢面对别人……但是在发薪日到来之后，她们感觉到口袋里银币的叮当声，并且感受到钱财的妙处后，就变得抬头挺胸了，她们的脖子似乎被铁棒支撑起来了。她们直视着你，愉快地在织布机框里唱着歌，用愉快的步子来回走动着"。

许多工厂女工回到家乡结婚，有时像她们的父母一样定居农场。但历史学家托马斯·都柏林（Thomas Dublin）对曾在汉密尔顿制造公司工作过的女性进行的一项详细研究发现，与那些没有去工厂的家乡女性相比，她们通常在较大的年龄结婚，她们嫁给农民的可能性要小得多，也更有可能在城市里定居，不少人结婚后会留在洛厄尔。虽然新英格兰的乡村本身也在发生变化，如交通条件在改善、商业也在发展，但对年轻工人来说，工厂的经历加速了她们从半自给的农业社会向新兴商业社会的过渡。即使是那些在家乡定居下来的妇女也和那些从未离开过的人完全不同。[41]

与英国纺织工人不同，那些涌向新英格兰工厂的年轻妇女留下了大量的文字。几乎所有有文化的人都会写日记、给家里写信、互相写信，为《洛厄尔奉献》、《新英格兰奉献》（ *New England Offering* ）和《工业之声》（ *The Voice of Industry* ）这样的劳工报纸撰稿，还有一些人写回忆录或自传。在她们的信中，金钱问题被频繁地讨论：薪水多寡、可供选择的工作类型、工作所获收益和开支费用。工作本身并不像工作、家庭新闻或宗教之外的活动那样被写信者频繁提到。虽然工作的节奏也时常被

提到，但是机器本身很少被提到。融入社会和赚取工资——这是如此多的工人离开家园的原因——仍然是最重要的，工作任务和提供这些工作的工厂似乎已被认为是司空见惯的了。[42]

也许其中一个原因是，至少在最初的几十年里，工厂工人一般认为劳动并不特别艰苦。1843年，《洛厄尔奉献》的一篇社论指出："勤劳是最大的美德。许多从乡下来到洛厄尔的女孩，都从她们优秀的母亲那里学到了这个道理。"对于工厂劳动会产生有害影响的说法，这篇社论宣称，工厂里的劳动是"轻便的——如果不是这样，就不会有那么多的人从乡下来到这里，摆脱挤牛奶、洗地板，以及其他所谓健康的工作"。

就像在英国一样，经常有新员工第一次走进一家工厂后体验到，机器的噪音和运转的节奏，以及和其他几十名员工共享一个巨大的工作空间，这都让她们感到巨大的压力，而且工作很累人。但是，她们往往很快就会适应。虽然工作的强度差别很大，但至少在最初几年，当公司仍在完善机械和业务，以及保持高盈利时，许多工作并不特别繁重。在纺纱和织布车间，工人们常常有很长一段空闲时间来监视设备，等待断裂的线头或需要更换的线轴。有时还会违反规定，进行阅读或社交。[43]

但是，工作毕竟还是工作。《洛厄尔奉献》引用了狄更斯在《美国纪行》（*American Notes*）中对"洛厄尔特工"的评论："这是她们的工作位置，她们就在这里干活……她们每天平均工作12小时，这无疑是个苦差事，工作节奏也很紧张。"长时间重复的动作带来了无聊和疲劳。工厂里的空气常常是污浊的，特别是在冬天，需要蜡烛和灯来照明，就连噪音也会变得沉闷。通常情况下，天气要么太热，要么就太冷。许多工人对严格的生活规定感到不满，一些人称之为"工厂专制"。[44]

工业城镇的生活也有其不利之处。一些新来的人被许多陌生人包围着，她们原本是会在偏僻的农场或小村庄里度过一生的。寄宿公寓里挤满了人，每间卧室都有四到六个女孩（两个人睡一张床），几乎没有什么隐私可言（尽管对那些在新英格兰大农场家庭长大的人来说，这并不新鲜，她们在家里也挤在一起睡觉）。但是，对大多数新来者而言，这是获得更丰富的社会、智力和宗教生活的机会——以及赚钱——似乎益处大于城市化所带来的坏处。[45]

然而，情况并不是一成不变的，它们随着时间的推移而恶化。厂房的爆炸性扩张——斯莱特和洛厄尔式的建筑——开始使布料的供需差距缩小。到 1832 年，仅在新英格兰就有大约 500 家棉纺厂。为了在竞争加剧和价格下跌的情况下保持盈利，总部位于波士顿的公司试图削减成本。薪水不一定是它们最大的支出。在某些年份，公司花在原棉上的钱要比用劳动力把它变成布的钱还多。但后者是它们能够控制的一项开支。[46]

公司以多种方式降低劳动力成本。有时它们只是简单地降低工资率，比如说，对许多工人实行计件工资制。例如，1840 年 3 月，梅里马克制造公司的董事们投票决定，"在经济大萧条的情况下，裁员是必不可少的"，授权公司财务主管"在他们认为有利且可行的情况下"削减工资。这些公司也开始以更高的速度运转机器，利用转轴和设备方面的技术改进来削减成本。并且它们开始指派纺织工和织布工照看管理更多的机器。以前，一个工人照看一到两台织布机，到了 19 世纪 50 年代，分配给她三或四台织布机是很常见的事。随着产出和工作压力的增加，计件工资率降低了，所以工资增长幅度有限。对新英格兰北部四个洛厄尔式工厂的研究发现，1836 至 1850 年，生产率几乎提高了一半，而工资只增长了 4%。[47]

在 19 世纪 30 年代，为了应对减薪，出现了一些短暂的具有戏剧性的抗议。动员工人的口号和政治运动的出现，标志着全国范围内增加劳工组织的时刻到来了。1834 年初，洛厄尔工厂宣布将削减 12.5% 的工资，这引发了一系列集会、请愿和抗议，工人们试图推翻这一决定。当工厂经理解雇了一名抗议活动的领导者时，其他工人也跟着她走了出来，她们在街上游行，到其他工厂巡游，要求其他工厂的工人也走出去。大约有 800 名妇女参加了游行。但它是短暂而不成功的。在不到一周的时间里，罢工者要么返回工作岗位，要么辞职，工资的削减按原计划进行。

两年后，1500 到 2000 名工人参加了有组织的游行，抗议公司寄宿公寓的租金和就餐价格的上涨，因为这实际上是对工资的又一次削减。在一些工厂，罢工持续了几个星期，至少有一家公司不得不关闭一个工厂，将其中的工人分散到其他工厂中，以保证生产继续进行。一个新成立的有 2500 名成员的"工厂姑娘协会"组织了这次罢工。虽然确切的结果仍不清楚，但至少有一些工厂部分或全部取消了涨价。[48]

这并不是第一次工人罢工。早些时候，在罗得岛州的波塔基特以及马萨诸塞州的沃尔瑟姆和多佛有过短暂的罢工。但洛厄尔罢工的规模更大，而且具有更大的象征意义，因为它们发生在美国最著名的工业城市。此外，尽管美国有组织的劳工运动在革命后不久就断断续续地发展起来，但妇女和工人的罢工仍然是新鲜事。

/ 067

然而，在其他方面，洛厄尔的罢工符合一种国家模式。在这种模式中，共和主义的言论和革命精神被用来动员工人反对被视为正在崛起的资本暴政。在 1834 年的罢工期间，有一份请愿书说："我们传播了这份文件，是为了追随我们那些开国先烈的光辉道路。他们宁愿忍受贫穷也不愿受人奴役……贪婪的压迫之手会奴役人们……只要我们自由了，我们就会继续拥有上帝赐给我们的恩惠，让我们继续做自由之女。"罢工者认为，管理者肆意削减工资并强制实行，不仅威胁到她们的经济福利，也威胁到她们的独立和体面，有可能使她们沦为奴隶，不再是自由人或者自由人的女儿。就像在英国一样，工人们担心工厂可能不是自由的源泉，而是其反面。在 1836 年的罢工中，罢工者排成纵队走过洛厄尔的街道，唱道：

啊，真遗憾，像我这样漂亮的姑娘——

为何要在工厂里终日辛劳？

啊，我不能做奴隶，

我不能被奴役，

因为我如此热爱自由，

所以我不能被奴役。

这里面有一种轻松愉快的感觉——模仿了《我不再做修女》（*I Won't Be a Nun*）这首歌曲，歌曲中说："因为我如此热爱寻欢作乐，所以我不能再做修女。"——但是，比原歌的内容更严肃一些。[49]

在洛厄尔，罢工往往是短暂的。但是，在 19 世纪 40 年代，如果说工人对工厂制度的批评有什么不同的话，那就是，变得更加普遍。和在英国一样，改革者关注的是工厂里过长的劳动时间。"洛厄尔式的苛刻暴政，在美国的工厂里是如此普遍，"《纽约论坛报》写道，"劳动时间过长。"新英格兰的工厂很少昼夜不停地运转，但工作时间很长。在 19 世纪 40 年代中期，洛厄尔的日常工作时间一般持续 11.5 到 13.5 小时，周六的工作时间略短，周日休息。[50]

新英格兰的纺织工人采取了与英国相同的做法，寻求通过立法限制工人的工作时间——10 小时——首先是儿童，然后是成年工人。工人向立法机构请愿，组织劳工协会（比如洛厄尔和曼彻斯特的女性劳工改革协会），举行野餐和游行，并发表呼吁以减少工作时间。马萨诸塞州和康涅狄格州确实通过了限制儿童工作时间的法律，但与英国不同的是，美国的工人没有赢得涉及成年工人的有效立法。一些洛厄尔的工厂略微缩短了工作时间，但尽管那些组织做了令人印象深刻的努力，关于 10 小时工作制的运动实际上还是失败了。[51]

是天堂还是失乐园？

工人对他们的工作、雇主的不满，以及他们所认为的财富和权力方面的明显差距，都对前来参观工厂的游客影响不大。[52]戴维·克罗科特（Davy Crockett），当时是来自田纳西州（Tennessee）的辉格党国会议员，在 1834 年罢工后几个月拜访了洛厄尔（不到两年后，他就死于阿拉莫战役）。克罗科特写道："我想见识一下机器的力量……北方人是如何买我们的棉花带回家，加工成布匹带到南方，以超过一倍的价钱卖掉。既生活得好，同时又赚钱。"和许多人一样，他被制作过程所吸引，被那些"操纵机器就像蜜蜂飞舞于花间的姑娘们"所吸引。他写道："没有一个人，表现出她厌倦了工作或被工作压得喘不过气来。"鉴于克罗科特是由艾伯特·劳伦斯（Abbott Lawrence）陪同参观工厂，而劳伦斯就是最著名的工厂主之一，所以他产生这样的看法就不奇怪了。"我不禁想到，"克罗科特继续写道，"关于不同国家的女性状况的差异是多么大啊，在其他人口众多的国家，女性甚至被贬低为卑贱的奴隶。"

虽然前总统安德鲁·杰克逊（Andrew Jackson）是克罗科特的强烈反对者，但是他对洛厄尔的看法与其相似。〔杰克逊并不是第一位参观纺织厂的总统；詹姆斯·门罗（James Monroe）在 1817 年就参观了沃尔瑟姆。〕洛厄尔的大股东们希望在有关关税问题的激烈辩论中讨好杰克逊，这个问题对他们至关重要。他们基本上成功了，在带总统参观梅里马克工厂时，他们组织了一个由数千名身着白裙的女工组成的游行队伍，她们手持阳伞，佩戴着写有"保护美国工业"的腰带。[53]

到 19 世纪 30 年代中期，政治对手达成一致对洛厄尔式制造业表示反对，是常有的事。在美国革命时代，许多领导人，如托马斯·杰斐逊（Thomas Jefferson），担心制造业会威胁到美国以农业立国的性质，他们认为，自由、美德和共和主义的基础就是农业。他们担心，工业会带来从英国那里培育出来的社会弊病和社会分歧。但是，随后的 1812 年战争使美国人形成了一个广泛的共识，美国需要拥有自己的制造业来确保其实力和独立性。 此外，甚至许多工业发展的批评者开始相信，美国的物质和政治环境将形成一种特殊的制造业体系，这种体系将会规避在欧洲伴随着它而产生的恶。用水力而不是蒸汽动力，意味着美国的工厂将分散在城镇和小城市，避免了像曼彻斯特和其他英国工厂城市那样的拥挤和城市病。利用年轻的乡村妇女作为短期工人，避免了无产阶级的产生。旧世界的制造业为什么如此糟糕？美国的政治和知识界领袖开始相信，不是因为制造业，而是因为旧世界。许多人争辩说，洛厄尔证明了，新大陆的制造业可以与民主价值、道德纯洁和田园和谐共存。[54]

不是每个人都这么乐观。诗人、废奴主义者约翰·G.惠蒂尔（John G. Whittier）在 1846 年《洛厄尔的工厂姑娘》（*The Factory Girls of Lowell*）中的描述经常被人引用："裁量布匹的少女英雄——在新英格兰的万山遍野，在英格兰的青翠山谷，盛开着年轻、优雅、欢快的花朵。"惠蒂尔赞扬洛厄尔是"充满希望的工业""自由劳工的学堂"，与用"鞭子驱赶着奴隶劳动"的奴隶种植园形成鲜明对比。但在后文里，他批评道："有许多愚蠢的文章，对劳动的美丽和神圣一无所知。写这些文章的人从来不知道靠挥洒汗水来谋生的真正意义——这些人从来没有年复一年地俯身在长凳上或在蓝天、绿草和甘甜的海水中俯伏，并因此感觉到头昏眼花，四肢因辛勤劳作而颤抖。"惠蒂尔承认："在工厂操作人员的生活中，有许多工作是令人厌烦和疲累的。"[55]

劳工改革家塞斯·路德（Seth Luther）尖锐地指责了那些仅仅走马观花式地在工厂里参观了一番就大加赞扬的政客，他说："他用东方浪漫歌曲的语调描述的地区，似乎每天只工作一个多小时（不是 14 个小时），他完全昏头昏脑了……他的头脑里充满了各种感觉，由于它们太新奇，他已经无法进行剖析了，他说：'这是一个天堂。'"但对路德来说，"与其说棉纺厂是'天堂'，还不如说它是'失乐园'"，是个充斥着终日劳作、工资微薄的工人和专横的监工的地方。[56]

与英国不同，批评新英格兰工厂工作条件的人，很少声称工厂条件和奴隶制一样糟糕或更糟糕。拉尔夫·沃尔多·爱默生倒是个例外，他在对洛厄尔的刻薄评论中，把南方的黑人奴隶与女工"奴隶"等同起来，主要是批评工厂主想过奢侈的生活，自己不工作，"不劳而获，尽情享乐"。[57]但是，批评家仍然把奴隶制当作压迫的象征。例如，《曼彻斯特行动报》（*Manchester Operative*）在 1844 年的一封公开信中，将"工厂的铃声"比作"奴隶司机的鞭子"，而对新罕布什尔州的工人来说，工头不受约束的权力，相当于奴隶的管家。一些批评家——虽然不是很多——承认，尽管工厂本身并不是一种奴隶制，它们却深深地扎根于奴隶制度，依靠奴隶劳动来种植它们所使用的棉花，并将生产的纺织品出售给奴隶主，让他们招摇炫富。[58]

　　尽管支持者和批评者都普遍认为新英格兰的工厂没有像英国的那样糟糕，但一些人认为，这种差别可能是暂时的。赛斯·路德宣称，"英国制造业地区的可怕痛苦"是"直接由制造业产生的"，美国正在以可怕的速度追赶上英国这一"光荣榜样"。路德强调在罗得岛州地区雇用童工的现象非常普遍，这是一个严峻的实际问题，而当时的观察家和后来的历史学家对洛厄尔式工厂的关注往往忽略了这一严酷的现实。路德谴责道，让这些孩子在"穷人的宫殿"中长时间辛苦劳作，必然导致他们缺少教育。面对制造商们提出的异议，他回应说："要说它还没有英国那么糟糕，人们也可以说'霍乱疫情在波士顿还没有像在纽约那么严重'。"[59]

　　安东尼·特罗洛普得出了类似的结论。他说，按照英国的标准而言，洛厄尔式工厂的规模更小，因此它的优越条件和家长式管理才成为可能。（在南北战争前夕，英国的纺织工人数量接近美国的四倍。）特罗洛普设想，扩大规模将需要从水力转向蒸汽动力。他写道，如果洛厄尔做出这样的转变，并"广为传播"，"它将失去其乌托邦特征"。约翰·罗伯特·戈德利（John Robert Godley）在《1844年美国来信》（*1844 Letters from America*）中提出了类似的观点，他质疑洛厄尔是否可以用来证明"欧洲普遍存在的制造系统的邪恶，在美国是可以避免的"。他指出，洛厄尔是在"非常有利的环境下"建立和发展起来的。随着时间的推移、美国人口的增加、工资的下降和制造业重要性的增加，他怀疑"新英格兰工厂现在呈现的与英国、法国和德国的优秀反差，可能无法保持下来"。四分之一个世纪后，爱德华·贝拉米（Edward Bellamy）也看到了欧洲的贫困和社会分裂的状况。贝拉米是奇科皮瀑布地区的终身居民，也是轰动一时的乌托邦小说《回溯过去》（*Looking Backward*）的作者。他写道："在美国，甚至在我这个相对富裕的村庄里，也渐渐出现了类似状况。"[60]

1855 年，赫尔曼·梅尔维尔在作品《单身汉的天堂和女仆的地狱》（*The Paradise of Bachelors and the Tartarus of Maids*）中也含蓄地暗示了，在美国已经出现了英国的那种阶级分化。故事的第一部分描绘了一群饱食终日、自我放纵的伦敦律师，后半部分讲述了他们在冬天去新英格兰山谷的一家造纸厂的经历，这显然是梅尔维尔根据自己访问马萨诸塞州道尔顿（Dalton）的一家造纸厂（目前仍在运营）的经历写成的。故事里的叙述者表达了他对造纸机的巧妙和操作技巧的敬畏，他认为"这种笨重的钢铁动物"是"不可思议的复杂的奇迹"。但是他注意到了那些苍白的、不健康的、沉默的"女孩"，那些来自"遥远的村庄"、操作机器的未婚女性，仅仅是"车轮上的齿轮"，与通常所描绘的洛厄尔工人的样子相去甚远。梅尔维尔笔下的年轻姑娘在不见天日的"塔耳塔罗斯"（Tartarus）受苦，而不是在"商业乌托邦"享福，富有的律师们则在大吃大喝，享用美酒。[61]

新英格兰改革家奥雷斯特·布朗森（Orestes Brownson）更明确地看到了这个国家被划分为"两个阶级"，即劳工大众和资本家。在一篇关于"劳动阶级"的引起广泛争论的文章中，布朗森以洛厄尔为例，谴责工厂劳动对工人的影响以及工业家和工人之间日益扩大的差距，暗示只有彻底改造社会才能重建真正的社区。[62] 赛斯·路德认为："新英格兰的整个劳动系统，特别是棉纺厂，是对劳工阶级身体和思想的残酷压榨，让他们身体羸弱，精神困苦。除了让富人'只顾自己'，而'穷人要么做工要么饿死'外，没有别的目的。"[63]

　　阿历克西·德·托克维尔也看到了工厂生产带给美国的阶层分化。他预测，大型工厂的生产效率将使制造商们变得更加富裕，以至于他们将成为一个新的贵族，威胁到民主制度，而工人在体力和精神上都处于不利地位，因为工厂里的工作具有狭隘和重复的性质。"当工人越来越专注于研究一个细节时，他们的主人却观察到更广泛的整体，而且后者的思维会随着前者思维的缩小而扩大。"工人阶级的分化、工人的集中和经济的周期性，很可能危及"公众的安宁"，在托克维尔看来，这个问题需要以更多的政府管制来避免。[64]

褪色的幻象

　　有关洛厄尔的争论引出了一个反复出现的问题：工厂制度是本质上就压迫工人、破坏社会凝聚力，还是其性质会随环境改变？随着时间的推移，布朗森、托克维尔和路德的观点得到了更广泛的认同。在英国，棉纺厂的存在很快使人们普遍接受了这样一种观点，即它们正在创造一种新型的阶级社会。在美国，曾经有一个空白期，在此期间，存在大型工厂与工业和共和社会可以共存的想法。但是到了南北战争时期，工厂制度本身发生了变化，在洛厄尔和其他棉纺织中心明显可以看到褪色的"商业乌托邦"景象。

　　最重要的是，劳动力的转变改变了公众对新英格兰工厂的看法。到 19 世纪 40 年代末，由于不满工资、工作时间和工作量的增加，来到工业城镇的新英格兰年轻人减少了，这在 19 世纪 30 年代和十小时运动的罢工中表现得尤为明显。同时，对年轻女性来说，如果要离开在农村的家，也多了许多其他选择。铁路使人们更容易搬到市中心或西部去。随着公共教育的普及，教师的岗位数量增加了，工资也提高了。[65]

在19世纪40年代中期，对工厂主来说幸运的是，在来自美国农村的劳工减少的同时，一个新的劳动力源出现了，那就是从饥荒肆虐的爱尔兰涌来的大批移民。仅在1846年和1847年，来自爱尔兰的移民就增加了一倍多，到1851年又增加了一倍多。在洛厄尔和其他工业城镇里，总能看到爱尔兰工人。爱尔兰人开凿运河，帮助建造了工厂。但在1840年以前，纺织公司一般都排斥爱尔兰妇女；1845年，洛厄尔工厂只有7%的劳动力是爱尔兰人。到19世纪50年代初，在洛厄尔和其他工业城镇，爱尔兰人的比例已经占大约一半了。在汉密尔顿的工厂，到1860年，超过60%的员工是在国外出生的。[66]

越来越多的移民工人带来了其他变化。更多的童工开始受雇于洛厄尔式的工厂，尤其是男孩，因为家庭里的每个成员都需要通过工作来养活自己，这与早期斯莱特式工厂的模式是一致的。由于男性移民接受了曾经属于女性的工作和过去只有女性才能得到的工资，因此性别分工被打破了。1860年，在汉密尔顿30%的劳动力是成年男性。

以家庭为单位的移民劳动力，导致了寄宿制和公司家长式的衰落。洛厄尔公司建立工厂的速度比它们建造住房的速度要快，在1848年之后，它们就完全停止了住房建设。机构安排曾经被用于吸引农村年轻妇女并使其父母放心，但如今这种安排变得越来越多余，这些公司在19世纪50年代承认了这一点，当时它们取消了让单身妇女上教堂和寄宿的要求。越来越多的劳动力——包括越来越多的单身妇女——住在非公司所有的公寓或出租房里。公司的寄宿公寓仍然存在——1888至1891年，博特工厂四

图 2-3 《铃声响了》，温斯洛·霍默（Winslow Homer）于 1868 年创作的关于新英格兰工厂生活的版画

分之一的工人仍居住在归公司所有的住房中——但随着移民劳动力的增加，寄宿公寓的重要性下降了。[67]

随着工厂的新鲜感渐渐消失，"生于沃土的'少女'"——至少是土生土长的"少女"——枯萎了，公司的家长式作风逐渐消失，旅行者、政客和作家对洛厄尔失去了兴趣。但即使公众的注意力转移了，工厂仍在继续扩张。内战刺激了经济增长。由于棉花几乎买不到，原棉价格飞涨，许多洛厄尔式纺织厂为了获取暴利，纷纷出售棉花存货，减少或停止了自己的生产经营。一些人也利用经济上的漏洞进行扩张和现代化。在此期间，博特工厂增加了两座建筑物，并更换了大部分机器。在战后的岁月里，它又建造了一个工厂，并开始用蒸汽动力弥补水力的不足。到 1890 年，它雇用了超过 2000 名工人，但远不如梅里马克工厂（3000 名工人）和劳伦斯工厂（超过 4500 名工人）的规模大。

在附近的劳伦斯，1857 年的经济衰退导致它的三家工厂破产，但战争带来了繁荣。与洛厄尔不同的是，劳伦斯的工厂通常保留它们的棉花，继续生产。它们的老工厂扩大了，新工厂也在战后迅速增加并持续增长，其规模超过了洛厄尔。因为棉织品的市场大小不定，大多数劳伦斯的工厂也生产羊毛或精纺呢。20世纪初，美国毛纺公司控制下的一家劳伦斯的工厂——"木厂"，有 7000 多名工人。马萨诸塞州棉纺织业的就业总人数从 1870年的 13.5 万人猛增到 1905 年的 31 万人。在新罕布什尔州，阿莫斯克亚格制造公司迅速扩大，直到成为世界上规模最大的纺织厂综合体。[68]

随着新英格兰地区的工厂不断发展壮大，先前加入的爱尔兰工人又部分被大批法裔加拿大人所取代。在 20 世纪初，其他移民团体也开始在工厂工作，主要是南欧人和东欧人，还有一些规模较小的群体，比如叙利亚人。对一些新来的移民来说，他们对工厂工作的感觉，和早年新英格兰人的感觉没有太大的不同。1912 年，11 岁开始在阿莫斯克亚格工作的法裔加拿大人科拉·佩林（Cora Pellerin）认为："这里是个天堂，因为你能赚到钱，你想怎么花就怎么花，想干什么就干什么。"但其他的许多人对工厂工作和工业城镇生活的态度远没有这么乐观，因为工作条件恶化，工厂城镇出现了普遍的贫困现象。历史学家阿迪斯·卡梅隆（Ardis Cameron）写道："到 1910 年，查尔斯·狄更斯的读者会发现，劳伦斯单调的街道、脏乱的小巷、发黑发紫的恶臭的河流、成堆成堆的煤灰、拥挤的砖房、年久失修的阴沟（污水从敞开的下水道中流出，蜿蜒流过城市里的阴暗角落），是他们非常熟悉的景象。"[69]

19世纪50年代以后，当新英格兰的工厂出现在新闻中的时候，通常是坏消息。1860年1月，劳伦斯彭伯顿工厂倒塌了，而从建成到那时只过了七年，质量糟糕的铸铁柱无法承受其机械的重量和振动。倒塌的房屋和随后发生的大火吞没了瓦砾和被困在瓦砾中的人，大约有100人死亡，还有更多的人受了重伤。直到今天，它仍是美国历史上最严重的工业灾难之一。就连远在夏威夷的报纸和杂志都报道了这场灾难，叙述了"令人心碎和骇人听闻的场面"，并以救援的场面和被烧焦的遇难者遗体来引人注目。一些文章认为，不仅要哀悼死者，还要追究工厂主的责任。一些文章将灾难归咎于拥有工厂的"富有的波士顿慈善家"，以及公司领导人对"员工安全"的"公然漠视"，并认为这种事使工厂主的声誉蒙上了污点。[70]

童工问题也引起了公众的不满。在20世纪早期，纺织厂是废止童工运动的焦点，这场运动旨在制止儿童进入矿山和工厂。刘易斯·海因（Lewis Hine）在1909年为美国童工委员会（National Child Labor Committee）拍摄的在阿莫斯克亚格工作的儿童的照片成为标志性照片。[71]

使新英格兰的工厂避免欧洲工业弊病的想法，被劳资纠纷进一步打消了。南北战争后，纺织业罢工变得越来越普遍。一些罢工涉及相对较小群体的熟练男性工人，如骡子纺纱工。在其他情况下，女工或跨越技能和性别界限的联盟进行了罢工。劳伦斯的工人在1867、1875和1881年举行了小规模的罢工，1882年的长期罢工引起了全国的注意。劳伦斯和洛厄尔分别于1902和1903年发生了罢工，它们都失败了。[72]

美国最后一次被新英格兰工厂产生的未来愿景所吸引是在 1912 年，当时劳伦斯市有 1.4 万名工人举行了为期两个月的罢工，以抗议削减工资的决定。该决定是对一项减少工作时间的州法律做出的回应。"劳伦斯市的罢工，"社会主义者、国会议员维克多·伯杰（Victor Berger）宣称，"是工人阶级对无法忍受的苦难的反叛。"在世界产业工人组织（Industrial Workers of the World）的热情组织者的带领下，来自 40 个不同种族的男女工人联合在一起，创建了多语种委员会来指导这场斗争。劳伦斯的罢工者所表现出的战斗精神和团结精神——这种人生地不熟的移民工人，原本被主流劳工领袖视为不可能被组织起来的力量——使全国各地的激进分子和工会人士感到惊奇，并让他们开始设想，一场新的劳工运动和一个转型的国家即将到来。

工厂主和政府官员动用了各种手段，包括宣布戒严、禁止公众集会、以莫须有的罪名逮捕罢工领袖、动员国民警卫队，以及对罢工者及其支持者进行人身攻击，试图以此粉碎罢工。当罢工者的食物和金钱耗尽时，他们开始把他们的孩子送到城外，与他们的支持者一起生活，警察和民兵试图阻止他们，在火车站用棍棒殴打成年人和儿童。资本家们过高地估计了自己的力量。最后，全国人民的愤怒情绪迫使他们增加工资，以结束工人们的抗议，从而结束了罢工。[73]

罢工之后，世界产业工人组织未能巩固其力量。又过了 20 年，新英格兰的工人才最终建立起稳定的工会。由于现代化进程缓慢，并面临来自低成本的南方工厂（一些由新英格兰的工厂主提供资金）的日益激烈的竞争，那时，它们离结局已经不远了。20 世纪初，那些公司开始倒闭。阿莫斯克亚格在 1936 年关闭，彭伯顿工厂在 1938 年关闭，最后一个洛厄尔工厂则在 20 世纪 50 年代关闭。劳伦斯和新英格兰其他地方的纺织品生产仍在继续，但弗朗西斯·卡伯特·洛厄尔发起的伟大实验已经结束。[74]

早在洛厄尔的工厂开始关闭之前，美国就已超过英国，成为世界上最强大的工业国。19 世纪 80 年代中期，从美国工厂流出的货物比从英国工厂流出的要多。第一次世界大战时，美国的制造业产量超过了英国、法国和德国的总和。美国制造业的迅速增长在一定程度上反映了美国的人口规模不断扩大。1890 年，美国人口已经接近 6300 万人，远远超过英国的 3300 万人、法国的 3800 万人和德国的 4900 万人，为高产量的廉价标准化商品提供了广阔的国内市场。[75]

洛厄尔是开创美国工业时代及其在全球工业领域主导地位的功臣之一。它诞生于积极的宣传之中，因为它承诺将机械化制造业与共和主义价值观相融合，它创造了一个"商业乌托邦"，确认了美国是一个拥有新开端和无限可能的国度，没有阶级分歧和旧世界的不平等。洛厄尔成功地为制造业创造了一种不同的社会和文化模式，这有助于缓解长期以来全国范围内的紧张情绪，因为人们都很担忧工业化对以农业立国的共和国的影响。而且它使人们达成新的共识，即机械化和大型企业将提高生产力，也就是实现进步。当洛厄尔的工厂逐渐从人们的视线中消失时，美国人已经坚定地接受了建立在工业基础上的未来愿景。具有讽刺意味的是，1912 年，在被人遗忘和衰落之前，当工厂最后一次主导全国新闻时，正是因为洛厄尔的鼓吹者们声称他们的制度会避免那种阶级战争。

注　释

1　Charles Dickens, *American Notes for General Circulation*（London: Chapman and Hall, 1842）, pp.152-64（quote on 164）; [John Dix], *Local Loiterings and Visits in the Vicinity of Boston*（Boston: Redding & Co., 1845）, p.44; Michael Chevalier, *Society, Manner and Politics in the United States: Being a Series of Letters on North America*（Boston: Weeks, Jordan and Company, 1839）, pp.128-144（quotes on pp.136, 142, 143）; Anthony Trollope, *North America*（[1862] New York: Knopf, 1951）, pp.247-255（quote on 250）.

2　Marvin Fisher, *Workshops in the Wilderness; The European Response to American Industrialization, 1830-1860*（New York: Oxford University Press, 1967）, pp.32-43, 92-95, 105-108; Dix, *Local Loiterings*, pp.48-49, 75, 79; Chevalier, *Society, Manner and Politics in the United States*, pp.133, 137.

3　Caroline F. Ware, *The Early New England Cotton Manufacture: A Study in Industrial Beginnings*（[1931] New York: Russell & Russell, 1966）, pp.17-18, 30. 关于新英格兰纺织业最重要的三部历史著作是由女性作家书写的：Ware's *Early New England Cotton Manufacture*; Vera Shlakman, *Economic History of a Factory Town; A Study of Chicopee, Massachusetts*（Northampton, MA: Department of History of Smith College, 1936）; and Hannah Josephson, *The Golden Threads; New England's Mill Girls and Magnates*（New York: Duell, Sloan and Pearce, 1949）。在那个时代，经济史（更普遍意义上是所有的学术知识）几乎完全是男性的事业。也许她们是被大批纺织女工吸引到这个话题上来的。在感谢她们的贡献时，赫伯特·古特曼（Herbert Gutman）和唐纳德·贝尔（Donald Bell）写道，这三人"扩大了美国工人阶级历史的范围，使之超出了约翰·R.卡门（Jhon R. Commons）和其他一些被认为是该学科创始人的学者所确定的范围。她们的书……为思考工人阶级的历史提供了新的方式……她们的观点各不相同，但都对新英格兰早期资本主义和雇佣劳动的历史提出了新的问题"。早在资本主义历史流行之前，这些杰出的学者就在写作。Herbert G. Gutman and Donald H. Bell, eds., *The New England Working Class and the New Labor History*（Urbana: University of Illinois Press, 1987）, xii.

4　George Rogers Taylor, "Introduction," in Nathan Appleton and Samuel Batchelder, *The Early Development of the American Cotton Textile Industry*（[1858 and 1863] New York: Harper & Row, 1969）, xiv.

5　George S. White, *Memoir of Samuel Slater: The Father of American Manufactures: Connected with a History of the Rise and Progress of the Cotton Manufacture in England and America* (Philadelphia: Printed at No. 46, Carpenter Street, 1836), pp.33–42; Sven Beckert, *Empire of Cotton: A Global History* (New York: Knopf, 2014), pp.152– 154; Ware, *Early New England Cotton Manufacture*, pp.19–23; Betsy W. Bahr, "New England Mill Engineering: Rationalization and Reform in Textile Mill Design, 1790– 1920," Ph.D. dissertation, University of Delaware, 1987, pp.13–16.

6　Ware, *Early New England Cotton Manufacture*, pp.26–27, 29–30, 60, 82, 227.

7　仿效这个例子，斯莱特和其他新英格兰南部的工厂老板为他们的童工设立了主日学校。 Ware, *Early New England Cotton Manufacture*, pp.22–23, 28, 30–32, 245–247, 284– 285; Samuel Batchelder, *Introduction and Early Progress of the Cotton Manufacture in the United States* (Boston: Little, Brown and Company, 1863), in Appleton and Batchelder, *Early Development of the American Cotton Textile Industry*, pp.46, 74.

8　Ware, *Early New England Cotton Manufacture*, pp.17, 28, 50–55.

9　Nathan Appleton, *Introduction of the Power Loom, and Origin of Lowell* (Lowell, MA: Proprietors of the Locks and Canals on Merrimack River, 1858), in Appleton and Batchelder, *Early Development of the American Cotton Textile Industry*, p.7; Robert Brook Zevin, "The Growth of Cotton Textile Production After 1815," in Robert W. Fogel and Stanley L. Engerman, eds., *The Reinterpretation of American Economic History* (New York: Harper & Row, 1971), p.139; Taylor, "Introduction," in Appleton and Batchelder, *Early Development of the American Cotton Textile Industry*, p.9. 洛厄 尔还与罗得岛的机械师接触过，他们可以制造纺纱设备。参见Wm. Blackburns to Francis Cabot Lowell, June 2, 1814, Loose Manuscripts, box 6, Old B7 F7.19, Francis Cabot Lowell (1775–1817) Papers, Massachusetts Historical Society, Boston, Massachusetts。

10　Director's Records, Volume 1, MSS:442, 1–2, Boston Manufacturing Company Records, Baker Library Historical Collections, Harvard Business School, Allston, Massachusetts; Robert F. Dalzell, Jr., *Enterprising Elite: The Boston Associates and the World They Made* (Cambridge, MA: Harvard University Press, 1987),pp. 8–10, 26; Ware, *Early New England Cotton Manufacture*, pp.63, 138, 147–148.

11　梳棉工作是在一层进行的，第二层是纺纱用的，第三层和第四层是织布用的。1820年， 在建造了第二家工厂后，波士顿制造公司雇用了230至265名工人，其中大约85%是 女性，只有5%是男孩。 Appleton, *Introduction of the Power Loom*, p.1; Richard M. Candee, "Architecture and Corporate Planning in the Early Waltham System," in Robert Weible, *Essays from the Lowell Conference on Industrial History 1982 and 1983: The Arts and Industrialism, The Industrial City* (North Andover, MA: Museum of American

Textile History, 1985）, pp.19, 24, 26; U.S. Department of Interior, National Park Service, "National Register of Historical Places Inventory-Nomination Form," Boston Manufacturing Company（accessed Jan. 16. 2015）, http://pdfhost.focus.nps.gov/ docs/ NHLS/Text/77001412.pdf; Ware, *Early New England Cotton Manufacture*, p.64.

12　Peter Temin, "Product Quality and Vertical Integration in the Early Cotton Textile Industry," *Journal of Economic History* XVIII（1988）, pp.893, 897; Appleton, *Introduction of the Power Loom*, pp.9–12; Beckert, *Empire of Cotton*, p.147; Ware, *Early New England Cotton Manufacture*, pp.65, 70–72; Zevin, "The Growth of Cotton Textile Production," pp.126–127.

13　理论上两个沃尔瑟姆工厂仍然存在，但改变了存在的形式，它们的倾斜屋顶被平屋顶取代，它们之间的空间被后来的建筑物填满。Ware, *Early New England Cotton Manufacture*, p.66; Candee, "Architecture and Corporate Planning in the Early Waltham System," p.24–25; "National Register of Historical Places Inventory-Nomination Form," Boston Manufacturing Company.

14　第一版的轧机建立了生产的基本框架，第二版的轧机为未来的轧机建立了物理模板。Candee, "Architecture and Corporate Planning in the Early Waltham System," p.29, 34; Appleton, *Introduction of the Power Loom*, p.14.

15　Batchelder, *Introduction and Early Progress of the Cotton Manufacture*, p.81; Dalzell, Jr., *Enterprising Elite*, pp.30–31, 50; Appleton, *Introduction of the Power Loom*, p.9; Ware, *Early New England Cotton Manufacture*, p.83; Laurence Gross, *The Course of Industrial Decline: The Boott Cotton Mills of Lowell, Mass., 1835–1955*（Baltimore: Johns Hopkins University Press, 1993）, p.12; Thomas Dublin, *Women at Work: The Transformation of Work and Community in Lowell, Massachusetts, 1826–1860*[ZT]（New York: Columbia University Press, 1979）, p.59; Betsy Hunter Bradley, *The Works: The Industrial Architecture of the United States*（New York: Oxford University Press, 1999）, p.93.

16　Ware, *Early New England Cotton Manufacture*, pp.63, 139, 145, 184; Gross, *Course of Industrial Decline*,pp. 6–7, 229.

17　最近强调全球棉花产业性质的报道包括，Prasannan Parthasarathi and Giorgio Riello, eds., *The Spinning World: A Global History of Cotton Textiles, 1200–1850*（Oxford: Oxford University Press, 2009）; Riello, *Cotton: The Fabric that Made the Modern World*（Cambridge: Cambridge University Press, 2013）; and Beckert, *Empire of Cotton*。关于美国棉花出口，见于 Ware, *Early New England Cotton Manufacture*, pp.189–191。

18　Gross, *Course of Industrial Decline*, pp.4–5; Appleton, *Introduction of the Power*

Loom, pp.23–24; Minutes: Directors, 1822–1843, shelf number 1, Merrimack Manufacturing Company Records, Baker Library, HBS, pp.5, 15; Shlakman, *Economic History of a Factory Town*, p.36.

19　采用这种设计的工厂仍然可以在新英格兰的大部分地区看到，许多工厂现在被改造成公寓、办公空间、仓库、艺术家工作室、博物馆或文化中心，或者被废弃。

20　梅里马克从波士顿制造公司购买了使用其设计和专利的机械的权利。五间厂房的所有空间最初都没有设备，但公司很快购买了更多的机器。Minutes: Directors, 1822–1843, shelf number 1, Merrimack Manufacturing Company Records, pp.5, 51–54; Bradley, *The Works*, pp.93, 113–114, 125–128, 133–135, 139; Bahr, "New England Mill Engineering," pp.13, 21, 27, 40–41, 44–45; Gross, *Course of Industrial Decline*, p.7. For an example of the concern about fire, see the 1829 report by a committee of the Merrimack Board of Directors about measures "to render the mills at Lowell more secure from fire," in Minutes: Directors, 1822–1843, shelf number 1, Merrimack Manufacturing Company Records, pp. 61, 63–65.

21　Dalzell, Jr., *Enterprising Elite*, pp.47–50, 47–50; Thomas Dublin, *Farm to Factory: Women's Letters, 1830–1860* (New York: Columbia University Press, 1981), pp.5–8; Appleton, *Introduction of the Power Loom*, pp.28–29; Samuel Batchelder to Nathan Appleton, Sept. 25, 1824, and William Appleton to Samuel Batchelder, Oct. 8, 1824, in Minute Books, v.a-Directors, 1824–1857; Proprietors, 1824–64, Hamilton Manufacturing Company Records, Baker Library; F-1 Records 1828–1858, pp.26–27, Bigelow Stanford Carpet Co. collection, Lowell Manufacturing Company records, Baker Library; Shlakman, *Economic History of a Factory Town*, pp.38, 42. A list of the various Lowell textile firms, their officers, and principal stockholders appears in Shlakman, pp.39–42.

22　Candee, "Architecture and Corporate Planning in the Early Waltham System," pp. 25–30.

23　Minutes: Directors, 1822–1843, Merrimack Manufacturing Company Records, pp. 23, 25–26, 81; Candee, "Architecture and Corporate Planning in the Early Waltham System," pp.38–39; Appleton, *Introduction of the Power Loom*, p.24; Lowell Manufacturing Company Records, 1828–1858, pp.66–68; Dublin, *Farm to Factory*, pp.5–8; U.S. Bureau of the Census, "Population of the 100 Largest Urban Places: 1840," June 15, 1998, https://www.census.gov/ population/www/documentation/twps0027/tab07.txt.

24　Shlakman, *Economic History of a Factory Town*, pp.25–26, 36–37, 39–42.

25　工厂主雇用了当地工人从事与工厂有关的建筑工程。但即便如此，也有一些外部工人——比如爱尔兰挖运河工人——被引进来。Dalzell, Jr., *Enterprising Elite*, pp.x, xi, 56, Shlakman, *Economic History of a Factory Town*, pp.24-25, 49, 64-65; Tamara K. Hareven and Randolph Lanenbach, *Amoskeag: Life and Work in an American Factory City* (New York: Pantheon Books, 1978), p.16.

26 1845 年，洛厄尔机械工厂摆脱了水力动力的限制，雇用了 550 名工人，使自身成为机械工厂中的巨人。它生产出来的不仅有纺织设备，还有刨床、蒸汽锅炉、天轴，甚至铁路机车。Alfred D. Chandler, Jr., *The Visible Hand: The Managerial Revolution in American Business* (Cambridge, MA: Harvard University Press, 1977), p.60; United States Census Office, *Manufacturers of the United States in 1860* (Washington, DC: 1865), p.729; "Statistics of Lowell Manufactures. January, 1857. Compiled from authentic sources." [Lowell, 1857], Library of Congress (accessed Jan. 28, 2015), http:// memory.loc.gov/cgi-bin/query/h?ammem/rbpebib:@field (NUMBER+@band[rbpe+0620280a]); David R. Meyer, *Networked Machinists: High-Technology Industries in Antebellum America* (Baltimore: Johns Hopkins University Press, 2006), p.205.

27 一些公司确实引进了新型纺纱机，这种机器可以以更高的速度运转。Dublin, *Farm to Factory*, pp.5-8; Dalzell, Jr., *Enterprising Elite*, pp.55, 69-71; Daniel Nelson, *Managers and Workers: The Origins of the New Factory System in the United States, 1880-1920* (Madison: University of Wisconsin Press, 1975), p.6; Gross, *Course of Industrial Decline*, pp.37, 42; Candee, "Architecture and Corporate Planning in the Early Waltham System," pp.34, 38.

28 这些公司最终用更高效的水轮机取代了原来的水车。即使在南北战争之后，它们也只是逐渐安装了蒸汽机。直到 19 世纪 90 年代，博特工厂的电力一半来自水。Gross, *Course of Industrial Decline*, pp.19-20, 42-43; Ware, *Early New England Cotton Manufacture*, pp.144-45. 有关蒸汽和水力发电成本的比较，参见 "Difference Between the Cost of Power to be Used at Dover the Next 15 Years and a Full Supply of Water," Box 6, Vol. III-IX, Nov. 1847, Amos Lawrence Papers, Massachusetts Historical Society。

29 Shlakman, *Economic History of a Factory Town*, p.37; Ware, *Early New England Cotton Manufacture*, pp.86-87; "Statistics of Lowell Manufactures. January, 1857".

30 Gross, *Course of Industrial Decline*, pp.30-31, 37, 42, 50-53; David A. Zonderman, *Aspirations and Anxieties: New England Workers & The Mechanized Factory System, 1815-1850* (New York: Oxford University Press, 1992), pp.69-70; Chandler, *The Visible Hand*, pp.68-71.

31 Hareven and Lanenbach, *Amoskeag*, pp.9-10, 13-16.

32 甚至在规模扩大之后，它的主管仍然来自波士顿。Hareven and Lanenbach, *Amoskeag*, p.16. 美国管理发展的最好参考仍然是 Chandler, *The Visible Hand*。

33 *New-York Daily Tribune*, Jan. 17, 1844. 有关英国棉纺织厂年轻妇女的经历，参见 Deborah Valenze, *The First Industrial Woman* (New York: Oxford University Press, 1995) , pp.103-111。

34 Dalzell, Jr., *Enterprising Elite*, pp.31-34; Robert S. Starobin, *Industrial Slavery in the Old South* (New York: Oxford University Press, 1970) , p.13; Ware, *Early New England Cotton Manufacture*, pp.12-13, 198-199, 203. 在同时代的埃及，奴隶被用于棉纺织业，那时沃尔瑟姆的第一个工厂刚刚调试完成。Beckert, *Empire of Cotton*, pp.166-168.

35 Dublin, *Women at Work*, pp.5, 31-34, 141; Zonderman, *Aspirations and Anxieties*, pp.131, 270-271, 276; Dublin, *Farm to Factory*, pp.13-14; Ware, *Early New England Cotton Manufacture*, pp.217-218.

36 Dublin, *Women at Work*, pp.26, 31, 64 - 65; Zonderman, *Aspirations andAnxieties*,pp.130, 138 - 140. When in 1826 Merrimack Manufacturing wasplanning to print calicoes, it sent its treasurer, Kirk Boott, to England "forthe purpose of procuring a first rate Engraver, or such as he can get," as wellas to gather information "which he may think will be useful in manufacturing,printing or machine building." Minutes: Directors, 1822 - 1843,shelf number 1, Merrimack Manufacturing Company Records, pp.32 - 33.1857 percentage calculated from "Statistics of Lowell Manufactures. January,1857."

37 Ware, *Early New England Cotton Manufacture*, pp.212-215, 220-221; Thomas Dublin, *Transforming Women's Work: New England Lives in the Industrial Revolution* (Ithaca, NY: Cornell University Press, 1994) , pp.82-83, 89; Shlakman, *Economic History of a Factory Town*, p.49; Zonderman, *Aspirations and Anxieties*, pp.163-164, 166-168.

38 Ware, *Early New England Cotton Manufacture*, pp.224-225; Zonderman, *Aspirations and Anxieties*, pp.256-257. Dublin, *Farm to Factory*, p.110.

39 *Burlington Free Press*, Dec. 5, 1845; Ware, *Early New England Cotton Manufacture*, pp.200, 263; "Regulations to Be Observed by All Persons Employed in the Factories of the Middlesex Company" (1846) ; "General Regulations, to Be Observed by All Persons Employed by the Lawrence Manufacturin Company, In Lowell" (1833) ; "Regulations to Be Observed by All Persons Employed by the Lawrence Manufacturing Company" (1838) ; and "Regulations for the Boarding Houses of the Middlesex Company" (n.d.) , all in Osborne Library, American Textile History Museum, Lowell, Massachusetts; Zonderman, *Aspirations and Anxieties*, pp.150, 152, 157-160; Dublin,

Women at Work, pp.78–79.

40 Zonderman, *Aspirations and Anxieties*, pp.66–67, 90; Shlakman, *Economic History of a Factory Town*, p.59; Friedrich Engels, *The Condition of the Working Class in England*, trans. W. O. Henderson and W. H. Chaloner (Stanford, CA: Stanford University Press, 1958) , pp.30–87.

41 Augusta Harvey Worthen, *The History of Sutton, New Hampshire: Consisting of the Historical Collections of Erastus Wadleigh, Esq., and A. H. Worthen*, 2 parts (Concord, NH: Republican Press Association, 1890) , p.192, quoted in Dublin, *Women at Work*, p.55; Population of Sutton from New Hampshire Office of Energy and Planning, State Data Center (accessed Feb. 6, 2015) , https://www.nh.gov/oep/data-center/documents/1830–1920–historic.pdf; Harriet H. Robinson, Loom and Spindle, or Life Among the Early Mill Girls (New York: Thomas Y. Crowell, 1898) , pp.69–70; Dublin, *Transforming Women's Work*, pp.111–118.

42 Zonderman, *Aspirations and Anxieties*, p.8. Dublin's *Farm to Factory* presents an excellent selection of letters from female mill workers.

43 *The Lowell Offering and Magazine*, May 1843, p.191; Dublin, *Farm to Factory*, pp.69, 73; Zonderman, *Aspirations and Anxieties*, pp.22–27, 30, 38–40.

44 *The Lowell Offering and Magazine*, January 1843, p.96; Zonderman, *Aspirations and Anxieties*, pp.42–43, 78–79, 82–83, 113–114.

45 据哈里特·罗宾逊（Harriet Robinson）说，1843 年在洛厄尔有"14 个有组织的宗教社团"。Robinson, *Loom and Spindle*, p.78; Zonderman, *Aspirations and Anxieties*, p.97; Dublin, *Farm to Factory*, p.80–81; Ware, *Early New England Cotton Manufacture*, pp.256–259.

46 Ware, *Early New England Cotton Manufacture*, pp.38, 85–86, 110, 112; Shlakman, *Economic History of a Factory Town*, pp.98–101, 103–107; Dublin, *Women at Work*, 136–137. 正如都柏林所指出的那样，沃尔瑟姆－洛厄尔集团所获得的专利期限以及设备设计的进步，使新公司在竞争中更容易发展。关于原棉和劳动力的相对成本的例子，见于 "Boston Manufacturing Company Memo of Cloth Made and Cost of Same 25th August 1827 to 30th August 1828" and "Appleton Co. Mem. of Cloth Made to May 30, 1829," both in Box 1, Folder 16, Vol. 42, Patrick Tracy Jackson Papers, Massachusetts Historical Society。

47 Minutes: Directors, 1822–1843, Merrimack Manufacturing Company Records, 142; Shlakman, *Economic History of a Factory Town*, pp.98–99; Dublin, *Women at Work*, pp.89–90, 98, 109–111, 137.

48 Dublin, *Women at Work*, pp.90–102.

49 Dublin, *Women at Work*, pp.93-96. 原歌的一个版本是这样写的："真可惜，像我这么漂亮的女孩，竟然被送到修道院，憔悴而死！"合唱道："所以我不愿再做修女，我不能再做修女了！我是如此喜欢享乐，以至于我不能成为一个修女。"Robinson, *Loom and Spindle*, p.84. https://thesession.org/tunes/3822（accessed Feb. 7, 2015）。对于南北战争前工人运动的发展，最全面的叙述仍然是 John R. Commons et al., *History of Labor in the United States*, Vol. I（[1918] New York: Augustus M. Kelley, 1966）。

50 后来在其他工业城镇也发生了几次罢工，1859 年在洛厄尔也发生了一次移民工人群体的小规模罢工。Zonderman, *Aspirations and Anxieties*, pp.235, 241; *New-York Daily Tribune*, May 14, 1846; Fisher, *Workshops in the Wilderness*, pp.146-147; Dublin, *Women at Work*, pp.203-205.

51 马萨诸塞州禁止 12 岁以下的儿童工作，康涅狄格州限制童工每日工作时间在 10 至 14 小时之间。新罕布什尔州规定每人每天工作 10 个小时，但允许合同要求延长工作时间，这使得这项法律规定变得毫无意义。Zonderman, *Aspirations and Anxieties*, pp.242-249; Dublin, *Women at Work*, pp.108-122.

52 多年以后，左翼历史学家们可能对罢工和骚动做了过多的报道。有关强调工人抗议行动重要性的论述，见于 Zonderman, *Aspirations and Anxieties*, Dublin, *Women at Work.* 相比之下，威尔稍早一些，她写道，这些活动"与其说是抗议，倒不如说是抱怨，是一些煽动性的情绪引发的，他们也不知道自己要达到什么目的，但把女孩们刺激到了不知所措的地步"，并指出，"公众舆论通常不支持'哗众取宠的女性'"。Ware, *Early New England Cotton Manufacture*, pp.275, 277。

53 David Crockett, *An Account of Col. Crockett's Tour to the North and Down East*（Philadelphia: E. L. Carey and A. Hart, 1835）, pp.91-99; John F. Kasson, *Civilizing the Machine: Technology and Republican Values in America, 1776-1900*（New York: Penguin, 1977）, p.81; Zonderman, *Aspirations and Anxieties*, pp.208.

54 有关此演变的扩展讨论，见于 Leo Marx, *The Machine in the Garden: Technology and the Pastoral Ideal in America*（New York: Oxford University Press, 1964）, and Kasson, *Civilizing the Machine*, esp. chap. 1 and 2。另见于 Lawrence A. Peskin, "How the Republicans Learned to Love Manufacturing: The First Parties and the 'New Economy,'" *Journal of the Early Republic* 22（2）（Summer, 2002）, pp.235-262, and Jonathan A. Glickstein, *Concepts of Free Labor in Antebellum America*（New Haven, CT: Yale University Press, 1991）, esp. pp.233-235。

55 John G. Whittier, "The Factory Girls of Lowell," in *Voices of the True-Hearted*（Philadelphia: J. Miller M' Kim, 1846）, pp.40-41.

56 Seth Luther, *An Address to the Working Men of New England on the State of Education*

and on the Condition of the Producing Classes in Europe and America, 2nd ed. (New York: George H. Evans, 1833), p.19.

57 Fisher, *Workshops in the Wilderness*, 165; Emerson quoted in Kasson, *Civilizing the Machine*, pp.124-125. 早些时候，爱默生曾称赞制造业将新英格兰从不适宜耕种的条件中解放出来，他说："如果他们有阳光，就让他们种植；我们这些没有阳光的人，将使用我们的钢笔和水轮。" Ralph Waldo Emerson, Edward Waldo Emerson, and Waldo Emerson Forbes, *Journals of Ralph Waldo Emerson with Annotations*, Vol. IV (Boston: Houghton Mifflin, 1910), p.209.

58 Zonderman, *Aspirations and Anxieties*, pp.115-118.

59 直到 1853 年，有 1800 多名 15 岁以下的儿童在罗得岛州的制造企业工作，包括 621 名 9~12 岁的儿童和 59 名 9 岁以下的儿童。参见 Luther, *An Address to the Working Men of New England*, pp.10, 21-22, 30; Ware, *Early New England Cotton Manufacture*, p.210; Jonathan Prude, *The Coming of Industrial Order: Town and Factory Life in Rural Massachusetts, 1810-1860* (Cambridge: Cambridge University Press, 1983), pp.86, 213。

60 Trollope, *North America*, p.253; John Robert Godley, *Letters from America*, Vol. 1 (London: John Murray, 1844), pp.7-11; Edward Bellamy, "How I Wrote 'Looking Backwards,'" in *Edward Bellamy Speaks Again* (Chicago: Peerage Press, 1937), p.218, quoted in Kasson, *Civilizing the Machine*, p.192. Relative industry size from Beckert, *Empire of Cotton*, p.180.

61 Herman Melville, "The Paradise of Bachelors and the Tartarus of Maids," *Harper's* magazine, Apr. 1855, pp.670-678; Scott Heron, "Harper's Magazine as Matchmaker: Charles Dickens and Herman Melville," *Browsings: The Harper's Blog*, Jan. 13, 2008, http://harpers.org/blog/2008/01/ harpers-magazine-dickens-and-melvilles-paradise-of-bachelors/.

62 Kasson, *Civilizing the Machine*, pp.90-93.

63 Luther, *An Address to the Working Men of New England*, p.29.

64 Fisher, *Workshops in the Wilderness*, pp.115-116, 119, 130-135, 139-141, 146.

65 Dublin, *Women at Work*, pp.139-140.

66 U.S. Bureau of the Census, *Historical Statistics of the United States: Colonial Times to 1970*, Bicentennial Edition Part 1 (Washington, D.C.: U.S. Government Printing Office, 1975), p.106; Ware, *Early New England Cotton Manufacture*, pp.227-232; Dublin, *Women at Work*, pp.138-139.

67 Dublin, *Women at Work*, pp.134, 140-144, 155, 198; Gross, *Course of Industrial Decline*, p.83.

68 Dublin, *Farm to Factory*, p.187; Gross, *Course of Industrial Decline*, pp.37, 42–43,
    79; Nelson, *Managers and Workers*, p.6; Ardis Cameron, *Radicals of the Worst Sort:
    Laboring Women in Lawrence, Massachusetts, 1860–1912* (Urbana: University of
    Illinois Press, 1993), pp.xiv-xv, 28, 75; Hareven and Lanenbach, *Amoskeag*, p.10.

69 Dublin, *Farm to Factory*, p.187; Gross, *Course of Industrial Decline*, pp.80, 142;
    Hareven and Lanenbach, *Amoskeag*, pp.18–19, 202–203; Cameron, *Radicals of the
    Worst Sort*, pp.29–30, 75, 82–83, 97 (quote).

70 关于死于伯彭顿工厂事故的人数说法不一，从 83 人到 145 人不等。Clarisse A. Poirier,
    "Pemberton Mills 1852–1938: A Case Study of the Industrial and Labor History of
    Lawrence, Massachusetts," Ph.D. dissertation, Boston University, 1978, pp.81–84, 191–
    193; *Polynesian* [Honolulu], Mar. 3, 1860; *New York Times*, Jan. 12, 1860, and Feb.
    4, 1860; *The Daily Dispatch* [Richmond, Virginia], Jan. 16, 1860; *The Daily Exchange*
    [Baltimore], Jan. 12, 1860; *New-York Daily Tribune*, Jan. 16, 1860; Alvin F. Oickle,
    Disaster in Lawrence: The Fall of the Pemberton Mill (Charleston, SC: History Press,
    2008); Bahr, "New England Mill Engineering," pp.68–71; Cameron, *Radicals of the
    Worst Sort*, pp.18–19.

71 到他访问阿莫斯克亚格时，16 岁以下的儿童实际上只在新英格兰纺织业占很小的一部分：
    新罕布什尔州为 2.0％，马萨诸塞州为 5.7％，罗得岛州为 6.0％，而全国为 10.4％，密
    西西比州为 20.3％。Hareven and Lanenbach, *Amoskeag*, p.33; Arden J. Lea, "Cotton
    Textiles and the Federal Child Labor Act of 1916," *Labor History* 16 (4) (Fall 1975),
    p.492.

72 Gross, *Course of Industrial Decline*, pp.88–90; Cameron, *Radicals of the Worst Sort*,
    pp.7, 47–62, 77.

73 伯杰用当时许多社会主义者都赞同的种族主义语言继续说："任何国家的白人男女都忍
    受了一定程度的奴役，但这种程度的奴役是闻所未闻的。在劳伦斯，境况似乎是令人忍
    无可忍了。" House Committee on Rules, *The Strike at Lawrence, Hearings before the
    Committee on Rules of the House of Representatives on House Resolutions 409 and
    433, March 2–7, 1912* (Washington, D.C.: Government Printing Office, 1912), p.10–
    11. There is a large literature on the 1912 strike. An excellent account can be found in
    Melvyn Dubofsky, *We Shall Be All: A History of the Industrial Workers of the World*
    (Chicago: Quadrangle Books, 1969).

74 Hareven and Lanenbach, *Amoskeag*, pp.11, 336; Gross, *Course of Industrial Decline*,
    pp.165, 190–195, 225–229; Mary H. Blewett, *The Last Generation: Work and Life
    in the Textile Mills of Lowell, Massachusetts, 1910–1960* (Amherst: University of
    Massachusetts Press, 1990).

75　大不列颠的人口，并未将爱尔兰计算在内。Chandler, Jr., *Scale and Scope*, p.4; B. R. Mitchell, *International Historical Statistics: Europe, 1750–1993*（London: Macmillan Reference, 1998）, pp.4, 8; U.S. Bureau of the Census, *Historical Statistics of the United States: Colonial Times to 1970*, p.8.

/ 第三章 "文明进步"
——工业展览、炼钢和普罗米修斯的价值

为纪念《独立宣言》发表 100 周年，1876 年 5 月 10 日国际艺术、制造业和矿产品博览会（International Exhibition of Arts, Manufactures, and Products of the Soil and Mine）在费城开幕。参加博览会的 10 万人听到了各个政要的讲话、16 首国歌、理查德·瓦格纳（Richard Wagner）的《百年独立进行曲》（*Centennial Inauguration March*）的首映式、千人合唱团的《哈利路亚》合唱以及 100 响礼炮。但对许多参观者来说，这一天最精彩的时刻，是美国总统尤利西斯·S. 格兰特（Ulysses S. Grant）和巴西皇帝佩德罗二世（Pedro Ⅱ）带领人群进入巨大的机械大厅时。在那里，他们爬上了 40 英尺高的科利斯双引擎蒸汽发动机（Corliss double walking beam steam engine）的平台。人们看到，在转动阀门后，这个 56 吨、1400 马力的发动机就开始运转了，转动着 23 英里长的轴系，为这个由木材和玻璃构成的偌大建筑里的数百台机器提供动力。

众所周知，费城百年博览会是一个占地 285 英亩的豪华展览，在它开放的六个月时间里，有将近 1000 万参观者访问，相当于美国人口的五分之一左右。展览馆展出了 37 个国家的展品，从奇花异草、珍禽异兽到精美的艺术品和历史文物，包罗万象，应有尽有。机器和机器制造的产品压倒了其他一切。

占地 14 英亩的机械展厅里，摆放着一系列令人眼花缭乱的工业设备，其中包括每天出版两次报纸的完整印刷作业系统、火车发动机、金属加工和木材加工机械、制砖机，以及缅因州索科的纺织设备。在名为"缝纫制衣和装饰用品的机器、设备和

图 3-1　1876 年费城百年博览
会上，尤利西斯·S. 格兰特总
统和巴西皇帝佩德罗二世体验科
利斯发动机

器具"的展览中，参观者可以让工作人员把自己的名字编织在
织物上，完成这项操作的是一对机械臂。展览的新发明还包括
打字机、电话和一台机械计算器。在机械主展厅里可以看到各
种各样的机械产品。较小的建筑物，如辛格缝纫机公司（Singer
Sewing Machine Company）展馆和鞋与皮革展馆，容纳了更多
的机器和机械制造的产品。甚至连农业厅也堆满了机器，从收割
机、风车驱动的水泵到巧克力生产设备。[1]

　　这是一种纪念美国独立 100 周年的特殊方式。有大量的爱国主义象征和"刻奇"行为*。但是展览的价值在别处。它庆祝当代技术奇迹、美国的伟大生产力和发明创造，以及它的进步，这一切是以它对机械领域的掌握来衡量的。要看到美国革命和科利斯发动机之间的联系，需要一次思想跳跃。公众对机械奇迹和工业财富的关注，体现了自洛厄尔工厂建成以来的半个世纪里，关于国家伟大和进步的看法发生的变化。由于很少有异议，美国人开始认为机器和机械生产是国家发展的核心战略，是现代化的组成部分。美国人对他们的社会结构和价值观存在深刻的，有时甚至是激烈的分歧，因为南方的重建之路**到了尽头，遭受毁灭性经济萧条的工人发动了美国前所未有的最大规模的罢工，针对印第安人的战争在西部肆虐。但是，关于机器和它使之成为可能的东西，并没有太多的不和谐。[2]

美国人相信，机器正在开启一个新时代的大门，这个新时代充满了前所未有的慷慨、自由和国家权力。蒸汽机占据了中心位置。它似乎和普罗米修斯一样，藐视诸神，从它们手中夺取火种，并让它造福人类。在 18 世纪后期，与亚历山大·汉密尔顿密切合作促进制造业发展的费城商人坦奇·考克斯（Tench Coxe），甚至用"圣火"这个词来称呼蒸汽机。

工业革命发生之后不久，第一艘实用的蒸汽船问世，这充分显示了蒸汽的神奇力量。1790 年，约翰·费奇（John Fitch）开始经营一艘小型蒸汽渡船，来往于特伦顿（Trenton）和费城

---

* Kitsch，音译为"刻奇"，指大众故作崇高的"媚雅"行为。

** 南方"重建"，指南北战争结束后，美国对南方分离各州的社会改造，提出了南方州如何重返联邦，南方邦联领导人的公民地位，以及黑人自由民的选举权和地位等问题的解决方式。该运动以南方白人的强烈抵制、联邦官员的腐败低效和黑人缺少政治素养等原因而不了了之。

之间。1807年，罗伯特·富尔顿（Robert Fulton）为"北河"号船配备了英国制造的蒸汽机，沿着哈德逊河（Hudson River）从纽约开到了奥尔巴尼（Albany）。四年后，他的"新奥尔良"号蒸汽船被引入了俄亥俄－密西西比（Ohio-Mississippi）河流系统，为美国西部边境的商业开发开辟了道路。在密西西比河上的双向运输促进了棉花文化的传播，随之而来的还有奴隶制。

但是，引起赞赏的不仅仅是蒸汽船的作用，还有船本身，即它的速度、力量和不寻常的美。在船上安装蒸汽机从根本上改变了对时间、空间和距离的体验，使曾经史诗般的旅程，比如从圣路易斯（St. Louis）到新奥尔良（New Orleans）的旅行，只需几天就能实现。作家埃德蒙·弗拉格（Edmund Flagg）宣称："一艘巨轮在密西西比河的激流中破浪前行——没有什么东西比这更壮观了——我几乎可以说它是伟大的。"对弗拉格和其他人来说，蒸汽船、人类的创造和密西西比河那原始且质朴的环境形成了鲜明的对比，使这个场景如此令人难忘，近乎崇高。对19世纪的观察者来说，这不仅意味着美丽，而且意味着令人恐惧，令人不安，也让人无法抵抗。

美国人和欧洲人在这片新大陆旅行时，常常将蒸汽船本身当作文明的载体，或者至少是他们所理解的文明。但是，它并不需要一个野蛮的西部来使蒸汽船显得高尚。1848年，沃尔特·惠特曼（Walt Whitman）在评论布鲁克林一艘渡船的发动机室时这样写道："你会看到这样的景象简直是如此壮观。因为没有什么是比强大的快速运转的蒸汽机更美妙的作品了。"三年后，他说美国已经成为一个"蒸汽机不是坏的象征"的国家。[3]

铁路很快就使蒸汽船黯然失色，取代它成为现代化的象征。蒸汽火车甚至比蒸汽船更受人们的欢迎，使用也更广泛，受到了更多的赞誉。1876 年，惠特曼在《致冬天的火车头》(*To a Locomotive in Winter*) 中写道："现代的典型！运动和力量的象征！大陆的脉搏！"通过大幅度减少运输人和物的时间、成本和困难，铁路把国家联系在一起，加强商业联系，传播思想和情感。铁路带来了新的风景，新的时间感，新的世界主义。[4]

展示现代性

即便是一动不动地放在那里，蒸汽机也是进步和国家实力的象征，是更广泛的机器和机械制品庆祝活动的一部分，这在纪念美国独立 100 周年的费城百年博览会上表现得尤为明显。在费城百年博览会之前和之后很长一段时间里，各种公共展览都是围绕机械制造的过程、象征和产品建立起来的，并把它们等同于现代化。例如，在 1839 年，马萨诸塞州机械师慈善协会(Massachusetts Charitable Mechanic Association) 在波士顿的昆西市场举办了第二次展览。在举办展览的 12 天里，有 7 万人参观。展品包括一条运行中的微型铁路、一个为其他机器提供动力的小型蒸汽机、一些机器设计方案、一个卡辛麦剪羊毛机(cassimere shearing machine)、一个印刷机和一个编织机。展出的商品包括洛厄尔的纺织品、眼镜、橱柜、马车、马鞍、裤袜、便帽、礼帽、毛皮、糖果、肥皂、香水、靴子、大炮、步枪、剑、五金零件、餐具、锁、水泵、消防车和乐器。为了反驳制造业正在破坏共和美德的说法，詹姆斯·特科奇·奥斯汀(James Trecothick Austin) 在这次展览上演讲时试图消除"美国社会不同阶层之间所谓的利益冲突"。"如果用银叉是对民主有害无益的话，"他说，"那么，我们高超的银器工艺则是无比无用的。"[5]

　　1851 年在伦敦举行的水晶宫展览，正式名称叫作"万国工业博览会"，是万国博览会和世界博览会开始的标志，是致力于进步和现代化的神圣殿堂，而这些，反映在机器和机械制造的物品上。博览会的举办场地，比里面的任何一样展品都更令人印象深刻，甚至更令人惊奇。水晶宫是一个巨大的由铁和玻璃构成的温室，完全由机器部件建造而成，因此展览结束后，很容易拆卸和在别处重建。英国的博览会的规模是前所未有的，有专门展出美术作品、"原材料"、"机械"和"制成品"的展区。以前有门路的人才能参观工厂，现在群众都能开开眼界了。15 台蒸汽动力机器为梳棉、纺纱和织布工序提供动力，把原棉织成布匹，而观众就站在一旁观看。这次博览会向与会者展示了新兴的消费社会，展示了无数可以制造出来的东西，以及它们将如何让生活变得更美好。瓦尔特·本雅明（Walter Benjamin）后来写道："世界博览会是商品崇拜的朝圣之地。"[6]

　　1853 年，美国举办了自己的"水晶宫"展览，即万国工业博览会。这个由铁和玻璃组成的展览厅，建在纽约市如今的布莱恩特公园（Bryant Park）的位置，本质上是伦敦水晶宫的一个缩小版，并且增加了一个圆顶。它创造了一种新大陆上前所未有的事物。和伦敦的展览一样，它也展出了各种技术、机器和机械制品。[7]

　　其他国家也举办了国际博览会。拿破仑三世参加了英国的万国工业博览会之后，深受启发。于是，从 1855 年的世界博览会和它的工业宫（Palais de l'Industrie）建成开始，法国在巴黎举办了一系列博览会。其后的展览分别于 1867、1878、1889 和 1900 年举行。1873 年，维也纳举办了一次国际博览会。1893 年，芝加哥举办了盛大的、出席人数众多的、广受赞誉的哥伦比亚博览会。美国的其他博览会紧随其后，在短短一段时间内就出现了包括奥马哈（Omaha）博览会（1899年），布法罗（Buffalo）博览会（1901年）和圣路易斯博览会（1904年）。8

甚至，1895年在亚特兰大举行了棉花州和国际博览会，用来展示白人统治下南方的经济复苏和棉花王的持续统治。展览的重头戏是一个机械展厅，有说法称它是博览会的"心脏"。"每个齿轮，无论大小，都在旋转；发电机产生无数伏的电力；水泵和车床，刨子和钻头都在努力工作，都在服从一种看不见但不可抗拒的力量。"历史学家C.范恩·伍德沃德（C. Vann Woodward）在书中提到19世纪八九十年代举行的那些南方的博览会时写道："南方人与数百万北方客人聚在一起，对机器顶礼膜拜，祈求它赐福于他们，让他们兴旺发达。"9

为1889年世界博览会建造的埃菲尔铁塔，成为国际博览会最重要的标志。在法国政府举办的纪念法国大革命100周年博览会的标志物竞选赛中，工程师古斯塔夫·埃菲尔（Gustave Eiffel）脱颖而出。这座塔由18000多个锻铁构件组成。这座铁塔高达312米，几乎是原先世界上最高建筑（五年前建成的华盛顿纪念碑）的两倍。从塔顶上望去，可以饱览以前只有少数热气球飞行者才能目睹的景色。这是对大都市进行鸟瞰的预演，这种现象在几十年后，也就是飞机发明之后才变得普遍。10

在它建成之前，一群著名的法国艺术家、音乐家和作家表示强烈抗议，将其称为"无用而怪异的埃菲尔铁塔""可恶的螺栓铁柱"。他们宣称，这将亵渎巴黎的美丽和荣誉。11 但这座塔建成之后几乎立即被当作现代化的象征而闻名于世，被描绘成一种新的美。甚至在它完成之前，乔治·秀拉（George Seurat）就把它作为他最著名的油画之一的主题了。随着埃菲尔铁塔而来的是大量的素描、油画和版画，包括亨利·卢梭（Henri Rousseau）、迭戈·里维拉（Diego Rivera）、马克·夏卡尔（Marc Chagall）以及罗伯特·德洛奈（Robert Delauney）的作品，这些作品一遍又一遍地描绘着同一个主题。埃菲尔铁塔是现代主义表现方法（包括点画法和立体主义）的一个理想的主题。该塔也是路易斯·卢米埃尔（Louis Lumière）于1897年拍摄的短片和乔治·梅里埃（George Méliès）在1900年拍摄的短片的主题。[12] 作家们也是如此。在纪尧姆·阿波利奈尔（Guillaume Apollinaire）的诗歌《地带》（*Zone*）中，埃菲尔铁塔代表着通往现代性的道路。

> 你终于厌倦了这个上了年纪的世界
> 埃菲尔铁塔上的牧羊女
> 桥梁在咩咩叫
> 你受够了古代的日子 [13]

布莱斯·桑德拉尔（Blaise Cendrars）将在1913年献给德洛内（Delauney）的一首诗取名为《塔》（*Tower*）。

> 你们都是
> 塔
> 上古神
> 当世野兽
> 太阳光谱
> 我诗歌的主题
> 塔

世界之塔

运动之塔 [14]

　　参加博览会的人数众多，积极的宣传言论大量涌现，证明了人们普遍对新型工业化——蒸汽机、庞大的铁结构和展出的机器——保持钦佩。[15] 当然，并不是每个人都被迷住了。居伊·德·莫泊桑（Guy de Maupassant）宣称："因为埃菲尔铁塔，我不仅要离开巴黎，还要离开法国。它不仅可以从任何地方被看到，而且可以在任何地方被发现，占据了所有地盘，出现在所有的窗户上，它是一个永远存在、永远折磨人的噩梦。"作者对 1889 年博览会的人群感到厌倦，其中有"终日辛劳、散发出汗臭味的人"。[16]

　　究竟有多少劳动人民实际上参加了各种博览会，这是很难说的。中产阶级和上流社会成员显然占据了观众的大部分，他们更有能力支付旅行费和入场费。伦敦水晶宫展览的策划者们花费了很大心思去吸引和笼络工人阶级参观者。周一至周四的入场费较低，方便了工人及其家人入场参观，较富裕的参观者主要是在周五和周六进入。许多公司给予员工资助，让他们参加博览会。费城百年博览会在周日会关闭。对工人来说，这通常是唯一的休息日，由于来自当地神职人员的压力，他们很难撇下礼拜去看展览。但是和英国一样，雇主为他们的工人出钱，让他们参观博览会。[17]

　　工薪阶层的游客似乎普遍喜欢博览会——根据一些报道，他们对机械更感兴趣，如果他们经济状况没有变得更好，就不会对美术更感兴趣——但一些工人运动的领导人无法忽视他们所看到的剥削的象征，这种剥削正是工业财富得以展示的基础。激进的宪章主义者朱利安·哈尼（Julian Harney）把 1851 年博览会上的展览称为"那些拥有血统、特权和资本的以征服掠夺为业的剥削者榨取各国人民的产物"。1889 年巴黎博览会期间，来自欧洲和美国的社会主义者聚集在巴黎举行全体会议。这时，已经从曼彻斯特的棉纺厂退休的弗里德里希·恩格斯离开了。他在给马克思的女儿劳拉·拉法格（Laura LaFarge）写的信中说道："在这两种情况下，即强迫性的会议和展览，我原则上避免去拜访。"劳拉的丈夫保罗·拉法格（Paul LaFarge）向恩格斯抱怨说："资本家邀请权贵阶层来到博览会，观察和欣赏创造了有史以来人类社会的最大财富却被迫生活在贫困中的劳动者的成果。"[18]

铁

由于钢铁工业的进步，伦敦和纽约的水晶宫、庞大的机械展厅和埃菲尔铁塔才能成为可能。如果说 19 世纪上半叶是棉花的年代，那么 1850 年以后的几十年就是钢铁的年代。到 100 年纪念展时，欧洲和美国最大的制造工厂是生产钢铁产品的，而不是生产纺织品的。炼铁厂，以及后来的炼钢厂，取代了纺织厂，成为现代化的象征，成为关于社会性质和人们寻求什么样的未来的争论焦点。

直到 19 世纪，铁的产量都很少，只用于生产特殊产品。一般来说，在欧洲和北美，矿石的开采、转化为铁以及生产成品都是由一小批熟练工人在同一个地点进行的。但是到了 19 世纪中叶，传统的生产技术已经不能满足对铁的需求了，即用木炭或焦炭作燃料的小熔炉除去铁矿石中的氧气和杂质，生产出的金属，这些金属可以被铸造成成品，或者经过再加热转化成更坚固、更有可塑性的熟铁。[19]

铁路的普及和对铁轨的需求，极大地推动了对铁的需求。

1840 年，全世界约有 0.45 万英里的铁路；1860 年，增长到了 6.63 万英里；1880 年，增长到了 22.84 万英里。起初，生产铁轨是非常困难的。因为不能立即轧制足够的铁来制作一条铁轨，所以必须把小铁条轧制成大铁条，然后再层层叠加、再加热和轧制。这样制造出来的铁轨，质量很差。有时，铁轨会断成几截，而且在使用频繁的线路上，它们在短短三个月内就会磨损殆尽。美国冶金学家弗里德里克·奥弗曼（Frederick Overman）在 19 世纪 50 年代初写道："科学技术和机械在钢铁制造中的应用，并不像在我们目睹的印花和丝绸业中那样具有高水平。"[20]

随着一系列技术革新所带来的改变，钢铁业的生产数量和质量都有了提高。首先是高炉的技术改进。1828 年的英国和六年后的美国开始使用热空气，而不是强行用冷空气来除去铁矿石中的碳成分，而且使用了由高炉本身的废气加热的空气，大大提高了这一过程的速度和效率。提高空气的温度和压力产生了进一步的收益。一个高炉，在 19 世纪 50 年代，一般情况下每天只能生产 1 吨到 6 吨铁，到了 1880 年，日产量则接近 100 吨。[21]

用高炉炼出的铁可用来铸造一些产品，如火炉和犁。但是，它太脆了，在多种用途上不合适。进一步降低铁的含碳量，可以使其具有更大的强度和灵活性，但这需要大量的劳动，要么在锻炉上反复敲打，要么通过一种被称为"搅炼"的过程进行化学转化。炼铁工人在特制的熔炉中重新加热铸铁条（俗称"生铁块"），搅拌混合物使碳氧化并燃烧掉杂质。工人需要经验、技巧和体力来控制这个过程。

由于拥有强大的手艺文化和高水平的工会，炼铁工人使制造商与他们妥协，结成了合作伙伴关系。工人们控制了搅炼过程的所有方面，包括在每个回合生产多少铁和他们的工作时间。他们常常自掏腰包雇用帮手。在匹兹堡（Pittsburgh）这个最重要的炼铁中心，一个自由浮动的机制，将炼铁工人的产出和成品铁的销售价格联系起来，因此他们能分享生产率提高或市场条件改善所带来的任何收益。铺设铁路轨道和其他产物的人，往往也控制了几乎全部的生产过程。在一些工厂里，他们与全体工人讨论每吨铁的价钱，然后把钱付给后者，让他们自行分配。[22]

早期的炼铁厂一般都很小，只能分批生产，一次只能生产544斤熟铁。然而，出于技术和经济上的考虑，很快就使工厂的规模扩大了。铺设铁路的需要，使配件的价格水涨船高。为了赚钱，铁路工厂必须昼夜不停地运转，这就需要大量的熟铁。一些铁路制造商选择从其他公司购买铁，但是，业内领军公司选择整合落后企业，建立自己的炼铁和搅炼业。从木炭到焦炭的燃料转换，使它们摆脱了对可生产木炭的大片林地的需要。宾夕法尼亚州有丰富的煤炭资源，这对大规模生产业产生了很强的吸引力。

宾夕法尼亚州约翰斯敦（Johnstown）附近的坎布里亚（Cambria）钢铁厂是美国最先进的轧铁厂，它采用了三辊系统，使铁在成型辊之间前后移动，最大限度地减少了对再加热的需求。它的铁路轧机长1000多英尺，宽100英尺，远远超过最大的棉纺厂。1860年，它雇用了1948名工人，大约相当于洛厄尔规模最大的工厂的人数。位于宾夕法尼亚州中部的蒙图尔（Montour）炼铁厂，是另一个铁路生产商开设的，有3000名员工。尽管像最早的纺织厂一样，钢铁厂通常位于农村地区或河流附近的小城镇，但事实证明，它们比棉纺厂更具破坏性，污染了大片土地，并喷出乌黑的浓烟。一位欧洲旅行者形容匹兹堡钢铁厂的浓烟给"周围美丽的山丘投下了一层浓郁的阴影"。[23]

图 3-2　大约 1880 年宾夕法尼亚州约翰斯敦的坎布里亚钢铁厂

　　贝塞麦法（Bessemer）的引入使炼铁厂的规模进一步扩大。搅炼是炼铁生产中的一个瓶颈，它既是小批量生产的原因，又是炼铁工人能保持主导权的基础。贝塞麦法，是 19 世纪 50 年代中期英国人亨利·贝塞麦提出的一种方法，可以将高炉铁制成更坚固、更具有可塑性的金属。在发明者的改进之下，在搅炼过程中，强迫空气进入熔融的生铁中，让氧气与金属中的碳结合，从而除去过剩的氧和硫杂质。这种产品的含碳量介于生铁和熟铁之间，与混炼金属相比，它对铁轨来说更耐用。它的发起人给它起了个绰号叫"钢铁"，这是一种更古老的纯铁的名字，以前很难生产出来。

　　贝塞麦法最适用于含磷量低的矿石，这种矿石在美国比在欧洲更容易获得。因此，在美国南北战争结束后不久，贝塞麦法就被广泛采用了。有些产品，如管道、铁棒和金属板，继续由搅炼熟铁制成，即使在贝塞麦法和之后的炼钢平炉出现以后，也是如此。19世纪90年代，琼斯－劳克林钢铁公司（Jones and Laughlin Steel Company）有110座炼铁炉。但此后，铁产量直线下降，进入了由钢统治的年代。[24]

甚至在早期，贝塞麦炉就可以一次把5吨或更多的铁变成钢。为了满足钢炉需求，公司建造了越来越大的炼铁高炉。它们没有制造必须重新加热的生铁，而是直接把熔化的铁水倒进贝塞麦炉里。在匹兹堡和扬斯敦（Youngstown），它们建造桥梁，让火车牵引着特制的钢水罐车，从河的一侧输送铁水到对岸的转炉里。19世纪80年代，一些企业开始将转炉生产的钢锭直接运到轧钢厂。在轧钢厂，工人们在"均热炉"里调节温度后，就把钢锭轧制出来，而不是把冷却的钢锭再次加热。这样就节省了许多热量和能量，因为熔化的金属从其最初创造出来到最终成品完成从未完全冷却过。[25]

产量增加，生产一体化，成品种类不断增多。生产结构钢、钢线、钢板和其他产品的精轧机，把钢铁厂推向了前所未有的规模。在德国埃森市（Essen），克虏伯工厂（Krupp Works）从1848年的72名工人发展到1873年的12000名工人。该工厂所生产的产品中，钢制大炮是水晶宫和其他展览中最受欢迎的。在法国的勒克勒佐（Le Creusot），则有施耐德工厂（Schneider Works）。施耐德工厂和克虏伯工厂一样，从1870年开始专攻武器装备，拥有12500名工人。[26]在美国，公司的机械化进程更快，员工也更少，但也在不断增长。1880年，坎布里亚工厂雇用了该行业最多的劳动力——4200人。随后，安德鲁·卡内基（Andrew Carnegie）的霍姆斯泰德工厂（Homestead Plant）取代了坎布里亚工厂，成为美国技术最先进的工厂，就像克虏伯工厂和施耐德工厂那样，从 1889 年的 1600 名工人增长到 1892 年的近 4000 名。

1900 年，雇员超过 1000 人的制造企业，在美国有 443 家，其中 120 家生产纺织品，主要是棉纺织品，103 家生产钢铁，因此全国所有大型工厂中有一半集中在这两个行业。在最大的几家工厂中，钢铁占主导地位。在美国拥有 8000 多名工人的 4 家工厂中，有 3 家工厂是生产钢铁的（坎布里亚、霍姆斯泰德和琼斯 - 劳克林），第四家是制造火车头的。另外有 3 家钢铁厂有 6000 到 8000 名工人。[27]

钢铁厂作为一个生产系统，比棉纺厂复杂得多。钢铁厂的产品种类很多，它们不仅大量生产标准规格的钢轨，也为无数其他小批量订单提供产品，其中有各种形状和尺寸的结构钢，不同尺寸、不同厚度和不同强度的钢板，管道，电线，棒材，马口铁等。只有有经验的工人和可以不断调整的机器，才能满足不断变化的规格要求。卡内基通过像洛厄尔工厂那样经营业务来主宰钢铁业。他认为："要持续保持领导地位，最可靠的办法是实行销售少量大吨位的成品的政策。"他说，桥梁"不是很好，因为每个订单都不一样"。但是当铁路系统建立起来，轨道也更坚固，不需要频繁更换时，铁路就变得相对没那么重要了。卡内基的政策被证明是难以模仿的。[28]

一个工人操作一台机器就可以把粗纱变成线或把线织成布，但是没有一个工人能生产一条生铁或一条钢轨。相反，需要工人小组协调才能生产。即使是炼铁工人，也就是最具有自主性的金属工人，也是成对工作的。因为热度太高和消耗的精力太多，所以他们需要轮番工作。每个人都有一个助手，有时是一个"后生小子"。更多的工人组合是一些技术工人和一些普通工人，他们合作操纵高炉、贝塞麦炉、平炉、转炉和辊。

与纺线和织布不同，大多数钢铁生产不是连续不断的。有些情况一般是连续的：高炉不停地运转，原料从顶部注入，铁水从炉底流出，直到炉衬烧坏或出现其他问题，然后进行高炉熄火和从头再来。但是大多数其他过程都是成批处理的操作。当一个贝塞麦炉充入铁水后，只花 8 到 10 分钟就能倒出铁水，然后重新开始循环。而平炉和转炉需要花 8 个小时来完成它们的工作——其中一个原因是，尽管它们生产的是更高质量的钢铁，但企业在应用它们时行动缓慢。纺织工人中的许多人整天都在做同样的事情，而炼铁工人和炼钢工人经常承担各种各样的任务，轮流进行紧张的劳动、休息和恢复。[29]

在纺织厂，许多相同的机器并排操作，从一个共同的来源获得动力。钢铁厂拥有的机器要少得多（通常由单台发动机驱动），但它们通过更紧密的顺序操作连接在一起。

其中一些机器是非常巨大的。在霍姆斯泰德炼铁厂，工人们用重达 100 吨的钢锭制造盔甲。在滚压到合适的厚度之后，用一个 2500 吨压力的液压机修剪它们的末端。然后将它们浸泡到 10 万加仑的油脂里，进行回火和冷却。最后的加工是用庞大的设备完成的，按照设计，这种机器一般会重达 200 吨。光是普通加工厂里一个机器上的飞轮就重达 100 吨。伯利恒钢铁公司（Bethlehem Iron Company）建立了一个加工厂，该工厂有一个 125 吨的蒸汽锤，它是一个庞大的、高耸的设备，使站在附近的任何人都相形见绌。即使是处理原材料的设备也扩大到了十分巨大的规模，比如可以把装满整节车厢的矿石或石灰石倒进高炉里的机器。1890 年，在马里兰州（Maryland）斯帕罗斯角（Sparrows Point）一家钢铁厂的成立仪式上，一些政要坐在装饰一新的敞篷车里沿着铁矿石路线行驶，最后被拉到八层楼高的炉料平台上。[30]

钢铁传奇

"钢铁制造业有一种特殊的魅力，"约翰·费奇（John Fitch）在 1910 年开始研究匹兹堡钢铁工人时写道，"雄奇的事物——巨大的工具，庞大的生产规模——以压倒性的力量感攫住了人的头脑……宏伟而又无限。"这番赞誉，只是众多对钢铁制造着迷的作家、艺术家和记者的一个感叹而已。半个多世纪前，纳撒尼尔·霍桑（Nathaniel Hawthorne）在访问利物浦的一家铸铁厂时，"被展示出的强大的人力和机器所吸引，在那里他目睹了一台重达 23 吨的大炮的制造过程"。他说："我们看见一堆铁块，白热得很厉害，几乎要熔化了，在各种辊子下碾过……变成了长长的铁条，卷起来，像大红缎带从滚筒里袅袅飘出来一样。"霍桑"看到炉子里滚烫冒泡的铁水，感到满心喜悦"，他说："四面八方有无数的火焰，它们强烈的光辉使我们目眩。"[31]

火，是钢铁制造的吸引力的主要部分：炽热的高温，白色的熔化的金属，发光的红色的铁锭。工人们用火把矿石变成金属的英雄形象，在 19 世纪是很常见的绘画题材。这些画作经常以夜晚为描绘背景，以提高高炉或贝塞麦炉里金属辐射火光的效果。从约瑟夫在 20 世纪早期为《匹兹堡调查》（Pittsburgh Survey）所绘制的几幅作品中可以看到，炉子周围的人脸都被熔化的金属所发出的光线照亮了。

在有关工业革命的著作中，最常用的典故之一是普罗米修斯，因为普罗米修斯是将力量赐予人类的天神。火是他给人类的最大的恩赐，冶炼钢铁是具有普罗米修斯精神的工业中最伟大的一种。寻找一种炼金术的经典参照物，似乎超越了普通人的认知范围，他们即使到了 19 世纪也指望古罗马神话中的火神和匠神武尔坎（Vulcan）。1858 年，匹兹堡地区的搅炼钢铁工人组织了一个行业协会，他们管自己叫作"火神之子"。一篇 1890 年关于英国纽卡斯尔（Newcastle）一家大型钢铁厂的报道称，在铸造厂里，"当代的武尔坎"们只穿着衬衫，腿不是瘸的，仍然在"投掷雷电"。艺术家们通常把钢铁工人描绘成非常有男子气概的人，他们经常打赤膊，肌肉虬结，有点像古代火神的形象。这种形象与英国纺织工人的典型形象形成鲜明对比：一个有病的孩子，或者是一个穿着考究的年轻女子。[32]

但是，如果对一些人来说炼钢和锻铁等行业是诸神的领域的话，那么对另一些人来说，它们似乎是撒旦的地盘，就像布莱克眼中早期英国的钢铁厂那样。霍桑把熔化的铁水带描述为"就像从托非特（Tophet）那里蜿蜒出来的火蛇"，在旧约中，偶像崇拜者在那里把他们的孩子活活烧死，作为献给火神摩洛（Moloch）和巴力（Baal）的祭品，那是一个人间炼狱。20世纪初，科罗拉多州（Colorado）普韦布洛（Pueblo）一家钢铁厂的经理写道："蒸汽、火焰、炽热的铁水、炉渣和机器的轰鸣声都使它看起来像魔鬼的作坊。"在约瑟夫·斯特拉（Joseph Stella）看来，匹兹堡"经常被雾气和烟尘所笼罩……随着钢铁厂无数爆炸声而心脏搏动，全身悸动——就像但丁诗篇里的最激动人心的关于地狱的部分，令人惊叹"。同样，林肯·斯蒂芬斯（Lincoln Steffens）写道："当我去匹兹堡写关于匹兹堡钢铁厂的文章时拍的第一张照片，我一直保留着。猛一看，它简直跟地狱一模一样，有炽热的火炉和夹着它的两条火河。"[33]

图 3-3 《匹兹堡的贝塞麦钢铁厂》，查尔斯·格雷厄姆（Charles Graham）1886 年的插图

　　虽然钢铁厂有时会被视为地狱，但它们常常被誉为国家伟大和文明进步的象征。它们的增长使钢铁工具能够在农场和家庭中被引入，能够实现其他工业的机械化，能够用于建造铁路、桥梁和摩天大楼等非凡景观，以及构建以巨型大炮和钢铁战舰为基础的帝国强权。1876 年，乔治·瑟斯顿（George Thurston）将当时新建的埃德加·汤姆森（Edgar Thomson）钢铁厂描述为宾夕法尼亚州布拉多克（Braddock）文明进步的鲜明例证。"没有比这更壮丽的纪念碑来纪念这个国家的成长……没有它，美国制造业和美国机械师的胜利，都无法完成。"左翼记者玛丽·

希顿·沃斯（Mary Heaton Vorse）的感觉非常不同，但她在1920年出版的《人与钢铁》（*Men and Steel*）一书中表示："我们的文明是在钢铁之城锻造的。"不仅仅是文明，还有现代性，"钢和铁开启了现代人的生活"。社会学家沙龙·祖金（Sharon Zukin）指出："钢铁之所以有力量，是因为它一直是工业社会的生命线……钢铁通过战争和国际贸易向上与国家政府相连，并作为经济实力的象征而向下延伸至本土制造业。"在20世纪40年代末，著名记者约翰·甘瑟（John Gunther）宣称："对任何一个国家来说，基础实力的决定性因素是它的钢铁生产。"[34]

阶级战争

除了火和强权之外，还有一样事物，也使钢铁厂成为公众关注的焦点——劳工冲突。英国纺织业引发了一场关于童工和工作条件的大辩论，但是工人组织并不是很有效。美国纺织业因工厂主与工人之间的和谐关系而受到了热烈的赞扬，而且赞扬程度相当夸张。与此形成鲜明对比的是，劳工冲突很快就与钢铁工业联系在一起。钢铁工业是美国历史上关于阶级斗争的最引人注目的发生地，其中一些事件简直可以被称为阶级战争。

在南北战争后的几十年里，工业资本的力量日益强大，引发了激烈的经济和政治斗争，最广泛地讨论了美国将是一个什么样的社会，以及由谁来主宰。以前的奴隶、农民、妇女和失业者汇集成一个广泛的群体被动员起来，其范围比我们今天所听说的要广泛得多——民粹主义者、货币改革者、社会主义者、无政府主义者、社会达尔文主义者、基督教改革者、女权主义者和合作主义者都投入到了关于社会价值观和结构的辩论之中。工人和他们建立的组织构成了一股最重要的力量，挑战工业家和金融家在被马克·吐温惟妙惟肖地称为"镀金时代"的时代里日益强大的经济和政治支配地位。在钢铁行业，劳工冲突最为激烈。[35]

钢铁行业似乎比任何其他行业都更证实了这样一种观点，即工厂系统正在创造两个全新的、相互敌对的阶层。由于开办钢铁厂的成本比开办纺织厂高得多，所以资本倾向于集中在少数有实力的公司。资本家对其进行管理，通常是严加控制。他们并非拥有许多投资产业——就像波士顿商会所开设的纺织厂那样——一个钢铁厂就是他们所有财富和权力的来源、手段，也是这个国家最大的财富源泉。他们的工人认识到了他们面临的困境。钢铁工人联合会（Amalgamated Association of Iron and Steel Workers）组织章程的序言是这样写的："年复一年，这个国家的资本越来越集中在少数人手中……并且劳动阶级正在或多或少地变得日益贫穷。因此，我们作为男人，不得不与严峻的生活现实做斗争，正视这个问题，坦率地面对。"该联盟只接纳技术工人，会员资格随经济状况的好坏而变动。会员人数于1891年达到顶峰，超过24000人。它的力量在于其成员之间的团结意识和他们的技能，没有这些，工厂就无法运作。[36]

或者说，在把他们所做的工作机械化之前，工厂离不开他们。关于钢和铁转换过程的新技术的推广，使生产所需的熟练工人的人数和生产各阶段所需的技能水平都大大降低了。钢铁行业的变化也促进了公司规模的扩大，创造了激烈的竞争环境，两者都不利于劳工自身。

直到19世纪末，一直推动钢铁行业发展的铁路市场，变得起伏不定，助长了一种无情的管理文化。在经济好转时期，每个公司都有大量的订单，但在经济低迷时期，公司不得不争夺订单并大幅度削减成本以维持工厂的运营。钢铁业高管一再与其他公司达成并撕毁协议，以稳定价格和瓜分市场，同时迫使下属削减成本。机械化提供了一条途径，它减少了工资，延长了工作时间。但是挤压劳动力成本意味着不得不与工会对抗，从而导致了19世纪八九十年代不断升级的斗争。[37]

大公司带头打击钢铁工人联合会，它们以财政资源和多个工厂作为后盾赢得了长期战斗的胜利。霍姆斯泰德工厂里出现了一些比较尖锐的冲突。1882年，这家工厂（尚未归卡内基所有）的管理层坚持认为，为了保住他们的工作，员工必须签署一份不加入工会的协议。数百名技术工人拒绝了，并且罢工两个月以上，其间他们与私人警卫和联邦民兵反复战斗，直到带头人投降。六年后，在埃德加·汤姆森工厂，卡内基用四个月的停工和平克顿全国侦探事务所（Pinkerton National Detective Agency）的警卫粉碎了工会的力量，把三班八小时工作制变成了两班倒十二小时工作制，这不仅是工会主义的彻底失败，也摧毁了它捍卫的原则。[38]

第二年，也就是1889年，卡内基试图在他于1883年购买的霍姆斯泰德工厂复制汤姆森工厂的胜利。在他去欧洲参观巴黎博览会时实施了这一行动。他的公司再一次向员工发出了最后通牒，要求他们要么接受，要么走人。他拒绝他们的所有请求，把他们锁在门外，并且雇用了平克顿的警卫。但是，管理方在两次尝试驱逐工会时，都遭到了大批钢铁工人和霍姆斯泰德附近居民的抵制，未能达到目的。于是，在场的经理做出了让步，并与钢铁工人联合会达成了一项新协议。[39]

当双方签订的这份协议在1892年6月底到期时，卡内基试图一劳永逸地摆脱这个联盟和与它相关的一切。当时，近10年的劳资冲突已经将劳资关系问题置于美国社会的核心位置。观察家们把霍姆斯泰德工厂看作未来阶级关系的风向标。卡内基的统计显示，霍姆斯泰德工厂的高生产力和工会的高入会率使该工厂的劳动力报酬高于行业平均水平。同时，也允许熟练工人生活得相对舒适，在城镇购买小房子（并且参加城镇选举，选出称心如意的官员），购买一些家具，相对体面地生活。

这种经济冲突具有意识形态层面的意味。卡内基和他的合伙人决心降低劳动力成本，希望在没有工会干涉的情况下完全自由地决定工资和工作条件，以控制他们认为完全属于他们的财产。相比之下，工人们认为他们对公司有道德上的要求，他们通过技术和辛勤劳动为公司做出了贡献，使公司大获成功。许多人认同当时的一个共同的民主愿景：劳动人民（或至少是那些讲英语的白人）——在霍姆斯泰德工厂里待了一段时间的人——在公民生活领域和工业领域都有发言权。[40]

随着斗争的逼近，卡内基再次前往欧洲，留下他的合作伙伴亨利·克雷·弗里克（Henry Clay Frick）负责公司事务。公司再次准备了一份它明知道工会将拒绝的苛刻提议。在关闭工厂和隔离工人的同时，弗里克用一个 11 英尺高的围墙把工厂团团包围，围墙上开有枪眼，顶部是带刺铁丝网，他还从平克顿雇用了300 名警探。

一切都很平静，直到公司试图用驳船把平克顿的警探偷偷运进霍姆斯泰德。半夜，工会的瞭望哨发现了他们的踪迹，于是通知了全镇的人。正如《纽约先驱报》（New York Herald）所描述的："就像审判日的号角吹响了，电灯亮了起来，蒸汽汽笛响了起来，在今天早上的 2 点 40 分左右，信号一齐发出。这是战斗、屠杀和死亡的信号，在听到信号就从床上跳起来回应的人中，没有一个梦到了响应它的呼唤会流多少血。"驻守在莫农加

图 3-4 《在宾夕法尼亚州霍姆斯泰德发生的一场可怕的战斗》，图中描绘了 1892 年夏天被锁在卡内基工厂外的工人和平克顿警探之间的血腥冲突

希拉河（Monongahela River）陡峭河岸上的工人和当地居民试图阻止这支全副武装的私人军队登陆，于是向他们开火（结果误杀了一名工会支持者），把燃烧着的火车推向停泊的驳船，把烟火和炸药抛洒到河面上，并点燃了汽油，引爆了河面。最终，平克顿的警探们表示投降，却还是遭到罢工者和当地居民的殴打、抢劫和羞辱。7 名工人和 3 名平克顿人在这场战斗中死亡。

　　工会的胜利，被证明是短暂的。在一周之内，宾夕法尼亚州州长派了 8500 人——该州国民警卫队全体人员——占领了霍姆斯泰德，他们在那里一直驻守到 10 月。国家权力的大规模运用——伴随着对 100 多名工人的谋杀、对暴乱和阴谋罪名的指控——证明了什么才是公司开启成功之门的钥匙。随着军队的到

/ 102

位，公司开始从全国各地招募工人。7月23日，无政府主义者
亚历山大·伯克曼（Alexander Berkman）试图杀死弗里克——
这是罕见的美国人的行为体现欧洲式做派的案例——但卡内基的
这位高管证明了他是一只"顽强的鸟儿"，在经受了子弹和刀伤
之后还是大难不死，甚至协助制服了袭击者。一名国民警卫队士
兵大喊："为企图射杀弗里克的人欢呼三声！"伯克曼被送上了
军事法庭，并被当众绞死。11月，工会正式放弃斗争。[41]

　　卡内基工厂里的战斗，在全美国和国外都受到密切关
注。来自匹兹堡、纽约、圣路易斯、芝加哥、费城、巴尔的摩
（Baltimore）和伦敦的100名记者和刻奇艺术家在这些地方的报
纸上报道和描绘了这场冲突。甚至为了此事而安装了专用电报线
路，以让前线的消息立即传开。摄影师也记录了这次冲突。有几
家公司，制作了关于工业战争的三维动态记录，并出售动态影像
供家庭观赏。[42]

　　工人们的失败引发了广泛的影响。钢铁工人联合会被从全国
最先进的钢铁厂驱逐之后，处境迅速恶化。一年之内，宾夕法尼
亚州西南部64家工厂中就有30家工厂驱逐了该工会。在钢铁工
业中，该工会保存了搅炼工人和制板工人的力量，但是，由于钢
铁公司的抵制和工会领导的无能，它的力量还是在逐渐削弱。到
1914年，钢铁工人联合会仅有6500名会员。[43]

　　与英国早期的纺织业一样，美国的钢铁业也是在言论自由、
集会自由等政治权利被剥夺的环境中成长起来的。随着工会的削
弱甚至消亡，钢铁公司开始不仅对钢铁厂，而且对它们所在的社
区实行近乎独裁的控制。霍姆斯泰德陷入了一个充满怀疑和道德
败坏的黑暗时代。1894年，哈姆林·加兰（Hamlin Garland）
在《麦克卢尔杂志》（*McClure's Magazine*）中写道："整个小

镇肮脏不堪，令人厌恶，到处可以看到沮丧、郁郁寡欢的人，劳工遭受的压榨已经到了极端严重的程度。"同年，西奥多·德莱塞（Theodore Dreiser）在霍姆斯泰德住了6个月，发现了"一种失败和压抑的绝望情绪，这种感觉压倒了一切"。10多年后，当约翰·费奇来到镇上时，当地居民已经不愿与他交谈了，因为担心会被公司的间谍得知，遭到报复。钢铁公司对霍姆斯泰德的影响是如此之大，以至于在这里没有任何地方可以举行任何形式的工会会议。直到1933年，也就是这次工人运动结束40年后，劳工领袖弗朗西斯·帕金斯（Frances Perkins）在霍姆斯泰德唯一能找到的演讲场所在邮局——一个联邦机构。[44]

1919年，激进的批评家弗洛伊德·戴尔（Floyd Dell）将横跨河流两岸，同样被钢铁工业所统治的匹兹堡描述为："资本主义武装到牙齿，而肩膀上的脑袋只是一个芯片……暴虐的私刑被谄媚顺从的立法机关合法化，由穿制服的走狗执行。"他表示，城市是"一个可以被称为'超级资本主义'的大实验。这是一个社会学实验但它不是一个贫穷的、危险的、挣扎的、饥饿的、注定失败的乌托邦，而是一个繁荣昌盛、到目前为止绝对胜利的乌托邦。它是一个价值十亿美元的资本主义乌托邦"。[45]

高压政策和家长式作风，常常是交织在一起的。在19世纪七八十年代，欧洲主要的钢铁公司建造了工业村镇，包括埃森的克虏伯和勒克勒佐的施耐德。许多美国公司纷纷效仿。像洛厄尔纺织厂、钢铁厂这种开在偏僻地方的工厂，如果它们想吸引劳动力，就需要为其提供住房。19世纪90年代初，宾夕法尼亚钢铁公司在巴尔的摩港口北侧的空旷小城斯帕罗斯角修建了自己的综合设施，在距离高炉半英里的地方建起了一座新城。根据与马里兰州州长达成的协议，该公司在没有任何地方民主机构协助的情况下，直接管理新城社区。鲁弗斯·伍德（Rufus Wood），是这座城市的设计者，他是洛厄尔的博特棉纺厂一个领班的儿子。他以马萨诸塞州的城市为斯帕罗斯角的模型，不过主要是提供家庭住宿而不是寄宿处。住宅的大小和质量不一，上到一栋三层十八间的殖民地建筑——供伍德自己使用，下到简陋小木屋，没有自来水，也没有室内水管——供黑人工人使用。就像在洛厄尔一样，精心制定的规则不仅体现在工作上，在住房方面也是如此。[46]

最雄心勃勃的工业城镇计划出现在 1895 年，当时阿波罗钢铁公司（Apollo Iron and Steel Company）决定在宾夕法尼亚州西部距离现有工厂一英里半处建造一座新的工厂。它与该国首屈一指的景观设计师和城市规划师弗雷德里克·劳·奥尔姆斯特（Frederick Law Olmst）领导的公司签订合同，设计一个以标准石油公司的合伙人范德格里夫特（Vandergrift）的名字命名的新市镇，因为范德格里夫特是标准石油公司最大的投资者。出于成本方面的考虑，奥尔姆斯特的计划无法完全实现，但城里部分地区仍具有特色，即弯曲的街道、宽阔的林荫大道、散落的小公园，以及郊野绿地，这些都是一开始环绕老城区的高端郊区的特征。但是只有最高薪的工作人员可以负担居住在这些地区的费用，大多数人居住在城镇一侧不那么吸引人的宿舍里，或者住在城镇另一侧未经规划的自建小屋里。[47]

公司的管理层认为住房是留住工人的一种方式。一些公司以低于市场价的价格向员工提供出租房，或者卖房子给他们。卡内基为他的工人在宅基地外建造住房，提供低息贷款，这些贷款可以通过扣除他们的工资来偿还。钢铁厂基本上都坐落在一个属于雇主的城镇旁，拥有住房的员工，正如他们的老板所清楚的那样，不愿意以任何方式危害他们的工作，因为一旦丢掉工作，他们将被迫离开此地。公司希望，井然有序、管理有序的社区——斯帕罗斯角和范德格里夫特都禁止酒类销售——能培养出令行禁止、严守纪律的工人。[48]

在 20 世纪初，当世界上最大的公司建造了世界上最大的钢铁厂时，它也建造了一个公司城。随着美国从 19 世纪 90 年代的萧条中复苏，一波企业合并的浪潮席卷了本已高度集中的钢铁行业。1901 年，卡内基威胁说要扩大他的精加工业务，以回应那些一直在购买他的钢锭的公司所进行的落后整合。为了避免产能过剩和破坏性竞争，美国头号金融家 J.P. 摩根（J.P.Morgan）进行了一场钢铁企业的大规模合并。卡内基收到了 2.26 亿美元作为利益补偿（相当于今天的几十亿美元）。这个新的实体，即美国钢铁公司，控制了钢铁工业产出的近 60%，被广泛认为是工业资本主义的体现。[49]

成立 4 年后，美国钢铁公司在芝加哥以东的密歇根湖（Lake Michigan）畔买下了 9000 英亩的土地，在那里建起了一座规模巨大、向四周伸展的综合钢铁厂。为了让船只从明尼苏达州（Minnesota）的矿场运回矿石，该公司在湖畔修建了一个深港。它还设计了一个新城市——盖瑞，以其主席埃尔伯特·H. 盖瑞（Elbert H. Gary）的名字命名，美国工业家喜欢以自己和合作伙伴的名字命名城镇，在那里出售空地和建造出租房屋。当时的范德格里夫特，美国钢铁帝国的一部分，已经成了某种典范。但在建设这座新城的过程中，该公司摒弃了洛厄尔和范德格里夫特的乌托邦式主张，声称公司并不是要创造一个模范社区，只是给新设施建造一个必要的附属建筑。[50]

/ 106

科学化管理

即使工会的力量被击败，工人的反抗被制服，钢铁公司仍然难以控制工厂里的劳工和降低劳动力成本，而这在激烈的竞争时期是势在必行的。由于庞大的设施和纷繁复杂的工作岗位，经理们甚至都不知道他们的员工都做了些什么，更不用说他们的工作效率如何了。技术工人保留了相当大的自主权，他们通过正式或非正式学徒生涯时期积累的知识来确定其工作方法，这往往能有效地确定其节奏。工头只能用威胁和口头侮辱来驱使非熟练工人，几乎对原定计划和统计结果毫无影响。

在整个美国工业中，工厂的规模在扩大，复杂程度在加深，管理人员的数量和复杂程度却没有相应变化。在 19 世纪 80 年代，许多大公司仍然通过高层管理人员的直接参与来管理劳动力。在芝加哥，赛勒斯·麦考密克（Cyrus McCormick）的兄弟和他的四个助手经营着庞大的麦考密克工厂。托马斯·爱迪生（Thomas Edison）和三位助手亲自监督他在新泽西州（New Jersey）哈里森市（Harrison）和纽约市的工厂的生产。[51] 但是，随着巨型多部门公司的发展，这种个人的非正式的控制不再是稳妥可行的了。

"系统化管理"，后来被广泛称为"科学化管理"，产生于加强对公司内部控制和提高生产力的追求，是一种重新组织生产的全面努力。它的开发涉及许多不同的公司、工程师和管理人员，他们在很长一段时间内实施了一系列渐进式的改革，这些改革加在一起促进了制造业，以及后来的办公室工作的实质性转变。但在公众心目中，科学化管理在很大程度上与一个人联系在一起，这个人就是弗雷德里克·温斯洛·泰罗（Frederick Winslow Taylor），他以它的主要理论家、倡导家和宣传家的身份出现。

　　泰罗出生于费城一个著名的自由派家庭，他在大学期间走上了一条不寻常的道路，成为一名机械师和制模匠学徒，之后担任了一系列工厂管理职位，后来又开始了工业顾问的职业生涯。（1876年他从学徒期里得到了六个月的休假，在费城百年博览会工作。）泰罗许多关键的创新是在19世纪80年代中期的钢铁厂里付诸实践的。这些钢铁厂，包括费城的高质量钢铁产品生产商，以及19世纪最后几年里规模大得多的伯利恒钢铁公司。泰罗对钢铁生产和金属加工的机械，特别是高速机床，有浓厚的兴趣，在这方面取得了许多技术进步。但他更重要的创举是运用一种系统化、工程化的思维定式来管理制造业，而过往制造业的思维方式通常都是无章可循的。

　　泰罗的贡献包括改进成本核算、库存控制、工具标准化和车间布局。他最著名的创新是关于劳工的。在机械师中间工作的时候，泰罗意识到，工人们通常会设定一个固定的工作时间和最大产量，来保持他们的精力和分散工作量。经理们不知道最大产量是多少，也不知道一天的工作量应该是多少。泰罗认为，提高生产力的第一步是仔细地观察和记录工人的工作时间，使用秒表计时，用运动摄影和电影胶片来拍摄记录，这些一开始由他自己做，后来由他的徒弟们做。一旦管理者了解了某一项特定工序的所有要素，他们就可以决定完成任务的最佳方式以及所需的时间。

/ 108

　　泰罗方法的关键是将工作计划与具体执行分开，砸掉熟练工匠的招牌，摧毁他或她设想制作各种物品，然后自行其是的能力。泰罗认为，所有的计划都应该被管理者牢牢掌握在手中，被掌握在一个专门的计划部门里（在过去，这种部门几乎没有先例）。利用通过系统观察收集到的机械知识和工人实践信息，向工人详细说明如何完成每项任务（通常是以指令卡片的形式）。

工资将通过计件工作制来计算，这种制度将奖励符合特定生产规范的工人，并惩罚那些不能或不愿达到管理层要求的工人。

对技术工人来说，比如那些被钢铁公司雇来生产成品和维护设备的机械师，泰罗主义意味着丧失自主权，对工艺自豪感的攻击，以及工作强度的增加，这导致了他们的强烈抵制。但泰罗一直声称，他的制度将使工人及公司其他所有人受益，因为科学化管理所带来的生产力的提高是如此巨大，不仅公司的利润会上升，工人也能得到更高的工资。在泰罗多次用来宣传他的系统的一个例子中，一个叫施密特的伯利恒工人，负责的工作是往铁路车厢里装载生铁，他遵从精确的指示，因此将每天的装卸量从 12.5 吨增加到 47 吨。由于增加了产量，施密特的工资从每天 1.15 美元提高到 1.85 美元。他的工资增长了大约 60%，而工作量几乎翻了两番，这对公司来说是件好事，对工人来说也是一个收获，尽管相比起来可能会小得多。至少在理论上，科学化管理，或者"泰罗主义"，使工人和雇主之间关于工资的斗争不再是零和博弈。因此，在许多"进步时代"（Progressive Era）*的改革者眼中，科学化管理有希望消除或至少缓解工业化和大工厂带来的阶级冲突，而不需要从根本上改造社会。[52]

通往 1919 之路

实际上，至少在短期内，科学化管理未能对这个国家的钢铁

---

* 进步时代，在美国历史上是指 1890 年至 1920 年期间，美国的社会行动主义和政治改良纷纷涌现的一个时代。 进步运动的一项主要目标是以揭露和削弱政治利益集团及其大佬的方式净化美国政府内部的腐败，同时进一步建立直接民主的参政方式。进步运动者也试图通过《反垄断法》监管拥有垄断权力的托拉斯集团，以促进公平竞争，保障消费者权益。

行业和日益升级的阶级矛盾产生多大影响。即使有了更多的管理人员，并且机械化淘汰了一些最艰苦的劳动岗位（还有许多需要熟练技术的高收入岗位），炼钢仍然是一项艰巨而危险的任务。

在卡内基取得霍姆斯泰德的胜利后，每天工作 12 小时成为钢铁行业的常态（有些特殊职位可能工作的时间更短一些）。贝塞麦炉工和许多其他的工人通常连续工作 12 小时，再上 12 小时夜班，休息一天后，他们又开始"长时间轮班"，每天工作 24 小时，在接下来的两个星期里再进行转换。这种制度对他们的生活造成了严重影响，使正常的家庭生活成为不可能，使男人在很年轻的时候就筋疲力尽，未老先衰。

在工人倒班期间，他们在几乎无法忍受的高温下做着极其艰苦的工作。打开炉膛时，熔化的金属温度可达到 3000 华氏度。工人们不得不站在盛有钢水的大钢包上，把装着废金属和合金的大口袋扔进去，以调整最终的化学成分。在工厂里，约翰·费奇观察到："工人们所在的地板上，灼热无比，就算是一滴水洒在地上，也像洒在炉子上一样。"他们穿着特制的厚木底鞋，这至少提供了一些保护。[53]

漫长的工作时间、巨大的机械装置、纵横交错的轨道和熔化的金属，使钢铁厂异常危险。从 1906 年 7 月 1 日到 1907 年 6 月 30 日，仅一年时间，宾夕法尼亚州阿勒格尼县（Allegheny County）就记录了 195 例与钢铁行业有关的死亡事故，其中包括匹兹堡、霍姆斯泰德、布拉多克（Braddock）和其他金属制造业城镇。就算钢铁工人没有死亡或残疾，职业病也很可能发生，比如，钢铁厂空气中弥漫的细尘，可能破坏工人的肺，持续不断的噪音也可能损害听力。[54]

/ 110

多年来，这些公司毫不关心长时间工作和危险条件对工人的影响，它们认为工人——至少是非熟练工人——很容易被替换。从 19 世纪 80 年代开始，大批南欧移民和东欧移民涌入钢铁厂〔亚拉巴马州（Alabama）的伯明翰除外，那里是南部主要的钢铁产区，非裔美国人在那里填补了许多非技术工作空缺〕。1907 年 3 月，在阿勒格尼县原卡内基工厂里，14359 个普通工作岗位中，11694 个由东欧人担任。这些移民大部分是农民或移民劳工，孤身一人来到美国，他们期望在有限的时间里赚到足够的钱买土地，偿还抵押贷款，或回乡开一个商店。一些人最终决定留下，让妻子和孩子过来，但许多人回乡了。和洛厄尔一样，轮换的劳动力为雇主提供了某种安全阀，与更多的固定工人相比，临时工不太可能形成组织。在卖苦力的移民工人与技术工人（通常是土生土长或来自不列颠群岛）之间存在的语言和文化障碍，也使组织工作变得困难，使钢铁公司能够自行其是。55

或者，至少一段时间是这样。在 20 世纪早期，移民钢铁工人开始在抗议和罢工中表达他们的不满。大多数抗议和罢工是短暂的，没有工会参与。但在 1909 年，在宾夕法尼亚州麦基岩石市（McKees Rocks）的美国钢铁公司的子公司——压制钢车公司（Pressed Steel Car Company），5000 名移民和土生土长的工人进行了长时间的罢工。公司和地方当局多次试图通过动用武力破坏罢工，造成了十几人死亡。最终，美国钢铁公司被迫屈从于罢工者的要求。 在此之前，工会的劳工在公司面前节节败退，而在罢工即将举行时，公司曾宣布其名下所有工厂将在完全不平等的基础上运作。在这种背景下，这次让步是一个巨大的逆转。56

这次出乎意料的移民劳工罢工，导致钢铁公司开始加强对劳工政策的关注，并寻求工人的支持，尤其是在钢铁行业的罢工受到中产阶级改革者密切关注的时候。它们的兴趣源于对"劳工问题"的广泛关注。从狭义上说，劳工问题意味着如何保持劳资关系的有序状态，防止劳工斗争在 19 世纪末 20 世纪初全面爆发。1875 至 1910 年，国家军队出动近 500 次以镇压劳工骚乱，有几百人死于与罢工相关的暴力。但是对许多劳工活动家、改革者、政治家，甚至一些商业领袖来说，这个问题意味着更广泛的含义：工人在美国社会中应该有什么位置？他们在工作场所和政治方面应该有什么权利？更广泛地说，在一个经济极不平等的工业化社会里，民主有可能实现吗？如果有可能，那么它意味着什么？[57]

20 世纪初，以工厂为基础、受到公司控制的工业革命彻底改变了社会。数以百万计的工人离开了新英格兰、爱尔兰、意大利或东欧的村庄或农场，进入了工厂。对他们来说，计薪工作、严格的时间纪律和机械化生产是陌生的，而且常常是令人不安的经历。正如工业的相关工作对他们来说是陌生的一样，工厂里的工人对许多富裕的美国人尤其是雇主来说，是奇怪的，而且具有威胁性。1889 年，也就是卡内基在霍姆斯泰德击溃工人运动一年后，他写道："在工厂里、在矿井里、在会计室里，我们招募了数以千计的操作人员，雇主对他们所知甚少或一无所知，对他们来说，雇主只不过是个神话。这样，就渐渐形成僵化的种姓制度，通常情况下，相互之间的不了解会滋生互不信任的情绪。"[58]

/ 112

在 20 世纪早期，一批中产阶级作家打扮成工人，投身到工人阶级的生活中来，报道一个对社会富裕阶层来说完全陌生的世界。曾在克利夫兰（Cleveland）一家钢铁厂担任人事主管的怀廷·威廉姆斯（Whiting Williams）花了 9 个月的时间在钢铁厂、铁矿、煤矿和炼油厂从事秘密工作，撰写了《劳动者的思想》（*What's On the Workers Mind*），以笔名"穿工装的探索者"发表。社会工作开拓者的使命,与社会科学家的使命是相似的,因为这与"进步时代"的信念相一致,即揭露黑暗,改变社会。这些中产阶级的改革者关注工业化给道德生活带来的破坏,并同情移民工人的困境,但他们担心,如果移民们不融入美国的公民社会和民族文化,就会对他们构成威胁。

钢铁工业自然而然成了他们关注的焦点。在经济领域,钢铁的中心地位赋予了它特殊的重要性。美国钢铁公司作为有史以来最大的公司,使人们更加认识到钢铁必须是一个公众关注的问题,而不是一个纯粹的私人事业。钢铁厂主获得的丰厚利润——美国钢铁公司的成立让卡内基成为"世界上最富有的人",是摩根告诉他的——使工人们不仅吸引了工会和政治激进派的人,也引起了全国范围内人们的关注。[59]

1907 年和 1908 年,数十名调查人员来到匹兹堡地区,对以钢铁工业为中心的工作状况、工人和市民的生活进行了大规模的研究。由新成立的罗素·塞奇基金会(Russell Sage Foundation)资助的匹兹堡调查队的工作人员,包含了当时最重要的一批改革派知识分子,比如经济学家约翰·R.康芒斯(John R. Commons)和睦邻运动*、女权主义者、消费者权益倡导者弗洛伦斯·凯利(Florence Kelly),他们是率先把恩格斯的《英国工人阶级状况》翻译成英文的人。基于这项调查,产生了几十篇文章、六本著作和一个摄影展。它们记录了匹兹堡地区的生活和劳动,这种由基金会资助的社会科学研究模式很快变得流行起来。调查所描绘的情况是严峻的:普通工人工资微薄,入不敷

---

* 睦邻运动(Settlement Movement)是 20 世纪初的一项社会改革运动,主张受教育的志愿服务者和穷人住在相同地方共同生活,并领导邻里改革和提供教育与服务。

出，住房条件恶劣，工作环境危险，气氛压抑紧张。[60]

在匹兹堡调查之后，发生了麦基岩石公司罢工，以及随后伯利恒一家钢铁厂的罢工。因此，参议院对钢铁行业展开了调查，司法部对美国钢铁公司提起了反垄断诉讼。这家大公司意识到自己的地位岌岌可危，面对公众舆论，而不是创建该公司时的竞争压力，它在工作条件方面进行了一定程度的改善。它开始在周日给工人放假，将每周七天的工作时间缩短为六天，但它坚持 12 小时轮班制，并声称这是必要的（尽管在其他国家，钢铁公司并不是依靠这种方式取得成功）。钢铁企业推出了员工购股和养老金计划，并发起了一场安全运动（这样做，不仅是为了应对负面宣传，也是为了应对越来越多的州制定的要求雇主为员工提供事故保险的法律）。然而，从根本上说，工业领袖们结成合并战线，成功地击退了工人和中产阶级改革者寻求根本性改变的所有尝试。[61]

最严峻的考验出现在 1919 年。当时，美国各地的工人对美国历史上最咄咄逼人的工业资本主义发起了挑战，这是全球范围的改革浪潮和高涨的革命情绪的一部分。第一次世界大战改变了劳动关系。战争引发的经济繁荣和移民数量的减少造成了劳动力短缺，使工人们处于讨价还价中的强有力地位，他们不再害怕失去工作，因为很容易找到新的工作。随着通货膨胀的出现，物价被推高了，工人们选择通过跳槽、举行罢工、加入工会来改善自己的生活。为了防止劳工冲突影响战争物资生产，伍德罗·威尔逊（Woodrow Wilson）政府在美国劳工联合会（American Federation of Labor）的大力协助下，成立了一系列行政机构并颁布了旨在赋予工人在工作中的新权利的条例。公司被迫停止对工会成员的歧视，并与工人理事会进行谈判（尽管不是与工会本身）。在这种情况下，工会成员在 1917~1920 年增加了将近 70 %，达到了 500 万。六分之一以上的非农业工人持有工会证。再加上俄国革命所引发的高涨情绪，一股包含亿万人的热情席卷了工人阶级的各个角落。1918 年，年轻的服装工人工会领导人西德尼·希尔曼（Sidney Hillman）写信给他的小女儿说："弥赛亚来了。他随时都可能与我们同在。劳动者将会掌权，世界将获得自由。"[62]

钢铁行业受到的劳动力市场条件变化和战时联邦进步主义的影响尤为严重。由于战争阻断了航路，来自欧洲的移民无法继续到来，钢铁公司发现自己无法像往常一样使用非熟练劳动力来源。在 1916 年春天，它们开始从南方农村招募黑人工人。但是为满足征兵的需求，许多人又从工厂退出了，于是劳动力短缺的状况仍然得不到缓解，这使工人们大肆开展了一系列罢工。与此同时，在联邦政府的巨大压力下，该行业采用了 8 小时工作制作为其标准，尽管实际上这只意味着在 12 小时轮班制的最后 4 个小时为工人付出 1.5 倍工资。[63]

在有利的条件下，工会决定再次尝试在钢铁行业成立组织。这一次，主要领导是两个激进的工会人士，即芝加哥劳工联合会（Chicago Federation of Labor）主席约翰·菲茨帕特里克（John Fitzpatrick）和未来的美国共产党领导人威廉·Z.福斯特（William Z. Foster）。福斯特开发了一种新的组织模式，成功地推动了肉类加工业的工会化。由于认识到不可能在手工业工会的基础上组建大型的工业工会，他们说服美国劳工联合会成立了美国钢铁工人组织委员会（National Committee for Organizing Iron and Steel Workers），有 24 个工会参加。这个委员会的组织工作是集中起来进行指导。工人只有在与该委员会签署了协议之后，才会被引导到适合他们的工会里去。[64]

1918年9月，一项以"八小时与联邦"为口号的组织运动，在芝加哥地区迅速展开。许多钢铁工人移民那时已经决定留在美国，他们参加这项运动，是为了让其在未来的工作环境中拥有更大的权益。工会党人使用了反工业专制战争的民主化言论，将这次斗争中的气氛转变为一种爱国情绪。虽然缺少资金和组织者，这场运动还是很快蔓延到了匹兹堡和其他地区。

第一次世界大战的结束使工会的处境更加困难。公司开始解雇工人，并且恢复了它们顽固的反工会主义，藐视理论上仍然有效的政府法令。在匹兹堡地区，美国钢铁工人组织委员会不得不进行一场残酷的斗争，这仅仅是为了获得集会的权利。因为工业城镇的官员代表钢铁公司行事，禁止工会举行会议，甚至不允许街头集会。以成员被大规模逮捕为代价，再加上全国性宣传，工会才在反民主做法的坚固围墙上打开了一道小小的裂缝。然而，有超过10万名工人——美国钢铁工人组织委员会声称有25万名工人——加入了工会运动，这在一定程度上反映了钢铁工人对公司控制自己生活的不满以及战争带来的新精神。

对钢铁工人的动员是在一场不同寻常的全国性罢工浪潮的背景下进行的，这是美国历史上规模最大的一次罢工，占当时劳动力规模的很大比例。工会试图维持战时的组织收益，要求增加工资以跟上通货膨胀背景下的物价，而公司则用尽全力，试图打压工会的势头，重新建立自身的统治地位。400万名工人——占劳动力总人数的五分之一——加入了这次罢工浪潮，包括西雅图的总罢工、波士顿的警察罢工、新英格兰地区的电话接线员罢工、纽约的演员罢工，以及1919年底40万名煤矿工人的罢工。似乎每个人都不打算工作了。[65]

一些在钢铁行业组织运动的领导人希望中止罢工，因为他们充分意识到了那些公司的力量。但是，美国钢铁和整个工业的组织领导者埃尔伯特·盖瑞拒绝了所有谈判请求，甚至包括威尔逊总统的私人请求。1919 年 9 月 22 日，工人们越来越焦躁不安，各家公司开始解雇活动人士。美国钢铁工人组织委员会受到挫折，便发动了美国历史上第一次全国钢铁总罢工。在一周内，大约 25 万名工人——占该行业劳动力的一半——停止了工作。

与以往的模式相反，这次罢工在移民和非技术工人中反响最为强烈，尽管许多技术工人也支持罢工。在一些地区，如芝加哥、布法罗、扬斯敦和克利夫兰，罢工几乎是 100% 有效的，总是能迫使工厂关闭。但是在伯利恒钢铁厂，罢工领导人威廉·福斯特估计只有一半的工人罢工，在匹兹堡地区，罢工的效果是 75% ~85%。在南方，它几乎没有什么影响。

这些公司进行了顽强的反击。无论在什么地方，只要有可能，它们都在象征性地进行反击，即使徒劳无功。北方的工厂从城里招募白人无赖充当打手，南方的工厂则招募了许多黑人，再加上州警察局局长、警长、私人警卫长和为他们工作的警员们，他们一齐发动了福斯特所谓的"恐怖统治"。工人纠察队和组织者被逮捕并被驱逐出了工业城镇，骑警袭击了纠察队和示威人群，甚至是葬礼游行人群，集会被驱散，罢工者被枪杀。州长宣布，在盖瑞城实行戒严，由 1500 名正规军士兵占领这座城市。在冲突中，几乎所有的罢工者或他们的同情者都遭到袭击，许多人丧生，数百人受伤严重。[66]

另外，双方都在更大程度上认识到，除了暴力的工人运动战争，公众舆论对谈判结果也有很重要的影响。公司的宣传将工人的行为描述为并非出于劳资纠纷，而是一场蓄谋已久的革命，即俄国革命引发的无神论革命。福斯特过去的激进行为，被翻了出来，并被广为宣传。反"红色"、反罢工的舆论攻势，带有明显的本土主义基调，因为它把移民罢工者描绘成"非美国人"。媒体普遍支持这些公司。此时的威尔逊政府，已经明显放弃了战时的进步主义，没有支持罢工者，而是让他们自己去对抗世界上最强大的公司。[67]

慢慢地，工厂主们开始恢复生产，因为一些工人，起初主要是技术工人，开始返回他们的工作岗位。新的工人也被招募和培训。成千上万的罢工者，继续坚持，直到冬天。但在 1920 年 1 月 8 日，美国钢铁工人组织委员会承认，罢工继续下去也是徒劳的，于是命令其成员重返工作岗位，福斯特称之为"无条件投降"。

1919 年的罢工是一次考验，考验了劳工组织的渗透能力。它试图挑战的是由最强大的金融利益集团支持和控制的大型制造业公司。它的失败意味着，对另一代人来说，美国最大和最先进的工厂仍将是没有工人组织的，它们的工人将会孤立无援。

然而，即使钢铁行业仍然是工业式独裁的堡垒，它仍然保持着它的吸引力，甚至在那些厌恶工厂主的人中间也是如此。钢铁生产的规模、力量和基本过程，与围绕着工厂和产品的社会规划是分开的。无论是劳工的强烈不满，还是在大型工厂中工作的危险和困难，或是拥有它们的财阀们手中大量积累的财富，都没有影响人们对钢铁和其他制造业的生产流程和产品的热情。这些事物在世界各地的博览会上被自豪地展示出来，跨越了政治上的国界，激发了人们的热情。1919 年，玛丽·希顿·沃斯自愿为这些罢工者担任公关代表，并且成为约翰·多斯·帕索斯（John Dos Passos）《大笔财富》（*The Big Money*）中一个角色的原型。1920 年，她写道："我宁愿观看灼热的钢水倾泻的场景，也不愿听一支伟大的管弦乐队演奏。"钢铁厂已成为一种现代化的象征。[68]

注　释

1　Joshua Freeman et al., *Who Built America? Working People and the Nation's Economy, Politics, Culture, and Society*, Vol. 2（New York: Pantheon Books, 1992）, pp.xii-xx; *Frank Leslie's Illustrated Newspaper*, May 20, 1876; J. S. Ingram, *The Centennial Exposition, Described and Illustrated*（Philadelphia: Hubbard Bros., 1876）; Linda P. Gross and Theresa R. Snyder, *Philadelphia's 1876 Centennial Exhibition*（Charleston, SC: Arcadia Publishing, 2005）; John E. Findling, ed., *Historical Dictionary of World's Fairs and Expositions, 1851–1988*（New York: Greenwood Press, 1990）, pp.57–59; Robert W. Rydell, *All the World's a Fair: Visions of Empire at American International Expositions, 1876–1916*（Chicago: University of Chicago Press, 1987）, pp.9–37; Centennial Photographic Co., "[Saco] Water Power Co.—Cotton Machinery," Centennial Exhibition Digital Collection Philadelphia 1876, Free Library of Philadelphia, CEDC No. c032106（accessed Mar. 20, 2015）, http://libwww.library.phila.gov/CenCol/Details.cfm?ItemNo=c032106. See also Bruni Giberti, *Designing the Centennial: A History of the 1876 International Exhibition in Philadelphia*（Lexington: University of Kentucky Press, 2002）.

2　与展览有关的民族身份认同，见于 Freeman et al., *Who Built America?* Vol. 2, pp.xx-xxiv。

3　据说，惠特曼参观费城百年博览会时，在科利斯发动机前默默地坐了半个小时。Leo Marx, *The Machine in the Garden: Technology and the Pastoral Ideal in America*（New York: Oxford University Press, 1964）, pp.150–158, 163–164; Andrea Sutcliffe, *Steam: The Untold Story of America's First Great Invention*（New York: Palgrave, 2004）; Walter Johnson, *River of Dark Dreams: Slavery and Empire in the Cotton Kingdom*（Cambridge, MA: Harvard University Press, 2013）, pp.73–96; Edmund Flagg, *The Far West: or, A Tour Beyond the Mountains*, Vol. 1（New York: Harper & Brothers, 1838）, pp.17–18; John F. Kasson, *Civilizing the Machine: Technology and Republican*

Values in America, 1776–1900（New York: Penguin, 1977）, p.141; Robert W. Rydell, *All the World's a Fair*, pp.15–16.

4　Walt Whitman, *Two Rivulets: Including Democratic Vistas, Centennial Songs, and Passage to India*（Camden, NJ: [Walt Whitman], 1876）, pp.25–26; Marx, *Machine in the Garden*, p.27; Wolfgang Schivelbusch, *The Railway Journey: The Industrialization of Time and Space in the 19th Century*（Berkeley: University of California Press, 1986）.

5　Giberti, *Designing the Centennial*, pp.2–3; "Manufactures of Massachusetts," *The North American Review* 50（106）（Jan. 1840）, pp.223–231.

6　水晶宫于 1936 年被烧毁。Jeffrey A. Auerbach, *The Great Exhibition of 1851: A Nation on Display*（New Haven, CT: Yale University Press, 1999）; Benjamin quoted in Robert W. Rydell, *Worlds of Fairs: The Century-of-Progress Expositions*（Chicago: University of Chicago Press, 1993）, p.15.

7　纽约博览会的许多展品在开幕时没有准备好，导致参观人数减少。与之前成功的展览不同，它以失败告终。Charles Hirschfeld, "America on Exhibition: The New York Crystal Palace," *American Quarterly* 9（2, pt. 1）（Summer 1957）, pp.101–116.

8　Pauline de Tholozany, "The Expositions Universelles in Nineteenth Century Paris," Brown University Center for Digital Scholarship, http://library.brown .edu/cds/paris/worldfairs.html（accessed Mar. 27, 2015）. 关于 19 世纪和 20 世纪国际博览会的清单，见于 Findling, ed., *Historical Dictionary of World's Fairs and Expositions*, pp.376–381。

9　*Report of the Board of Commissioners Representing the State of New York at the Cotton States and International Exposition held at Atlanta, Georgia, 1895*（Albany, NY: Wynkoop Hallenbeck Crawford Co, 1896）, quote on p.205; C. Vann Woodward, *Origins of the New South, 1877–1913: A History of the South*（Baton Rouge: Louisiana State University, 1951）, pp.123–124.

10　Jill Jonnes, *Eiffel's Tower: The Thrilling Story Behind Paris's Beloved Monument and the World's Fair Where Buffalo Bill Beguiled Paris, the Artists Quarreled, and Thomas Edison Became a Count*（New York: Viking, 2009）; "Origins and Construction of the Eiffel Tower," http://www.toureiffel.paris/en/everything-about-the-tower/themedfiles/69.html, and "All You need to Know About the Eiffel Tower," http://www.toureiffel.paris/images/PDF/about_the_Eiffel_Tower .pdf（both accessed Oct. 21, 2016）; Roland Barthes, *The Eiffel Tower and Other Mythologies*（[1979] Berkeley: University of California Press, 1997）, pp.8–14.

11　Letter published in *Le Temps*, Feb. 14, 1887, reprinted in "All You Need to Know About the Eiffel Tower".

12　"Représentation de la tour Eiffel dans l'art," http://fr.wikipedia.org/wiki/

Repr%C3%A9sentation_de_la_tour_Eiffel_dans_l%27art; Michaela Haffner, "Diego Rivera, The Eiffel Tower, 1914," the Davis Museum at Wellesley College, https://www.wellesley.edu/davismuseum/artwork/node/37002（both accessed Apr. 1, 2015）. 关于对埃菲尔铁塔图像的不同解读（不太强调其作为工业主义和机械时代象征的重要性），见于 Gabriel Insausti, "The Making of the Eiffel Tower as a Modern Icon," in *Writing and Seeing: Essays on Word and Image*, ed. Rui Carvalho Homem and Maria de Fátima Lambert（Amsterdam: Editions Rodopi, 2006）。

13 Guillaume Apollinaire, *Zone*, translated by Donald Revell, http://www .poets.org/poetsorg/poem/zone. For an alternative, more literal translation by Charlotte Mandell, see http://www.charlottemandell.com/Apollinaire. php（accessed Apr. 2, 2015）.

14 Blaise Cendrars, "Elastic Poem 2: Tower," trans. by Tony Baker, *GutCult* 2(1)（Winter 2004）, http://gutcult.com/Site/litjourn3/html/cendrars1.html.

15 19世纪的大型博览会，并不仅仅是关于工业和消费品的展览，它们还颂扬了表现在艺术和强盛帝国里的民族特性和伟大之处。帝国与种族、等级观念紧密相连，这个主题反复出现。技术进步与种族进步是密不可分的。见于 Auerbach, *Great Exhibition of 1851*, pp.159-189; Joseph Harris, *The Tallest Tower: Eiffel and the Belle Epoque*（Bloomington, IN: Unlimited Publishing, 2004）, pp.88-89, 107-108; Rydell, *All the World's a Fair*, pp.21-22; Rydell, *Worlds of Fairs*, pp.19-22; Findling, ed., *Historical Dictionary of World's Fairs and Expositions*, pp.79, 181, 183。

16 Guy de Maupassant, *La Vie Errane, Allouma, Toine, and Other Stories*（London: Classic Publishing Company, 1911）, pp.1-4.

17 Auerbach, *Great Exhibition of 1851*, pp.128-158; Freeman et al., *Who Built America? Vol. 2*, p.xxiii.

18 Auerbach,*Great Exhibition of 1851*,pp.132, 156; Friedrich Engels to Laura Lafarge, June 11, 1889, www.marxists.org/archive/marx/works/1889/letters/89_06_11.htm (accessed Apr. 4, 2017); Tristram Hunt, *Marx's General:The Revolutionary Life of Friedrich Engels* (New York: Metropolitan Books,2009), pp.335-336.

19 *The Making, Shaping and Treating of Steel*, published by U.S. Steel in ten editions between 1919 and 1985, provides encyclopedic information on ironand steelmaking, including their history. For a history and analysis of this remarkable volume, see Carol Siri Johnson, "The Steel Bible: A Case Study of 20th Century Technical Communication," Journal of Technical Writing and Communication 37 (3) (2007), pp.281-303. See also Peter Temin, *Iron and Steel in Nineteenth-Century America: An Economic Inquiry*(Cambridge, MA: MIT Press, 1964), pp.13-17, 83-85.

20 Eric Hobsbawm, *The Age of Capital 1848-1875*（New York: Charles Scribner's Sons,

1975）, pp.39, 54-55; Temin, *Iron and Steel*, pp.3-5, 14-15, 21. 有关生产围栏的困难，见于 John Fritz, *The Autobiography of John Fritz*（New York: John Wiley & Sons, 1912）, pp.92-101, 111-115, 121-123, 149. Overman quoted in Paul Krause, *The Battle for Homestead, 1880-1892: Politics, Culture, and Steel*（Pittsburgh, PA: University of Pittsburgh Press, 1992）, p.47。

21　除了铁矿石和燃料（木炭、焦炭，有时是无烟煤），石灰石也要被投入鼓风炉，用来吸附杂质。Temin, *Iron and Steel*, pp.58-62, 96-98, 157-163; U.S. Steel, *The Making, Shaping and Treating of Steel*（Pittsburgh, PA: U.S. Steel, 1957）, pp.221-225.

22　Krause, *Battle for Homestead*, pp.48-49; David Montgomery, *Workers' Control in America*（Cambridge: Cambridge University Press, 1979）, pp.11-12. 有关搅炼的第一手材料，见于 James J. Davis, *The Iron Puddler; My Life in the Rolling Mills and What Came of It*（New York: Grosset & Dunlop, 1922）。

23　Temin, *Iron and Steel*, pp.66-67, 85, 105-106, 109-113; Fritz, *Autobiography of John Fritz*, 91-135; Marvin Fisher, *Workshops in the Wilderness: The European Response to American Industrialization, 1830-1860*（New York: Oxford University Press, 1967）, pp.162-163.

24　Krause, *Battle for Homestead*, pp.52-65; Temin, *Iron and Steel*, pp.125-127, 130, 153; David Brody, *Steelworkers in America: The Nonunion Era*（1960; New York: Harper & Row, 1969）, p.8.

25　一些公司还整合落后产能，收购或租赁矿山，自行生产焦炭。Temin, *Iron and Steel*, pp.153-169, 190-191; Brody, *Steelworkers in America*, pp.10-12; William Serrin, *Homestead: The Glory and Tragedy of an American Steel Town*（New York: Random House, 1992）, pp.56-59.

26　Hobsbawm, *Age of Capital*, p.213; Harold James, *Krupp: A History of the Legendary German Firm*（Princeton, NJ: Princeton University Press, 2012）, pp.47, 53; Gross and Snyder, *Philadelphia's 1876 Centennial Exhibition*, p.83; Schneider Electric, *170 Years of History*（Rueil-Malmaison, France: Schneider Electric, 2005）, pp.3-5, 20-22（http://www.schneider-electric.com/documents/ presentation/en/local/2006/12/se_history_brands_march2005.pdf）.

27　Daniel Nelson, *Managers and Workers: Origins of the New Factory System in the United States, 1880-1920*（Madison: University of Wisconsin Press, 1975）, pp.6-7; David Nasaw, *Andrew Carnegie*（New York: Penguin Press, 2006）, p.405; U.S. Census Office, *Twelfth Census of the United States-1900; Census Reports*, Vol. VII-*Manufactures*, part I（Washington, D.C.: U.S. Census Office, 1902）, pp.583, 585, 597.

28　U.S. Steel, *Making, Shaping and Treating of Steel*; Carnegie quoted in Brody,

Steelworkers inAmerica, p.21.

29 Michael W. Santos, "Brother against Brother: The Amalgamated and Sons of Vulcan at the A. M. Byers Company, 1907–1913," *The Pennsylvania Magazine of History and Biography* 111（2）（Apr. 1987）, pp.199–201; Davis, *Iron Puddler*, p.85; John Fitch, *The Steel Workers*（New York: Charities Publication Committee, 1910）, pp.36, 40–44, 48, 52. William Attaway's novel, *Blood on the Forge*（[1941] New York: New York Review of Books, 2005）。故事发生在第一次世界大战结束时的匹兹堡，给人一种钢铁厂的节奏很好的感觉，它交替出现了令人筋疲力尽的劳动和等待下一次爆发的活动。

30 Harry B. Latton, "Steel Wonders," *The Pittsburgh Times*, June 1, 1892, reprinted in David P. Demarest, Jr., ed., *"The River Ran Red" : Homestead 1892*（Pittsburgh, PA: University of Pittsburgh Press, 1992）, pp.13–15; Fritz, *Autobiography of John Fritz*, p.203; Brody, *Steelworkers in America*, p.9; Mark Reutter, *Sparrows Point; Making Steel-The Rise and Ruin of American Industrial Might*（New York: Summit Books, 1988）, p.18.

31 Fitch, *The Steel Workers*, p.3; Nathaniel Hawthorne, *Passages from the English Note-Books of Nathaniel Hawthorne*, Vol. 1（Boston: James R. Osgood and Company, 1872）, pp.370–372. I was pointed to Hawthorne's statement by John F. Kasson, who quotes part of it in *Civilizing the Machine*, p.142.

32 Marx, *The Machine in the Garden*, pp.192, 200, 270–271; Joseph Stella, "In the Glare of the Converter," "In the Light of a Five-Ton Ingot," "At the Base of the Blast Furnace," and "Italian Steelworker"（accessed Apr. 28, 2015）, http://www .clpgh.org/exhibit/stell1.html; W. J. Gordon, *Foundry, Forge and Factory with a Chapter on the Centenary of the Rotary Press*（London: Religious Tract Society, 1890）, p.15; John Commons et al., *History of Labour in the United States*, Vol. II（[1918] New York: Augustus M. Kelley, 1966）, p.80.

33 Hawthorne, *Passages from the English Note-Books*, p.371; Thomas G. Andrews, *Killing for Coal: America's Deadliest Labor War*（Cambridge, MA: Harvard University Press, 2008）, p.62; Joseph Stella, "Discovery of America: Autobiographical Notes," quoted in Maurine W. Greenwald, "Visualizing Pittsburgh in the 1900s: Art and Photography in the Service of Social Reform," in Greenwald and Margo Anderson, eds., *Pittsburgh Surveyed: Social Science and Social Reform in the Early Twentieth Century*（Pittsburgh, PA: University of Pittsburgh Press, 1996）, p.136; Lincoln Steffens, *The Autobiography of Lincoln Steffens*（New York: Harcourt, Brace and Company, 1931）, p.401.

34 Nasaw, *Carnegie*, p.164; Mary Heaton Vorse, *Men and Steel*（New York: Boni and Liveright, 1920）, p.12; Sharon Zukin, *Landscapes of Power: From Detroit to Disney*

World（Berkeley: University of California Press, 1991），p.60; Gunther quoted in Reutter, *Sparrows Point*, p.9.

35　有关镀金时代动荡的劳工运动的生动描述，请参阅 Steve Fraser, *The Age of Acquiescence; The Life and Death of American Resistance to Organized Wealth and Power*（New York: Little, Brown and Company, 2015），chap. 4–6, especially chap. 5 on industrial strife。

36　钢铁工人联合会是 1876 年由"火神之子"和两个轧钢厂工人工会合并而成的。 Brody, *Steelworkers in America*, pp.50–53; Preamble to the Constitution of the Amalgamated Association of Iron and Steel Workers, reprinted in Demarest, Jr., ed.,*The River Ran Red*,p.17; David Montgomery, *The Fall of the House of Labor: The Workplace, the State, and American Labor Activism, 1865–1925*（Cambridge: Cambridge University Press, 1987），pp.9–22.

37　一些公司继续只生产钢铁产品，没有像占支配地位的钢铁生产商那样拥有强烈的竞争精神。Montgomery, *Fall of the House of Labor*, pp.22–36; Brody, *Steelworkers in America*, pp.1–10, 23–28, 31–32.

38　Krause, *Battle for Homestead*, pp.177–192; Nasaw, *Carnegie*, pp.314–326.

39　Nasaw, *Carnegie*, pp.363–372. See also Krause, *Battle for Homestead*, pp.240–251.

40　Joshua B. Freeman, "Andrew and Me," *The Nation*, Nov. 16, 1992; Nasaw, *Carnegie*, p.406.

41　在与卡内基联合之前，弗里克已经通过生产可乐发了大财。关于工人的大部分指控在一审宣判无罪后被撤销。*The Local News*, July 2, 1892, *New York Herald*, July 7, 1892, *Pittsburgh Commercial Gazette*, July 25, 1892, and Robert S. Barker, "The Law Takes Sides," all in Demarest, Jr., ed., *"The River Ran Red,"* 关于1892年战争的散文、记事、照片和绘画的精彩汇编；Freeman, "Andrew and Me"；Krause, *Battle for Homestead*; Nasaw, *Carnegie*, pp.405–427。

42　Russell W. Gibbons, "Dateline Homestead," and Randolph Harris, "Photographers at Homestead in 1892," in Demarest, Jr., ed., *The River Ran Red*, pp.158–161.

43　Nasaw, *Carnegie*, p.469; Anne E. Mosher, *Capital's Utopia: Vandergrift, Pennsylvania, 1855–1916*（Baltimore, MD: Johns Hopkins University Press, 2004），pp.66–67; Montgomery, *Fall of the House of Labor*, p.41; Brody, *Steelworkers in America*, pp.56–58, 60–75.

44　Hamlin Garland, "Homestead and Its Perilous Trades; Impressions of a Visit," *McClure's Magazine* 3（1）（June 1894），in Demarest, Jr., ed., *The River Ran Red*, pp.204–205; Dreiser in Nasaw, *Carnegie*, p.470; Fitch, *The Steel Workers*, pp.214–229; Serrin, *Homestead*, pp.175–176.

45 Floyd Dell, "Pittsburgh or Petrograd?" *The Liberator* 2（11）（Dec. 1919），pp.7-8.

46 伯利恒钢铁公司后来收购了斯帕罗斯角磨坊，该厂在 20 世纪 50 年代是世界上最大的钢铁厂。Mosher, *Capital's Utopia*, pp.73-74; Reutter, *Sparrows Point*, pp.10, 55-71.

47 Mosher, *Capital's Utopia*, pp.73-127.

48 Brody, *Steelworkers in America*, pp.87-89; Mosher, *Capital's Utopia*, pp.74, 102; Reutter, *Sparrows Point*, p.50.

49 在成立后的许多年里，美国钢铁公司本质上是一家控股公司，它的许多子公司是独立运作的。Alfred D. Chandler, Jr., *The Visible Hand: The Managerial Revolution in American Business*（Cambridge, MA: Harvard University Press, 1977），pp.359-362; Nasaw, *Carnegie*, pp.582-588.

50 为了防止工人包围或抢夺工厂，美国钢铁公司修筑了一条混凝土沟道，将附近河流的水引进来，形成一条将工厂与城镇隔开的壕沟。James B. Lane, *"City of the Century"*: *A History of Gary, Indiana*（Bloomington: Indiana University Press, 1978），pp.27-37; Brody, *Steelworkers in America*, p.158; Mosher, *Capital's Utopia*, p.177; S. Paul O'Hara, *Gary, the Most American of All American Cities*（Bloomington: Indiana University Press, 2011），pp.19-20, 38-53.

51 Richard Edwards, *Contested Terrain: The Transformation of the Workplace in the Twentieth Century*（New York: Basic Books, 1979），p.25.

52 在泰罗的叙述中，所有的装卸工人最终都达到了很高的效率，但是，其他证据表明，只有一名工人能够在相当长的时间里每天运送 47 吨的生铁。Daniel Nelson, *Frederick W. Taylor and the Rise of Scientific Management*（Madison: University of Wisconsin Press, 1980）; Montgomery, *The Fall of the House of Labor*, esp. chap. 6; Harry Braverman, *Labor and Monopoly Capital: The Degradation of Work in the Twentieth Century*（New York: Monthly Review Press, 1974），pp.85-123. See also Charles D. Wrege and Ronald G. Greenwood, *Frederick W. Taylor, the Father of Scientific Management: Myth and Reality*（Homewood, IL: Business One Irwin, 1991）.

53 Brody, *Steelworkers in America*, pp.31-40, 170-173; U. S. Steel, *Making, Shaping and Treating of Steel*, p.314; Fitch, *Steel Workers*, pp.43, 60, 166-181.

54 Fitch, *The Steel Workers*, pp.57-64.

55 马里兰州的钢铁厂也雇用了相当多的黑人工人。在 1892 年冲突之前和冲突期间，来自东欧的苦工和讲英语的技术工人之间有巨大的分歧，而霍姆斯泰德工厂是一个例外。Brody, *Steelworkers in America*, p.96-111, 135-137; Henry M. McKiven, *Iron and Steel: Class, Race, and Community in Birmingham, Alabama, 1875-1920*（Chapel Hill: University of North Carolina Press, 1995），p.41; Paul Kraus, "East-Europeans in Homestead," in Demarest, Jr., ed., *"The River Ran Red,"* pp.63-65. 有关宾夕法尼亚

州钢铁工人的一段令人印象深刻的描述，参见 Thomas Bell's novel *Out of This Furnace* （[1941] Pittsburgh, PA: University of Pittsburgh Press, 1976）。

56 严格来说，这些人不是钢铁工人，他们在一家制造钢铁火车车厢的工厂工作。Brody, *Steelworkers in America*, pp.125, 145-170; Philip S. Foner, *History of the Labor Movement in the United States, Vol. IV: The Industrial Workers of the World, 1905-1917*（New York: International Publishers, 1965），pp.281-305.

57 "Labor," in Eric Foner and John A. Garrity, eds., *The Reader's Companion to American History*（Boston: Houghton Mifflin, 1991），p.632; Steven Fraser, *Labor Will Rule: Sidney Hillman and the Rise of American Labor*（New York: Free Press, 1991），pp.146-147.

58 Andrew Carnegie, "Wealth," *The North American Review* 148（391）（1889），p.654.

59 Montgomery, *Fall of the House of Labor*, p.88; Whiting Williams, *What's on the Worker's Mind, By One Who Put on Overalls to Find Out*（New York: Charles Scribner's Sons, 1920）; "WILLIAMS, WHITING," in *The Encyclopedia of Cleveland History*（accessed May 5, 2015），http://ech.case.edu/cgi/article.pl?id=WW1; Nasaw, *Carnegie*, p.386. 有大量关于进步时代改革的文献，一个很好的入门读物是 Michael McGeer, *Fierce Discontent: The Rise and Fall of the Progressive Movement in America, 1870-1920*（New York: Oxford University Press, 2005）。

60 匹兹堡调查考察了整个地区及其经济，但钢铁业在研究中占主导地位，并且是几卷书的主要主题。Greenwald and Anderson, eds., *Pittsburgh Surveyed*.

61 1920 年，最高法院驳回了对美国钢铁公司的反托拉斯案。Brody, *Steelworkers in America*, pp.147, 154, 161-71; Fitch, *The Steel Workers*, pp.178-179.

62 Melvyn Dubofsky, *The State and Labor in Modern America*（Chapel Hill: University of North Carolina Press, 1994），pp.61-76; union data calculated from U.S. Bureau of the Census, *Historical Statistics of the United States, Colonial Times to 1970, Bicentennial Edition*, part 1（Washington, D.C.: U.S. Government Printing Office, 1975），pp.126, 177; Fraser, *Labor Will Rule*, pp.121-140, 144（quote）.

63 David Brody, *Labor in Crisis: The Steel Strike of 1919*（Philadelphia: J.B. Lippincott, 1965），pp.45-51, 59-60.

64 有关钢铁业组织运动和 1919 年罢工的最详尽的报道是 William Z. Foster, *The Great Steel Strike*（New York: B.W. Huebsch, 1920），and Brody, *Labor in Crisis*。除另有说明外，皆出自此处。

65 Freeman et al., *Who Built America?* pp.258-261.

66 关于盖瑞的罢工，参见 Lane, "*City of the Century*," pp.90-93。从黑人工人的角度对这次罢工的描述，参见 Attaway, *Blood on the Forge*。

67 罢工工人的实际需求远非激进，而是非常具体地涉及工作时间、工资和工会的认可，见于 Brody, *Labor in Crisis*, pp.100-101, 129。《纽约时报》和许多报纸一样，对这次罢工进行了大量报道。从 9 月 23 日到 9 月 26 日，《纽约时报》在头版刊登了关于这次罢工的三次头版，强调了罢工的规模和暴力行为。

68 Foster, *The Great Steel Strike*, p.1; Vorse, *Men and Steel*, p.21; John Dos Passos, *The Big Money* (New York: Harcourt, Brace, 1936).

/ 第四章 "我崇拜工厂"
—— 福特主义、劳工和巨型工厂的浪漫

　　1926 年，亨利·福特（Henry Ford）（或者是他的代笔者）在《大英百科全书》（*Encyclopedia Britannica*）中，将"量产"（mass production）定义为"一种可以大量生产标准化商品的现代方法"。如果说有谁知道如何制造"大量单一的标准化商品"，那这个人就是福特。他的 T 型车于 1908 年推出，把汽车从一个豪华的玩具变成了大众消费品。在那之前，通常情况下，汽车公司在一年之内最多生产几千辆汽车。到了 1914 年，福特汽车公司（Ford Motor Company）在一年之内生产了近 25 万辆 T 型车。在 1927 年该公司停止销售这种标志性车型时，已经生产了 1500 万台。[1]

　　亨利·福特之所以享誉全球，是因为他的公司生产销售的 T 型车，还有用来制造 T 型车的方法。为了制造它，福特汽车公司建造了有史以来规模最大的一批工厂，并引进了无数的技术和组织创新，包括装配线，这极大地提高了生产的速度和效率。为了控制在工厂里的数以万计的工人，该公司设计了新的劳动管理方法，从工厂的围墙内部延伸到工人的家庭里和思想里。福特开创了一种新的政治经济学，它以廉价的消费品为基石，这些消费品改变了人们的生活，工厂大批量生产这些产品，为劳动者支付高工资，并对他们进行严格约束。在福特普及"量产"这个术语之前，评论者经常提到"福特主义"、"福特方法"或"福特系统"，即将其作为新的生产、分配和消费制度的代名词，因为正是亨利·福特和福特汽车公司开创了工业化的新阶段和近一个世纪内都无法超越的工厂规模。[2]

正如 19 世纪早期英国的"工厂制度"吸引了记者、政治活动家、作家和艺术家的兴趣和想象力一样，20 世纪的福特系统也是如此。似乎又一次，一个新世界正在酝酿中。福特主义之所以如此吸引人，部分是因为它预示着生活水平的全面提高和阶级冲突的减弱，这些冲突一直使美国处于动荡之中。1924 年，商人和改革家爱德华·菲林（Edward Filene）写道，在福特主义中，存在"我们大多数人无法想象的更美好和更公平的未来"。摄影师们被它展现的物理结构迷住了。与早期的工业生产相比，艺术家和知识分子更明确地将福特主义与现代主义的艺术和社会趋势联系起来。伟大的摄影师玛格丽特·伯克－怀特（Margaret Bourke-White）在《财富》（Fortune）和《生活》（Life）杂志上发表作品，比其他任何人都更积极地推广与工业有关的图像，她捕捉到了那个年代的特征，并且直言不讳地宣称"我崇拜工厂"。[3]

通往批量生产之路

福特的系统是旧式制造业实践的巅峰，也是对旧式制造业的彻底突破。几乎从一开始，美国工厂就一直在生产"大量单一的标准化商品"，不管是沃尔瑟姆生产的白床单，还是推动钢铁工业扩张的铁轨。但是汽车的复杂程度是完全不同的。使如此复杂的机器实现大规模生产，是一条漫长的道路。

福特主义建立在两项制造业创新的基础上，即可互换的部件和连续的流动。直到 19 世纪初，一直是由熟练的工匠单独制造具有相互作用的金属部件的产品，如枪或钟表。他们花费大量的时间组装零件、锉削和调整，以确保它们一起工作。没有一个成品与下一个成品是完全一样的。

零件的标准化，首先在美国产生。一般来说，引进可以互换的零件，在一开始会增加生产成本，因为它需要在专用机器、工具、治具和夹具上投入巨资，并进行大量的试验，以减少误差，从而能够在没有定制配件的情况下用一堆零件组装一个产品。关键的创新发生在南北战争爆发之前的新英格兰军械所里。军方非常看重可互换部件所带来的可维修性，并且比私人制造商更不关心成本。"军工实践"逐渐扩展到钟表、缝纫机、打字机、农业设备、自行车等民用产品的生产领域。[4]

美国的条件，对标准化和互换性起了促进作用。市场上存在大量资本投资，如果没有合并的生产，就很难充分利用它们。1855年，美国生产了40万只黄铜钟。南北战争期间，使用了300万支步枪。[5]由于技术工人短缺，工资较高，因此采用传统的手工方法大量生产复杂产品的成本很高，有时是不可能实现的。有了可互换的零件，仍然需要熟练的工人来制造专用机械和工具，但不熟练的工人能够生产零件并组装它们。[6]

所有这些都不容易实现。当时最著名的制造商之一——胜家制造公司（The Singer Manufacturing Company）就是这一挑战的典型例子。早在美国内战前，这家公司就已成为缝纫机行业的领军者，销售一种用传统金属加工技术制造的昂贵缝纫机。战争期间，胜家制造公司开始进行机械化生产，但它需要将近20年的时间才能实现全面可互换零件。在此期间，它扩大了用人规模，雇用了越来越多的工人来使用一些专门的机器制造零件，并雇用了许多的钳工，由他们进行零件组装和调整。据报道，1873年建在新泽西州伊丽莎白港（Elizabethport）的胜家工厂，是美国最大的在一座建筑中生产一种产品的工厂。记者对它进行报道，游客对它进行参观，它还出现在明信片上。连同在苏格兰的第二家胜家工厂，它俩生产了世界上75%的缝纫机。然而，即使在1880年该公司每年生产50万台机器时，它们仍在组装，就像当时几乎所有复杂的金属产品一样，它们把所有需要的部件运到工作站，工人们一次组装一台机器，当不能真正实现零件互换时进行锉削和调整。[7]

连续流动的操作，最终使全新的装配方法产生。保持物料流动的想法，首先是在工人们处理液体或半流质产品的工业中产生的，由此发展出来了各种操作。最典型的例子就是炼油，谷物碾磨、酿造和装罐是接下来出现的。但对福特影响最大的是肉类加工业，在那里，刚被宰好的牲畜，挂在高高架起的传送带上，从一个工人那里传到另一个工人那里。每个人负责一个特殊部位，把它切开或者割下来，直到牲畜变成零散的小肉块，然后再进行进一步加工。在连续流动过程中隐含着一种明确的劳动分工；每个工人对绝对运动、暂时静止的事物进行一次或几次操作，而不是在静止的物体上进行多次操作。[8]

/ 122

福特于1913年开始试验连续装配法，五年后，他成功生产出了T型车。南北战争期间，亨利·福特出生在密歇根州底特律迪尔伯恩（Dearborn）的一个农场主家庭。他最初是机械工厂的学徒，在成为爱迪生照明公司（Edison Illuminating Company）的总工程师之前，他在底特律做过各种各样的工作。他在1896年造了第一辆汽车，通过赛车证明了他的样板车的价值。他在1903年成立了福特汽车公司，因为开办汽车制造业所需投入非常大，所以他的合伙人提供了业务所需的大笔资金。1907年，他从合伙人手中取得了对公司的控制权。以美国农村为目标，福特把T型车设计为轻型车，但是非常坚固，足以在农村崎岖不平、泥泞不堪的道路上行驶，但又十分便宜，足以使农民负担得起。[9]

通过一个独立的分销商网络出售 T 型车，被证明是一个巨大的成功。销售量从 1908 年的 5986 辆迅速上升到 1913 年的 260720 辆，越野型的价格从 850 美元下降到 550 美元（在 2017 年是 13629 美元）。[10]福特能够生产如此多的汽车，并以如此低廉的价格出售，部分原因是产品的标准化生产。"制造汽车的方法，"亨利·福特说，"就是让一辆汽车和另一辆一样……就像来自同一家工厂的一个大头针和另一个大头针一样，或者来自同一家工厂的一只表和另一只表一样。"也许无意间，福特与亚当·斯密（Adam Smith）在《国富论》（*The Wealth of Nations*）中对大头针制造的著名事例进行呼应，来说明在产品生产过程中标准化和劳动分工，可能会带来成本降低。从 1909 年开始，福特汽车公司只生产 T 型车这一种。尽管它们车身样式不同，但是都使用相同的底盘。在很长一段时期，它只有一种颜色，那就是黑色。[11]

因为只生产一种高产量的型号，所以福特可以在设备和试验上投入巨资，以尽可能高效地制造它。生产 T 型车带来的巨大利润使他摆脱了对外部投资者的依赖和华尔街金融家的束缚——他鄙视这种依赖——扩建他的工厂，添置新的机器。福特工厂的工人开发了专用夹具和治具，以简化和加速操作。在新方法下，一台机器可以从四个侧面同时在发动机缸体上钻 45 个孔，而在传统方法下，取得同样结果需要许多装置和复杂操作。采用单一用途的机械，还有助于确保零件可互换和控制误差，便于装配。公司夸口说："你也许会开着 T 型车环游世界，如果在途中遇到其他开着任何型号的 T 型车的人，尽可以把发动机拆下来，与对方交换。这两个发动机在交换后都会和以前一样完美……所有

/ 123

同类型的福特汽车部件都是完全可以互换的。"

采用专门机器也是一种战略，以处理严重的人力短缺、高工资，以及底特律地区技术工人组成的工会对汽车工业的抵制等问题。福特公司的工程师称他们的治具和夹具为"农民的工具"，因为它们使新工人一样能生产高质量的零件，从而减少了对熟练机械师和他们的工艺文化的需求。〔对没有手艺背景的工人的偏爱，在美国的制造商中有悠久的历史；军火制造商塞缪尔·柯尔特（Samuel Colt）曾经说过："一个人越无知，就越能够为我所用。"〕福特公司还大量使用冲压件，这是从自行车行业借鉴的一种做法，这样生产零件，比铸造和加工更便宜，也更容易。12

在 19 世纪的大部分时间里，典型的机器车间，按惯例是将同类机器放在一起——所有的车床都放在一个区域，钻床放在另一个领域，等等——在生产过程中，这需要大量的人力来把零件从一个区域移动到另一个区域。到了 20 世纪初，包括制造奥斯莫比（Oldsmobile）的老牌汽车制造厂在内的最先进的制造商和福特的工厂，都开始了福特所说的"有计划地通过装配顺序来布置工厂"。按照装配顺序放置机床、碳化炉和其他设备，可以减少运输半成品部件的时间，并且能在发生卡滞的时候迅速发现问题。这是对逻辑流程实施空间化的典型案例。马克思在 19 世纪中叶曾写道，在一个"真正的机器系统"中，"每一个细节都是一个机器按顺序向下一个机器供应原材料"。

在福特公司，机器的逐步安装与日益明确的劳动分工是同步进行的。每个工作点都配备了一名工人，他只做一道或几道工序，通常是用简化了的为完成这些操作而设计的设备进行的，而且他一遍又一遍地进行这些工作。生产率的提高是巨大的。1905年，福特汽车公司有 300 名工人，每天生产 25 辆汽车；三年后，它有大约 500 名工人，每天生产 100 辆汽车。[13]

其次是安装机械装置，将连续的流程处理应用到复杂的制造业中，将零件从一个工作站移动到另一个工作站，而不是用手工操作。1913 年，福特开始在其铸造厂尝试配置一个传送系统，并在装配了磁电机和传动装置的滑轨和工作台上进行试验。工人们站着不动，而待加工或待组装的部件从他们身边经过。在安装新系统之前，一个工人在固定的工作台上要花大约 20 分钟才能组装出磁电机。在福特公司推出了所谓的"装配线"，将生产流程分成 29 个独立的步骤后，14 名工人仅仅花了 5 分钟的时间就完成了磁电机的生产，使生产效率提高了 3 倍。[14]

受到这次成功的激励，福特工程师转向组装底盘和成品车方面的改进。起初，福特按照制造复杂机械的标准做法组装汽车。"我们只是简单地站在地面上的某个地方组装汽车，"福特回忆道，"工人们把需要的零件装到车上，就像一个人盖房子一样。"其他早期的汽车制造商也使用"工艺方法"，在固定的木架上组装车辆。

在生产 T 型车时，福特改变了过去由一群工人组成的团队组装整个汽车的做法，把装配过程分解成许多相互之间不连续的步骤。工人站在静止的台子旁边，车架放在中间，从零到整地组装出来。凡是需要的零件都在台子上堆放着。但是，工人们不是一直在一辆汽车上工作，直到车完工，而是站在台子旁边，在每个车架上只进行一项特定的操作——把车架固定在车轴上，安装发动机，或者安装方向盘。在最后一次操作之后（安装汽车外壳），组装完毕的汽车被移出厂房，进行测试和装运，下一辆车已在开端开始装配第一部分了。1913 年中期，T型车装配区有 100 个站点，500 名装配工人，另有 100 名工人

/ 125

图 4-1　1913 年在底特律的福特高地公园工厂（Ford's Highland Park Factory）的磁电机装配线

为他们运送零件。[15]

　　使工人们在装配过程中保持静止，让车辆流动，这只是生产过程中的一小步，却是一场具有世界历史意义的革命。1913 年 8 月，福特公司的工程师们尝试着将底盘车架拉过一个有预置部件的走廊，装配工和他们要安装的车辆一起行走。然后，他们进一步改进，把工人固定在道路两旁的工位上，在路上运载着半成品的汽车底盘，让他们把部件安装在底盘上，底盘下面安装了链条，慢慢地往前拉。到 1914 年 4 月，装配线已经把汽车完成组装所需的工时从 12.5 小时减少到 93 分钟。

　　装配线的成功实践，引发了一系列技术创新。福特公司的工程师们推出了重力滑道、滚道、传送带、链条驱动的装配线和其他材料处理系统，以满足从安装发动机到装配座椅等各种操作的要求。许多子装配线直接连接到总生产线上，将发动机、车轮、散热器、其他部件以及最终完成的车身运送到适当位置，以便安装在汽车底盘上。就像在德比丝绸厂和沃尔瑟姆棉纺厂一样，在相当短的时间内，一个全新的汽车生产体系诞生了。在第一次装配线试验完成后不到两年的时间里，福特就为 T 型车的所有生产阶段安装了这个系统。这家工厂已成为一台大型综合机器。[16]

福特工厂的劳工问题和五美元日

此外，装配线生产率的提高，也来自更高的材料处理效率。有些是由于劳动分工促进了效率提高，但主要是由于工作强度的加大，工人们没有机会在寻找零件或工具时忙里偷闲，或在工头不注意时放慢速度、储存成品部件，以留出休息时间。对装配线上的工人来说，每一次新的零件、组件或底盘出现在他们面前，都是一次又一次的重复工作。[17]

在 19 世纪末 20 世纪初，管理专家认为"磨洋工"（故意以不超过预期速度工作的工人）是提高效率和利润的最大障碍。为了解决这个问题，他们制定了各种各样的计划，从复杂的计件工资制度到弗雷德里克·温斯洛·泰罗的"科学化管理"。装配线同样为这个问题提供了一个可供选择的解决方案，让机器决定工作进度，而不是工人或激励制度。早在福特采用装配线之前，包装厂的经理们就已经看到了机械输送生产的可能性。1903 年，斯威夫特（Swift）的一名主管说："如果你需要多生产一些，就把输送机提速一些，工人们就会加快干活速度。"[18]

装配线的工作被证明比其他类型的劳动压力更大，无论是在劳工的生理还是心理方面。工人比以往任何时候都更多地成为机械的延伸，被机械的需求和速度所控制。一位工人抱怨说："钉子，在家具商手里的重量是微不足道的。但如果你必须在经过你工位的每辆福特车的每个座垫上钉上 8 个钉——要知道，如果你做不到这一点，你就会耽误整个平台的进度——而且，你还要一直这样做 4 年，这样，你就会在压力下崩溃。"另一个工人说："如果我再干 86 天的第 86 号工序，就会变成庞蒂亚克精神病院（Pontiac bughouse）里的第 86 号病人。"福特工厂的工人们抱怨说，装配线上的工作使他们处于一种被其称为"福特蒂斯"（Forditis）的紧张状态。装配线工作所需的特质，是速度、敏捷和耐力，而不是知识和技能。迅速步入老年行列的男性，在中年之前就不再被认为是理想的工人。[19]

　　T 型车的销量迅速攀升，使福特汽车公司对招揽劳动力有如饥似渴的需求，尤其是"操作员"，在 1913 年，这些非熟练工人占了该公司劳动力的大多数。1908 年，该公司的员工约为450 人，1913 年约为 14000 人。生产 T 型车的福特高地公园工厂，在 1914 年雇用了 12888 名工人，这一规模超过了 19 世纪最大的工厂。

　　福特高地公园工厂并不是独一无二的。这个时候，大大小小的工厂在美国遍地开花。在 1914 年，有 648 个制造业工厂的工人超过 1000 人。到 1919 年，有 1021 个工厂（其中有 54% 的工厂制造汽车、汽车零部件或汽车外壳），它们总共雇用了 26.4%的制造业劳动力。需求的不断增长，促使企业扩大现有的设施规模，因为许多公司倾向于将生产集中在行政总部附近，以提高监督和协调效率。在纽约州的斯克内克塔迪（Schenectady），通用电气（General Electric）的一个工厂有 15000 名工人。在马萨诸塞州林恩（Lynn）的另一个工厂有 11000 名工人。在芝加哥，普尔曼公司（Pullman）和国际收割机公司（International Harvester）在各自的工厂雇用了 15000 名工人。固特异轮胎与橡胶公司（Goodyear Tire and Rubber）在俄亥俄州阿克伦（Akron, Ohio）的工厂里有 15500 名员工。

凭借最为畅销的汽车产品和装配线业务，福特高地公园工厂很快扩大到了一个全新的规模。1916 年，福特高地公园工厂有 32702 名工人；1924 年上升到了 42000 人。[20] 工厂内部的照片显示，工人们几乎是一个挨一个地站在一起的，这是一种与纺织厂、钢铁厂或其他制造厂不同的劳动密度。他们挤在一起，不仅是因为他们人太多，还是因为设计就是如此。福特公司的工程师希望工人和机器尽可能地靠近，以减少运输零件和组装零件所需的时间和精力。[21]

在福特公司引进装配线后，工作量大大提高，因此该公司对工人的需求也日益增长，出现了招工难的问题。在 19 世纪末 20 世纪初，工作产量是美国工业的普遍问题。技术工人忠于他们的手艺，而不是他们的雇主，他们经常换工作，以学习新技能或尝试不同的环境。为了寻求更高的工资、休假（只是休息，没有如今的带薪休假），当他们与领班发生争执时，或者出于其他种种原因，非技术工人也经常离职。待在原地一直干下去，没有什么特别的好处。[22]

福特方法的推广，使工人的平均任职周期更短了。许多工人憎恨福特式的极度重复工作和紧张的生产速度，往往只工作很短一段时间就辞职。大多数人干脆一走了之，连正式辞职的手续都不办。在 1913 年，也就是装配线推出的那一年，福特的人员流动率惊人的高，达到了370％。为了维持不少于14000人的劳动力，该公司在那一年雇用了52000多名工人。旷工增加了工厂运转的困难，每天都有10％的工人不露面。

福特工厂还面临其他劳工问题。底特律的劳动力越来越多地由移民工人组成，特别是在非技术工人群体里。1914年，福特汽车公司的工人中，外国出生的工人占了71％，他们来自22个不同的民族群体。语言的混乱意味着工人们常常不能与工头交流或彼此交流。一位主管回忆道，"每个工头都必须学会用英语、德语、波兰语和意大利语"说"快点干！"种族间的紧张关系，有时会演变成斗殴。1914年1月，该公司解雇了800多名希腊和苏联工人，原因是他们没有上工，而是留在家里庆祝他们东正教历法上的圣诞节，但对该公司来说，这一天只是个普通的工作日。

底特律的汽车制造商，包括福特，也都在担心工会。装配线的引入与全国劳工运动的激增相吻合。在底特律，无论是激进的"世界产业工人联盟"（Industrial Workers of the World），还是隶属较为保守的美国劳工联合会的马车、货车和汽车工人工会，都在汽车行业发起了组织活动，引发了几次短期罢工。它们的成效不大，但对它们的恐惧困扰着雇主们。[23]

为了解决劳工问题，福特公司推出了一项工资更高、工时更短的计划，即"五美元日"。福特公司开始制定政策，试图留住员工并提高他们的生产力。1913年，它推出了一个多梯级的工资计划，随着工人技能的提高和工作时间的积累而提高工资，这激励了工人提高自我能力的积极性和就业的稳定性。1914年1月初，这家公司更进一步，将工作日从9小时缩短到8小时（每周 6 天）。这减轻了工人的压力，同时让福特高地公园工厂的工作制度从两班倒变成了三班倒。更引人注目的是，工厂宣布，它将把非技术工人的工资增加一倍，从每天不到 2.50 美元涨至 5 美元。工资的上涨为大规模生产，特别是汽车制造业开创了一个先例，使它成为一个高工资系统。支持者为高工资而欢呼，因为它使工人有钱去购买各种各样的商品，创造了维持大规模生产所必需的大规模购买力。

但是，五美元日不仅仅是提高工资那么简单，这个计划更加雄心勃勃，也更加复杂。从技术上讲，这根本不是增加工资，而是工人获得所谓的利润分成付款的可能性，而这才会使他们的日收入提高到 5 美元。资格并不是自动获得的。女性没有资格（至少在最初），男性工人通常必须超过 21 岁，最重要的是，他们必须遵守公司制定的一系列标准和规定，不仅仅是在工厂里遵守，在工厂外也要遵守。工人必须与他们的伴侣合法结婚，"妥善地"供养他们的家庭，维持良好的"家庭条件"，表现出节俭和克制，并在工作上表现出高效。福特成立了一个"社会部"来调查工人是否有资格分享利润，如果他们违反规则，这个部门将指导他们改变自己的行为。

50 名调查人员，往往在外语翻译陪同下，对福特公司的工人进行家访，以评估他们参加该计划的资格。经过首轮调查，有 40% 的符合年龄和性别条件的工人被认为在某些方面存在缺陷，不能领取分红。在规定的时间内，如果他们的行为未能得到纠正，将会被解雇，但是，如果他们改变行为，就会赢得分红。

福特特别关注移民工人是否实现了"美国化"。社会部鼓励工人们养成美国人的习惯，以美国的方式教育他们的孩子。那些不会讲英语的工人在公司开办的学校里苦学英语。除了英语之

外，学校还教授"工业和效率"、美国风俗文化等。仅在 1915
和 1916 年，就有大约 16000 名工人从学校毕业。这项举措，使
不会说英语的工人比例降低了许多，从 1914 年的 35％ 减少到
1917 年的 12％。[24]

福特公司的劳工政策，在许多方面有过先例。洛厄尔式的工
厂里有过精心制定的工作和闲暇时间行为规范。和福特一样，其
他工厂主们也面临建立工厂工作集体性所必需的行为规范和对工
人自律性的要求，他们也有超越工厂围墙范围的道德担忧。19
世纪末 20 世纪初，许多公司，特别是大型制造业工厂，纷纷发起
了"福利工作"计划，以提高工人的生产效率和减少人员流动，
于是，新一波的行为塑造计划开始了。公司修建了自助餐厅、图书馆和
"休息室"，提供娱乐活动、医疗服务和养老金，实行了储蓄和保
险计划，偶尔也会引入福特推行的那种家访式的社会调查。

但福特计划的全面性、侵入性，以及它与工资翻倍的联系，
使其成为雇主努力塑造员工行为和心态的先锋，从而使他们融
入工厂。1915 年底，S. S. 马奎斯（S. S. Marquis）成为社会部
（为了应对工人对家庭调查的广泛批评而将其改名为"教育部"）
主任，他写道："当我们调整工厂里的机械来生产我们心目中的那种汽
车时，我们也建立了教育体系，以生产人类这种产品。"[25]

福特公司的高管们同意意大利共产党领袖安东尼奥·葛兰西
（Antonio Gramsci）的观点，后者写道："在美国，合理化生产
决定了塑造一种适合新工作和新生产流程的新型人的需要。"亨
利·福特的乡村新教道德主义强调节俭、贞洁，摒弃酒精和烟
草，而福特公司的高管，以及葛兰西都认为，这种生活方式是大
规模生产所必需的物质和心理需求。这位意大利共产主义者所
说的话，听起来像是出自一个汽车行业高管之口，他说："一个

在晚上花天酒地的员工，是做不好他的工作的。"葛兰西提醒说："实业家对工人私生活的调查，以及一些公司为控制工人的'道德'而进行的家访，是实践新工作方式的必要手段。有些人嘲笑这些倡议……从这些倡议上只看到伪善的'清教主义'，从而否认了他们自己理解美国现象的重要性和客观意义的可能性。此外，这些倡议也是迄今为止最大的集体努力，创造了一种全新的工作和一种全新的人。"[26]

具有讽刺意味的是，到葛兰西写《美国主义和福特主义》（*Americanism and Fordism*）（1926 年他被意大利法西斯政府逮捕后被关进监狱期间所作）时，亨利·福特已经放弃了创造"一种全新的人"的努力。在 1920 至 1921 年的经济衰退中，作为削减成本的举措的一部分，福特逐渐缩小原先的社会部的职责，直到它在实际上消失。他还放弃了利润分享计划，改为每天 6 美元的基本工资（收入的提高幅度低于通货膨胀率），奖金则基于技能和工龄。福特认为家长式的工作和福利成本太高，而且会影响生产部门对工厂的控制，福特转向用一套复杂的间谍系统和专制的管理制度来控制劳工。福特将社会部的残余部分安排在"服务部"里，由哈里·贝内特（Harry Bennett）领导，他曾是一名拳击手，与警方和各种犯罪组织有广泛的联系。他利用间谍和暴力手段维持纪律，雇用了许多有犯罪前科的人来做这项工作。[27]虽然福特自己放弃了大规模生产和塑造"全新的人"之间的联系，但是这个想法本身将持续几十年，包括在一些与美国福特工厂非常不同的地方。

阿尔弗雷德·卡恩与现代工厂

为了生产 T 型车，福特不但创造了全新的生产系统，还创造了全新的工厂结构,这些工厂将成为世界上几代大型工厂的样板。它们的技术和视觉影响,至今仍很强大。

福特的第一个工厂,开设在底特律的马克大道(Mack Avenue),是一座木结构的独栋小楼。他的第二个工厂是1904年在皮奎特大道(Piquette Avenue)建成的,它要大得多,是一座漂亮的三层砖砌建筑。但在设计上,它和19世纪早期的纺织厂没有什么不同:又长又窄,有大窗户和木质的柱子、房梁和地板。[28]

甚至在T型车开始生产之前,福特就预计他的公司在皮奎特大道的土地很快就会不够用,所以就在附近的高地公园购买土地,准备建立一个新的工厂。为了设计工厂,他聘请了底特律建筑师阿尔弗雷德·卡恩(Alfred Kahn),这个举措使卡恩成为20世纪最重要的工厂设计师。卡恩是一名德裔犹太人移民,在职业生涯的早期,他没有固定的设计风格,随佣金而定。很偶然地,他涉足了工业建筑领域。他遇到了汽车制造商帕卡德汽车公司(Packard Motor Company)的老板亨利·B.乔伊(Henry B. Joy),后者在请卡恩为他的公司设计新工厂之前,已帮助卡恩获得了许多非工业化的设计委托。[29]

卡恩最初为帕卡德设计的9座建筑都是传统的。但是,到了第十座建筑,他来了一个彻底的转变,它不是由木头和砖块建成,而是由钢筋混凝土建成。在设计的过程中,卡恩和他的兄弟朱利叶斯(Julius)密切合作,朱利叶斯开发了一种用特殊的金属棒加固混凝土的系统。

钢筋混凝土于19世纪70年代首次在欧洲使用,不久后又在美国使用,它很结实,抗震性强,价格便宜,防火性能也好。比起旧的施工方法,它能够建造出更大的、不间断的空间和更大的窗口面积。1903 到 1904 年，在马萨诸塞州建造的一家混凝土结构的制鞋厂，让工业建筑师们注意到了这种材料。卡恩在 1905 年设计建造的由钢筋混凝土构成的帕卡德 10 号厂房，由于窗户面积大、布局井然有序，吸引了很多人的注意。接下来的一年，他在布法罗为乔治·N. 皮尔斯公司（George N. Pierce Company）建造了一家工厂，该公司将桥式起重机和轨道平台整合成一个体系，用于装卸和移动材料。[30] 因此，当福特雇用卡恩时，他已经树立起作为一个创新型工厂设计师的声誉。

/ 134

福特高地公园工厂的厂房，是卡恩早期工厂设计的延续。这座四层高的厂房，大部分外墙是玻璃做的，采光极好，以至于观察家们把它称为"水晶宫"，这里指的是半个多世纪前建造的伦敦展览馆。卡恩说服福特允许他使用金属窗框，这在当时是不寻常的设计，他不得不从英国订购，这使该建筑出现了特别干净、现代的外观。在厂房内部，有巨大的开放空间，它为装配线的试验提供了条件。

但从某些方面来说，最初的福特高地公园工厂的建筑仍然可以追溯到传统的工厂设计。这座主楼，又长又狭窄，在四个外立塔里，有楼梯、电梯和厕所，有与洛厄尔工厂相似的比例和布局，尽管前者要大得多。楼层里摆放着机器。屋顶是锯齿状的，就像一个英国织布厂的顶棚。即使在工厂安装了装配线之后，一些材料，包括汽车车身，也是用马拉或者手推的车搬运的。[31]

1914 年，卡恩在高地公园设计的新建筑，即"新车间"，代表着与过去更加彻底的决裂。几乎在高地公园项目开启后不久，福特就开始在密集的建筑群中安插卡恩设计的建筑，包括一座行政大楼和一个大型发电厂。后者也需要新的装配空间。该公司决定开始生产以前通常从外部供应商那里购买的零部件。随着产品产量和劳动力数量的不断增长，几乎在主要的工房完工后，工厂里就变得拥挤了。此外，装配线的应用和生产速度的加快，使物料处理变得越来越重要，因为大量的原材料、零件和组件需要尽快运送到各个装配线上的特定站点，以避免库存积压，或者装配线上出现短缺。

卡恩在"新车间"给出的解决方案是建立两个平行的六层厂房，由一个 842 英尺长的玻璃屋顶棚相连。在地面上铺设铁轨后，材料可以直接用小火车运进工厂。利用两个桥式起重机，可以把重达 5 吨的物品运送到邻近建筑物的任意一层的 200 个平台中的任意一个。在新大楼内，从火车站台到大楼里任何地方都只有很短的距离，工人们可以使用手推车迅速将供应品运送到里面众多工作站中的某一处。引人注目的是带有混凝土和玻璃幕墙的吊车道，它突出的平台和玻璃屋顶是一种新的空间，更像 19 世纪的大型购物中心，而不是传统的工厂，比如米兰的维克托·伊曼纽尔二世拱廊街（Galleria Vittorio Emanuele Ⅱ）*。在购物中心，它更像一种装饰。

在新厂房里，铸造车间和机械车间都设在顶层，而不是像通常那样设在底层，因为钢筋混凝土结构的强度比木质和砖石结构的更大。然后，生产就可以向下流动，零件和组件被滑道和传送带借助重力从楼板降到地面，直到到达地面最后的装配线。混凝土柱子里面是空心的，埋有管道，以此来使空气流通。这种方法让人想起一个世纪前隆贝、阿克莱特和斯特拉特在英国工厂中使

---

* 拱廊街得名于意大利合并后第一位国王伊曼纽尔二世，最初设计于 1861 年，并由朱塞佩·门戈尼（Giuseppe Mengoni）修建于 1865 到 1877 年。顶部覆盖着拱形的玻璃和铸铁屋顶，这是 19 世纪流行的拱廊街设计。

图 4-2　1922 年福特高地公园工厂的一张鸟瞰图

用过的方法。[32]

　　福特高地公园工厂因其设计、装配线、高薪、家长式管理的试验以及制造出来的 T 型车，几乎立即成为全世界关注的对象。福特公司以这座综合大楼为广告来吸引人们的注意。（几十年来，制造商一直在做这方面的宣传，即设计漂亮的工厂，用大招牌装饰，在文具上刻上工厂的图案，允许关于它们的明信片发行，有时也欢迎记者采访。[33]）行政办公大楼设计得十分别致，周围的景观也经过了精心布置。附近的发电厂有平板玻璃窗，路人可以透过它看到巨大的发电机。亨利·福特坚持说，工厂有五个烟囱，所以可以把福特的巨大的字母拼在它们之间，尽管更少的烟囱也足够了。1912 年，福特公司开始把该厂对外开放。到1915 年夏天，每天有三四百人来参观。为了进一步宣传这家工厂，福特汽车公司发行了一本小册子，详细介绍了工厂的经营情况，并附上了公司摄影部拍摄的照片（该部门不仅拍摄照片，还每周都制作短片，分发给福特汽车经销商和各地的电影院）。[34]

　　来到高地公园的游客中，最重要的是意大利汽车制造商菲亚

/ *136*

特（FIAT）的董事长乔瓦尼·阿涅利（Giovanni Agnelli）。他离开时，决心将福特的方法应用到欧洲汽车工业之中。在那时，欧洲的汽车工业，仍然主要靠手工制造汽车。为了适应福特的系统，他在都灵（Turin）的林戈托区（Lingotto）建立了一家新工厂，该厂于1923年开始营业。这种厂房——现代主义建筑中最伟大的地标之一——就是高地公园厂房。像"新厂房"一样，意大利工厂主的厂房也是两个长长的、相互连接的、平行的建筑，用于装配作业，每个建筑高五层，长度超过四分之一英里。在建筑物之间的巨大庭院里，两个螺旋状的斜坡拔地而起，连接着所有的楼层和屋顶。与福特高地公园工厂不同的是，原材料被送到了底层，生产继续进行，直到成品车被送上了房顶的测试轨道，顺着倾斜的轨道往下行驶。由于重力加速度，可以测试汽车的高速行驶性能。（在此之前，在曼哈顿西区，卡恩曾为帕卡德公司设计了一个八层高的服务中心，包括两个连接到顶楼的测试车辆的坡道。）[35]

成功设计了福特高地公园工厂之后，卡恩成为汽车工业的首席建筑师。他很快为哈德逊汽车公司（Hudson Motor Company）、道奇兄弟（Dodge brothers）、费希博德（Fisher Body）、别克（Buick）和斯图贝克（Studebaker）设计工厂。装配线和钢筋混凝土结构，迅速成为汽车产业的主要模式。最终，他的设计公司，不仅在北美洲，也在南美洲、欧洲、亚洲和非洲设计了一系列工业建筑。卡恩还为汽车行业和其他行业的公司设计了办公楼，包括位于底特律市中心的庞大的通用汽车大楼（它在1922年建成时，是世界上最大的办公楼），以及附近的费希博德汽车公司总部大楼。他还为汽车业高管设计住宅，包括在格罗斯波音特（Gross Pointe）为亨利·乔伊和亨利·福特的儿子埃德塞尔（Edsel）设计的湖畔豪宅。他甚至还设计了亨利福特医院。他的设计公司，在 20 世纪 20 年代末拥有 400 名员工。这个公司总是能快速完成设计，这要归功于高度的劳动分工，各部门都在履行专有职能。这是福特方法的一种体现，它在制造业领域已经发展得很完善，现在卡恩把其中的一些原则应用到了白领的工作领域。为了监督工作，卡恩的公司使用了类似于福特在高地公园实施的模式。[36]

胭脂河

尽管卡恩的业务一直在增长，但是亨利·福特仍然是他最重要的客户。他们一起设计了这个工业巨人的下一个旗舰厂，福特的胭脂河工厂（River Rouge Plant）。几乎在新厂房建成后，福特就开始计划在附近的迪尔伯恩建造一个更大的建筑群，并且购买大片土地。其中一些是用于福特公司除了汽车之外的其他业务，包括一个单独用来生产福特森拖拉机（Fordson tractors）的公司。但大多数工厂的开设，是为了让福特的 T 型车达到最大限度的一体化，不仅要生产汽车零部件，还要为汽车生产钢铁、玻璃和橡胶等基本材料，从而消除了供应商在库存紧张时提高价格或不履行订单的风险。位于胭脂河沿岸的迪尔伯恩，连通五大湖水系，可以直接用船运送大宗货物，包括铁矿石、煤炭和沙子，并有充足的水用于工业加工。此外，人口稀少的迪尔伯恩郊区给福特更多的便利，比起底特律，在这里，他能更大程度地控制环境。底特律的人群情况复杂，偶尔还会发生劳工运动。[37]

/ 138

1917 年，福特公司开始在胭脂河畔建造一座高炉。随后是一系列其他类型的加工厂，包括焦炉厂、平炉厂、轧钢机厂、玻璃厂、橡胶轮胎厂、皮革厂、造纸厂、箱厂和纺织厂。福特公司在整合各种工厂和再利用副产品方面付出了巨大的努力。例如，高炉中的杂质就直接被送到附近的水泥厂，制成水泥。福特还开始在密歇根上半岛地区（Upper Peninsula of Michigan）购买煤炭和铁矿，以及大片林地。他在那里修建了锯木厂、木材加工厂和碳窑。加工木材剩下的锯末和边角料，可以用来制造木炭。这种木炭以金斯福德（Kingsford）为品牌名称来销售，直到今天，这种材料还在美国各地广泛应用，在烧烤和家庭取暖上都大有用途。他最伟大的关于产业上游加工的整合努力，是在亚马孙盆地（Amazon Basin）建立了一个巨大的橡胶种植园，却以失败告终。[38]

胭脂河畔的工厂，从来都没有生产出一辆完整的 T 型车，最初，只是作为高地公园工厂的一个生产支线。发动机、轮胎、车窗和其他部件在胭脂河工厂生产，然后被运到高地公园工厂进行最后的组装。但是随着 T 型车的大量生产，仅仅是发电需求都是非常庞大的。胭脂河畔的铸造厂用附近高炉输送的铁水浇铸部件，它是世界上规模最大的铸造厂，雇用了 1 万名工人。[39]

非常奇特的是，在胭脂河工厂刚开始开动机器制造产品时，制造的是小船，而不是汽车。第一次世界大战期间，亨利·福特与美国海军签订了合同，用装配线方法制造了 112 艘猎潜艇（submarine chasers）。美国海军出资建造了一个新的厂房，名为"B 楼"，由卡恩设计。这是到那时为止最大的工厂，宽 300英尺，长 1700 英尺，是一个巨大的棚子，外墙几乎全部由玻璃组成。它有三层楼那么高，但内部是一体的，以满足生产巨大船体的需要。但是，在建造之初，它就被设计为可以在中间再加一个楼板。1919 年 9 月，当最后一艘鹰级巡逻艇（eagle boats）（每一艘都没有全部建造完毕，无法直接投入战斗）离开大楼之后，这座建筑的中间被加上了一层楼板，用来组装从外部承包商那里购买的 T 型车车身。

B 楼，代表了福特和卡恩工厂设计原则转变的开始，让他们从刚刚发明的新厂房的设计理念中走了出来。卡恩领导了工业建筑领域的革命，不是一次，而是两次。由于不再需要支撑上层楼面的柱子，所以在胭脂河工厂和其他福特工厂，他不再建造多层建筑，而是建造了非常大的单层工厂，以节省材料成本，并且获得了更大的不间断空间。宽敞、开放的领域，让工程师在机器安置方面更有灵活性。此外，公司决定将传动轴和皮带转为由动力机械驱动，而不是配置一个个单独的电动马达。在多层厂房里，当装配线安排到尽头时，需要在楼层之间打孔，而大型单层厂房也免去了这种需要。1923 年，福特将公司分厂的建筑标准从多层改成了单层。

在单层工厂的建筑材料选择方面，卡恩放弃了钢筋混凝土，因为他不再需要它的减震特性。相反，他使用钢框架，这使建筑的结构能够更迅速地被建造，更容易地被扩展。卡恩的新建筑，如果有可能的话，会比他的早期建筑用更多的玻璃墙，他通常使用弧形屋顶——凸起结构上的玻璃可以朝向不同方向——而不是锯齿形屋顶，因为弧形屋顶能提供更多更均匀的自然光。

/ 140

卡恩也继续推广他曾经设计的那种阁楼式混凝土建筑，使其用于制造业和储存业。由于防水防浸和坚固耐用的特点，这种建筑在美国的老工业区随处可见，有的仍被用于制造业，有的被废弃，有的被改建为仓库或办公楼，偶尔会被改造成新潮公寓。但卡恩本人几乎再也没有回归过这种风格。

相反，卡恩接受了拥有光滑的玻璃表面和金属结构的建筑物，因为它们既实用又美观。在 20 年的时间里，他创造了大量具有现代主义设计特点的工业建筑，它们干净、轻巧、空旷，似乎有无穷无尽的空间。卡恩在胭脂河工厂建造的许多建筑几乎是形式美的极致表现，有高高的圆柱形烟囱、长长的玻璃外墙、形状优美的弧形屋顶，没有任何装饰。1925 年完工的"工程实验室"（Engineering Laboratory），是亨利·福特的办公室所在地。卡恩对其进行了一次特别引人注目的内部装修，建筑物中间有一条长长的走廊，两侧是两条较小的走廊。在中央走廊的上方，有一个拱形的屋顶，屋顶两侧布满了窗户，阳光透过走廊，把建筑内照的一片光明。卡恩后来的一些设计，如他的克莱斯勒半吨卡车工厂（Chrysler Half-Ton Truck Plant），被广泛认为是有史以来最伟大的工业建筑之一、现代主义杰作。

然而，卡恩和福特都不认为自己是现代主义者。在 1931 年的一次演讲中，卡恩对现代主义建筑进行了微妙但基本上是负面的评价。卡恩批评了极端的功能主义和缺乏装饰技巧的建筑师，如瓦尔特·格罗皮乌斯（Walter Gropius）和勒·柯布西耶（Le Corbusier）。（然而，他们的这些特点，也是卡恩自己设计工厂时表现出来的特点。）他说："今天我们所说的现代主义，主要是矫揉造作，是对激进的极端追求。"在卡恩的非工业化项目中，他借鉴了各种历史风格，设计的建筑物往往很漂亮，但很少有开拓性。亨利·福特在创造出一种新的工业现代化的同时，却更加旗帜鲜明地反对现代化。在创建胭脂河工厂的同时，他继续在那充满旧机器、旧家具和旧建筑物的收藏中添加新的内容。他把别墅建在胭脂河工厂附近的格林菲尔德村（Greenfield Village），把收藏品也安置在那里，那是一个保持着早期美国风貌的小镇。就在福特的汽车和工厂推动城市化和世界主义的同时，福特仍然对他从小生活的、后来选择离开的那个狭隘的农村世界念念不忘。

在 20 世纪二三十年代，胭脂河工厂的建筑不断增加。20 世纪 30 年代后期建成的印刷车间，成为世界上最大的单体厂房，建筑面积达 145 万平方英尺。在这占地 1096 英亩的场地上，福特很有先见之明地将各个大楼之间隔开，以便日后进行扩建时有足够的空间。工厂里有一个复杂的铁路系统，包括 142 英里长的传送带、单轨、高架线与自动运输系统，它用来在建筑物内部和建筑物之间移动原材料、零件和组件。这个庞大而孤立的建筑群周围的空地，可以当作停车场，停放雇员的汽车。但是，许多工人是到达有轨电车和公共汽车终点站之后步行来上班的。围栏、铁轨和有防护栏的大门，限制了工厂的人员进出。这个工厂远远看起来就像一座堡垒，与高地公园工厂形成了鲜明对比。高地公园工厂位于一个繁华的城市社区，工厂大楼旁边就是人来人往的公共人行道。[40]

荒谬的是，当胭脂河工厂建成，被用来生产制造 T 型车所需的所有东西时，这种汽车却变得过时了。到了 20 世纪 20 年代中期，包括通用汽车和克莱斯勒在内的其他汽车公司都推出了比福特公司更先进、更多样化的车型。而福特仍在销售 T 型车（尽管该公司还提供林肯牌的豪华车）。到了 1927 年，随着 T 型车销售额的减少，必须要做出改变了。很突然地，在敲定替代型号 A 型车的设计之前，福特就下令停止生产 T 型车了。福特工厂闲置了六个月，同时该公司更换了 15000 台机床并重建了 25000 台机床。大量的模具、夹具和量规，以及装配顺序，也必须从头再来。与此同时，底特律地区 6 万名福特工厂工人的下岗，造成了一场社会危机，当地的救济机构、免费诊所和儿童安置机构难以应对如此巨大的失业潮。

福特汽车体系的弱点，这时已经暴露无遗了。福特公司产品的极端标准化，让其他公司凭借风格和变化的优势赢得了消费者，通用汽车公司总裁小阿尔弗雷德·P. 斯隆（Alfred P. Sloan, Jr.）称之为汽车业的"巴黎裁缝法则"。专门的机器只能用来生产一种产品，这使生产特定零件的成本降低，转向新产品的成本却很高（这个问题可以追溯到早期洛厄尔工厂使用的高速但不灵活的机器）。从 T 型车向 A 型车的转变，福特汽车公司耗费了 2.5 亿美元（如果换算成 2017 年的货币，就是 35 亿美元），并且把汽车销售量排行榜的第一名奉送给了通用汽车公司。垂直整合也有它的不利之处，在引进 A 型车后的几年里，经济环境和汽车销售市场出现了剧烈变化。福特度过了一段艰难的时期，由于自行生产零件，他很难削减成本。而其他的主流汽车制造商所需要的零件，大部分是从外部供应商那里购买。在 1927 年之后的十年中，福特汽车公司的净亏损累计为 20 亿美元，而通用汽车公司的税后利润则接近 20 亿美元。

A 型车的引入，使福特帝国的中心从高地公园工厂转移到了胭脂河工厂。新的汽车总装线在 B 楼，它的空间非常大，因此也可以在不同的时间容纳福特森拖拉机的装配线、贸易学校，还有消防队和医院。地理上的转移，伴随着对福特公司的工程师和高管的大规模清洗，他们中的大多数人参与创造了 T 型车、装配线和福特系统。随着哈里·贝内特和查尔斯·索伦森（Charles Sorenson）的掌权，一套长期实行、非常严格的福特生产制度，在胭脂河工厂付诸实践了。于是，专制、混乱和野蛮的文化成为这个工厂的特点。严苛的纪律，小题大做的惩罚，专横的、随心所欲的规则，蛮不讲理的工头，这一切都让工人们怨声载道。一个胭脂河工厂的工作人员抱怨说："老板们就像糖浆一样浓稠，他们总是卡着你的脖子，因为上面还有人卡着他们的脖子，索伦森卡着所有人的脖子。他就是这么一个混账，把老亨利熬得滚烫的油倒在地上。你要是去福特公司上班，连脑子都要被他们检查一遍，'进了公司的门，就是公司的人'。"

"自我满足的工业宇宙，关于创造性和效率的杰作。"埃德蒙·威尔逊（Edmund Wilson）这样评价胭脂河工厂，体现了一种极端的工业集中战略。福特在美国建立了数十个分厂，组装从高地公园和后来的迪尔伯恩装运过来的配件，但制造业仍然高度集中在主要的工业综合体里。在 20 世纪二三十年代，该公司在密歇根州东南部的农村地区建立了一系列"乡村工业"工厂。这些工厂由小型水电站提供动力，生产供高地公园工厂和胭脂河工厂使用的小部件——启动开关、钻头、点火线圈等。亨利·福特把这种营生看作在农闲季节为农民提供工作。再一次，就像在格林菲尔德村一样，尽管他这一生的工作破坏了杰斐逊社会，但他似乎还是怀着关于一个理想化的、分散的社会愿景。但是，由于这些乡村工厂的工人总数只有大约 4000 名，所以，它们只不过是福特大工厂阴影下的一个意象罢了。

其他汽车制造商也建立了非常庞大的工厂。制造复杂的汽车，需要有数百个不同的零件；运输大型部件，如车架、车轴、发动机和车身，需要耗费大量成本；建造一家汽车工厂，并且配备其所需要的部件，需要大量投资：这使集中生产成为一个被广泛认同的策略。哈姆特拉米克（Hamtramck）（底特律的一个独立的飞地）的道奇工厂，一开始是福特的零件供应商，但道奇兄弟后来扩展业务，自行生产汽车。他们的第一批建筑是由阿尔伯特·卡恩（Albert Kahn）设计的。史密斯、辛奇曼和格里尔斯（Smith, Hinchman, & Grylls）是底特律的另一家建筑公司，为他们设计了其余的许多附属建筑，其中大部分是由钢筋混凝土建造的多层建筑。在道奇和后来的克莱斯勒（在创始人去世后收购了该产业）的管理下，这家工厂变成了一个十分完善的制造和装配厂，在建筑面积上略大于高地公园工厂。20 世纪 30 年代末，这个工厂里有大约 3 万名工人，第二次世界大战期间有更多的工人，直到 1980 年仍在运转。通用汽车公司因其部门结构和分散化而闻名，但在密歇根州的弗林特（Flint），它也是一个庞大的名副其实的生产综合体。在 20 世纪 20 年代末，庞大的别克工厂（也是卡恩的设计）有 2.2 万名工人；雪佛兰（Chevrolet）的一个工厂里雇用了 1.8 万名工人；当时是通用汽车子公司的费希博德汽车拥有 7500 名工人；在另一家通用汽车子公司 AC 德科（AC Spark Plug）的工厂里，还有更多的工人。

但没有任何工厂能与胭脂河工厂的规模相比。历史学家林迪·比格斯（Lindy Biggs）说，它"更像一个工业城市，而不是一个工厂"。在 1925 年，它有 52800 名工人，但仍然落后于高地公园工厂，那里的劳动力已经上升到 55300 人。不过，有了 A 型车之后，胭脂河工厂就向前迈进了。1929 年，它的工人数量达到顶峰，有 102811 名工人。如此多的工人，在同一个工厂里工作，这种就业水平是前所未有的。迄今为止，至少就其劳动力规模而言，它在美国仍然无可匹敌。一言以蔽之，它是有史以来最大、最复杂的工厂，是智慧、工程和人力劳动的杰出证明。[41]

赞美福特

福特系统一经推出就引起了工业界专业人士的广泛关注。亨利·福特欢迎记者——尤其是来自科技类媒体的记者——进入他的工厂，公开分享有关他最新创新的细节，打破了制造商在保守技术和信息的秘密方面的谨慎。《美国机械师》（*American Machinist*）、《铁器时代》（*Iron Age*）和《工程杂志》（*Engineering Magazine*）等行业期刊发表了大量文章，讨论生产 T 型车的方法。美国其他的汽车公司和消费品制造商，很快也采用了这种装配线。[42]

普通民众同样对福特系统很感兴趣，特别是装配线。亨利·福特认识到，公众对生产福特汽车方法的兴趣，可能有助于促进汽车销售。除了提供高地公园工厂的观光游览外，他还让人在路上演示装配线操作。1915 年巴拿马 – 太平洋国际博览会（Panama-Pacific International Exposition）在旧金山召开，此时装配线仅仅推出了两年，福特带去参加展览的展品中就包括一条每天生产 20 台 T 型车的装配线。1928 年，福特公司在麦迪逊广场花园（Madison Square Garden）向公众展示了 A 型车，还展示了生产流程的方方面面，从冶炼钢铁和煤矿的虚拟模型，到制作玻璃和装配车饰的工作站。在 1933 至 1934 年的芝加哥世纪进步博览会（Chicago Century of Progress Exposition）上的福特专题展馆里，展示了由阿尔伯特·卡恩设计的"汽车所有部件的完整生产流程"，后来这套展品移到了胭脂河工厂的入口附近。1938年，将近 100 万人参观了这次展览。他们也成群结队地参观了胭脂河工厂。在 20 世纪 30 年代末，每隔半个小时，福特公司就提供两个小时的园区观光。其他制造业公司，包括克莱斯勒和通用汽车，也开放它们的工厂供人参观，并为公众设立展览，参观者对产品是如何制造的，特别是复杂的、奇妙的装配线作业非常着迷。在芝加哥博览会上，由卡恩设计的通用汽车展览，展示了一条真实的装配线，游客可以趴在阳台上俯瞰工人们如何组装车辆。

事实证明，公众对大型工厂和装配线的热情是长久的。1971 年，有 24.3 万人参观了胭脂河工厂，刷新了历史纪录。几年后，美国商务部公布了一份可提供观光旅游的美国工厂名单。它长达 149 页，从酒厂到钢铁厂，还包括十几家汽车厂，应有尽有。[43]

知识分子和政治活动家也陷入了福特主义的诱惑之中。如果考虑到福特后来被人们认为是一个憎恨工会的保守独裁者，也许令人惊讶的是，一些杰出的左翼活动者从一开始就赞扬福特的系统。1916 年初，著名的社会主义领袖凯特·理查兹·奥哈雷（Kate Richards O'Hare）在参观了高地公园工厂后，在发行量很大的社会主义月刊《国家锯木报》（*National Rip-Saw*）上发表了两篇文章，赞扬了亨利·福特。奥哈雷认为五美元日、社会部和福特英语学校促进了工人的发展（同时福特决定从工头手中夺走权力）。她用一种不太恰当的种族主义比喻写道，由于福特的政策，"男人们老老实实地在福特的工厂里干活，就像终日闲晃的'黑人'变成了胖胖的负鼠一样"。"如果美国的每一个资本家都像福特那样想……就算不能解决社会问题、消除阶级斗争，或者开创合作社，但是也能促进社会正义事业的发展，显示社会主义理论的健全性，并带来教育的巨大益处，加速工人阶级的彻底解放。"[44]

同年晚些时候，即将成为关于俄国革命最重要的编年史家、美国共产党创始人之一的约翰·里德（John Reed）在左翼杂志《大众》（*The Mass*）上对福特做了一番同样正面的描述，尽管他的描述更为复杂。对里德来说，相对于以往的工业模式，福特公司生产的汽车价格低廉，工资却很高，特别是五美元日的利润分享，是一个巨大的进步。里德详细说明了福特公司的梯级工资制对工人生活造成的影响。除此之外，在采访了福特之后，他开始相信这个汽车巨头正在朝着某种新的公司控制模式发展，它让工人们有了发言权，"五美元日"正在"变成一种铤而走险的、类似于一场真正的民主实验的运动，并可能由此对资本主义造成真正的威胁"。里德认为，这就是为什么"资本家们憎恨亨利·福特"的原因，这也与福特的自我评价相呼应，用福特本人的民粹主义语言来说，他是价值的创造者，并且不得不与华尔街的寄生虫——金融家做斗争。[45]

人们对亨利·福特的赞美，随着时间的推移而逐渐减弱，部分原因在于他的公司在20世纪20年代改变了做法，以及他本人狂热的反犹太主义；在里德写文章赞美福特的15年后，埃德蒙·威尔逊（Edmund Wilson）称其为"迪尔伯恩的暴君"。但福特主义引起了强烈的共鸣。在新政（New Deal）期间，福特集团与左翼分子、商人及其支持者们结成同盟，他们认为刺激大众消费对维持繁荣和获取利润至关重要。以连锁百货商店为营生的爱德华·法林（Edward Filene），是被称为"原始凯恩斯主义者"（proto-Keynesians）的人——他们看到了维持经济增长需要公众拥有大规模的购买力——当中的一员，也许他是这些人中最直言不讳的一个。与过去不同的是，法林在1924年写道，企业需要"在制造可销售的商品的同时，制造消费者群体"。福特主义的承诺是，为工人支付高工资，生产更便宜的产品。这是一个形成大众购买力、大众消费、大规模生产和经济增长良性循环的方法。与奥哈雷和里德不同，法林承认福特主义存在劳动单调重复的问题，但是他认为缩短工作时间可以部分解决这一问题。而且，不管怎么样，"并不是每个人都是艺术家，并不是每个人都是有创造力的工匠"。"贫困给身体和精神带来的伤害，是单调乏味的工作的 1000 倍。"他在一篇评论中补充道。这种论点，让人想起了 80 年前库克·泰勒关于童工的评论。[46]

小说家们也从福特主义中看到了一种令人吃惊的发展，这是迈向一个新型世界的第一步。约翰·多斯·帕索斯在他的小说"美国三部曲"中都写到了福特，特别在是《大笔财富》一书中，对福特进行了详尽的描述，不仅写了 T 型车和福特为了制造它而进行的不懈努力，还写了这位汽车大亨的许多矛盾之处——他的和平主义观念、靠战争牟利的手段和反犹太主义，他的革命性发明和古旧的做派。〔阿尔弗雷德·卡齐（Alfred Kazin）敏锐地观察到，美国是一个复杂的结构，由形态各异的叙事式"建筑"组成。美国本身就是一个"工具"，"另一个美国式发明——美国生活中的机遇和压力，是美国特有的东西"。〕[47] 路易 - 费迪南·塞利纳（Louis-Ferdinand Céline）在 1926 年参观了底特律的福特工厂，他在 1932 年的《神鬼危机》（*Journey to the End of the Night*）中记录了曾看到的福特公司装配线上的一幕。厄普顿·辛克莱（Upton Sinclair）1937 年写了一本不太出色的小说，是关于福特的，书名为《小汽车国王：福特 - 美国的故事》（*The Flivver King: A Story of Ford-America*）。最著名的是 1932 年阿道司·赫胥黎（Aldous Huxley）的《美丽新世界》（*Brave New World*），书中描绘了福特主义的镜像。这个世界里的历法是 A.F.——福特年（Anno Ford），从 1908 年福特推出 T 型车时开始算起——而亨利·福特，是这个世界里的救世主的名字。[48]

在 20 世纪 30 年代，帕索斯、辛克莱、塞利纳和赫胥黎都写过福特和福特主义。当时，媒体和工业上对大规模生产的兴奋热潮已经退去了。由于大萧条和福特汽车公司动用暴力反对工会运动的影响——这些行动从根本上改变了福特公司和福特汽车公司的公众形象——这些作家们对福特和福特主义的态度已经不那么积极了。相比之下，关于福特主义的主要视觉描绘则是早在20世纪20年代就开始的。在那时，福特主义和大型工厂不仅仅是在文字报道中，而且是在视觉艺术中广受赞颂。

巨型工厂与视觉艺术

工厂从一开始出现，就被描绘在素描画、石版画和油画里。但直到20世纪，工厂才成为艺术家们的一个重要主题。我们很难找到一个描绘18或19世纪工厂的代表性艺术作品，但有很多关于20世纪工厂的绘画、照片和电影。对20世纪20年代和30年代的许多艺术家来说，工厂代表了现代生活——世俗的、城市的、机械的、势不可挡的——从乡村景观或紧密的家庭关系中分离出来。它为现代主义的艺术表现方式提供了载体，让后者走向了抽象。在19世纪，在塑造公众对工厂和工厂体系的看法方面，小说家和其他作家发挥了重要作用，但在20世纪，视觉艺术家脱颖而出。

特别是摄影，它首先影响了公众对巨型工厂的看法。它本身就是工业革命的产物，工业革命创造了工厂体系，摄影使图像易于复制和传播。与此同时，绘画仍然是一种传统的精英化艺术形式，主要是为个别收藏者或者博物馆参观者而创作的。摄影和电影非常适合于创作无限同质的产品，对于大规模产业来说，它是最重要的表现手段。

20世纪初，包括保罗·斯特兰德（Paul Strand）、阿尔弗雷德·斯蒂格里茨（Alfred Stieglitz）和阿尔文·兰登·科伯恩

（Alvin Langdon Coburn）在内的许多美国摄影师开始拍摄关于机器、机械零件和工业景观的照片。到了 20 世纪 20 年代，其他地方的摄影师和艺术家——法国的纯粹主义者、意大利的未来主义者、德国的包豪斯风格（Bauhaus）和新现实主义风格摄影师、苏联的结构主义者——也转向了视觉观念、符号美学和机器美学。[49] 但是，那个时代的照相机既庞大又笨重，镜头的选择很有限，电影帧数少，照明设备也十分原始。拍摄实际的工厂，特别是工厂的内部状况，在技术方面的难度极大，令人头疼不已。第一个克服了这些挑战的摄影师是玛格丽特·伯克－怀特，她拍摄的巨型工厂图片比同时代的任何其他摄影师都多。

　　伯克－怀特的父亲是一名工程师和发明家，为一个印刷机制造公司工作。在玛格丽特小时候，她一家住在新泽西州，父亲经常带她到工厂里玩，看工人们制作或安装印刷机。她后来写了父亲第一次带她去工厂的事情："我难以形容我的喜悦。在我那个年龄，工厂代表着所有美丽事物的开始和结束。"她始终保持着对工厂的迷恋，这与她对父亲的强烈感情有关，父亲在她 18 岁时就去世了。"我崇拜我的父亲，"她写道，"每当我去工作时，我总是透过父亲的眼睛来观察机器。所以我崇拜工厂。"

　　伯克－怀特在 20 世纪 20 年代中期搬到克利夫兰，尝试着成为一个建筑摄影师，拍摄高档住宅和花园。但她发现自己被吸引到了公寓区，那是位于市中心的一个烟雾弥漫、肮脏、嘈杂的区域，那里居住着重工业从业者。"刚从大学校园里出来时，我把照相机架在肩上，公寓区成了我的摄影天堂。"

　　很快，伯克－怀特就拍摄了一些颇有名气的工厂外景照片。但是，进入工厂是另一回事；克利夫兰的实业家们，像大多数工厂主一样，对允许外人进入工厂没有兴趣。当奥蒂斯钢铁公司（Otis Steel）的老板允许她进入工厂时，她的机会终于来了。带着超过她的年龄的自信，她对他说："工业具备一种力量和活力，这使它成为一个壮丽的摄影主题，反映了我们生活的时代。"她开始相信"工业……已经进化出了一种无意识的美——这种美通常是隐藏的，等待被人们发现"。

经过五个月的试验，在摄影机位置、灯光、胶片和暗室技术方面做了一系列测试和改进，伯克-怀特成功地捕捉到了钢铁浇铸过程中的戏剧性场面。奥蒂斯钢铁公司买下了她的摄影作品，其他公司也开始向她招手。在尤金·奥尼尔（Eugene O'Neill）的戏剧《发电机》（Dynamo）的舞台布景中，使用了她拍摄的尼亚加拉瀑布电力公司（Niagara Falls Power Company）的发电机的照片。多年后，当她重新出版这张照片时，她写道："对我来说，发电机比珍珠还要美丽。"对于一个热衷于时髦打扮和昂贵服装的女性来说，这是个很好的比喻。[50]

1929年，《时代周刊》（Time）杂志的出版商亨利·鲁斯（Henry Luce）聘用了伯克-怀特，让她作为他的新商业刊物《财富》的摄影师。《财富》是一本奢华的、插图丰富的杂志，拥有美国最优秀的作家和设计师，提供了关于美国商业的分析评论和重要事件报道。它的摄影师们，包括伯克-怀特在内，都有机会进入全国最大最先进的那些工业综合体里。1930年，她拍摄了胭脂河工厂。四年后，她在阿莫斯克亚格工厂拍摄了照片，几年前刘易斯·海因曾在那里拍摄过童工。

后来，鲁斯又创办了"照片杂志"——《生活》，把伯克-怀特调了过去。于是，伯克-怀特的读者数量成倍地增长。第一期杂志出版于 1936 年 11 月 23 日，封面是伯克 - 怀特拍摄的，照片上是世界最大的填土坝之一——蒙大拿州（Montana）东部的佩克堡大坝（Fort Peck Dam）的溢洪道，这是一个内容真实的、近乎抽象的、令人震撼的杰作。几个月内，《生活》的每周销量都达到 100 万份，而伯克 - 怀特就是该杂志的明星摄影师之一。

在早年拍摄的工业照片中，伯克 - 怀特并没有对工人们表现出多少兴趣。他们经常是完全缺席的。即使他们在照片里出现，相比于庞大的建筑和机器，似乎也可以被忽略。20 世纪 20 年代和 30 年代初（在欧洲和美国），工人们在工业意象中的缺席，是照片和绘画的共同特征，这与海因早期的作品形成了鲜明的对比。虽然海因有时会强调机器的庞大和抽象的形状，但那是为了展示机器使人类显得渺小。他把大部分工作放在了拍摄工人上，专注于对在工业领域生活的工人的面部、身体和精神状态的表达。对伯克 - 怀特来说，在她事业的这个阶段，不是工人使她产生兴趣，也不是产品的生产使她产生兴趣，而是抽象的工业形式使她心醉神迷。"工业之美，"她在 1930 年写道，"在于它的真实和简单。"[51]

查尔斯·希勒（Charles Sheeler）后来击败了伯克 - 怀特，获得了胭脂河工厂的拍摄权。但是他分享了她的信条。"我说的是我那个时代的语言，"他在 1938 年说，"机械的，工业的。任何有效工作的东西都是美丽的。""我们的工厂，"他宣称，"是我们宗教表达的替代品。"他来自费城，不仅是一个商业摄影师，还是一个精确派画家。他的早期作品包括宏伟的、抽象的城市风景，如 1920 年的《埃尔教堂街》（*Church Street El*）和 1922 年的《摩天大楼》（*Skyscrapers*）。在画画的时候，希勒以摄影为维持生计的一种方式。他的商业摄影工作，包括为费城的埃尔父子广告公司（N.W. Ayer & Son）拍摄照片。该公司受福特公司委托，参与推广福特 A 型车。埃尔父子广告公司的艺术总监沃恩·弗兰纳里（Vaughn Flannery）与福特公司合作，决定通过展示用来制造这种车的巨型机器和工厂来推销这款新车。弗兰纳里派希勒去了胭脂河工厂，在那里他花了六个星期的时间拍摄了一系列非凡的照片。大多数照片表现了炼钢和铸造零件，展示了庞大的设备和其中的戏剧性场面。

伯克－怀特没有关于装配作业的照片。许多图像看起来几乎是抽象的。烟囱、传送带、管道和起重机，这些机器通常以引人注目的独特角度横切在画面中。在许多照片中，工人们完全不在场，在画面边缘角落里也几乎看不到工人。在伯克－怀特的一些照片中，当人类出现的时候，只是为了衬托附近的机器设备和建筑的庞大规模（这与费城百年博览会上科利斯发动机的展示方式并无不同）。

"弗兰纳里和福特的宣传策略，"建筑历史学家理查德·盖伊·威尔逊（Richard Guy Wilson）写道，"是第一个通过描绘产品制造过程中的壮观景象和英雄主义来刺激销售的策略。"胭脂河工厂的广告掀起了一股热潮，许多广告客户发现，工业的照片可以在流行的大众杂志和商业杂志上使用。弗兰纳里敏锐地认识到，巨大的工厂，连同其普罗米修斯式的雄伟气象，代表了一种现代化。消费者希望把自己与它们联系在一起。[52]

希勒为胭脂河工厂拍摄的那些照片，被福特公司拿来做广告，但是，有些照片也被作为艺术品展出。1932 年，希勒在现代艺术博物馆（Museum of Modern Art）的一次蒙太奇照片展中使用了它们。他还创作了一系列关于胭脂河工厂的油画、素描、水彩画和版画。在他最著名的油画《美国景观》（*American Landscape*）和《古典景观》（*Classic Landscape*）里，描绘的不是单个工厂建筑，而是由众多建筑组成的综合体。这些画作，无论是写实的还是抽象的，都把表现力集中在形式、线条和光线上。希勒的画作里几乎没有人，即使他描绘的是一个有数万名工人的工厂，这赋予了画作一种怪异的气氛。批评家列奥·马克思（Leo Marx）是这样评价《美国景观》的："希勒把能让人联想到工业领域所有疯狂运动和大声抗议的部分都抹掉了……《美国景观》是一种工业的田园牧歌。"

在描绘胭脂河工厂时，希勒也很少会画出人。其他观察人士指出，在这个高度机械化的综合体的许多地方，在厂房外几乎看不到人，这是违反常理的。但希勒是有原则地描绘他笔下的风景的。第二次世界大战后，他创作了一系列关于阿莫斯克亚格工厂的作品。海因的关于阿莫斯克亚格工厂的照片，则拍摄了年轻的工人。伯克－怀特捕捉到了机器的对称性和重复性。希勒所画的关于阿莫斯克亚格的油画，则又一次成为风景画，从中看不见一个人。[53]

艺术史学家特里·史密斯（Terry Smith）批评伯克－怀特和希勒："摒弃生产劳动，排除人的要素，这意味着唯机械论，进而追求重复、简单、有规律的节奏和表面的清晰美。这是一个管理者在闲暇时进行观察的目光，惊叹于组织创新所能创造的崭新美景。"史密斯说得有道理。毕竟，伯克－怀特的第一批客户都是商界领袖，他们希望看到的是他们所控制的建筑物和设施的美丽形象，然后才是向《财富》杂志的更广泛的商业读者群传播。埃德塞尔·福特（Edsel Ford）买下了《古典景观》。小约翰·D.洛克菲勒（John D. Rockefeller, Jr.）的妻子艾比·奥尔德里奇·洛克菲勒（Abby Aldrich Rockefeller）买下了《美国景观》。[54]

但是，放弃这种表现形式，就意味着失去了这种艺术的伟大之处。伯克－怀特的拍摄主题不是资本对工业的控制，而是工业结构和生产过程的宏伟之处。她的摄影作品颂扬了人类的力量和创造性，这表现在工业形式和对难于处理的材料的转化上。在她早期的作品中，工人所创造的事物使工人本身消失，或至少使工人的价值降低了。但随着时间的推移，她对工人和工业对工人的影响的兴趣越来越大。给《财富》杂志供稿时，她不仅拍摄工厂，还拍摄技术工人、劳工和产业工人。在胭脂河工厂，她让一群工人摆了非正式的姿势来供她拍照。她在为《生活》第一期的封面所写的简介里，不仅写了佩克堡大坝，而且记录了因建造大坝的工人们而成长起来的新兴城镇。她最负盛名的照片之一的内容是在当地酒吧里休息的工人。在1938年，她拍摄的普利茅斯（Plymouth）一家工厂的日常照片，记录了工人们的工作情况。[55]

在希勒所拍摄的胭脂河工厂的照片中，他比伯克－怀特更关注形式和几何搭配，创造出了令人惊叹的作品（后来的一些照片里确实拍了工人）。正如《财富》杂志委托他为1940年12月号刊所作的六幅绘画作品那样，他还是对力量有核心的关注。但是，如果说希勒的工业照片给人一种冷静、洋洋自得的感觉，那么，他的工业绘画几乎没有生气，同时带有一种忧郁的气氛，让人联想到爱德华·霍普（Edward Hopper）对光线、影子的处理和情感基调。这些形象比单纯的欢庆之作要深刻得多，也更"暧昧"。[56]

在20世纪20年代和30年代，除希勒外，其他一些画家也在大型工业中找到了丰富的主题，其中许多人被归在精确派之内，包括埃尔西·德里格斯（Elsie Driggs）（他在 1928 年画了一幅关于胭脂河工厂的画）、查里斯·德穆特（Charles Demuth）和路易斯·洛佐维克（Louis Lozowick）。洛佐维克是一个富有自我意识的左翼人士，与欧洲和苏联的先锋派有过广泛接触。他辩称，关于工业机械的描绘"更多的是一种预言，而不是事实"，在预言中的未来时代，"合理化和经济发展"将是"工人阶级在建设社会主义时的助力"。其他画家，如斯图尔特·戴维斯（Stuart Davies）和杰拉尔德·墨菲（Gerald Murphy），采用了所谓的"机械美学"。虽然他们从来没有拿工业结构本身作为他们的主题，但是，最能捕捉重工业，特别是胭脂河工厂之美的艺术家，不是某个精确派画家，而是一个墨西哥壁画家——迭戈·里维拉。[57]

里维拉与底特律工业

汽车制造业把底特律变成了一个新兴城市。工人们纷纷涌入工厂里工作，人口从 1910 年的 46.6 万人增加到 1930 年的 172 万人，城市面积扩大了一倍多。新富起来的工业领袖们在湖滨的郊区建造了他们的豪宅，并承担起自己的职责，为城市提供了标志着政权中心的公民和文化机构。底特律美术馆（Detroit Institute of Arts）就是其中之一，该馆由市政府拥有，但由一个被埃德塞尔·福特领导的董事会监管，董事会成员还包括费希博德公司的阿尔伯特·卡恩和查尔斯·T.费希尔（Charles T. Fisher）。[58]1930 年，底特律美术馆落成，雄心勃勃的馆长威廉·瓦伦丁（William Valentiner）委托迭戈·里维拉在这座新建筑的院子里画两幅壁画。这位艺术家，在国际艺术界已经很出名了，而当时他正在美国创作他的第一幅壁画。瓦伦丁当时正在为埃德塞尔·福特教授艺术史，他说服了后者资助该项目。

1932 年 4 月，当里维拉和妻子弗里达·卡罗（Frida Kahlo）抵达底特律时，这里已经和五年前希勒所拍摄的那个底特律完全不同了。大萧条给这个城市带来了沉重打击，汽车行业出现了大规模的失业，工人阶级聚居区出现了严重的贫困现象。激进运动迅速兴起，要求就业、救济和组织工会的声音此起彼伏。1932 年 3 月 7 日，福特公司的警卫队和迪尔伯恩的警察一起向游行的失业工人及其支持者开火，造成 4 人死亡，多人受伤。为死者送葬的队伍，吸引了 6 万游行者参加。虽然他自称马克思主义者，有时是共产主义者，但里维拉（卡罗也一样）似乎没有注意到这些残酷的阶级冲突。

相反，他被亨利·福特及其建立的工业帝国迷住了。"我童年时对机械玩具的热爱，"他后来写道，"已经转变为对机器的兴趣，因为它对人类来说有独特的意义——让人类可以实现自我，从沉重的劳动和贫穷中解放出来。"里维拉的岳父是一位著名的墨西哥摄影师，拍摄了许多关于工业设备的照片。里维拉对这些照片非常欣赏。他参观了底特律地区的各种工厂，胭脂河工厂是最不同凡响的，它激发了他的想象力，并成为他的工作中心。里维拉变得非常热情，以至于瓦伦丁和埃德塞尔·福特同意增加投资，让他把壁画画在美术馆庭院的四堵墙上（是原来的两倍），并配备 27 块画板，为这样一个巨大的壁画项目提供空间。按照埃德塞尔的愿望，这个项目不仅包括胭脂河工厂，还包括了当地其他重要行业的场景。[59]

里维拉完成这些壁画的时间是 1933 年 3 月中旬，那是大萧条时期的最低谷。当他和他的助手们在沉重的脚手架上工作的时候，成群结队的游客看到了这一切，就像在胭脂河工厂游客所看

图4-3　1932年，弗里达·卡罗（左）和迭戈·里维拉（右）

到的工人那样，里维拉把自己当作他所画的一块画板。甚至在壁画揭幕之前，它们就受到了各种各样的攻击。但事实证明，它们非常受欢迎——第一个星期就有数千人去观看它们——从那以后，它们一直是底特律最吸引人的景点之一。[60]

《底特律工业》（*Detroit Industry*）是 20 世纪艺术的成就之一，是我们所见到过的对工厂系统的最充分的视觉表现。两个最大的画板描绘了汽车在胭脂河工厂制造时的复杂过程，画面经过了明显的视觉压缩。北面墙上的画板显示了从炼铁高炉到铸造零件、钻孔和装配传动装置外壳及 V8 发动机（福特公司引进的新技术）的生产情况。南面的壁画则描绘了冲压和精加工的钢制车体和总装配线。在视觉上，这幅画十分密集，传送带、管道、起重机和平台，在画面中盘旋蜿蜒。里维拉所画的胭脂河工厂，与伯克－怀特和希勒的风格不同，他的画里到处都是人：工人、监工、高管和观看生产的游客。亨利·福特和埃德塞尔·福特、

图 4-4 《底特律工业》，迭戈·里维拉在 1933 年完成的一系列壁画

瓦伦丁、里维拉本人，还有迪克·特雷西（Dick Tracy），都出现在了画里。[61]

　　尽管胭脂河工厂的画板非常引人注目，但它们只是一个更大阵列的一部分。而这个阵列，在概念和视觉上都堪称史诗之作。其他的画板，或描绘了现代医学的奇迹，或描绘了航空和化学工业的建设性和破坏性。还描绘了每一个种族、水果和蔬菜的巨大形象，表现了地球的丰饶，甚至地球本身，以及它的地质分层、各种化石，还有一个人类的胎儿。虽然胭脂河工厂的大部分工人有欧美裔或非裔美国人的面孔和身体，但其他人物，包括代表农业财富的两个引人注目的巨大裸体女人肖像（在东墙的上部），无论从面部还是从体态来看，都像是土著墨西哥人。美国和墨西哥，这两个国家和它们的不同文化在里维拉的现代性视野中相互融合。

工人和机器，是里维拉壁画的主要内容。福特主义造成了工厂对工人的压榨，画面中描绘了他们拖着疲惫不堪的身体艰难地穿过立交桥走在回家路上的景象。但总的来说，壁画颂扬了人类和机器的力量，人类从大自然中攫取资源，并在巨大的工厂中对其加以利用的力量。

只有在一个微小的细节中，才出现了对福特的明确批评，一个工人戴的帽子上写着"我们想要"，无疑指的是当时工会在底特律获得支持，并遭到了公司的强烈抵制。里维拉在壁画中抑制不住对资本的蔑视（虽然对福特父子和他们的公司，他似乎是发自内心地喜爱）。完成底特律的壁画后，他立即前往纽约，在新落成的洛克菲勒中心创作了一幅壁画。他在画面中安排了列宁的形象，还有小约翰·D.洛克菲勒的形象，后者手拿酒杯，美女陪伴在侧。他拒绝对此做出更改，这引起了洛克菲勒家族的不满，他们否定了这个设计，将他踢出局。

原本，里维拉还被通用汽车公司的设计师卡恩委托创作一幅壁画，题为"锻造和铸造"，用于即将在芝加哥举行的世纪进步国际博览会（Century of Progress International Exposition）。这位设计师，原本对这次委托并不上心，在看到里维拉为底特律美术馆进行的创作之后，开始对他抱有很大希望了。但是，在洛克菲勒中心发生了争执之后，通用汽车公司命令卡恩解雇里维拉。卡恩向这位艺术家承诺"我将会尽我所能得到许可，让你继续进行工作"，但通用汽车公司的态度没有软化。里维拉对新闻界说："这对我来说是个打击。我希望描绘人和机械。"回到墨西哥后，他几乎再也没有画过这种题材。福特主义和巨型工厂，就这样失去了它们最伟大的记录者。[62]

具有戏剧性，而且能说明问题的是，如今在经典艺术作品中广为人知的胭脂河工厂的形象，可能并非出自里维拉的壁画，也不是希勒的作品，而是弗里达·卡罗的一幅画。当她和里维拉一起来到底特律时，她作为一名艺术家几乎丝毫没有名气，而里维拉的壁画在全球艺术界享有盛誉。但是，她创作的作品最终盖过了里维拉的这些作品，正如她那如日中天的名声让他黯然失色一样。在她那个时期最著名的画作《亨利福特医院》（*Henry Ford Hospital*）里，胭脂河工厂是画面背景，她笔下的自己躺在床上，血流不止（很可能是因为一次流产）。这成了她当时最著名的作品。此外，她的画作还预示着北美和欧洲的文化兴趣正在从工业转移到对个人的深切关注上去。[63]

工厂里的流浪汉

纯粹从流行程度上看，福特主义和巨型工厂最重要的视觉表现，根本不是一幅绘画或照片，而是查理·卓别林（Charlie Chaplin）主演的、于1936年发行的电影《摩登时代》（*Modern Times*）。大规模的制造业，长期以来一直吸引着这位电影制作人，当时他已经是这个国家最著名的艺术家之一。1923年，他访问了底特律，参观了高地公园的厂房和装配线，由亨利·福特和埃德塞尔·福特作为他的向导。几年后，他试图用电影来表现经济大萧条造成的苦难和更广泛意义上工业时代的缺陷时，福特工厂为他提供了灵感。《摩登时代》是好莱坞制作的最后一部大型默片电影，卓别林用一种已经过时的技术来批判大规模制造业和消费主义。（这部电影有一个完整的音轨，但唯一的声音是机械设备的轰鸣声，直到接近尾声，我们才终于听到了卓别林的声音，他唱着一首无意义的歌曲，歌曲中没有清晰的文字。）

　　电影的第一个画面——钟表盘——展示了工业对纪律的需求。在电影开始后很长一段时间里，他都是在扮演流浪汉的角色（这也是他长期以来的电影角色，虽然在这部电影中被称为"一名工厂的工人"），在一个繁忙的装配线上工作，为一个前所未见的产品拧螺栓。滑稽而恐怖的是，工人们极力试图保持进度，流浪汉却恶作剧式地试图颠覆这个系统。公司总裁坐在办公室里（他正在玩拼图游戏），可以通过电视监控系统（在现实生活中，那时仍然在试验阶段）看到工厂的每一个角落，甚至包括浴室。他使用这个系统来发出指令，加速装配线上的工作进度。在装配线上，为了进行生产，对工人进行了非人化的压榨。在这个情节里，为生产力服务的工人遭到的非人化压榨达到了顶点：流浪汉被当作测试喂食机器的"小白鼠"，这种机器是专门用来喂养工人的，让他们在吃饭时仍能继续工作。在测试时，这个喂食机器出现了故障，用铁栓用力摩擦流浪汉的嘴，并用食物和机械擦嘴器击打他。*不久后，装配线上无休止的重复工作使得流浪汉无法控制地抽搐，最终发疯。这是一个喜剧形象，却表现了福特引入装配线时工人的糟糕状况。

　　随着影片的推进，剧情扩大到了批判整个社会的弊病——大规模失业、不平等、饥饿、劳工骚乱和无情的政府权威。流浪汉第二次返回工厂，这一次是作为一个机械师的助手，却被拖进了机器的内部。卓别林并没有忘记福特主义给人们带来的好处。他

---

*　在电影里，喂食机器的铁栓上穿着一根玉米，本来是自动旋转以供啃食的，但是，在出现故障后，铁栓高速旋转，并且往流浪汉的嘴里捣过去，而他被固定在机器上，动弹不得。

的合作者宝莲·高黛（Paulette Goddard），在电影里扮演了美丽的姑娘嘉敏（Gamin）。她过着梦幻一样的生活，住在一个装修考究的工人小屋里，那里有现代化的电器和一头按需提供牛奶的奶牛。但最终，在《摩登时代》里，在巨型工厂统治的世界里，"流浪汉"和"流浪儿"嘉敏并没有获得令人满意的位置。在影片的结尾，这对情侣沿着一条通往日出和未知未来的乡村道路走去。影片最后的提示语带来了一丝希望："振作起来，永不言败。我们能应付一切。"

卓别林的电影是对大萧条时代资本主义的批判，也是对巨型工厂的基本特征的批判。对卓别林来说，要摆脱这座巨型工厂令人窒息的单调乏味的工作，唯一的办法就是真正地离开。在看待巨型工厂的观点方面，《摩登时代》与包括里维拉在内的其他左翼知识分子的作品截然不同，而且比后者要激进得多。后者把工厂看作人类进步的表现，就像路易斯·洛佐维克所写的那样，也许只有在未来，"合理化和经济发展"才会成为"工人阶层在建设社会主义方面的助力"。左翼劳工领袖路易斯·戈德布拉特（Louis Goldblatt）告诉卓别林，他的电影是"卢德主义"。戈德布拉特断言，机器对于提高工人阶级的生活水平是必要的。

不过，至少在公开场合，大多数左翼人士对《摩登时代》大加赞赏。苏联电影业的负责人鲍里斯·舒米亚茨基（Boris Shumyatsky）在访问美国期间与卓别林成为朋友，舒米亚茨基对这部电影的公开赞扬，让共产党圈子里的人很难对这部电影进行大肆批评。〔《每日工人》（Daily Worker）的一篇评论说，在《摩登时代》里，"机器成为一个用于喜剧的小工具，就像一支变戏法时用的雪茄"。〕大多数主流媒体称赞这部电影是卓别林的胜利回归，他已经有五年没有拍电影了。

正如爱德华·纽豪斯（Edward Newhouse）在《党派评论》（*Partisan Review*）中所指出的，评论家们在赞扬卓别林的同时，也承认他的激进之处。几十年来，《摩登时代》成了电影爱好者和左翼人士的最爱。它在苏联广为流传，几乎所有的电影院都放映过它。在古巴革命之后，电影放映队来到了以前从未见过电影的偏远村庄，他们给村民放映的第一部电影就是《摩登时代》。但共产党领导人，也不希望离开工业现代化，就像在卓别林杰作中的流浪汉所做的那样。相反，就在《摩登时代》电影开拍的时候，苏联正好在实行一个加速工业化的项目，建造了使用福特方法的巨型工厂。就像在美国一样，工人们最终找到了驯服它们的办法。[64]

大型制造业的工会化

"天哪，这就像世界末日。" 1936年1月29日凌晨2点，在阿克伦市凡士通轮胎厂（Firestone Tire Factory），一个轮胎制造者惊呼道。那时，工人们开始进行大规模静坐抗议活动，这是美国历史上的先例之一。露丝·麦肯尼（Ruth McKenney）在她的著作《工业谷》（*Industrial Valley*）中重现了这个故事，一个令人心寒的时刻，一名轮胎制造商拉下了操纵杆，关闭了装配线。

随着这个信号的下发，轮胎制造工完美地同步配合。凭借着从这个伟大的大规模生产行业学到的节奏性，轮胎制造工转身离开了他们的机器。

刹那间，机器的声音立刻停止了。整个车间，一片寂静……在不久之前，车间里还充满了轮子的摩擦声、皮条的铮铮作响声、挂钩的碰撞声、轮胎工具的叮当声。现在，却陷入了绝对的寂静之中。

然后，寂静又被人们的欢呼声打破了。他们呼喊道："我们成功了！我们让传送带停下来了！"然后他们唱起《约翰·布朗之躯》(*John Brown's Body*)。他们大声合唱，声音传到了窗外："祂在踏尽含忿怒的一切不良葡萄种。"[65]

这就像世界末日一样，或者至少是工业专制世界的末日。工业专制曾经是工厂体系的一部分。20 世纪 30 年代末和 40 年代，美国的劳工剧变改变了工厂、产业工人的生活，他们的家庭和社区以及国家本身。随着工会化出现的、曾经带来了如此多苦难的工业体系，如今却带来了前所未有的工人阶级的向上流动、安全和福利。工会化的大型工厂帮助创造了许多美国人认为是共同繁荣的黄金时代，孩子们比他们的父母做得好，并且希望下一代的孩子做得更好。[66]

20 世纪 30 年代以前，工人们曾试图成立大型工业工会，但他们多次被击退，无法战胜大型制造业企业有形的堡垒和无形的财力资源。但到了 20 世纪 30 年代中期，情况发生了变化。大萧条时代的到来，剥夺了大型企业及其盟友的政治合法性，以及民众对它们的支持。在财政紧张的情况下，许多公司取消了它们在 20 世纪早期推行的福利项目。随后的减薪、裁员和增加工作量，使工人进一步被激怒了。各种左翼团体虽然规模不大，但是为有冤难伸的工人提供了理念和领导人。而且，由于第一次世界大战期间和战后对外来移民的限制，种族和语言在他们之间制造的分歧有所减少。[67]另外，值得注意的是，新政及其在州一级的对等政策为试图成立工会的工人提供了理论上和实际上的支持。1935

年，一群资深工会会员尝试着利用新的政策环境，组建了产业工会联合会（Committee for Industrial Organization，CIO），致力于全面将大规模生产的工业企业组织起来，让技术工人和非技术工人融入同一个组织当中。

那些最大的工厂，比如加里（Gary）的美国钢铁厂和三大汽车制造商——通用汽车、福特和克莱斯勒的主要工厂——最初仍然没有受到工会多少影响。相反，产业工人通常首先在较小的或外围的工厂中成立工会。在汽车产业中，工会在工具和模具制造商的工厂里成立了。1934 年，在俄亥俄州托莱多市（Toledo）的欧德莱（Auto-Lite）公司的部分工厂里，工会成立了。而在印第安纳州南本德（South Bend）的克利夫兰和斯图贝克（Studebaker）的小公司也是如此。在产业中心地带以外的电子企业，比如怀特汽车公司（White Motors）。早期的劳工胜利主要是在较小的公司取得的，比如费城的费尔科（Philco Radio）和印第安纳州韦恩堡（Fort Wayne）的马格纳武克斯－卡普哈特（Magnavox-Capehart）。在二号目标公司——西屋电气公司在马萨诸塞州的东斯普林菲尔德工厂，工会建立了一个基地。而在该公司巨大的东匹兹堡工厂，经过早年的激烈斗争后，管理层仍然牢牢把持着它。工业巨头通用电气有一个更自由的劳动政策，即允许一些小型工会在其位于纽约斯克内克塔迪（Schenectady）和马萨诸塞州林恩（Lynn）的巨型工厂中开展活动，但它们几乎没有实力。

到 1936 年，随着经济复苏和产业工会联合会的支持，工会开始快速发展，即使在一些巨型工厂里也取得了成果。全国的轮胎生产能力，高度集中在阿克伦的几个大工厂里，在固特异工厂出现了持久性罢工之后，在凡士通也出现了罢工。在汽车行业，全美汽车工人联合会（United Automobile Workers）的一个成员成为通用汽车的首席信息官，这使全美汽车工人联合会在通用汽车的工业帝国里打入"楔子"，建立了基地。[68]

全美汽车工人联合会之所以选择通用汽车公司作为进军的主要目标之一，是因为它是汽车工业的三巨头之一，运营着110家工厂，员工人数比世界上任何其他制造业企业都多。以某些标准衡量的话，这家公司是世界上最大的公司，全美汽车工人联合会却是一个新成立的联盟，贸然与其进行斗争，似乎是荒谬且偏执的行为。但全美汽车工人联合会的组织者们明白，这种公司的生产过程高度集中、需要紧密配合，这使它容易受到少数激进派的影响。特别是，为通用汽车制造车壳模具的工厂只有两个，一个在克利夫兰，另一个在弗林特。这些工厂如果停工，将迫使该公司停止在美国的大部分汽车生产工作。

富兰克林·罗斯福在1936年11月赢得竞选，再次当选总统，在这场竞选中，他以犀利的阶级言论赢得了大规模的劳工支持，这成为一种标志，推动了工会的组织工作。全美汽车工人联合会领导人希望在1937年初对通用汽车发起全国性罢工，但工人的战斗性爆发得更早，迫使他们提前行动。11月中旬，在亚特兰大的通用汽车工厂里，工人们开始了静坐抗议。一个月后，堪萨斯城（Kansas City）的通用汽车员工也做了一模一样的事。然后，12月28日，在克利夫兰的通用汽车工厂，工人们也开始静坐了。

弗林特的费希博德车壳制造工厂，是通用汽车生产系统的心脏，有4万名工人，经过几年的努力，工会仍然只发展了一小部分人加入组织。但是，12月30日，一名工会积极分子看到汽车模具被装上了船，显然是要运往其他工会力量更薄弱的工厂。于是，工人们就在费希博德工厂的1号和2号港口旁就地坐下，阻止了模具的装运工作。在随后的日子里，印第安纳州、俄亥俄州、密歇根州和威斯康星州的更多汽车车壳制造工厂的工人纷纷效仿。随着汽车车壳和其他关键部件的生产被迫停止，在一周内，整个通用汽车公司的全国作业忽然中断，大约有一半的员工处于无事可做状态。巨型工厂的效率和战略缺陷再次困扰着公司，因为少数工人如果抓住了关键的节点，就能发挥杠杆作用，获得远远超出他们预期的结果（静坐的方式掩盖了这一行为的威力）。

在这44天中，罢工者一直待在工厂里。这家巨大的工厂从被管理控制的场所变成了工人自我表达的舞台。罢工者自行成立了委员会，负责整体领导、安全（包括确保没有任何机器被损坏）、卫生设施和食物。他们用汽车车壳作为临时寝室，或者在工厂车间的地板上打地铺，用汽车坐垫填充物来做床铺，尽可能地住得舒服一点。拳击、游戏、广播、乒乓球、关于劳动史和议会程序的课程都有助于缓解无聊和恐惧的情绪。舞蹈演员、剧团和其他有同情心的外来者也参与了进来，为这些工人提供娱乐。

通用汽车罢工事件引起了全国的关注，报纸、广播和新闻短片都对其进行了密切的报道。其间爆发了紧张的冲突，包括通用汽车的警卫和弗林特地方警察试图赶走费希博德2号港的占领者，他们被工人们用沉重的门铰链击退，随后被高压水龙攻击（他们在撤退时向这些工会支持者开火）。罢工动员者的妻子和其他家庭成员，也协助把守被占领的工厂，并为静坐者提供食物和其他物资；他们还占领了弗林特的另一个工厂，庞大的雪佛兰4号工厂，这个工厂负责生产雪佛兰的所有汽车发动机。密歇根州国民警卫队包围了被占领的工厂，工人与通用汽车高管、首席信息官约翰·L.刘易斯（John L. Lewis），密歇根州州长弗兰克·墨菲（Frank Murphy）和各种联邦官员进行谈判，一直到罗斯福总统。终止罢工的协议本身，不过是工会的一个小小的收获，但是这是公司的书面承诺，承诺将在6个月的时间里承认全美汽车工人联合会能代表举行罢工的工人的利益。但是，当庞大的人群为那些从弗林特的工厂里走出来的憔悴、胡子拉碴、面带微笑的人欢呼时，所有人都知道世界已经变了。工人们已经向世人证明，他们可以通过在他们所工作的巨型工厂里停工的方式，让世界上最强大的公司之一屈服。[69]

全美汽车工人联合会的胜利，引发了从大型工厂到零售商店的罢工和工会组织运动的浪潮。1937年，近500万名工人参加了罢工，其中包括40万名静坐者。通用汽车方面则给员工加薪5%，并与全美汽车工人联合会达成一致，同意把工会纳入管理系统，并在裁员时按工龄予以赔偿。与此同时，工会赢得了对更多的汽车公司、零部件制造商的胜利。一个月后，工会在道奇工厂和克莱斯勒等其他6家工厂的代表坐在一起，签订协议。在电气设备行业，美国联合电气工人协会（United Electrical Workers）与美国无线电公司（RCA）签订了一项合同，涵盖新泽西州卡姆登（Camden）工厂的近1万名工人（其中四分之三为女性），而通用电气（General Electric）则同意了一项覆盖其大多数大型工厂的全国性合同，包括其在斯克内克塔迪的庞大的工业综合体。[70]

最显著的突破出现在钢铁行业，也就是刘易斯所说的"美国工业的兴登堡防线"。通用汽车罢工结束后不到一周，刘易斯就与美国钢铁公司董事长迈伦·泰勒（Myron Taylor）签署了一项协议。该协议规定为工人们加薪，允许其每周工作40小时，加班时领 1.5 倍的薪水，配备劳工申诉程序，与工会进行日常协调。美国钢铁工人组织委员会试图把工会引入钢铁行业，但进展缓慢。尽管如此，泰勒仍然认定，鉴于工会战胜了通用汽车以及华盛顿和关键钢铁生产州的州议会，而且赢得了劳工的支持，那么，钢铁业的工会化是不可避免的。泰勒没有打算打一场持久战，如果他动用武力，或许还会使生产中断。于是，他与刘易斯达成了私下协议，当地的工会活动人士甚至是泰勒公司的高管都没有参与。[71]

令人意外的是，工会组织并没有在整个工业领域遍地开花，这是因为一些大型工业设施的主要运营商成功地抵制了工会化。最严重的挫折发生在钢铁业，因为除了美国钢铁公司之外，所谓的"小钢铁"公司都拒绝承认钢铁工会。作为回应，它们的工人在 1937 年 5 月底罢工，但罢工以失败告终。和过去一样，这些公司动员地方政府、警察和媒体的力量去镇压罢工者。有 18 名工人在镇压中丧生，其中 10 人是在南芝加哥钢铁厂前进行一次和平抗议时被警察开枪打死的。就在几天之前，当全美汽车工人联合会派人员在胭脂河工厂外面散发传单时，他们遭到了福特公司雇用的暴徒的袭击，被后者残忍地殴打。西屋电气公司、固特异轮胎公司、国际收割机公司（International Harvester），以及最重要的福特公司，都固执己见，拒绝签署工会合同。自 1937 年中期以来，小型钢铁公司发展不景气，再加上经济下滑，这些因素削弱了它们的实力。工会在这个领域能否取得胜利，尚不确定。[72]

但是，第二次世界大战的爆发，促使美国的劳工运动完成了在大规模工业中的融合。甚至在美国卷入战争之前，国防建设就已经使经济恢复，使劳动力就业得到保障，增强了工人的信心。此外，1935年的《国家劳资关系法》（National Labor Relations Act）赋予工人加入工会的权利（不会受到报复），并且承认了工人组织的合法地位，最终开始强迫雇主改变他们对待工人的方式。到了1941年底，通过立法支持、工人动员、罢工和由联邦政府监督并予以承认的选举，工会成功地在小型钢铁公司里建立了组织。西屋电气公司、国际收割机公司、固特异轮胎公司和其他拒不合作的公司，也都被委派了工会。[73]

最大、最具有象征意义的胜利发生在福特工厂里。在1940年秋天，全美汽车工人联合会再次努力，试图在福特工厂建立组织。到了那年年底，工会已经在胭脂河工厂和底特律的一家林肯汽车制造工厂赢得了大量的支持，并进行了选举，选举结果受到官方认可。1941年4月1日，在公司解雇了几名参加工会的工人之后，胭脂河工厂爆发了一场罢工。随着罢工人数的增加，工会领导人要求在所有的福特工厂进行全面罢工。为了对付福特工厂的警卫和严密的防范措施，罢工组织不仅以传统的纠察与机动方式包围工厂，甚至还进行了空中侦查，以防不测。与过去的状况相反，这次，由哈里·贝内特带领的福特"骑士团"被工会活动者打败了。10天后，福特公司同意通过让被解雇的工人复职和举行工会选举来结束罢工。在胭脂河工厂，有7.4万名工人参加了投票，这是有史以来规模最大的选举之一，70%的工人支持全美汽车工人联合会。工会在高地公园工厂、林肯汽车工厂以及福特公司的其他工厂都取得了决定性的胜利。然后，福特公司做出了一个令人吃惊的、多少有些令人费解的举动，它同意了与工会达成合同，合同中的条件十分慷慨。其中包括要求所有新雇员加入工会的条款，报销工会会费的条款（福特公司从工人的工资中扣除并将其交给工会），解散贝内特的"服务部"，健全工龄和申诉制度，重新雇用因工会活动而被解雇的工人，甚至允许在高地公园工厂和林肯汽车工厂的指定地区吸烟，抛弃亨利·福特为他的员工制定的道德戒令。[74]

战争期间，工会运动仍在继续发展。为了抑制通货膨胀，联邦政府将工资维持在战前水平，没有涨薪，但是为原先是工会成员的工人保留工会资格，他们不必缴纳会费，除非辞工。这就使工人愿意留在工会里。几乎所有加入公司的新员工都会自动成为工会会员，随着国防投入的增加，工人的人数和薪水激增，缴纳的会费金额也随之激增。其他的新成员则是工会通过组织宣传发展而来的。在宣传中，工会用爱国主义来吸引会员，往往强调自身为战争中的美国做出的贡献。工会的会员人数逐年增长，从大萧条开始时的 360 万人跃升至 1941 年的 1050 万人，1945 年达到 1480 万人。1945 年，大约三分之一的非农业工人持有工会卡。巨型工厂，已经被置于属于劳工的穹顶之下。福特主义彻底改变了美国的经济和社会面貌，而产业工人的起义把一个全新的、更民主的含义赋予了大规模制造业。[75]

注　释

1　Henry Ford, "Mass Production," in *Encyclopedia Britannica*, 13th ed.（New York: The Encyclopædia Britannica, 1926），Vol. 30, pp.821–823; David A. Hounshell, *From the American System to Mass Production, 1800–1932*（Baltimore, MD: Johns Hopkins Press, 1984），pp.1, 218–219, 224; Helen Jones Earley and James R. Walkinshaw,*Setting the Pace: Oldsmobile's First 100 Years*（Lansing, MI: Public Relations Department, Oldsmobile Division, 1996），p.461; The Locomobile Society of America, "List of Cars

Manufactured by the Locomobile Company of America," http://www.locomobilesociety. com/cars. cfm, and "U.S. Automobile Production Figures," https://en.wikipedia.org/ wiki/U.S._Automobile_Production_Figures（both accessed Feb. 6, 2017）; Joshua Freeman et al., *Who Built America? Working People and the Nation's Economy, Politics, Culture, and Society*, Vol. 2（New York: Pantheon Books, 1992）, p.277.

2 Hounshell,*From the American System to Mass Production*, pp.1, 228. 我对福特主义的见解，多基于这一著作。

3 Edward A. Filene, *The Way Out: A Forecast of Coming Changes in American Business and Industry*（Garden City, NY: Page & Company, 1924）, p.180; Vicki Goldberg, *Margaret Bourke-White: A Biography*（New York: Harper & Row, 1986）, p.74.

4 Hounshell, *From the American System to Mass Production*, pp.4–8, 15–50.

5 Eric Hobsbawm, *The Age of Capital 1848–1875*（New York: Charles Scribner's Sons, 1975）, p.44.

6 John A. James and Jonathan S. Skinner, "The Resolution of the Labor Scarcity Paradox," Working Paper No. 1504, National Bureau of Economic Research, Nov. 1984.

7 Hounshell, *From the American System to Mass Production*, pp.115–23; Alfred D. Chandler, Jr., *Scale and Scope: The Dynamics of Industrial Capitalism*（Cambridge, MA: Harvard University Press, 1994）, p.196.

8 Alfred D. Chandler, Jr., *The Visible Hand: The Managerial Revolution in American Business*（Cambridge, MA: Harvard University Press, 1977）, pp.240, 249–253; Hounshell, *From the American System to Mass Production*, 240–243.

9 直到 1915 年，福特的合作伙伴詹姆斯·卡曾斯（James Couzens）在福特汽车公司发挥了中心作用，发展了许多创新的做法，并为福特公司的整体成功做出了巨大贡献。 Keith Sward, *The Legend of Henry Ford*（New York: Rinehart & Company, 1948）, pp.9–27, 43–46.

10 Sward, *The Legend of Henry Ford*, pp.44–45; Hounshell, *From the American System to Mass Production*, p.224.

11 Stephen Meyer, *The Five Dollar Day; Labor Management and Social Control in the Ford Motor Company, 1908–1921*（Albany: State University of New York Press, 1981）, pp.16, 18; Adam Smith, *An Inquiry into the Nature and Causes of the Wealth of Nations*（[1776] London: Oxford University Press, 1904）, pp.6–7; Hounshell, *From the American System to Mass Production*, pp.227.

12 尽管当时和之后的各种说法，包括福特公司在内，都声称在引进装配线的时候零件的完全互换性已经实现，显然，几年来在装配线上发生了一些零件的锉削磨削工作。 Sward, *The Legend of Henry Ford*, pp.42, 46, 68–77; *Ford Factory Facts*（Detroit, MI:

Ford Motor Company, 1912）, pp.46–47, 49; Allan Nevins and Frank Ernest Hill, *Ford: Expansion and Challenge, 1915–1933*（New York: Charles Scribner's Sons: 1957）, p.522; Hounshell, *From the American System to Mass Production*, pp.219–220, 224–225, 230–233; Meyer, *The Five Dollar Day*, pp.10, 22–29; Jack Russell, "The Coming of the Line; The Ford Highland Park Plant, 1910–1914," *Radical America* 12（May-June 1978）, pp.30–33.

13　Daniel Nelson, *Managers and Workers: The Origins of the New Factory System in the United States 1880–1920*（Madison: University of Wisconsin Press, 1975）, pp.21–23; David Gartman, "Origins of the Assembly Line and Capitalist Control of Work at Ford," in Andrew Zimbalist, ed., *Case Studies on the Labor Process*（New York: Monthly Review Press, 1979）, pp.197–198; Ford, "Mass Production," p.822; Meyer, *The Five Dollar Day*, pp.29–31; Karl Marx, *Capital: A Critique of Political Economy*, Vol. 1（1867: New York: International Publishers, 1967）, p.380.

14　Hounshell, *From the American System to Mass Production*, pp.237–249; Gartman, "Origins of the Assembly Line," p.201.

15　Russell, "The Coming of the Line," pp.33–34, 37（includes Ford quote）. 各早期汽车公司使用工艺方法装配的汽车和卡车的照片可参见 Bryan Olsen and Joseph Cabadas, *The American Auto Factory*（St. Paul, MN: Motorbooks, 2002）。

16　Hounshell, *From the American System to Mass Production*, pp.250–260.

17　Gartman, "Origins of the Assembly Line," pp.199, 201–202.

18　Hounshell, *From the American System to Mass Production*, pp.249–253; Russell, "The Coming of the Line," p.38; Lindy Biggs, *The Rational Factory: Architecture, Technology, and Work in America's Age of Mass Production*（Baltimore, MD: Johns Hopkins University Press, 1996）, p.27.

19　Joyce Shaw Peterson, *American Automobile Workers, 1900–1933*（Albany: State University of New York Press, 1987）, p.43; Meyer, *The Five Dollar Day*, pp.40–41; Biggs, *The Rational Factory*, pp.133–134; Nevins and Hill, *Ford: Expansion and Challenge*, p.534.

20　Meyer, *The Five Dollar Day*, pp.10, 50; Terry Smith, *Making the Modern: Industry, Art and Design in America*（Chicago: University of Chicago Press, 1993）, p.53; Department of Commerce, Bureau of the Census, *Abstract of the Census of Manufactures, 1919*（Washington, D.C.: Government Printing Office, 1923）, pp.355, 374–375; Chandler, Jr., *Scale and Scope*, p.27; Nelson, *Managers and Workers*, p.9.

21　Nevins and Hill, *Ford: Expansion and Challenge*, p.288. 从福特收集的记录高地公园工厂的大量照片中挑选出来的图片参见 https://www.thehenryford.org/ collections-and-research/。

22 David Montgomery, *The Fall of the House of Labor; the Workplace, the State, and American Labor Activism, 1865–1925* (Cambridge: Cambridge University Press, 1987), pp.133–135, 238–240.

23 Meyer, *The Five Dollar Day*, pp.77–78, 80–85, 89–93, 156; Russell, "The Coming of the Line," pp.39–40.

24 1926 年，福特汽车公司将每周工作时间从 6 天缩短到 5 天，成为最早实行每周 40 小时工作制的大型工业公司之一。 Meyer, *The Five Dollar Day*, pp.95–168; Peterson, *American Automobile Workers*, pp.156; John Reed, "Why They Hate Ford," *The Masses*, 8 (Oct. 1916), pp.11–12.

25 Nelson, *Managers and Workers*, pp.101–121; Montgomery, *The Fall of the House of Labor*, pp.236–238; Reed, "Why They Hate Ford"; Meyer, *The Five Dollar Day*, pp.114, 156–157.

26 Sward, *Legend of Henry Ford*, pp.107–109; Antonio Gramsci, *Selections from the Prison Notebooks of Antonio Gramsci*, ed. and trans. Quintin Hoare and Geoffrey Nowell Smith (New York: International Publishers, 1971) ,pp.lxxxvi-lxxxvii, 286, 302, 305.

27 Meyer, *The Five Dollar Day*, pp.197–200; Sward, *Legend of Henry Ford*, pp.291–342. See also Harry Bennett, *We Never Called Him Henry* (Greenwich, CT: Gold Medal Books, 1951).

28 Biggs, *The Rational Factory*, pp.89–94. 皮奎特大道的工厂还在。它现在有一个博物馆，可以租给公司的聚会、婚礼和酒吧米兹瓦赫（mitzvahs），参见 http://www.fordpiquetteavenueplant.org/ (accessed Sept. 8, 2015)。

29 Hounshell, *From the American System to Mass Production*, pp.225–226; "Industry's Architect," *Time*, June 29, 1942; Grant Hildebrand, *Designing for Industry: The Architecture of Albert Kahn* (Cambridge, MA: MIT Press, 1974), pp.26–27. 关于卡恩的早年经历，可参见 W. Hawkins Ferry, *The Legacy of Albert Kahn* (Detroit, MI: Wayne State University Press, 1970)。

30 Nelson, *Managers and Workers*, pp.15–16; Betsy Hunter Bradley, *The Works: The Industrial Architecture of the United States* (New York: Oxford University Press, 1999), pp.155–158; Hildebrand, *Designing for Industry*, pp.28–43; Albert Kahn, "Industrial Architecture" (speech), May 25, 1939, Box 1, Albert Kahn Papers, Bentley Historical Library, University of Michigan, Ann Arbor, Michigan; Smith, *Making the Modern*, p.59.

31 Biggs, *The Rational Factory*, pp.93–102, 110; Kahn, "Industrial Architecture."

32 Smith, *Making the Modern*, pp.41-42, 71; Biggs, *The Rational Factory*, pp.78, 109, 120-125; Hildebrand, *Designing for Industry*, p.52.

33 感谢杰弗里·特拉斯克（Jeffrey Trask）向我提出了这一点，见于 Gillian Darley, *Factory*（London: Reaktion Books, 2003）, pp.157-189。

34 Biggs, *The Rational Factory*, pp.103-104, 150; *Ford Factory Facts*（Detroit, MI: Ford Motor Company, 1915）是 1912 年小册子的扩充版和更新版。

35 灵格托工厂（Lingotto Lant）和纽约帕卡德服务大楼（The New York Rarkyard Service Building）仍然矗立。前者被洛伦佐·皮亚诺（Renzo Piano）改造成一个集文化交流、酒店、办公室、零售和教育于一体的中心；后者现在是一个汽车经销部。Jean Castex, *Architecture of Italy*（Westport, CT: Greenwood Press, 2008）, pp.47-49; Darley, *Factory*, pp.10-12; Christopher Gray, "The Car Is Still King on 11th Avenue," *New York Times*, July 9, 2006.

36 上面提到的所有建筑的照片，见于 Ferry, *The Legacy of Albert Kahn*, except for the Joy house, which is in Hildebrand, *Designing for Industry*, p.74. 关于卡恩的汽车项目和他的公司组织，请参阅 Olsen and Cabadas, *The American Auto Factory*, pp.39, 65; George Nelson, *Industrial Architecture of Albert Kahn, Inc.*（New York: Architectural Book Publishing Company, 1939）, pp.19-23; Smith, *Making the Modern*, pp.76-78, 85-87; and Hildebrand, *Designing for Industry*, pp.60, 124。

37 Olsen and Cabadas, *The American Auto Factory*, p.39; Biggs, *The Rational Factory*, pp.138-140, 151. 有关福特拖拉机，请参阅 Reynold Wik, *Henry Ford and Grassroots America*（Ann Arbor: University of Michigan Press, 1972）, pp.82-97。

38 Biggs, *The Rational Factory*, pp.146, 151; *Writers' Program of the Works Progress Administration, Michigan: A Guide to the Wolverine State*（New York: Oxford University Press, 1941）, pp.221-224; Greg Grandin, *Fordlandia: The Rise and Fall of Henry Ford's Forgotten Jungle City*（New York: Metropolitan Books, 2009）. Kingsford is now owned by The Clorox Company. The Clorox Company, "A Global Portfolio of Diverse Brands"（accessed Sept., 13, 2015）, https://www.thecloroxcompany.com/products/our-brands/.

39 胭脂河工厂也为福特森拖拉机制造零件。Biggs, *The Rational Factory*, pp.148-149, 152; Hounshell, *From the American System to Mass Production*, pp.268, 289.

40 Nelson, *Industrial Architecture of Albert Kahn, Inc.*, p.132; Biggs, *The Rational Factory*, pp.129, 141-157; Kahn, "Industrial Architecture"; Ferry, *The Legacy of Albert Kahn*, pp.113-116, 120-122, 129-301; The Reminiscences of Mr. B. R. Brown Jr., Benson Ford Research Center, Dearborn, Michigan; Works Progress Administration,*Michigan*, pp.220-221; Hildebrand, *Designing for Industry*, pp.91-92, 99, 102-108, 172-182. 关

于福特和卡恩的反现代化主义，参见 Albert Kahn, "Architectural Trend"（speech），April 15, 1931, Box 1, Albert Kahn Papers; Sward, *Legend of Henry Ford*, pp.259-75; and Smith, *Making the Modern*, pp.144-155。（虽然史密斯的见解与我的非常不同。）

41　除了高地公园工厂和胭脂河工厂，福特还在加拿大和英国建立了制造厂，用来制造成品小汽车和卡车，并向外国分厂供应零件。随着胭脂河工厂的就业人数增长，高地公园工厂的就业萎缩了。1929 年，当胭脂河工厂的平均雇员为 98337 人时，在高地公园工厂仅有 13444 人。股市崩盘后，胭脂河工厂的就业人数有所下降，但仍然相当可观。Edmund Wilson, *The American Earthquake*（Garden City, NY: Doubleday, 1958），pp.219-220, 234, 687; Nevins and Hill, *Ford: Expansion and Challenge*, pp.210, 365-366, 542-543; Chandler, Jr., *Scale and Scope*, pp.207-208; Bruce Pietrykowski, "Fordism at Ford: Spatial Decentralization and Labor Segmentation at the Ford Motor Company, 1920-1950," *Economic Geography* 71（4）（Oct. 1995），p.386, 389-391; Historic American Engineering Record, Mid-Atlantic Region National Park Service, "Dodge Bros. Motor Car Company Plant（Dodge Main）: Photographs, Written Historical and Descriptive Data"（Philadelphia: Department of the Interior, 1980）; Ronald Edsforth, *Class Conflict and Cultural Consensus: The Making of a Mass Consumer Society in Flint, Michigan*（New Brunswick, NJ: Rutgers University Press, 1987），p.77; *New York Times*, May 31, 1925, Apr. 9, 1972; Hounshell, *From the American System to Mass Production*, pp.263-301; Biggs, *The Rational Factory*, pp.148; Sward, *Legend of Henry Ford*, pp.185-205; The Reminiscences of Mr. B. R. Brown Jr.

42　不过，并非所有人都被迷住了。欧洲汽车制造商安德烈·雪铁龙（André Citroen）在报道了他对迪尔伯恩的访问让他"对福特在胭脂河工厂进行的生产和卓越的工业创造印象深刻"后补充说："遗憾的是，艺术元素在这里并不存在。福特和他的工厂丝毫没有表现出任何优秀的美学素质。"Hounshell, *From the American System to Mass Production*, pp.260-261; Olsen and Cabadas, *The American Auto Factory*, pp.61, 63, 67, 70-71; *New York Times*, Apr. 22, 1923.

43　卡恩还帮助设计了在 1939 年纽约世界博览会上的通用汽车和福特汽车专题展。John E. Findling, ed., *Historical Dictionary of World's Fairs and Expositions, 1851-1988*（New York: Greenwood Press, 1990），p.22; Nevins and Hill, *Ford: Expansion and Challenge*, pp.1-2; Grandin, *Fordlandia*, p.2; Richard Guy Wilson, Dianne H. Pilgrim, and Dickran Tashjian, *The Machine Age in America 1918-1941*（New York: The Brooklyn Museum and Harry N. Abrams, 1986），p.27; Nelson, *Industrial Architecture of Albert Kahn, Inc.*, p.97; Hildebrand, *Designing for Industry*, pp.206, 213; Works Progress Administration, *Michigan*, pp.286, 292-293; *New York Times*, Apr. 9, 1972; U.S. Travel Service, U.S. Department of Commerce, *USA Plant Visits 1977-1978*

（Washington, D.C.: U.S. Government Printing Office, n.d.）.

44　David Roediger, "Americanism and Fordism-American Style: Kate Richards O'Hare's 'Has Henry Ford Made Good?'," *Labor History* 29（2）（Spring 1988）,pp.241-252.

45　John Reed, "Why They Hate Ford," pp.11-12; Nevins and Frank Ernest Hill, *Ford: Expansion and Challenge*, p.88.

46　Edmund Wilson, "The Despot of Dearborn," *Scribner's Magazine*, July 1931,pp. 24-36; Roediger, "Americanism and Fordism-American Style," p.243; Steven Fraser, *Labor Will Rule: Sidney Hillman and the Rise of American Labor*（New York: Free Press, 1991）, pp.259-270; Filene, *The Way Out*, pp.199, 201, 215-217, 221. 关于福特的反犹太主义，见于 Sward, *Legend of Henry Ford*, pp.146-160。

47　John Dos Passos, *The Big Money*（[1936] New York: New American Library, 1969）, pp.70-77, and Alfred Kazin's introduction to this edition, xi-xii. Cecelia Tichi expanded on Kazin's observation in *Shifting Gears: Technology, Literature, Culture in Modernist America*（Chapel Hill: University of North Carolina Press, 1987）, pp.194-216.

48　Smith, *Making the Modern*, pp.16-18; Louis-Ferdinand Céline, *Journey to the End of the Night*（[1932] New York: New Directions, 1938）; Upton Sinclair, *The Flivver King: A Story of Ford-America*（Emaus, PA: Rodale Press, 1937）; Aldous Huxley's *Brave New World: A Novel*（London: Chatto & Windus, 1932）.

49　Darley, *Factory*, pp.15-27, 34; Wilson, Pilgrim, and Tashjian, *The Machine Age in America*, pp.23, 29; Kim Sichel, *From Icon to Irony: German and American Industrial Photography*（Seattle: University of Washington Press, 1995）; Leah Bendavid-Val, *Propaganda and Dreams: Photographing the 1930s in the U.S.S.R. and U.S.A.*（Zurich: Edition Stemmle, 1999）.

50　Margaret Bourke-White, *Portrait of Myself*（New York: Simon and Schuster, Inc., 1963）, quotes on pp.18, 33, 40, 49; Goldberg, *Margaret Bourke-White*, quote on p.74. 伯克 - 怀特可能是受到奥尼尔戏剧的启发，在剧中有一个角色说："我爱发电机。我喜欢听它们唱歌。" Eugene O'Neill, *Dynamo*（New York: Horace Liveright, 1929）, p.92.

51　Wilson, Pilgrim, and Tashjian, *The Machine Age in America*, p.69; Goldberg, *Margaret Bourke-White*, pp.87-89; *Life*, Nov. 23, 1936; William H. Young and Nancy K. Young, *The 1930s*（Westport, CT: Greenwood Press, 2002）, p.156. "Margaret Bourke-White Photographic Material, Itemized Listing" 是玛格丽特·伯克 - 怀特的作品全集，收藏于 Margaret Bourke-White Papers, Special Collections Research Center, Syracuse University，包括她所拍摄的工厂照片，https://library.syr.edu/digital/guides/b/ bourke-white_m.htm#series7（accessed Sept. 23, 2015）。For Hine, see, for example, Jonathan L. Doherty, ed., *Women at Work: 153 Photographs by Lewis W. Hine*（New York: Dover

Publications and George Eastman House, 1983）.

52 他的摄影作品集可以在底特律艺术学院 2004 年博览会的网站上看到。"The Photography of Charles Sheeler, American Modernist"（accessed Sept. 23, 2015）, http://www.dia.org/ exhibitions/sheeler/content/rouge_gallery/hydra_shear.html. Sharon Lynn Corwin, "Selling 'America': Precisionism and the Rhetoric of Industry, 1916–1939," Ph.D. dissertation, University of California, Berkeley, 2001, pp.17–79, 158; Carol Troyen, "Sheeler, Charles," American National Biography Online Feb. 2000 （accessed Sept. 24 2015）, http://www.anb.org/articles/17/17-00795 .html; Wilson, Pilgrim, and Tashjian, *The Machine Age in America*, pp.24, 78, 218–219; Smith, *Making the Modern*, pp.111–113. 福特公司在纽约世界博览会上展示了委托他人制作的电影《F 交响曲》（*Symphony in F*），回归了通过展示形象的方式销售汽车的战略，展示其产品的魔力和威严。见于 "Symphony in F: An Industrial Fantasia for the World of Tomorrow," The National Archives, Unwritten Record Blog, Mar. 3, 2016, https://unwritten-record.blogs.archives.gov/2016/03/03/ symphony-in-f-an-industrial-fantasia-for-the-world-of-tomorrow/。

53 Leo Marx, *The Machine in the Garden: Technology and the Pastoral Ideal in America* （New York: Oxford University Press, 1964）, pp.355–356; Nevins and Hill, *Ford: Expansion and Challenge*, pp.282–283. For Sheeler's photomontage "Industry," see Wilson, Pilgrim, and Tashjian, *The Machine Age in America*, pp.24, 218.《美国景观》现收藏于美国现代艺术博物馆;《古典景观》现收藏于美国国家美术馆。另见 River Rouge Plant, Whitney Museum of American Art, and City Interior, Worcester Art Museum。《阿莫斯克亚格 1 号》和《阿莫斯克亚格运河》收藏在曼彻斯特柯里尔艺术博物馆（Currier Museum of Art）。《阿莫斯克亚格 2 号》收藏于阿肯色州本顿维尔（Bentonville）的水晶桥博物馆（Crystal Bridges Museum）。 海因的阿莫斯克亚格照片归美国国会图书馆所有，可查看 http://www.loc. gov/pictures/search/?q=Amoskeag%20hine（accessed Nov. 4, 2016）。伯克 – 怀特的关于阿莫斯克亚格的照片见于 Oversize 5, folders 31–35, Margaret Bourke-White Papers。

54 Smith, *Making the Modern*, p.194; Troyen, "Sheeler, Charles."

55 Carol Quirke, *Eyes on Labor: News Photography and America's Working Class*（New York: Oxford University Press, 2012）, pp.273–274; Corwin, "Selling 'America,'" p.127; *Life*, Nov. 23, 1936; Nov. 14, 1938.

56 夏伦·林恩·科温（Sharon Lynn Corwin）强调，与特里·史密斯相反，工人确实出现在夏尔的关于胭脂河工厂的照片中，并且他们在照片里的意义至关重要。 Corwin, "Selling 'America,'" p.23; *Fortune*, Dec. 1940.

57 Corwin, "Selling 'America,'" pp.145–148, 159–162, 165; Barbara Zabel, "Louis

Lozowick and Technological Optimism of the 1920s," *Archives of American Art Journal* 14（2）（1974）, pp.17–21; Wilson, Pilgrim, and Tashjian, *The Machine Age in America*, pp.237–242, 343; Linda Bank Downs, *Diego Rivera: The Detroit Industry Murals*（New York: Norton, 1999）, p.21.

58　Downs, *Diego Rivera*, pp.22, 28.

59　亨利·福特给里维拉和卡罗提供了一辆配有司机的林肯车，让他们在游览城市时使用。但里维拉认为，让人们看到艺术家们如此奢华是很尴尬的，所以他从埃德塞尔那里买了一辆更为朴素的车。Mark Rosenthal, "Diego and Frida"; Juan Rafael Coronel Rivera, "April 21, 1932"; Linda Downs, "The Director and the Artist: Two Revolutionaries"; and John Dean, "'He's the Artist in the Family': The Life, Times, and Character of Edsel Ford," all in Rosenthal, *Diego Rivera and Frida Kahlo in Detroit*（Detroit, MI: Detroit Institute of Arts, 2015）. 关于大萧条对底特律的影响，见于 Steve Babson with Ron Alpern, Dave Elsila, and John Revitte, *Working Detroit: The Making of a Union Town*（New York: Adama Books, 1984）, pp.52–60。

60　Rosenthal, *Diego Rivera and Frida Kahlo*, pp.102–103, 219.

61　里维拉描绘的胭脂河工厂里的机械和工作过程，草图、照片和相关信息都是由福特公司的工程师提供的，是非常准确的。一个例外是在南墙板上巨大的冲压机。里维拉画了一台旧的模型机器——希勒拍摄的那个——而不是当时正在使用的那个。（里维拉可能是根据希勒的照片画的。）里维拉显然更喜欢老式机器。要详细地描述和分析壁画和它们与实际的胭脂河工厂生产活动的关系，见于 Downs, *Diego Rivera*。

62　Rosenthal, *Diego Rivera and Frida Kahlo*, pp.103–107, 182; *Detroit News*, Mar. 22, 1933, and May 12, 1933. 在返回墨西哥之前，里维拉为纽约市左翼新工人学校完成了一系列壁画，其中包括对宅地罢工的描绘。参见 David P. Demarest, Jr., ed., *"The River Ran Red": Homestead 1892*（Pittsburgh, PA: University of Pittsburgh Press, 1992）, p.218. 福特汽车厂出现在另一幅底特律壁画中，即 1937 年由艺术家沃尔特·斯派克（Walter Spike）为联合汽车工人工会地方 174 号总部所作的画。参见 "Collection Spotlight: UAW Local 174 Mural," Oct. 20, 2016, https://reuther.wayne.edu/node/13600。

63　在另一幅卡罗在底特律开始画的自我肖像里，背景是墨西哥和美国之间的边界，高地公园发电机也出现在背景里。Downs, *Diego Rivera*, pp.58–60; Rosenthal, "Diego and Frida: High Drama in Detroit," and Solomon Grimberg, "The Lost Desire: Frida Kahlo in Detroit," in Rosenthal, *Diego Rivera and Frida Kahlo*.

64　Charles Chaplin, *Modern Times*（United Artists, 1936）; Hounshell, *From the American System to Mass Production*, pp.319–320; Charles Musser, "Modern Times（Chaplin 1936），"（accessed Sept. 30, 2015）, http://actionspeaksradio.org/chaplin-by-charles-musser-2012/）; Joyce Milton, *Tramp: The Life of Charlie Chaplin*（New York: HarperCollins, 1996）, pp.336, 348, 350; Mark Lynn Anderson, "Modern Times"（accessed Sept. 30, 2015）, http://laborfilms.org/modern-times/; Edward Newhouse, "Charlie's Critics," *Partisan Review and Anvil*, Apr. 1936, pp.25–26（includes quote from Daily Worker review）; Stephen Kotchin, *Magic Mountain: Stalinism as a Civilization*（Berkeley: University of California Press, 1995）, p.184; Octavio Cortazar, *Por Primera Vez/For the First Times*（El Instituto Cubano, Lombarda Industria Cinematografia, 1967）. 在完成《摩登时代》这一电影后，作为一个出乎意料的尾声，宝莲·高黛和卓别林结束了他们的浪漫关系，高黛转而与里维拉陷入情网。1940 年，在旧金山的一幅壁画——《南方与北方的婚姻》（Unión de la Expresión Artística del Nortey Sur de este Continente）中，里维拉把卓别林、卡罗和高黛画在一起，这三人用怀疑的目光互相盯着对方。还有阿兹特克（Aztec）女神科亚特利库埃（Coatlicue）和底特律汽车公司的压印机混在一起，这是底特律工业的一个罕见的回归。David Robinson, *Chaplin, His Life and Art*（New York: McGraw-Hill, 1985）, p.509; City College of San Francisco, "Pan American Unity Mural,"（accessed Oct. 1, 2015）, https://www.ccsf.edu/en/about-citycollege/ diego-rivera-mural/overview.html.

65　Ruth McKenney, *Industrial Valley*（New York: Harcourt, Brace, 1939）,pp.261–262.

66　有关此时代的概述，请参见Joshua B. Freeman, *American Empire, 1945–Property of W. W. Norton & Company 2000: The Rise of a Global Empire, the Democratic Revolution at Home*（New York: Viking, 2012）。

67　关于 20 世纪 30 年代劳工潮的文献很多，但最好的个体记录仍然是 Irving Bernstein, *Turbulent Years: A History of the American Worker 1933–1941*（Boston: Houghton Mifflin, 1970）。

68　In addition to Bernstein, *Turbulent Years*, see, Ronald W. Schatz, *The Electrical Workers: A History of Labor at General Electric and Westinghouse, 1923–1960*(Urbana: University of Illinois Press, 1983）; Daniel Nelson, *American Rubber Workers and Organized Labor, 1900–1941*（Princeton, NJ: Princeton University Press, 1988）; and Sidney Fine, *The Automobile Under the Blue Eagle: Labor, Management, and the Automobile Manufacturing Code*（Ann Arbor: University of Michigan Press, 1964）.

69　Bernstein, *Turbulent Years*, pp.509–551; Henry Kraus, *The Many and the Few: A Chronicle of the Dynamic Auto Workers*（[1947] Urbana: University of Illinois Press, 1985）. See, also, Sidney A. Fine, *Sit-down: The General Motors Strike of 1936–1937*（Ann Arbor: University of Michigan Press, 1969）.

70　Joshua Freeman et al., *Who Built America?* p.395; Bernstein, *Turbulent Years*,p.551–554, p.608–609, 613; Steve Jefferys, *Management and Managed: Fifty Years* of Crisis at Chrysler (Cambridge: Cambridge University Press, 1986), p.71-77;Jefferson Cowie, *Capital Moves: RCA's Seventy-Year Quest for Cheap Labor*(Ithaca, NY: Cornell University Press, 1999), p.17-33.

71　Robert H. Zieger, *The CIO, 1935-1955* (Chapel Hill: University of North Carolina Press, 1995) , pp.54-60; Bernstein, *Turbulent Years*, pp.432-473.

72　Bernstein, *Turbulent Years*, pp.478-498; Zieger, *CIO*, pp.79, 82.

73　Zieger, *CIO*, pp.121-31.

74　在 1999 年之前不会再举行类似规模的选举了，当时有 74000 名洛杉矶家政工作者收到了选票，以确定她们是否想要工会代表。John Barnard, *American Vanguard: The United Auto Workers during the Reuther Years, 1935-1970* (Detroit, MI: Wayne State University Press, 2004) , pp.153-164; Zieger, *CIO*, pp.122-124; *Los Angeles Times*, Feb. 26, 1999.

75　Joshua Freeman, "Delivering the Goods: Industrial Unionism During World War II," *Labor History* 19 (4) (Fall 1978) ; U.S. Department of Commerce, *Historical Statistics of the United States, 1789-1945* (Washington, D.C., U.S. Government Printing Office, 1949) , p.72. See also Nelson Lichtenstein, *Labor's War at Home: The CIO in World War II* ([1982] Philadelphia: Temple University Press, 2003) .

—— 苏联工业化的崩溃

1929 年 12 月,《底特律新闻报》(*Detroit News*) 的记者菲利普·阿德勒 (Philip Adler) 来到苏联西南部伏尔加河 (Volga River) 畔的斯大林格勒 (Stalingrad) 进行访问〔这座城市在 1925 年之前被称为"察里津"(Tsaritsyn)〕。当时,苏联政府正在这里建造一个巨大的新拖拉机工厂。它从一片泥泞的,没有树木,原本用来种甜瓜的土地上拔地而起。汽车城里的市民对这家工厂有特殊的兴趣,因为美国公司和工人——其中许多来自底特律——积极参与了这家工厂的规划和运营。阿尔伯特·卡恩是工厂的整体设计师,弗兰克·D. 蔡斯公司 (Frank D. Chase Company) 设计了铸造厂,R. 史密斯设计了锻造车间。麦克克林蒂克 - 马歇尔产品公司 (McClintic-Marshall Products Company) 制造了厂房的梁和桁架。大部分生产设备是在美国制造的,苏联雇用了几百名美国人在工厂里工作,在许多情况下,是作为工头或监督员。

工厂离斯大林格勒城有半小时的路程,阿德勒在出城之前游览了市中心。在那里的市场上,他发现"小炉匠、皮匠、二手服装和家具商的形象,还是像传统的那样,他们使用最原始的工艺制造商品,并且以传统的方式销售。成群结队的牛、骆驼和在《圣经》中就已经出现的驴子走过街道,驴子是一种可以和马相媲美的交通工具"。从清真寺的尖塔里传来了呼喊声"'安拉胡阿克巴!'——真主至大!"但是,当阿德勒到达工地时,到处都是这样的口号——"美国节奏",标语上面写着"赶上和超越美国"。第二年夏天,工厂开始生产第一批拖拉机,玛格丽特·

图 5-1 《斯大林格勒拖拉机厂》，玛格丽特·伯克－怀特在 1931 年拍摄的标志性照片

伯克－怀特在经过一段艰苦的旅程之后来到这里，拍摄了她最具标志性的照片之一，照片上有三个工人，他们正站在从装配线上下来的一台新拖拉机上。[1]

位于斯大林格勒的拖拉机厂是苏联为迅速工业化、改善生活水平和提高其在建设社会主义社会道路上的防御能力而进行的激进行动的一部分。大多数布尔什维克领导人认为，只有在工业上实现重大发展之后，俄罗斯——一个贫穷和经济落后的国家——才能实现社会主义或共产主义社会。仅仅夺取政治权力，是远远不够的。弗拉基米尔·列宁在 1920 年宣称："如果不把俄国移到另一种比先前更高的技术基础上，就根本谈不上恢复国民经济和实现共产主义。共产主义就是苏维埃政权加上全国电气化，因为不实行电气化，要振兴工业是不可能的。"这也是列宁和他的同志们心目中的一种特殊的工业化形式，即"大规模机器生产"。[2]

苏维埃政权过了很长时间才开始推进大规模的工业化，但到了 20 世纪 20 年代后期，一个详细的计划已经被提上日程。1929 年，在十月革命十二周年之际，约瑟夫·斯大林写道："我们正沿着工业化道路——社会主义——全速前进，把古老的'沙皇俄国'远远抛在后面。我们正在变成一个金属之国，汽车之国，拖拉机之国。"

工业巨兽是苏联从拥有"成群结队的牛、骆驼和在《圣经》中就已经出现的驴子"一跃成为"金属之国，汽车之国，拖拉机之国"的关键。第一个五年计划始于 1928 年，以一系列大型工厂和基础设施项目为中心，其中包括下诺夫哥罗德（Nizhny Novgorod）的三个大型拖拉机厂和一个大型汽车厂、马格尼托哥尔斯克（Magnitogorsk）和库兹涅茨克（Kuznetsk）的大型钢铁厂、第聂伯河水电站（Dnieporstroi Hydroelectric Dam）、连接哈萨克斯坦与西伯利亚西部的土西铁路（Turksib Railway）以及伏尔加河－顿河运河（Volga-Don Canal）。由于缺乏技术和工业资源，苏联无法创建和配置如此大规模和精密的项目，于是转向西方寻求帮助，特别是美国，以获取工程师、建筑和机械生产转嫁，采用科学管理和大规模生产的技术，在某些情况下，根据美国的相关设施在苏联建造一个复制品。正如斯蒂芬·科特金（Stephan Kotkin）在他的里程碑式的马格尼托哥尔斯克史中所写的，对于共产党人来说，"苏联工业化所经历的令人眼花缭乱的剧变，被简化为这样一个命题：尽快建立尽可能多的工厂，而且全部由国家控制"。在苏联，就像在美国一样，大型工厂等同于进步、文明和现代化。[3]

但是，苏联和美国是两个非常不同的地方。在苏联，工厂会有所不同吗？会有不同的社会意义吗？1927年，左翼杂志《新大众》（*New Masses*）的编辑埃格蒙特·阿伦斯（Egmont Arens）评论了一个将装配线生产妖魔化的戏剧《带子》（*The Belt*）。他评论道："甚至工人国家的拥护者也必须面对《带子》。现在，俄罗斯正在建设它自己的现代化工厂。'带子'对工人的思想和身体造成的可怕影响是不可避免的吗？还是说高压生产模式在社会主义的俄罗斯和亨利·福特的底特律有区别？"[4]

以往，工厂在很大程度上是为工业家和投资者赚钱的一种手段。虽然有时它承载着社会公益的道德要求，但它的物理设计、内部组织、技术和劳动关系主要是由追求利润最大化的愿望决定的。[5]在一个原则上不为盈利而存在的工厂，所有的大规模生产实体都属于一个政府，至少在理论上，它是人民的代理人，特别是工人阶级的代理人。在这样一个社会里，它至少要有这样的意义吧？资本主义的工厂作为一个技术、社会和文化体系，能够而且应该直接转移到社会主义社会中去吗？为了提高效率和劳动生产率而设计的科学管理和装配线等方法，是否适合一个以工人的需要和全体人民的福利为最高利益的社会？苏联和美国在意识形态上和经济发展水平上都截然不同。在1917年革命之前，俄罗斯帝国是一个以农业为主的国家。

它原有的为数不多的工业被革命和随后的内战严重破坏。大型的、技术先进的工业设施能否在这样的环境中成功运作，以缩短西欧和美国经济发展所经历的长期进程？直接实现大规模工业化的英勇努力能否刺激广泛的经济增长？缺乏必要的物质投入以及后勤、工人和管理的技能会导致混乱吗？

关于巨型工厂在经济发展和社会结构中的作用问题，今天仍然困扰着中国、越南等社会主义国家，以及资本主义世界的许多国家。世界上的大部分人口仍然生活在贫困之中，如何提高生活水平仍然是经济、政治和道德方面备受关注的中心问题。在创造广泛的物质财富和社会福祉的努力中，超级工厂应该发挥什么作用？产业工人应该为社会富裕付出什么代价？

这些棘手问题，在 20 世纪 30 年代就开始出现一些回答了，答复的声音来自斯大林格勒郊区泥泞的田野，以及苏联的其他类似地方。事实证明，在美国巨型工厂塑造苏联历史之后，在第二次世界大战后的几十年里，与美国式的巨型工厂打交道的经历对塑造苏联的历史和在为世界许多地方确定一条发展道路方面，都是至关重要的。无论好坏，斯大林式的工业巨人主义成了试图实现繁荣和现代化的主要途径之一，是将巨大的社会野心和巨大的人类痛苦结合在一起的普罗米修斯式乌托邦主义。

"马克思主义加美国主义"

在 20 世纪，美国的生产技术和管理方法——后来被称为"美国主义"——在欧洲引起了人们相当大的兴趣。其中一些是技术性的事物，如高速加工及其所需的高强度金属、产品的标准化、各种运输设备的使用以及使这些发展成为可能的大规模生产系统。但是，人们对与先进制造业相关的意识形态，也同样感兴趣：也许随着生产力的提高，工人的收入会随着利润的增加而增加，从而消除阶级冲突和社会动荡现象。[6]

/ 174

作为科学管理和大规模生产的化身，弗雷德里克·温斯洛·泰罗和亨利·福特成了享誉欧洲的著名人物。在 20 世纪初，泰罗的作品被翻译成了法语、德语和俄语。在 20 世纪 20 年代初，福特取代泰罗成为美国精神的象征，工人们对泰罗主义管理的批评越来越多，装配线和 T 型车的奇迹也在美国之外广为人知。在德国，福特的自传《我的生活和工作》（*My Life and Work*）于 1923 年被翻译出版，销量超过 20 万册。

尽管美国主义作为一种技术和意识形态体系在整个欧洲产生了相当大的影响，但是，也许令人惊讶的是，它最大的影响是在苏联产生的。苏联拥有什么样的工业，其实革命前就已经注定了。俄罗斯帝国的工业往往是高度集中的，有不少大型工厂，在一些外国企业的拥有者和经营者的帮助下，俄罗斯的专家们了解到最新的趋势，包括那些与美国主义有关的管理思想。此外，至少有几个俄罗斯社会主义者，最重要的是列宁，知道科学的管理和思考方式以及它们的影响。

列宁在 1913 年流亡期间首次发表了对科学管理的评论，他与美国和欧洲的工会主义者和左派一样，对它进行了批评，他认为它的"目的是在同样的时间里挤出工人"更多的劳动。"资本主义社会在技术和科学领域的进展不过是在榨取汗水上的进步。"三年后，他更深入地了解了科学管理，准备撰写对帝国主义的论述：《帝国主义是资本主义的最高阶段》（*Imperialism: The Highest Stage of Capitalism*）。他阅读了泰罗的著作《工厂管理》（*Shop Management*）的德文译本，这是一本关于应用泰罗制的书。他还读了弗兰克·吉尔布雷斯（Frank Gilbreth）的一篇文章，文中论述了科技研究如何增加国家财富。最后，他从未讨论过帝国主义的管理技巧，但他当时的笔记显示了一种科学管理式观点，这与全书的要旨是一致的，即资本主义不论其动机如何，都被描述为为社会主义转型奠定了基础，这与马克思将资本主义描述为社会主义经济前身的说法是一致的。[7]

1917 年革命彻底改变了俄罗斯人的思维环境，使他们对科学管理产生不同的态度。俄罗斯共产党及其盟友非但没有批评现有的社会安排、保护工人，反而发现自己面临几乎无法回避的挑战，那就是要恢复一个被战争以及革命耗尽和破坏、陷入饥荒的国家的经济。与此同时，他们正在打一场内战并试图巩固自己的权力。在列宁看来，科学管理成为提高生产力、克服经济落后的必要工具，是社会主义社会建设的前奏。

> 同先进民族比较起来，俄国人是比较差的工作者。在沙皇制度统治下和农奴制残余存在的时候，情况不可能不是这样的。学会工作，这是苏维埃政权应该以全力向人民提出的一个任务。资本主义在这方面的最新发明——泰罗制——也同资本主义其他一切进步的东西一样，有两个方面，一个方面是资产阶级剥削的最巧妙的残酷手段，另一方面是一系列的最丰富的科学成就，即按科学来分析人在劳动中的机械动作，省去多余的笨拙的动作，制定最精确的工作方法，实行最完善的统计和监督制等等。苏维埃共和国在这方面无论如何都要采用科学和技术上一切宝贵的成就……应该在俄国研究与传授泰罗制，有系统地试行这种制度，并且使它适应于我国条件。

列宁甚至建议通过引进美国工程师来实施泰罗制。[8]

列宁的支持使在新生的苏维埃共和国应用科学管理方法变得合法化了，并成为一种现实和一种意识形态。现实的紧急需要，加速了它的应用。在内战期间，最早的实验地点是铁路工厂和军火工厂，当时要保持铁路运输系统的运转和武器生产，这对革命来说简直是生死攸关的事情。作为战争委员，列奥·托洛茨基（Leon Trotsky）拥护泰罗主义，认为它是一种"无情的"劳动剥削形式，也是"人类力量参与生产的明智方式"，是社会主义管理者应该自己创造的一面。苏联政府急于增加生产，采取了计件工资的做法，并建立了一个中央劳工研究所（Central Labor Institute），以促进劳动生产率的提高，包括时间和运动研究以及其他形式的科学管理研究。[9]

苏联领导人对泰罗主义的拥护，并非没有受到挑战。正如在西方一样，许多工人和工会会员反对通过计件工作和所谓的科学方法强加到他们身上的更严格的工作规范，特别是如果工人本身没有在建立和管理这些规范的方面发挥作用的话。同时，在苏联，有更广泛的意识形态上的反对，有些人认为，要建设一种新社会，就不该把资本主义的方法奉若至宝。

反对方主要是工会成员、"左派共产党"，以及后来的共产党内部的"工人反对派"成员。他们认为，社会主义社会需要的生产结构与资本主义社会不同，工人在车间、企业管理和生产方法的决策方面应该有更多的参与和权威。这些对科学管理持批评态度的人希望在不进一步剥削工人的情况下想出提高生产力的方法，反对将"活着的人变成一个没有理性的愚蠢的工具"的极端劳动分工。长期在资本主义制度下的工人们就一直批评这种方法，而它将在苏联否定革命的意义。

另外，有些人认为资本主义生产方式只是简单的技术而已，可以用于任何目的，包括创造属于社会主义社会全体成员的财富。阿列克谢·加斯捷夫（Alexei Gastev），一位曾经的工人诗人，后来成为全俄金属工人联盟（All-Russia Metal Workers' Union）的秘书长、中央劳工研究所所长、苏联的科学管理主要倡导者，在 1919 年曾写道："无论我们生活在超级帝国主义时代，还是生活在世界社会主义时代，新工业的结构在本质上都是一样的。"和苏联其他支持科学管理的人一样，加斯捷夫看到了这一点，即在俄罗斯文化中，特别是在进入工厂的农民和前农民中，无法以稳定的速度努力工作，而是干一阵歇一阵、交替地进行剧烈劳动，毫无规律（英国和美国的工厂主对工人也有过类似的抱怨）。美国的生产方法和美式快节奏，将为他们提供一种解决之道。托洛茨基主张采用资本主义方法，提倡使用最先进的生产技术，不论其来源如何，都从知识上和政治上给予支持。他认为，在向社会主义过渡期间所必需的强制劳动，在为一个工人国家服务时，其意义与资本主义企业的强迫劳动意义不同。[10]

关于科学化管理的争论在 1924 年 3 月举行的第二次全俄科学管理会议（Second All-Union Conference on Scientific Management）上得到了很大程度的解决。共产党最高领导人参与了广泛的公开辩论，这表明在苏联使用资本主义管理方法是至关重要的。总的来说，这次会议的召开是为了支持加斯捷夫和科学管理的广泛应用，并反映了这一时期的人口和经济状况。革命前和革命时代形成的技术工人阶层是反对泰罗主义的天然中心，但这个群体在后来几乎被战争、革命和内战彻底摧毁了，许多幸存者成为苏联政府和党内的领导，不再做工人。提高苏联生产力的主要挑战不是要从有经验的熟练工人身上挤出更多的劳动生产力，而是要从新工人那里得到有用的劳动生产力，后者几乎没有或根本没有工业经验，因此，科学管理似乎很适合他们，因为它有简化的工作任务和对工人的详细指示。[11]

/ 178

那时候的人尚不清楚，至少在短期内不清楚，选择科学管理会对苏联工业产生多大的实际影响。苏联缺乏专家、设备和经验来实施泰罗和他的弟子所提倡的方法。加斯捷夫研究所是研究科学管理方法的中心，它甚至没有基本的设备，进行的实验过于简单，没有什么实际意义。它的大部分工作包括劝告工人："要有敏锐的眼睛，敏锐的耳朵，机敏的、准确的报告！"加斯捷夫催促着："注意情况！计算压力指数，测量间歇时间！"许多苏联的管理者采用的是计件工资制，但除非同时进行详细的研究和重组，否则他们就无法提高效率，只能诱使工人使用现有的方法更加努力地工作。一些科学的管理技术确实变得普遍起来，比如在生产计划中使用甘特图（Gantt Charts）。随着时间的推移，苏联的管理期刊和培训机构开始传播关于泰罗主义的"福音"了。但是，对科学管理最重要的一点，并不在于其在生产领域的应用本身，而在于它为更广泛地接受西方方法和技术敞开了大门，而这将很快促使一个打造美国式巨型工厂的紧急计划诞生。[12]

在与美国工会的合作下，在纺织工业中出现了一个早期的实验。1921 年，服装工人联合会（Amalgamated Clothing Workers）主席西德尼·希尔曼在会见了布尔什维克高层领导人和苏联工会成员后，与之签署了一项建立俄美工业公司（Russian-American Industrial Corporation）的协议。一个与俄罗斯服装工人联合会（Russian Clothing Workers Syndicate）合作的合资企业，最终控制了 25 个服装厂和纺织厂，雇用了 15000 名工人。协议达成之时，苏联正在放弃"战时共产主义"，即由内战期间国家对经济的直接控制和局部军事化，转向在"新经济政策"下部分恢复私有制和市场关系。

服装工人联合会被证明是一个理想的合作伙伴，因为它实际上是一个经过国家审查的合作企业，目的是运用美国最先进的设备和管理技术，促使俄罗斯服装业恢复。包括希尔曼在内的犹太裔服装工人联合会的许多成员和领导人都是从俄罗斯帝国移民过来的，他们受到了引发革命的激进主义的影响。然而，在希尔曼的领导下，服装工人联合会的政策越来越实际，在科学管理中存在一种在分散的、往往是在技术原始的工业中用来提高生产力的方法，为提高工人生活水平奠定了基础。服装工人联合会坚持认为，工会应该参与制定生产规范和计件工资率，并建立一个中立的仲裁机制，以防止不公平现象发生。但是，工会与科学管理的密切关系并不完全是出于务实要求的。正如希尔曼的传记作者史蒂夫·弗雷泽（Steve Fraser）所写："服装工人联合会的精英们坚定地扎根于社会主义传统之中，这些传统将社会主义的节奏和时机与资本主义制度下工业和社会发展的必然节奏联系在一起。"

通过俄美工业公司，服装工人联合会不仅给苏联服装业带来了西方资本，而且带来了更重要的先进设备和专业知识，其中包括掌握科学管理方法的专家、工会、在美国有经验的工厂管理层以及熟悉泰罗式联合工会管理举措的技术工人。在短时间内，俄罗斯服装工人联合会能够拥有能与美国最先进的工厂在设备、生产力和进步的劳动关系方面相媲美的工厂。[13]

与福特"调情"

新经济政策使苏联经济复苏了。但是，它未能将苏联工业完全恢复到革命前的生产水平，更不用说兑现革命承诺，改善数千万工人和农民的生活了。1925 年 10 月，苏联工业产量只占第一次世界大战前俄国产量的 71%。在新经济政策下，相当少的投资就能够提高工业产出，因为有大量未经利用的劳动力。但到了 20 世纪 20 年代中期，随着劳动力利用率的提高，快速获利和大发横财的可能性变得越来越小。这十年间，资本投资一直很少，这意味着苏联大部分工业机械已经达到或超过了预期的使用寿命。进一步的发展将需要在改造、建设厂房和购置设备方面投入大量资金。[14]

对大多数苏联的规划者和政治领导人来说，这意味着将革命的未来押在大规模的工业和基础设施项目上，尽管他们在具体的投资手段和速度上存在严重分歧。长期以来，马克思主义的传统把资本的集中和机械化联系在一起，认为它们共同进步，共同拥有现代性。革命前的俄国工业经验也影响了苏联的规模意识。1914年，超过一半的俄国工厂工人受雇于拥有500多名工人的工厂，而美国只有不到三分之一的工人受雇于这样的大型工厂。在革命前夕，彼得格勒（Petrograd）拥有一批由政府控制的大型军工厂，其中一些工厂的工人数量远远超过了1万人，还有一些大型私营工厂，其中包括普提洛夫（Putilov）的金属加工厂，该厂有大约3万名工人（该厂所发生的罢工引发了反对沙皇的起义）。[15]

许多苏联人把美国的成功归功于它对标准化产品和大型工业综合体的采用，他们认为美国就是一个成功典范。如同在西欧一样，亨利·福特在苏联也很有名，他被看作最先进的社会、技术和经济发展的活生生的代表。1925年，《我的生活和工作》的俄语版出版，大受欢迎，印刷了四次。但更能传播福特名声的事物，是他的拖拉机——福特森。

在第一次世界大战之前，只有大约600辆拖拉机散布在俄国的广袤领土之上。由于相信农业生产力的提高是革命的核心内容，从1923年开始，苏联进口越来越多的拖拉机，主要是福特森拖拉机。到1926年，福特森拖拉机订单已经达到了24600台。

苏联也进口了一些 T 型车。一条从胭脂河工厂通往俄国大草原和城市的运输线开启了。

1926 年，苏联政府要求福特派出一个小组到苏联，研究如何改进拖拉机的维修工作。由于维修不善、缺乏优质的替换零部件以及劳动力素质较低，那些进口拖拉机经常无法使用。此外，苏联人希望说服福特在俄罗斯建立拖拉机厂。他们已经在尝试了，虽然不是很成功，但是已经生产出一种仿制福特森的拖拉机。福特公司派出代表团对苏联进行了为期四个月的访问。代表团回国后建议福特不要建工厂，因为担心工厂在未来运营中可能被政治干预，或者工厂本身可能被苏联征用。苏联官员没有放弃希望，他们仍然希望建立福特式工厂，生产他们急需的农业设备和机动车辆。[16]

在那时，福特方法在苏联并没有引起很大的争议。关于泰罗主义的争论，已经倾向于支持使用资本主义的生产方法。此外，福特主义对小型但有影响力的金属工匠的直接挑战，比科学管理对工匠们的挑战要小，因为即使有装配线，工匠也需要制造工具、模具和维修机械。在 1926 年游历苏联之后，威廉·Z. 福斯特报道说："革命的工人……把美国工业的模式当作他们的模式。在苏联的工厂……整个美国的工厂，尤其是福特的工厂，通常被认为是先进工业技术的象征。""福迪萨奇亚"（Fordizatsia）——福特化——成了苏联人最喜爱的一个新词。[17]

尽管如此，左翼批评家仍然反对福特主义，他们认为，采用旨在从工人身上榨取更多劳动力的方法，违反了社会主义的根本政策，即减轻工人阶级剥削和异化。最强烈的反驳来自托洛茨基，他是采用福特方法的主要倡导者，正如他是采纳科学管理方法的主要倡导者一样。在 1926 年的一篇文章中，他直率地宣称："以美国技术为后盾的苏联体制将会是社会主义的……美国技术……将改变我们的秩序，把它从落后、原始和野蛮的传统中解放出来。"

托洛茨基认为，装配线或他所谓的传送带，将取代计件工资制，成为资本主义调节劳动的手段，用集体的方式取代个性化的模式。他认为，社会主义者也需要采用传送带，但在他们的控制下，情况会有所不同，因为工作的速度和时间将由工人政权决定。然而，他承认，从本质上讲，装配线贬低了人类的劳动。托洛茨基回答了一个曾经他被问到过的问题，这也许是为福特主义工厂辩护时所提出的最有力的论点，至少从获益者的角度来看是这样。"那工人进行的枯燥的劳动，被传送带剥夺的人格和所承受的专制又如何呢？""根本的、主要的和最重要的任务，"他回答说，"就是消灭贫穷。必须使人类的劳动能够生产尽可能多的商品……如果没有机械化和自动化，就不可能实现高生产率的劳动，而机械化和自动化的终极表现就是装配线。"

托洛茨基和爱德华·菲林一样，声称："劳动的单调性通过缩短劳动时间和增加舒适度得到补偿。社会上总会有一些行业需要个人创造力，而那些在生产中找到了自己职业的人将会走他们自己的路。"然后是一个比喻："轮船的航行更'单调'，但更舒适，更可靠。而且，你不能划着游艇横渡海洋。我们必须跨越人类所需要跨越的海洋。"[18]

拥抱超级工厂

20 世纪 20 年代中期，如何跨越这一"海洋"成了苏联领导人之间激烈争论的主题。布尔什维克的假设一直是，他们的革命能否继续将取决于社会主义能否向西欧先进国家传播，而这将有助于苏联的发展。但在第一次世界大战后的六年里，人们很清楚地看到，在其他地方发生的革命都失败了。苏联要发展经济，就必须依靠自己非常有限的资源。

包括尼古拉·布哈林（Nikolai Bukharin）在内的一些苏联领导人认为，在目前的情况下，最好的道路是在农业部门发展的推动下，实现适度、平衡的增长。农民收入的增加将扩大消费品市场，这可以通过轻工业投资来满足。重工业必须缓慢地发展。

其他人则希望以重工业带头，加快工业化和经济增长的步伐。在某种程度上，他们担心西方列强会再次使用武力以试图推翻苏联政权，因此他们在内战期间有必要迅速发展出一个能够支持强大军队的工业基地。他们还害怕把经济的命运交给对苏联政权的忠诚程度摇摆不定的农民群体手上。他们担心当粮食和其他物品的价格较低或可供消费的商品太少而无法消费时，农民会把他们手头的粮食和其他物品扣下来。相反，包括托洛茨基在内的快速工业化的倡导者，试图从农民那里榨取更多的财富，如果需要的话，可以通过征税、向国外出售谷物和原材料来为工业化融资。

1927年底苏共举行的一次共产党代表大会平衡了这两种立场。但在接下来的两年里，随着详细的经济五年计划的制定，政策转向了"超级工业化者"那边，甚至远远超过了他们最雄心勃勃的目标。最终计划要求的工业化步伐是人类历史上前所未有的，即在五年内将国家的固定资本翻一番，并将铁产量增加四倍。

/ 184

这种转变恰逢约瑟夫·斯大林在权力斗争中获胜，这场斗争从1924年1月列宁逝世后就在领导层中开始了。在巧妙地战胜最强大的竞争对手托洛茨基之后，斯大林挪用了前者的快速工业化计划并大大加速了它。为了稳定党和国家的统治，他最终通过集体化农业生产来发展农业。从农业中获取的财富将为重工业的发展以及随之扩大的工人阶级提供资金。

对快速工业化的呼吁，在历史学家看来，是斯大林"自上而下的革命"的核心理念。它的成功是建立在对革命和内战时期的英雄精神和大规模群众动员的复活之上的。历史学家奥兰多·费吉斯（Orlando Figes）写道，斯大林在第一个五年计划中所体现的"现代性观点"，"为布尔什维克的乌托邦希望注入了新的活力。它动员了新一代的狂热者"，其中包括年轻工人和党内积极分子，对他们来说，工业化运动将是他们的新十月革命。只要有坚韧不拔的意志，苏联就会把握住现代化，迎头赶上并超过它的资本主义对手。[19]

巨型工厂在这项计划中起了关键作用。一位苏联计划者说，准备一份需要建造的新工厂清单是"五年计划的灵魂"。建造新的工厂为应用最先进的技术提供了机会。一些专家建议采用欧洲的方法和机器设计，它们的规模较小，对精密标准件的要求较低，比美国的大规模生产更适合苏联工业的现状。但苏联领导人决定采用美国模式。他们认为，投资几个非常大的工厂，通过合理化、专业化和机械化可以实现巨大的规模经济，这才是对宝贵的投资基金的最好利用，而不应该把投资分散于建设更多、更小、技术含量更低的工厂。有个对这种方法持批评态度的人质疑是否有受过训练的工人操作美国的机器，并且问道："也许你想培养一个新的民族？"斯大林格勒拖拉机厂的第一位经理瓦西里·伊万诺夫（Vassily Ivanov）回答说："是的！这就是我们的计划！"

第一个五年计划包含了一些已经开始或已经规划了的大项目，比如第聂伯河大坝和水电工程，并提出了一些新的大规模项目，如马格尼托哥尔斯克钢铁联合体，以及几家拖拉机和汽车厂。这些具有里程碑意义的工程将创造交通和电力基础设施、钢铁工业，也将制造牵引车和输出车辆，以改变整个国家，并为新的国防生产奠定基础。

第一个五年计划的宏伟规模反映了需要激发公众热情，来进行大规模的动员和奉献。工业巨人主义既是技术问题，也是意识形态问题。计划中的工业综合体规模之庞大，甚至能与最先进的国家相比。苏联实现了现代化，而且速度如此之快，很显然是要为之付出痛苦的劳作才能实现的事情。速度被认为是一个关乎生存的问题。"我们比发达国家落后 50 到 100 年，"斯大林在 1931 年宣称，"我们必须在 10 年内弥补这一差距。如果我们不这样做，他们会压垮我们。"[20]

转向西方

苏联缺乏自行实施五年计划项目所需的工程骨干队伍、经验，以及制造产品所需的资金和机器。迫于需要，它不得不转向资本主义世界以寻求相关技术人员和机器。有些外国专家已经在苏联工作了，但在第一个五年计划开始执行后，他们的作用被大大扩展了。在苏联，本国的工程师、工业建筑师和其他从事大型项目的专家太少，同样重要的是，布尔什维克并不信任这些专家。他们中的大多数人在私营公司工作，并没有支持革命，被认为缺乏对最新工业发展和国外事物的了解，特别是在美国发现的大胆和创新精神。苏联招募的外国专家很多来自德国，英国和瑞士也提供了数量相当多的工程师和技术人员。但就其角色而言，美国的工业公司和咨询公司是最重要的，在主要的五年计划项目中承担了至关重要的角色。尽管美国企业对俄国革命并不同情，但它们毫不犹豫地利用了它所带来的商业机会。[21]

这股热潮始于乌克兰的巨型水坝和水力发电项目——第聂

伯河水电站，该项目于 1932 年启用时，是欧洲最大的水电站。1926 年，一个访问美国的苏联代表团与休·L. 库珀（Hugh L. Cooper）签订了一份合同，库珀曾在亚拉巴马州的马斯尔肖尔斯（Muscle Shoals）负责监督大坝和水电站的建设，以便在第聂伯河水电站发挥类似的作用。每年有一到两个月，库珀会在工地上工作，他公司的一组工程师们则全年都在那里工作。苏联为这个项目在美国购买了大量重型设备。纽波特纽斯造船和船坞公司（Newport News Shipbuilding and Drydock Company）为这个有史以来最大的大坝建造了 9 台涡轮机，并派出工程师监督安装。通用电气为这座大坝建造了一些发电机，而这仅仅是冰山一角，它在 20 世纪 20 年代末和 30 年代对苏联电气化和工业化有非常广泛的参与。[22]

美国对斯大林格勒拖拉机厂的参与，更是无所不至。在苏联，拖拉机有着近乎神话般的重要性，经常在祖国旅行的俄罗斯裔美国作家莫里斯·信度斯（Maurice Hindus）宣称拖拉机是"农民命运的仲裁者"，"不是一个机械怪物，而是一个英勇的征服者"。拖拉机几乎从来没有卖给农民个人，而是被用来作为集体耕作的奖励和支持。拖拉机站为附近集体农场提供设备，它成为苏联的一个关键机构，因为不仅提供机械动力，而且为国家收集粮食，并作为现代化和布尔什维克力量的象征。造反的村庄将没有拖拉机可用。[23]

苏联政府斥巨资，从国外进口拖拉机，并将国内生产的拖拉机作为投资的重点。苏联曾请亨利·福特在俄罗斯建立一个拖拉机厂，在遭到拒绝后，政府转向下一个目标，即福特最喜欢的建筑师阿尔伯特·卡恩。由于卡恩为胭脂河工厂工作，苏联领导人都了解他。在规划斯大林格勒工厂的未来面貌时，他们尽职尽责，于 1928 年 11 月派遣一个工程师代表团到美国学习拖拉机生产，并访问设备制造公司、工程公司和建筑公司，包括卡恩的设计公司。1929 年 5 月初，由苏联政府主导的安托格（Amtorg）贸易公司与这位底特律的建筑师签订了一项合同，即设计一个年产 4 万台拖拉机的工厂（这个目标后来被提高到了 5 万台）。卡恩还同意现场指导、监督施工，帮助苏联从美国公司采购建筑材料和设备，并为工厂的启动提供关键人员。[24]

在与安托格签订合同时，卡恩知道，苏联面临许多技术问题，但是也与美国有许多相同的挑战和机遇。正如他对苏联的大多数声明中所体现的那样，他从未提到共产主义，也回避政治。也许是为了敷衍来自敌视共产主义的那些企业的批评，他把苏联描绘成美国设备制造商的一个巨大的潜在市场。[25]

苏联领导人选择卡恩公司，期望和这家能够以他们希望的速度迅速运转的公司一起获得共赢，并成功实现工业化。合同签订后两个月内，两名卡恩公司的设计师抵达苏联，初步绘制了主要建筑物的图纸。约翰·K. 考尔德（John K. Calder）曾参与了印第安纳州盖瑞的建设工作，并在胭脂河工厂担任总工程师，他在斯大林格勒拖拉机公司也担任了这个角色，和瓦西里·伊万诺夫一起工作。另一位曾在胭脂河工厂工作多年的工程师莱昂·A. 斯瓦吉安（Leon A. Swajian）负责协助他。其他来自卡恩公司的代表和工程人员很快加入了他们。

/ 188

但是，如果说布尔什维克和卡恩公司在很大程度上步调一致的话——假如前者想走得更快一点——考尔德很快就会发现，实际情况根本不利于快速建设。现代的运输和建筑设备几乎不存在——骆驼被用来运输材料——而许多苏联建筑官员反对考尔德所采用的快轨。伊万诺夫后来写道，他不得不面对"俄罗斯建筑方法的惰性"，这已经成了一场关于"速度"这个至关重要的问题的政治性和技术性战役。尼古拉·戈迪（Nikolai Pogodi）创作了一出名为《快速》（Tempo）的颇受欢迎的戏剧，剧中主角以考尔德为原型，克服了许多现实障碍，包括官僚主义和缺乏纪律，成功推动了该项目的发展。

值得注意的是，苏联最大工厂——斯大林格勒拖拉机厂有四分之一英里长，带有一个大型铸造厂和一个锻铁厂，它只用了半年就完成了基本建设，又只用了半年时间就完成了所有设备的运输和安装工作。与此同时，工厂高管在底特律设立了一个招聘办公室，雇用了大约350名美国工程师、机械师和熟练工人帮助启动工厂，其中有50人来自胭脂河工厂，在美国的经济大萧条开始时，招聘变得更加容易。同时，年轻的苏联工程师们被派去卡恩公司工作以学习设计知识，被派往美国的各个工厂以获得在工厂操作机器的经验。伊万诺夫亲自前往美国与设备供应商会面，在那里，他说："笔直的道路，应有尽有的机器，完善的技术体系……使我确信我们选择的路线是正确的。"[26]

1930年6月17日，仅仅在安托格与卡恩签订了合同的14个月之后，数万名观众聚集在斯大林格勒拖拉机厂，观看该厂生产出的第一辆拖拉机，上面装饰着红丝带和标语，它刚从装配线上面下来。到那时，一个7200人的创业队伍已经组建起来，其中35%是女性。斯大林向工人们表示祝贺，说："你们每年送给国家的5万台拖拉机，是炸毁旧资产阶级世界的5万枚炮弹，并将使社会主义新农庄走上康庄大道。"最后，他用"感谢我们的技术教师——那些帮助建造工厂的美国专家和技术人员"来结束了他的发言。[27]

就在拖拉机工厂的建设顺利进行时，安托格在美国大肆采购，与 40 多家公司签订了技术援助和设备采购协议。最重要的协议是与福特公司签订的。当卡恩与苏联签署合同时，亨利·福特为之前没有答应参与苏联工业化的伟大实验而感到后悔了。他在公开场合主动提出要卡恩帮忙牵线搭桥，并请他告诉苏联人："我们所拥有的东西都可以是他们的——我们的设计，我们的工作方法，我们的钢材规格。如果我们创造的工业越来越多，不管它在世界的哪个角落，世界上的所有人都会受益。"私下里，他要求卡恩向苏联发出信号，说他现在愿意与苏联达成协议。

1928 年，苏联政府成立了一个委员会来发展汽车工业，当时的苏联，只有两个小工厂，每年生产不到 1000 辆卡车。9 个月之后，在 1929 年的春天，苏联当局决定在莫斯科以东 250 英里的下诺夫哥罗德附近建立一个大型汽车制造厂。在此之前，苏联人已经向福特和通用汽车寻求援助，但没有取得多大进展。斯大林不耐烦了，他亲自干预幕后工作，要求安托格加速谈判。因此，福特对苏联新产生的兴趣简直是天赐良机。5 月底，安托格就与福特公司签订了一项协议。

该协议并没有让福特在苏联建立自己的工厂。相反，它请求福特对苏联进行大规模的投资，以建立一个在苏联人监管之下的汽车工厂。在一个为期 9 年的合同中，福特同意帮助设计、装备和运营下诺夫哥罗德的一家工厂，该厂每年能生产 7 万辆卡车和 3 万辆汽车，还同意在莫斯科建立一个较小的装配厂。福特赋予苏联人使用其所有专利和发明的权利，并获得在该国生产和销售福特式汽车的机会。在合同中，福特保证会提供有关在胭脂河工厂使用的设备和方法的详细信息，并在其底特律工厂里培训苏联工人和工程师。该协议中还要求苏联在筹备自己的工厂期间购买 72000 辆福特汽车、卡车的相关零部件。（这些车辆是作为拆卸好的组件运到苏联的，准备在苏联工厂里组装。）尽管福特后来声称他在该协议上赔了钱，但这对双方都有很大好处，给美国汽车和卡车工业的发展带来了巨大的推动力，同时在大萧条时期为福特公司的员工提供了工作机会，并允许福特在改用新的 V8 车型时把老式 A 型车的工具和模具转手卖掉。[28]

为了设计位于莫斯科的装配厂和一个位于下诺夫哥罗德的临时装配厂，苏联再次向卡恩发出请求。但是，更重要的项目没有找卡恩，也就是下诺夫哥罗德汽车工厂，它是欧洲最大的汽车工厂——被认为是一个规模缩小了的胭脂河工厂、一个自成体系的大规模生产设施——附带一个城市，可以容纳 3.5 万名工人及其家属，苏联与总部位于克利夫兰的奥斯汀公司（Austin Company）签订了合同。后者是美国主要的工业建筑公司之一，在那段时间刚刚为通用汽车公司建造了一座生产庞蒂亚克（Pontiac）汽车的工厂。如果说卡恩公司以其设计的新颖而著称，那么奥斯汀最著名的就是其采用标准化设计和高度科学化技术进行一条龙服务，即研究、规划、建造和装备完整的工业设施。尽管苏联委员会在大型项目上经验丰富，但它的规模超过了它所承担的一切。[29]

就像在斯大林格勒的卡恩公司的工程师一样，第一批到达下诺夫哥罗德的 15 名奥斯汀公司的工程师——后来最多时有 40 名工程师——面临与他们所知道的任何情况完全不同的挑战。生活条件艰苦、食物短缺，以及材料和劳动力长期短缺推迟了建设（尽管在建设的高峰时期，有 4 万名工人——40% 是女性——在工作）。用于运输、储存设备和供应品的水、热和动力设施及系统必须从头开始建造。苏联人不仅缺乏这类项目所需的工具，还缺乏管理经验。昂贵的进口设备被弄丢、被放错位置、被留在外面风吹雨淋、被偷走，而用来代替它们的是原始的机器和蛮力。官僚机构的臃肿、参与项目的组织之间的竞争以及不断的人事变动，使得决策和实施变得很困难。由于费用削减，他们被迫在最后一刻改变设计，并重新制订计划。然后是恶劣的自然条件：持续数月的极端寒冷，春天的洪水和大片的泥泞。[30]

奥斯汀在很大程度上保留了对工厂综合体的设计和工程实施过程的控制权，但苏联最终接管了附属城市的规划。这座工业城市将是苏联最早建设的城市之一，因此成为一个想象社会主义城市应该是什么样子的机会。苏联举办了一次设计比赛，是关于这座城市的未来建筑的，其中包括大量的公共设施，和一些非传统的生活单元。

城市的第一期工程，是一些有 34 层的住宅楼。大多数被分成由几个家庭居住的独立公寓（在全国普遍住房短缺的情况下，这已经是城市的高标准了），但有些建筑是为社会重组实验而设计的。这些建筑物每 5 个一组，由封闭的高架走道相连接，每个都是可供 1000 人使用的生活和社会单元。每个单元都有自己的集会场所，有社交、教育和娱乐设施，还有一个大的公共餐厅，预计大多数用餐都会在这里进行。淋浴是集中在一起的，有图书馆、阅读室、象棋室、电话室，以及学习政治、军事知识和进行科学实验的特殊空间（以鼓励创新，使国家摆脱对外国专家的依赖）。幼儿园和托儿所允许父母在他们选择的时间内离开他们的孩子，即使全时间托管也可以。每个人的生活空间都很小，主要用于睡觉，没有单独的烹饪设施。"社区单元"的顶层有为 3 到 4 个年轻人组成的"公社"设计的大房间，他们将一起生活、工作和学习。

汽车城的乌托邦主义很快就被冲击得荡然无存，因为建筑工人以及后来的汽车工人渴望拥有独立公寓。第一批住宅建筑在完工之前，就被人满为患的大片棚户区所淹没了。工人们已经在帐篷、防空洞和其他临时搭建的住所里度过了漫长的冬天，小床和小炉灶到处可见。规划者预计，社区生活会变得更受欢迎，住户会将传统的公寓改造成社区单元式的空间，但最终，随着工人们寻找更多的私人化、个性化的空间，这种转变走向了另一个方向。此外，后来又遭遇了成本削减，意味着在第一批建筑完工之后，新设计的公共设施就会减少，最终整个城市的总体规划也被放弃了。然而，即使它的形式遭遇了削减，这个新的工人之城仍然代表着一种特别精心的呈现，即通过工作场所提供广泛的社会、文化、娱乐项目和福利而进行的更广泛努力，苏联各地的工厂负责为工人及其家属提供住房、食物和教育，以提高他们的文化水平。苏联的国家福利体系以巨型工厂为中心。[31]

尽管障碍重重，但是在即将改名为高尔基的下诺夫哥罗德的大型汽车综合设施，还是在 1931 年 11 月就基本完工了，也就是在第一批美国工程师抵达苏联的 18 个月之后（不过，与之相伴的附属城市的建设落在后面）。来自美国的专家和对美国方法的应用是成功的部分原因。但这在很大程度上归功于苏联政府和党内官员，尽管他们缺乏经验、存在官僚作风，事实证明他们还是能够动员苏联工人努力工作的。他们可以这样做，因为他们可以利用一些工人，特别是年轻工人对爆炸式发展——工业化作为一种革命的形式——的深刻承诺。苏联工人从事了他们所认为的具有世界历史意义的工程，并且捍卫了革命。他们为此做出了非凡的牺牲：生活在悲惨的环境中，自愿在星期六无偿工作，加入"突击队"，接受危险的工作场所条件，忍受负责重大的五年计划项目的官员的官僚习气。至少在很短的时间里，许多苏联的工人把他们正在建设的工厂看作他们的所有物、他们通往更光明的未来的手段、一种与过去截然不同的社会，并且愿意做任何必要的事情来完成它们。[32]

卡恩兄弟在莫斯科

斯大林格勒拖拉机厂和高尔基汽车厂是苏联最著名的项目，被西方媒体广泛报道。在美国，《纽约时报》（New York Times）、《底特律时报》（Detroit Times）、《底特律自由新闻报》（Detroit Free Press）、《时代周刊》、贸易期刊和其他出版物经常刊登有关这些工厂的报道。[33] 但是还有许多其他的苏联大型项目有美国人参与。杜邦公司（Du Pont）帮助苏联建立了化肥厂，赛伯林橡胶公司（Seiberling Rubber Company）协助苏联在莫斯科建造了一个大型轮胎厂，C.F. 西布鲁克（C.F. Seabrook）在莫斯科修建了公路，其他一些公司为煤矿产业提供了咨询，这些公司可以列出一个长长的名单。[34]

阿尔伯特·卡恩在设计了斯大林格勒拖拉机厂后，又承担了更大的作用。1930 年初，他的公司与安托格贸易公司签订了一份为期两年的合同，让他的公司成为苏联所有工业建筑的顾问。根据该协议，25 名苏联工程师前往该公司在底特律的办事处，与那里的员工一起工作。但更重要的是，它在苏联这样一个新成立的中央集权的国家进行设计和建设工作，还在莫斯科建立了一个卡恩公司。阿尔伯特的弟弟莫里茨（Moritz）带领一个由 25 名美国建筑师和工程师组成的小组，来到了俄罗斯的一个新办公室里。他们不仅是设计师、建筑师，还是培训苏联建筑师、工程师以及传授卡恩公司的生产方法的专家。

与苏联的合同给卡恩带来了实惠，使他的公司能够在经济大萧条的低谷中幸存下来，而那时的美国实际上已经无生意可做了。但是，这不仅是权宜之计，苏联和卡恩的伙伴关系是以通过物质建设和合理的方法取得进展的共同愿景为基础，有机地发展出来的。莫里茨很高兴有机会把汽车工业的"标准化大规模生产"系统应用到建筑业，这是一个生产定制产品可能会臭名昭著、引发混乱的行业。在苏联，这却是可能的，因为只会有一个中央设计机构和一个客户（苏联政府），可以为特定类型的工厂开发设计，可供同类工厂反复使用。莫里茨指出，政府所有权将消除与广告、促销和中间商相关的成本，并促使运输和仓储的合理化，所有这些都符合了他对技术官僚的欣赏。阿尔伯特的态度，显得更傲慢一些，他告诉《底特律时报》："我对苏联的态度就像医生对待他的病人一样。"[35]

在莫斯科组建联合设计中心是具有挑战性的，但最终取得了成功。当时几乎没有合格的苏联建筑师、工程师和绘图员，而且缺乏基本的物资，从铅笔到绘图板，在整个莫斯科只有一台绘制蓝图的机器。然而，在两年的时间里，卡恩团队监督了苏联 500 多家工厂的设计和建造，在此之中使用了该公司在底特律已经完善了的福特方法。同样重要的是，大约 4000 名苏联建筑师、工程师和绘图员接受了卡恩公司专家的培训，包括夜校课程。他们学会了卡恩公司的设计和建设方法，与福特和其他美国制造公司合作，并将其推广到全俄罗斯。据研究苏联合作机制的索尼娅·梅尔尼科娃－赖希（Sonia Melnikova-Raich）说，卡恩的方法"在苏联建筑工业中成为标准，已经有几十年了"。[36]

卡恩在底特律的办公室里为苏联做了更多的设计工作，包括两个新的拖拉机工厂，以满足其对机械化农业设备的无限需求。

乌克兰哈尔科夫（Kharkov）郊区的一家工厂，实际上是斯大林格勒工厂的翻版，其设计目的是生产同样的牵引车，并且，随着苏联减少从美国进口昂贵钢材，在更大范围里应用钢筋混凝土的工艺也会有所变化。利奥·斯瓦吉安（Leon Swajian）在斯大林格勒工厂结束了作为二把手的工作后，担任了工业建设的总指挥（因为他的贡献而获得了列宁勋章）。另一个工厂，迄今为止，仍然是最大的。它位于车里雅宾斯克（Chelyabinsk），在莫斯科正东方向约 1100 英里处，在乌拉尔山脉（Urals）以东，靠近欧亚两洲的交界处。它的建造宗旨是生产带有金属履带的拖拉机，而不是橡胶车轮的拖拉机。这个建筑群看起来就像在俄罗斯荒野中"种植"下来的底特律工厂，其建筑总面积为 178 万平方英尺，占地面积达 2471 英亩（是胭脂河工厂的两倍）。虽然苏联人是在没有美国顾问在场的情况下开始建造工厂的，但当工程陷入停顿时，包括考尔德和斯瓦吉安在内的美国工程师就被叫来帮忙了。[37]

启动

如果说建造庞大的苏联工厂已经是一个巨大的挑战，那么要让它们生产出真正的产品就更加困难了。工厂的启动成为一个关键时刻，因为人们认为，苏联可以通过大规模采用最先进的资本主义方法，在没有像美国和西欧列强那样经历漫长工业化进程的情况下建立社会主义社会，从而实现现代化。

斯大林格勒拖拉机厂是第一个尝试点。斯大林在 1930 年 6 月的贺词里祝贺拖拉机厂工人能一年生产 5 万台拖拉机，这种说法被证明是不成熟的。在最初的一个半月里，这家工厂只生产了 5 台拖拉机。在最初的 6 个月里，只生产了 1000 多辆。在整个

1931 年，是 18410 辆。

工厂启动时，并不是所有的设备都已经运到并安装好了。这是一个问题，但更大的问题是，绝大多数苏联的工人和生产监督员对基本工业流程完全不熟悉也没有生产经验，更不用说用它来进行先进的大规模生产了。当玛格丽特·伯克－怀特在工厂投入运营的第一个夏天访问时，她报告说："俄国人不比一群学童更知道如何使用传送带。"在工厂里，"装配线通常是完全静止不动的。通往这家工厂的路上，一台已完工的拖拉机抛锚了。一个俄国人在拧一个小闩门，另外 20 个俄国人站在他周围看热闹，一边抽烟，一边争论不休"。[38]

被雇来帮助启动生产和向劳动者传授必要技能的美国工人、工程师和主管都忙得不可开交。亨利·福特的格言：大规模生产只有当零件极度标准化、不需要定制配件时，才能实现。这家工厂所拥有的熟练的俄罗斯工人，大部分是以手工生产的方式训练出来的。工厂经理瓦西里·伊万诺夫看到领班们用锉把零件拼装在一起时，气得满腔怒火（可能是因为有些零件真的不能互换，福特的高地公园工厂直到 1918 年才出现这个问题）。在斯大林主义的世界里，战争的比喻被用来描述这样的情景："我们正在打第一场战斗。"伊万诺夫后来说，"反对手工艺的'亚洲式的'方法"，即建立落后的亚洲和现代的欧洲之间联系的马克思主义传统方程。

非熟练工人带来了更大的问题。许多人刚从小村落来到这里，从未见过电话，更不用说精密机床了。美国工具制造者弗兰克·霍尼（Frank Honey）这样形容第一个被培训成弹簧制造者的工人是"典型的农民"。这些工人对工厂的基本程序一无所知。昂贵的新机器的轴承很快就损坏了，因为他们不知道如何在轴承上涂油并且不把它弄脏。纪律常常很松懈，许多人无所事事地站在那里。这需要一个缓慢的、艰苦的过程，以教育新的劳动力。其数量已增长到 15000 人。如果美国教师要给他们讲如何操作复杂的机器，必须通过翻译，他们才听得懂。

此外，苏联也缺乏福特主义所依赖的发达的供应链。高速机床需要有精确规格的钢材，但是当拖拉机厂能够得到它所需要的原料和供应品时（情况往往不是这样），其成分和质量会随批次而不同，因而会出现损坏的部件、损坏的工具和长时间的延误。

福特主义也需要做好复杂的协调工作，而苏联工厂管理层没有这方面的经验。工人和经理们无休止地进行磋商和会议，但事情还是没有达到预期。负责执行五年工业化计划的重工业委员谢尔戈·奥尔忠尼启则（Sergo Ordzhonikidze）在政治压力加大，前往工厂催促生产的时候，他表示："我在这里看到的不是加快速度，而是大惊小怪。"

随着斯大林亲自监督日常生产——这足以衡量这家工厂对国家未来的重要性——人事变动很快就来了。伊万诺夫被一位技术上更有经验的共产党官员所取代，后者与一位新的顶级工程专家一起工作。苏联汽车托拉斯公司（The Soviet Automobile Trust）又派了一位美国工程师到工厂来，他是一位装配线生产方面的专家，试图解决这个烂摊子。为了帮助建立秩序，这家工厂将每日三班制改为一班制。

虽然产品质量仍然存在问题，但生产开始缓慢地走上正轨了。大部分进步来自大规模培训和教育后获得的劳动力，来自后者技能和经验的不断增长。接受教育的农民新人最终成为熟练工人，后来成为部门的领班。（不过，对这些工人来说，快速的晋升带来了更多的问题，因为他们的替代者需要重新培训。）1933

年的前六个月，这个工厂生产了15837台拖拉机，有了很大的改进。但是，经过三年的运行，仍然远低于每年生产"炸毁旧资产阶级世界的5万枚炮弹"的预期。[39]

在下诺夫哥罗德汽车厂，经理们试图避免斯大林格勒汽车厂在创业期曾遇到的那些问题。他们派了数百名工人到底特律学习福特公司的生产技术，同时招聘数百名美国人帮助工厂开工。（一个前往福特公司学习热处理技术的苏联女冶金学家的出现，引起了《纽约时报》的极大关注，这是美国记者和工程师对苏联女蓝领工人永无止境的迷恋的一部分。）生产是循序渐进的，一开始是组装从底特律送来的汽车和卡车零件，然后才是在本厂制造所有需要的零件。然而，这个工厂花了比预期更长的时间来跟上速度。[40]

再一次，供应短缺和管理无能成为问题的一部分，但劳动力的短缺，特别是熟练劳动力的短缺，将使在最佳状态下快速启动变得不可能。它比斯大林格勒拖拉机厂更大，很快就被命名为 GAZ（Gorkovsky Avtomobilny Zavod）〔高尔基汽车厂（Gorky Automobile Factory）〕，拥有32000名工人。几乎没有人有任何工业经验或任何种类的工作经验。工厂开工时，60%的工人在23岁以下，只有20%的工人在30岁以上，近四分之一的体力劳动者是女性。这几乎就像身处一个早期的英国或美国纺织厂，处于一个青少年的世界。

新工人和他们的外国教师面临困境。生活区是很原始的，只不过美国人居住的部分稍微好点，肉类、鱼类、新鲜水果和蔬菜几乎找不到。当来自底特律的汽车工会活动家维克多（Victor）和沃尔特·路则（Walter Reuther）于1933年底抵达工厂，担任工具和模具制造师时，大部分建筑物里没有暖气。他们被迫在远低于冰点的温度下进行精密金属加工，时不时地进入热处理室，以把他们冻僵的手变暖和。

在斯大林格勒，催促生产的政治压力迅速上升。甚至在工厂开放之前，无能就变成了一种犯罪，9 名官员受到审判，因为他们"故意忽视和压制来自美国工人和技术专家的建议"。在莫斯科举行的一场公开审判中，在数千名观众面前，他们获得的是轻判——最多损失了两个月的工资——作为对其他经理的警告。生产开始三个月后，奥尔忠尼启则（Orjonikidje）在拉扎尔·卡冈诺维奇（Lazar Kaganovich）的陪同下前来检查，前者是共产党最高统治机构政治局的委员。两人指责了地方共产党和工会成员，说他们管理不善且诽谤工程和技术人员，这导致一些工厂高管和地方党组织的干部被解职。

但是，生产情况缓慢地改善了，这是衡量年轻劳动力学习新技能积极程度的一个指标，这也意味着一种全新的生活方式，以及他们面对困难时的应变能力。当路则兄弟在高尔基汽车厂工作了 18 个月后返回美国时，大多数其他的外国工人也已经离开了，而苏联本国工人的技能水平已经大大提高了。他们有更多的食品和消费品可供选择，生产的轿车和卡车也正在开下装配线。《纽约时报》驻莫斯科记者沃尔特·杜兰蒂（Walter Duranty）是斯大林主义工业化的重要推动者之一，宣称他对高尔基汽车厂的兴旺发达怀有巨大信心，并指责"外国评论家往往未能意识到当今俄罗斯发生的两件事——爆发出惊人的能量来完成看似不可能完成的事情，以及俄罗斯人惊人的学习速度"。1939 年，两位奥斯汀公司的工程师再次造访汽车厂，看到了一个拥有 12 万人的城市，在他们建造的核心住宅区里，大多是 6 到 8 层的公寓楼，街道整洁，"种了不少鲜花"，还有一些"看起来精神焕发"的人，他们对此感到"目瞪口呆"。[41]

随着熟练工人队伍的发展壮大，其他的企业也变得更易于开拓了。当哈尔科夫拖拉机厂在 1931 年秋天开始运营时，它受益于一大批有经验的工人，这些工人是从斯大林格勒拖拉机厂调来的。此外，哈尔科夫的工厂不用再从头开始制造组装拖拉机所需的 715 个定制部件，而是可以在一开始使用从斯大林格勒拖拉机厂运来的一些零件来组装。[42]

相比之下，马格尼托哥尔斯克冶金联合企业的建设和初步运营，使斯大林格勒拖拉机厂和高尔基汽车厂看起来就像是小打小闹。[43] 革命前，俄国只有一个小型钢铁工业。第一个五年计划要求苏联在金属生产方面实现巨大的飞跃。这项工作的关键是要在乌拉尔山脉以东 40 英里的地方建立一个大型综合钢铁厂。它旁边是两座山，那里有很多磁铁矿石，矿石储量之丰富甚至能带歪指南针，因此被称为"磁铁山"（Magnitnaia Gora）。而"马格尼托哥尔斯克"是俄语"磁铁山"的音译，被用来命名这座城市。据一些人说，斯大林在了解了位于印第安纳州盖瑞市的美国钢铁公司的工厂后，亲自要求建造这个工厂。和盖瑞的工厂一样，该工厂也包括钢铁产品生产过程的每一个阶段，包括高炉、平炉、转炉、轧钢厂和其他精加工厂、炼焦炉，以及用副产品焦炭生产化工产品的设备。与盖瑞的工厂不同的是，这个工厂群更完整，甚至包括自己的铁矿。

马格尼托哥尔斯克——"五年计划的强大巨人"，正如一份苏联杂志所称的那样，只是一个更大计划的组成部分之一，这个计划是考虑了功能作用和地理的众多相关设施的集合，它一直延伸到西伯利亚中部的库兹涅茨克，那里是最初用于钢铁联合企业的大部分煤炭的来源地，其中包括位于马格尼托哥尔斯克西北 120 英里的车里雅宾斯克拖拉机厂。甚至一些鲜为人知的康比纳特（Kombinat）工厂也是巨大的，比如车里雅宾斯克北部下塔吉尔（Nizhny Tagil）的铁路汽车厂。作为 1933 年开始的第二个五年计划的重要组成部分，这个庞大的工厂雇用了 4 万名工人，甚至有专门负责鼓风炉和开放式炉的部门。[44]

外国专家帮助设计了马格尼托哥尔斯克，但与斯大林格勒和下诺夫哥罗德不同，苏联没有让一个集团协调整个计划，这产生了无数的问题。1927 年，苏联聘请芝加哥弗莱因工程公司（Freyn Engineering Company of Chicago）作为其冶金工业发展的总顾问，并为马格尼托哥尔斯克做了一些初步规划。后来，苏联人聘请了克利夫兰的亚瑟·G. 麦基公司（Arthur G. McKee & Company）来做整体设计，但是引来了无数抱怨。事实证明，该公司无法按照苏联人所期望的速度制订计划。

因此，这家公司被踢出局了，而其他美国和德国的公司被引进来，去设计该建筑群的特定部分，许多苏联的机构也参与进来。因此，用在马格尼托哥尔斯克工作了五年的美国人约翰·斯科特（John Scott）的话来说，各方面"经常是非常不协调的"。整个项目进展缓慢，完成它所花的时间比原来预计的要长得多。

即使这一规划得到更好的管理，工作范畴和场地条件的限制也会使苏联人声称的"超级美国速度"无法实现。刚开始建设马格尼托哥尔斯克时，那里什么都没有——没有建筑物，没有铺好的道路，没有铁路，没有电，没有足够的水，没有煤炭或树木来提供热量或能源，没有附近的食物来源，也没有近距离可获得补给的城市。苏联官员和外国专家不得不在一望无际的大草原上大兴土木，在乌拉尔河以东的恶劣天气下辛勤劳作，那里的夏天很短暂，冬天却特别漫长和寒冷。在 1 月和 2 月，平均温度很低，常常低于 0°F。有些冬天的早晨气温是零下 35 华氏度。约翰·斯科特在高炉施工中当焊工时，有一次看到一个铆工在脚手架上冻死了。[45]

就像英国最早的纺织厂厂主一样，马格尼托哥尔斯克的经理们不得不招募劳动力来建造和运营这个工业园。到 1938 年，该厂共有 2.7 万名员工，经理们想尽办法来安置他们，解决他们的吃饭问题，在一个从未有大量人口聚集的蛮荒之地满足所有需求。有些工人是自愿来的，他们满怀热情地为现代化和社会主义奋斗，或者仅仅是为了逃离自己的村庄或某种不愉快的处境。还有些人是被强行调往马格尼托哥尔斯克的，不管他们乐意不乐意。但是，招募的工人是远远不够的，特别是当他们从马格尼托哥尔斯克流出的速度几乎和他们涌入时一样快，因为极端原始的生活条件和艰苦的工作使他们望而却步，想办法离开。所以，就像早期的英国工厂主一样，苏联大规模地转向非自由劳动。

苏联人在许多大型工程中使用强制劳工，包括车里雅宾斯克拖拉机厂、第聂伯河水电站，以及最著名的白海－波罗的海运河（White Sea-Baltic Canal），几乎全部是由囚犯建成的。根据斯科特的描述，在马格尼托哥尔斯克，20 世纪 30 年代中期大约有 5 万名工人在安全警察——"格别乌"（GPU）〔1934 年以后是内务人民委员会（NKVD）〕——的控制之下，大部分人从事非技术性的建筑工程，但也有一些是钢铁厂的员工。比起英国早期的纺织厂，马格尼托哥尔斯克更有力地证明了工业化、现代性和自由之间并没有直接的关联性。

在马格尼托哥尔斯克，强制劳工分为几类。普通罪犯构成了最大的群体，有 2 万多名工人，大多数是较短的刑期，居住在有铁丝网包围的定居点（还有一个未成年犯的定居点），他们将在看守下工作。第二个群体是在集体化运动中被驱逐到钢铁城的农民，即所谓的"富农"。在1931年10月，有14000多名前富农工人和两倍数量的家庭成员生活在"特殊劳工定居点"，他们最初也被铁丝网包围。即使按照马格尼托哥尔斯克的标准，被迫移徙者的生活条件也是令人震惊的，在三个月的时间里就有775名儿童死亡。（1936年以后，对这些工人的大多数限制已经放宽。）最后，还有一些在旧制度下受过训练的经验丰富的工程师和技术专家，他们被判定犯有罪行，但在某些情况下，特别是在早期，担任责任重大的职务，除了有罪名在身、法律地位特殊外，通常与其他管理人员没有什么区别。[46]

使用强制劳工只是国家安全机构与高速工业化交织的一部分。在马格尼托哥尔斯克，随着建筑和生产的延迟以及困难的不断增加，内务人民委员会越来越多地参与到钢铁综合体里，它成了一个比工厂管理部门和当地政府更有权力的影子力量，在某些方面，甚至比当地的共产党组织还要有实力。计划不周、管理不善、工人缺乏、供应和运输短缺、在机器上和工人身上发生的生产事故和磨损，越来越多地被归咎于不遵循共产党的路线，被归咎于蓄意破坏和捣乱，甚至被归咎于外国势力和内部反对派的阴谋，如"托洛茨基－季诺维也夫集团"和"波兰军事组织"，据称这些势力在马格尼托哥尔斯克一带十分活跃。自1936年起，所有工业事故都接受了刑事调查。"他们常常找错人，"斯科特评论道，"但在苏联，这相对不重要。最主要的是，技术人员和工人都开始欣赏并正确地评价人类的生活。"

但是，如果说技术人员和工人对人类生活有了更多的理解，警察和司法机构在对待工人和管理者时则会变得更加漫不经心，因为涉及"强制措施"的逮捕、伪造证据、拘留和处决等行为变得司空见惯。当简单的失误被认为是背叛和反革命时，即使是组织恐怖活动的马格尼托哥尔斯克的内务人民委员会的领导人最终也会沦为阶下囚，他们自己掉进了深渊，因为他们被认为是真正的失误。尽管没有确切的统计数字，但根据斯科特的说法，1937 年，马格尼托哥尔斯克有"数千人"被捕。在其他地方也是如此，1938 年上半年，高尔基汽车厂有 407 名专家被捕，其中包括几乎所有在底特律待过的苏联工程师，以及仍留在工厂的少数美国人。[47]

俯视这片土地，斯科特看到了愤怒的指控、反指控和逮捕，它们阻碍了生产，但在他看来，这只是暂时的，并且是在有限的范围内发生的。整体而言，由于经理和工人们慢慢地掌握了工作技能，供应和运输问题都得到了解决，新的部门也开始运转了，马格尼托哥尔斯克的铁矿石、生铁、钢锭和钢材产量也都上升了，总体生产力也上升了。[48]20 世纪 30 年代建造的一些巨型工厂虽从未达到预期的产量，但总体而言，第一个五年计划（在四年内提前完成）和随后的第二个五年计划使苏联工业产出出现了巨大飞跃。估计的数字各不相同，但 1928 至 1940 年间，苏联工业总产值至少增长了三倍半，有些统计数据甚至增长了 6 倍。最大的收获是重工业，钢铁产量翻了两番以上。1928 年到 1937 年，机器产量增加了 11 倍，军工产品产量增加了 25 倍。到了 1938 年，机动车产量已接近 20 万辆。电力产量增加了 7 倍。交通运输业和建筑业也飞速发展。相比之下，在第一个五年计划中就不受重视的消费品的产量仅仅略有上升。斯大林在 1929 年说："我们正在变成一个金属之国，汽车之国，拖拉机之国。"十年后，他的说法基本上变成了现实。[49]

塑造社会主义公民

苏联的巨型工厂不仅被看作一种工业化和保护国家的手段，而且也被视为一种文化教化的工具，它将创造出能够经营这些庞然大物和建设社会主义的男男女女。共产党领导人常常将这一文化工程描述为与落后做斗争，包括文盲、对现代医药和卫生的无知，以及对科学和技术的不熟悉，而这正是革命前的俄罗斯帝国民众的主要特征。许多布尔什维克，特别是列宁，用传统的欧洲术语来定义文化，如读写能力、科学知识储备、艺术欣赏水平。文明意味着小说、象棋、贝多芬、室内水暖、电灯。但是一些共产党人，以及在某种程度上的党和整个国家，至少在 20 世纪 30 年代初期，认为应该从革命中创造鲜明的社会主义文化和文明。巨型工厂是把它变为现实的工具。[50]

进厂工作，这个简单的行为是开启文化变革进程的按钮。对于来自农村的青年男女，特别是来自苏联游牧地区的移民而言，情况尤其如此。许多新来的人从来没有见过火车头、室内水暖、电灯，甚至楼梯。第一次走进工厂，他们可能会觉得很可怕，就像在英国和美国早年的那些人一样。一个从里海附近的村庄来到斯大林格勒拖拉机厂的年轻妇女 A. M. 西罗基娜（A. M. Sirotina）还记得："机器发出可怕的轰隆声和锤打声，工厂里车来车往。我吓得躲到一边的一个看台上。"[51]

一名年轻女子在拖拉机厂的车间里工作，这反映了性别角色和家庭关系的深刻变化，它伴随着重工业的加速化产生。革命后，共产党和苏维埃政府促进了妇女地位平等和新的家庭关系的出现，但在萌芽的工业中心，发生的变化尤为引人注目，那里没有必须被推翻的旧秩序。在第一个五年计划开始的时候，29% 的产业工人是女性；到 1937 年，这个数字上升到 42%。在美国或西欧，妇女的职业选择非常有限，许多岗位将她们拒之门外，而操作起重机和经营工厂这种职业，她们甚至永远不会被考虑。然而，旧的生活方式很难改变，因为一些男人拒绝让他们的妻子工作，虐待她们，并且在没有付赡养费的情况下抛妻弃子。[52]

学习做完全陌生的工作，这需要时间。为了加速这一进程，苏联人发起了大规模的技能教育。除了由熟练工人、主管和外国专家主导的非正式车间培训之外，在下班后还开设正式课程，教授具体的工作技能。维克多·雷瑟（Victor Reuther）回忆说，高尔基汽车厂"就像一个庞大的商业学校"。斯大林格勒拖拉机厂齿轮部门的美国技工罗洛·沃德（Rollo Ward）指出，在美国，工厂主试图阻止工人完全理解他们操作的机器，而在苏联，工人被鼓励学习有关设备的一切知识，而不仅仅是为了完成自己的特殊任务所需要的那些知识。[53]

这一推进的影响并不局限于职业教育方面。在新的工业城市里，为迎接即将到来的孩子和新生婴儿，人们为建造足够多的幼儿园和小学做出了巨大的努力。成人识字课程的报名者很多，在马格尼托哥尔斯克就招收了一万名学生。为了提高积极分子的政治水平，有一些学校教授马克思主义理论和苏维埃的经济和社会结构。对于已经掌握了基本技能的工人，有工程学、冶金学等技术学校可以供其深造。在马格尼托哥尔斯克矿业冶金学院（Magnitogorsk Mining and Metallurgical Institute），女生占40％。

在这些教育项目里，常常有一些接受津贴的全日制学生和更多的夜校学生。在马格尼托哥尔斯克，约翰·斯科特下班后的大部分空闲时间会去夜校上学。他说，事实上，城里16至26岁的所有人都参加了某种正式的课程，这占用了他们几乎所有的业余时间。"每天晚上，从 6 点到 12 点，马格尼托哥尔斯克的有轨电车和公共汽车里挤满了抱着书本和笔记本匆匆来往于学校的成年学生，他们讨论着莱布尼茨（Leibnitz）、黑格尔（Hegel）或列宁，把本子放在膝盖上写作业，表现得就像纽约地铁里正逢考试周的高中生。"对于工读生来说，要上课，保持清醒，在辛苦工作一天后还要做作业，是为了开拓一条向上流动的道路。对苏联领导人来说，教育，尤其是技术领域的教育，使这个国家摆脱了对外国和旧政权的依赖。[54]

/ 208

工厂也试图以其他方式提高工人文化水平。"红色角"是一种普遍现象。它有点像 19 世纪和 20 世纪初英美公共大厅里的阅览室，在这些指定的地方有书籍、列宁和其他共产党领导人的照片、政治海报和开会的空间。许多工厂赞助文学团体举行活动，赞助工人作家制作墙报和张贴在工作场所的大幅报纸。在高尔基汽车厂，管理层发起了部门间的竞赛，以提高工人文化水平。一个部门托人从莫斯科带来了一批人造棕榈树，这些树被放置在装配线旁边。雷瑟兄弟所在的部门制作模具来冲压金属汤匙，这是一种文化进步，替换掉了工厂食堂和家里使用的木制、带有农民风格的勺子。在斯大林格勒，工厂经理受到了在美国看到的景象的启发，在拖拉机厂周围植树种草，以吸附可能损坏机器的灰尘，并在工人们到达和离开时创造一个能获得更好口碑的环境。[55]

/ 209

与大型工厂一起出现的城市，至少是与工厂本身和新习惯、新价值观同等重要的。一般来说，由中央和地方苏维埃——政府——负责提供住房和其他城市设施，但在新兴工业城市，工厂经常担任这一角色，负责员工生活几乎所有的方面。就像早期英国纺织厂一样，许多工厂拥有商店和农场来供应物资，工人们相当多的工资花在了工厂食堂和商店里（专门的商店有更好的商品，外国工人花费的价钱更低，然后是党政官员、高级经理、"脱产工人"，以及其他特权阶层）。

在马格尼托哥尔斯克，钢铁公司的"日常生活管理"部门有4000名员工，他们负责处理住房问题和一系列的社会和文化项目。这家工厂控制着该市82%的公共活动空间，并赞助了许多文化机构，其中包括1个大剧院、2个剧团、18个电影院、4个图书馆、1个马戏团和12个工人俱乐部。其中一个俱乐部是献给钢铁工人的冶金宫（The Palace of the Metallurgists），里面有大礼堂、大理石走廊、大吊灯和一个环境优雅的阅览室。城里最大的电影院"马格尼特"（Magnit）放映外国和国产电影，其中包括卓别林的《摩登时代》，当地媒体称赞这部电影是"资产阶级电影中的珍品——一部伟大的电影"，也许这种夸赞是不含讽刺意味的，但是它对福特主义进行了激进的批评，而福特主义正是苏联巨型工厂的运营之道。体育并没有被忽视，这座城市有两个大型体育场、许多体育馆和溜冰场，还有一个航空俱乐部提供飞行和跳伞课，这是在苏联很受欢迎的活动。这座城市应有尽有，除了没有教堂。[56]

从具体要素和设计思维上说，这些大型工业城镇里的生活，比西方工业中心城市的生活更具有公共性。特别是在像马格尼托哥尔斯克这样与世隔绝的地方，但即使在斯大林格勒，工人们最初也住在营帐里，没有私人厨房或厕所（几乎都是室外公共厕所），在寒冷的大房间里一起睡觉。城镇建设落后于工厂建设。1938年，在马格尼托哥尔斯克，当时人口已增长到近25万，有一半的人仍然住在帐篷或其他临时住房里。这座钢铁城市里的规划演变成一场惨败。一个由奉行现代主义的德国建筑师组成的团

队，由埃恩斯特·梅（Ernst May）领导，有许多苏联官员来回
奔波，而地面上出现的建筑杂乱无章，没有任何规划。马格尼托
哥尔斯克的第一个永久性住房，就像高尔基汽车厂附近的城镇一
样，具有乌托邦式的社区特征：大型建筑中有许多小型生活空
间，还有公用的厕所、浴室和厨房，可在公共食堂享用食物，也
可在单独的厨房里做饭，那里提供整套设施。但是，人们总是倾
向于更传统的家庭结构，无论是来自底层还是上层的人都是如
此。这导致了某个家庭，而不是一整栋楼的人，共用某个厨房和
厕所，这成为新的默契。[57]

　　在几年之内，与第一个五年计划有关的最激进的文化思想被
人们完全抛弃了。尽管如此，庞大的工厂还是改变了工人本身。
斯大林格勒拖拉机厂的锻造工人拉米佐夫（Ramizov）的故事赢
得了全苏联的关注。他来自一个贫苦的农民家庭，只带着他穿的
衣服、一套换洗的内衣和一个装着他全部家产的篮子来到工厂。
他的收入很快让他买了他的第一支牙刷，第一条毛巾，第一套西
装，第一条领带和一件冬天穿的大衣。随着时间的推移，他从建
筑工人变成了生产工人，他能够添置家具、书籍、钟表（这在
苏联就像在英国和美国一样，是现代化和工业纪律的象征）、火
炉、盘子和装饰他住所的图画（包括列宁和斯大林的肖像）。由
于贫穷、没文化和耳目闭塞，只能做一个寻常的、卑微的、一文
不名的人，在革命和它所赞助的高速工业化出现之前，这就是俄
罗斯帝国绝大多数人的命运。[58]

为巨型工厂欢庆

　　在第二次世界大战前的十年间，苏联作家、艺术家和政府官
员不遗余力地为巨型工厂欢庆。他们同样喜爱大型基础设施和集

体农场，因为它们也是工业巨人主义的一部分，与工厂一起成为国家自我理解和宣传的核心。艺术家和宣传家通常把建设社会主义的奋斗等同于发展工业化的动力，这使工厂成为反落后斗争的中心场所，并进入一种新的未来模式。

在文学中，机器常常作为社会的隐喻出现，它看起来也颇为确切。莉迪娅·丘科夫斯卡娅（Lydia Chukovskaya）在20世纪30年代末写成的小说《索菲亚·彼得罗夫娜》（*Sofia Petrovna*）中的主角说，在苏联的故事和小说中，"战争、拖拉机、工厂车间太多了，却几乎没有任何关于爱情的东西"。[59]

但是，苏联工厂真正走在时代最前沿的方面，是纪录片项目。在欧洲和美国纪录片艺术和纪实文学走向全盛时期之前，苏联是它们的先锋，鼓舞和推动了这场将会更广泛的运动。在其他地方，纪录片艺术和纪实文学往往聚焦于社会弊病，包括那些源于经济大萧条的问题，但苏联的纪录片作品往往有庆祝的基调，以突显这个幅员辽阔的国家正在取得的巨大进步。[60]

最富创新性的作品，将摄影和新闻报道结合起来，通过展现大规模的工业、基础设施和集体化，生动地描绘了苏联社会的进步。《苏联建筑》（*USSR in Construction*）杂志精选了许多苏联最杰出的视觉艺术家的作品，由俄罗斯苏维埃共和国国家出版社（State Publishing House of the Russian Soviet Republic）出版，其编委会中包括马克西姆·高尔基（Maxim Gorky）。从1930到1941年，这种大开本期刊每月都出版一期，每期分为四个部分，它有俄文、英文、德文和法文版本，最后几年又增加了西班牙文版本。它以摄影随笔文章为特色，这一创新的文体往往被归功于《生活》杂志，但实际上在苏联发展得更早。第五期的封面小标题非常抓人眼球："更多的铁！更多的钢！更多的机器！”一页又一页，是关于水坝、运河、水力发电厂、铁路、汽车厂、拖拉机厂、到达集体农场的拖拉机、造纸厂、木材加工厂、制衣厂、火柴厂、造船厂、工人住房、技术学院、工人俱乐部的摄影随笔散文，所有的焦点都集中在车里雅宾斯克拖拉机厂、马格尼托哥尔斯克钢铁厂、下塔吉尔铁路汽车厂和高尔基汽车厂（“苏联的底特律”）。

《苏联建筑》与美国的工程和贸易期刊没有任何相似之处，后者是一板一眼的工业记录，如《科学美国人》（*Scientific American*）（早期）或《钢铁时代》（*Iron Age*），它们采用专业术语写作，文字排列紧密，有大量的图解插图。而《苏联建筑》看起来非常华丽，具有创新设计理念，有选择地使用色彩，还有顶尖苏联摄影师拍摄的经过精心选景的照片，包括马克斯·阿尔伯特（Max Alpert）、阿尔卡金·沙伊克特（Arkady Shaikhet）、格奥里基·泽尔马（Georgy Zelma）、鲍里斯·伊戈纳多维奇（Boris Ignatovich）、西蒙·弗里德良德（Semyon Fridlyand）、叶甫盖尼·哈勒杰依（Yevgeny Khaldei），以及最值得注意的亚历山大·罗钦可（Alexander Rodchenko）。高尔基也亲自为早期杂志撰写了一些文章。但是，这本杂志真正的主导者是设计师，其中包括尼古拉·特罗申（Nikolai Troshin）、罗钦可和他的妻子瓦莉瓦拉·斯捷潘诺娃（Varvara Stepanova），以及埃尔·利西茨基（El Lissitzky）和苏菲·库珀斯（Sophie Küppers）夫妇。布局是复杂的、多样的、创新的，图片和文字以不断变化的方式，利用不寻常的排版和蒙太奇手法展现。有时，在拍摄照片之前就构思好了布局，设计师会根据所需照片的种类指导摄影师进行拍摄。随着时间的推移，设计变得越来越精细，杂志开始使用水平或垂直的折叠页、插页、地图页、弹出式的活页、不规则裁剪的照片和透明的覆盖膜。有一期，为了介绍一种新的飞机模型，专门给杂志做了一个铝制的外壳。[61]

　　同样的，一些摄影师和设计师也参与制作其他使用类似形式的书籍，以详尽的方式记录工业化的成果。苏联在 1933 年发行了纪录片《苏联建设社会主义》（Stroit Sotzsialism），通过精彩的摄影图片、蒙太奇手法和其他方式，将工业景象——电力、煤炭、冶金等——一一串联起来。就像《苏联建筑》一样，制作这部纪录片是为了宣传苏联的成就。在国外，该片主要解说语言仍是俄语，但字幕有德语、法语，以及英语版本。但是，尽管关于工业化和大型工厂的"赞美诗"向外推广，但最重要的受众还是在苏联国内。早年，《苏联建筑》的德文版和英文版的印刷量达到顶峰时也仅有 1 万多册（法文版印刷量更少），但俄文版的印刷量超过了 10 万册。这个杂志是半前卫的工业和基础设施的见证，它的主要读者群是新的苏联精英——党员、政府工作人员和工业管理人员，毫无疑问他们对新社会的成就感到自豪。他们读《苏联建筑》，就像美国工业家们享受《财富》杂志对工业的赞美和玛格丽特·伯克-怀特的照片一样。1935 年，利西茨基和苏菲夫妇为苏联共产党第七次代表大会制作了一本大部头的七卷本《重工业》（Heavy Industry），这本画册包括手风琴折页、旋风页、特殊插页、拼贴画和拼贴织物。[62]

　　这一时期出版的纪实杂志、书籍和许多宣传工业的海报，都因苏联高质量的摄影作品而大放异彩。革命后的头几年里，由于苏联的大部分人口是文盲，布尔什维克们认为摄影、电影、海报和有大量插图的杂志比文字更能有效地进行宣传和启蒙。《苏联建筑》第一期里有一个声明："国家出版社选择了照片作为描绘社会主义建设的方式，因为照片在很多情况下比最精彩的文章更令人信服。"照相机本身成了现代化的标志。"每个进步的同志，"启蒙委员阿纳托利·卢那察尔斯基（Anatoly Lunacharsky）写道，"不仅要有一只手表，还要有一个照相机。"[63]

苏联摄影师们就风格问题进行了激烈的辩论，并在较小程度上对其拍摄的内容进行了讨论，这形成了有竞争性的团体，但大多数人对社会主义项目表示了赞同，并乐意遵循政府指令来记录五年计划中的巨型项目。甚至离莫斯科和列宁格勒（Leningrad）极其遥远的项目也吸引了顶级摄影师。德米特里·巴博夫（Dmitri Debabov）、马克斯·阿尔伯特和乔治·彼得罗索夫（Georgy Petrusov）都在马格尼托哥尔斯克拍下了一些不同寻常的照片，后者在那里待了两年，担任工厂的信息主管。尽管苏联人与像伯克－怀特和查尔斯·希勒这样的美国工业摄影师在影视拍摄手法上有一些共同点，但他们也有许多重要的区别。苏联摄影师更快地采用了徕卡公司（Leica）1924年推出的35毫米镜头小相机（苏联自产的相机于1932年开始生产），而美国人基本上坚持使用他们巨大、笨重的大画幅摄影设备。35毫米镜头的照相机使拍摄更容易从别出心裁的角度进行，找到不同寻常的拍摄点。打破常规的构图、对角线式位置、花样百出的角度、从很低的或非常高的位置拍摄是早期苏联摄影的主要特征，包括工业摄影作品。虽然到了20世纪30年代早期，当局开始批评非传统的艺术模式，摄影也逐渐走向社会主义现实主义的怀抱，但正如艺术历史学家苏珊·蒂默金·古德曼（Susan Tumarkin Goodman）写的那样，摄影界仍然是"激进视觉文化的最后堡垒"，给巨型工厂留下了传奇的摄影作品，并将其与艺术的现代主义趋势联系起来。[64]

/ 214

与苏联摄影师的风格有许多相似之处的群体是苏联电影制作人，他们也把工厂作为一个重要的艺术创作主题。在 1931 年的电影《热情：顿巴斯的交响曲》（Enthusiasm: Symphony of the Donbas）中，先锋派新闻摄影和纪录片制作人吉加·维尔托夫描绘了乌克兰一系列城镇的历史，它们借助发展煤矿和大型钢铁厂，从迷信宗教和沉湎酒精的泥潭中挣脱出来。钢铁生产的戏剧性形象促成了维尔托夫电影典型的视觉创造性和疯狂的蒙太奇，在这种情况下，这种创新刚刚推出就收到了大量赞美。查理·卓别林热情地宣称，这是本年度最佳影片。[65]

尽管苏联人在赞美工厂时喜欢用视觉形象，但他们并没有忽视文字的功用。1931 年，高尔基提出了一个庞大的项目，以记录"工厂和车间的历史"，既包括旧的设施，又包括第一个五年计划时期建设的新工厂。这反映出苏联领导对工厂的代表性的重视程度，共产党最高层参与了这一系列活动，苏共中央委员会和政治局都讨论了这一问题。布哈林（那时已经开始失势了）和卡冈诺维奇（斯大林最看重的同志之一）分别列出了可能的编辑名单，斯大林亲自划掉了一些名字，又加入了其他人的名字。在 1938 年初，这一系列书被停刊，在此之前已经出版了 30 卷。一些书籍以英文和俄文出版。1934 年，高尔基在纽约出版了《建设斯大林格勒的人们》（Those Who Built Stalingrad）的节译本，该书讲述了苏联和外国工人建造拖拉机工厂并开始生产的过程，采用不同人的口述合集形式，由高尔基撰写前言。这是一部创新性作品，其影响类似于施图兹·克尔（Studs Terkel）的书籍在数十年后的美国产生的影响，这本书里强调了工人的文化和政治变革，也强调了工厂本身的运作。一本关于马格尼托哥尔斯克的小册子也在纽约世界博览会的苏联馆出售，小册子的封面上刻有一个鼓风炉的图案，是铜质浮雕印刷。[66]

在众多美国记者、经济学家和研究苏联的学术专家里最知名的人物之一乔治·弗罗斯特·凯南（George Frost Kennan）称其为"罗曼蒂克的经济发展"。来自《基督教科学箴言报》（*Christian Science Monitor*）的沃尔特·杜兰蒂和威廉·亨利·张伯林（William Henry Chamberlin）等外国记者经常报道这些工业项目的故事，并把这些故事写成书出版。受索尔斯坦·凡勃伦（Thorstein Veblen）的技术官僚观点影响的经济学家和社会批评家，如斯图亚特·蔡斯（Stuart Chase）和乔治·索尔（George Soule），更是特别热衷于此。他们赞同把经济增长和工业化挂钩，羡慕苏联进行大规模规划的做法，认为美国可以从中学习到很多东西。尽管记者和学者们清楚地知道苏联人民为实现这次超速工业化所做出的巨大牺牲，他们当中大多数人仍认为这是值得付出的代价。《国民报》（*Nation*）驻莫斯科记者路易斯·费希尔（Louis Fischer）后来写道，在第二次世界大战前，他一直在"美化钢铁和电力，忘记了人类本身"。[67]

/ 216

涌向苏联的欧洲人甚至比美国人还多。许多人带回了来自工业现场的正面报道。荷兰导演尤里斯·伊文思（Joris Ivens）于1932年到达马格尼托哥尔斯克，他在营地里露营，拍摄工人们架设大型高炉的过程。后来他在西班牙内战期间拍摄了一部亲共和派政府的纪录片《西班牙大地》（*The Spanish Earth*），在国际上声名大噪。左翼奥地利作曲家汉斯·艾斯勒（Hanns Eisler）同意为他的电影配乐，参与到他的工作中去，记录工业现场的声音以在配乐中使用，就像维尔托夫在这不久前发行的纪录片《热情》（*Enthusiasm*）中所做的那样。《英雄之歌》（*Song of Heroes*）以一个柯尔克孜族（Kirghiz）农民转变为苏联工人为中心故事。当时苏联的文化实验被人为控制，围绕这部电影产生了复杂的政治和艺术争论。因此，它在 1933 年初首次公演后，很快就从人们的视线中消失了。与此同时，艾斯勒和苏联作家谢尔盖·特列季亚科夫（Sergei Tretyakov）计划上演一部关于马格尼托哥尔斯克的歌剧，原计划在莫斯科大剧院首演，但可能是出于政治原因，这部歌剧并未排练。[68]

至少在美国，除了主流记者或先锋左派外，对讲述苏联工业巨人主义故事发挥最大作用的或许是玛格丽特·伯克－怀特，实际上她是把自己在美国工厂所扮演的角色又重新扮演了一遍。她被吸引到苏联去了，这是外国摄影家很少涉足的地方，不是出于对社会主义实验的特殊同情，而是出于记录迅速的工业化和农民转变为工人阶级的愿望。她后来写道："我很想知道，一个飞速建成的工厂是什么样的。"

进入苏联是个相当大的挑战。尽管在纽约拿到了来自谢尔盖·爱森斯坦（Sergei Eisenstein）的介绍信，但她还是颇费了一番周折，并且花了相当长的时间才拿到了签证。接着，她带着笨重的设备从德国开始了一次艰苦的火车旅行。当最终到达莫斯科时，她打开了所有的门，她的照片就像一个魔术棒一样，把高炉、石油井架、机车和煤炭运输机都收入其中。"我来到了一个神奇的国家，在这里，工业摄影师被授予了艺术家和先知的头衔。"她发现，苏联官员很快就组织了一次长达 5000 英里的巡访，访问了第一个五年计划的许多关键地点。第一个五年计划就像一个建在社会主义道路十字路口上的车站。该计划包括纺织厂、第聂伯河水坝、集体农场、黑海水泥厂（Black Sea Cement Plant）——就像费奥多·瓦西里耶维奇·格拉德科夫（Fyodo Vasilievich Gladkov）的热门小说《水泥》（Cement）

中虚构的那个工厂一样——以及斯大林格勒拖拉机厂。

伯克－怀特出版了一本书《目睹俄罗斯》（Eyes on Russia），用来记录她的旅程，这是她第一次用文本对她的照片进行补充。她在斯大林格勒拖拉机厂拍摄的一张照片同时出现在《财富》和《苏联建筑》上，后者所使用的照片版本略有不同（同一期还发布了她拍摄的其他几张照片）。1931 年夏天，她应苏联政府的邀请再次到来，对马格尼托哥尔斯克进行广泛的拍摄。《纽约时报》周日版发表了她的六篇文章，并附上了她旅行时拍摄的照片。第二年夏天，她再次来到苏联，这是她第一次也是最后一次尝试拍电影，基本上以失败告终。1933 年底，当美国承认苏联时，她拍摄的素材变成了在影院发行的两部短片。[69]

伯克－怀特关于苏联工业的照片与她在美国的作品很相似：突出展示具有对称和重复特点的机械，与壮观的天空相对应的大型设备和装置，在黑暗中流动的灼热钢水。她在莫斯科郊外的一家纺织厂拍摄的照片与她在阿莫斯克亚格拍摄的照片没什么两样。她在苏联拍摄的照片和她早期工业作品之间的主要不同之处在于她对工人有了更多的关注，无论是在工业风景照中还是在人物照中。

与苏联摄影师的作品相比，伯克－怀特在苏联拍摄的照片似乎有点老套：古板、庄重、有一点僵硬。和在美国的情况一样，她经常拍摄照片来捕捉她所看到的过程的末端结果。在斯大林格勒拖拉机厂装配线的尽头，她拍下了一张拖拉机的照片，她在工厂里搜寻，为工业胜利的"狂喜图"寻找合适的形象。

20 世纪三四十年代，在某种程度上是因为她在苏联的经历，伯克－怀特越来越倾向于政治左派。但是，通常意义上的政治并没有影响她对苏联工业的印象。相反，是工业的实体机械和建造以及操作它的人吸引了她。在苏联，正如在美国一样，伯克 - 怀特看到了大规模工业的壮观、进步和现代化。她记录的是大型工厂，而不是它的社会背景。她这样做含蓄地暗示了，作为社会主义世界中的一个机构和资本主义世界中的一个机构，工厂存在根本的相似性。[70]

付账单

外国工人和专业人员大量参与苏联工业化的现象，被证明是短暂的。到 1933 年，这种净流入现象已经被逆转，离开苏联的外国人多于进入苏联的外国人。几年之后，剩下的外国人就很少了。

在很大程度上，这是一个钱的问题。苏联与外国专家和公司签订的合同，一般要求以美元、欧洲货币或黄金支付。为购买外国设备和专业知识，苏联人大量出口粮食、黄金、艺术品和工业原材料（包括木材、石油、亚麻和毛皮）。但这些商品的价值正在下降。20 世纪 20 年代末，甚至在美国股市崩盘之前，全球大宗商品价格就开始下跌，这迫使苏联增加对外销售额，以制止黄金和硬通货储备枯竭的趋势。1930 年 8 月，斯大林呼吁将谷物出口增加一倍以上，他说："否则我们就有失去新的钢铁厂和机械制造厂的危险……我们必须大力推进粮食出口。"

当苏联第一批新工厂准备运营时，大萧条已经席卷了美国和西欧各国，因此有很多技术工人愿意去苏联工作，这不是出于在政治上赞同苏联，只是为了找工作。但大萧条也导致了谷物和原材料价格的进一步下跌，加快了苏联外汇储备的下降速度。1931年中期，苏联领导人开始限制对外国设备的进口数量和对外国专家的聘请数量。美国人受到的打击尤其严重，因为其他国家的公司后来居上，提供了美国无法提供的更好的合作条件和信贷政策。

当阿尔伯特·卡恩的咨询合同于 1932 年到期时，苏联人提出，只有在他的公司同意以卢布支付酬劳时，才能续签合同，而卢布不能兑换成美元。卡恩亲自前往莫斯科，以挽救双方的合作关系，但最终他把公司的员工带回了家。1934 年，在购买了与福特公司签订的合同中规定的车辆和零件数量之后，苏联方面也不再续签协议了。[71]

但是，也不仅仅是钱的问题。苏联人原先对外国设备、方法和专家能够达到的目标期望过高，这导致后来对美国主义产生了某种幻灭感，因为新工厂成本高昂，难以达到其目标产出。西方大萧条的影响也挫伤了人们对美国的积极看法。这种状况，正如马克思主义对不断出现的内部矛盾阻碍资本主义的传统批判一样。瓦西里·伊万诺夫在经济大萧条初期到美国旅行后报告说："我亲眼看到了生产力是如何溢出其狭隘的资本主义框架的。这些工厂的产量只有总产能的 1/3，这压制了它们的力量，禁锢并摧毁了它们旺盛的技术潜力。"有可能美国不会继续在工业创新方面处于领先地位了。

与此同时，新一代的苏维埃管理人员和技术专家开始崭露头角。领导人越来越相信，他们不需要外国专家，在某些情况下，他们开始厌烦外国专家。20 世纪 30 年代中后期，伴随着对苏联在所有领域的优越性越来越夸张的宣传，在苏联的社会思潮里，出现了一种对外界的怀疑甚至是仇外心理的普遍转向。在工业化进程中，外国人的作用被淡化或消除。20 世纪 30 年代中期以后，决定留在苏联的外国人受到了怀疑，他们很难找到工作，甚至会有牢狱之灾。[72]

尽管苏联不再照搬资本主义制度下发展出来的方法、工厂、产品和工艺，但其工业的基本驱动力仍然没有改变。第二个五年计划和第三个五年计划陆续展开，但第三个五年计划由于第二次世界大战而中断，苏联仍然继续优先考虑重工业，尽管也更加关注消费品。第二次世界大战后，苏联恢复了战前实施了许多年的经济计划模式，集中投资大型生产和研究设施，这一过程往往伴随着新城市的产生。第一个五年计划的超速工业化创造了一个模板，苏联在解体前一直使用这一模板，它的许多卫星国和盟友也在应用这一模板。[73]

它成功了吗？

巨型工厂在苏联成功了吗？这个问题的含义和分量，与被问及工业巨人主义的早期表现时是不同的。在其他地方，个人或公司为了狭隘的目的建造了大型工厂，即让自己获得经济回报。有时，他们也有慈善或社会目标，但这些目标几乎总是次要的，往往要有利于工厂在经济上的成功及对其创造者和投资者的回报。相比之下，在苏联，大型工厂被视为一种手段，用来实现宏伟的社会和政治目的：工业化、现代化、国防和社会主义的创造。虽

然早期的大型工厂被认为是一种扩大型生产的方式，但在苏联，大型工厂被看作一种改造社会、文化，并最终改变世界历史的方法。

20 世纪 30 年代的苏联工业化运动，是以总产出和经济增长为衡量标准的。根据五年计划进行的基础设施和工业化建设，加快了工业和整个国民经济的发展，使之超过了西方国家。而在西方，大萧条使主要工业国家处于停滞状态。在一个又一个行业中，苏联的工业产出迅速上升，在许多情况下，工业巨头扮演了关键的角色。

经济学家们一直在争论，类似的增长是否可以通过一个更

平衡的发展计划来实现，而不是把投资集中于那些标志性的超级工厂。正如苏联人所发现的那样，在一个广大的、不发达的国家建造出几个工业巨人的孤零零的岛屿是不划算的。昂贵的先进的设备被过度使用，没有得到妥善维护，而是过早磨损。由于国家工业基础薄弱，以及通过计划经济而不是市场经济进行协调所造成的困难，熟练劳动力的短缺已经成为一种地方病，供应链的创造和维持极其困难。由于无法通过官方渠道获得可靠优质的流动物资，工厂经理建立了自己的非公开的供应商网络，使用以物易物、优惠和其他方法进行交易，使其他地方形成短缺和困难，而且经常会把有缺陷的产品传递到供应链。[74]

但是，仅凭经济方面，无法完全判断巨型工厂是否成功。苏联工业项目的宏伟规模，超过了资本主义世界所有的项目规模，具有重要的思想功能。工业巨人主义促成了工业化所需的大规模社会动员，对人们思想观念的冲击程度等同于革命和内战。苏联工厂和基础设施的史诗性规模促成了一场文化革命，其中，现代性和进步与苏维埃政权和机械化联系在一起。巨型工厂是成功的，它动员了数百万苏联公民，使他们为建设新设施、新经济和新社会做出了英勇的努力。

/ 223

付出代价。农业集体化把数百万农民从自己的家园推向了工厂的工作岗位。第一个五年计划期间，农村的条件最差，而且工人的实际工资和生活水平也下降了。新工厂面临的情况很严峻，存在普遍的短缺。

但相对来说，工人面临的形势并没有那么糟糕。住房非常拥挤，但对大多数农民乃至大多数城市工人来说，缺乏私人空间并不是新鲜事。对许多人来说，电力、干净的自来水和中央供暖是新奇的事物。此外，按照英国和美国工业化早期阶段的标准，苏联的工作时间很短，在 20 世纪 30 年代初一般为每天 7 小时（不包括正餐时间），从事危险职业的工作时间为每天 6 小时。到 20 世纪 30 年代末，工人的物质条件显著改善。[75]

在 20 世纪 30 年代，要让苏联的巨型工厂与其他一切东西——包括农业集体化和大清洗——完全隔离开来是不可能的，因此，很难判断工业巨人主义作为一种发展战略的效果。但是，这有一个事实很清楚，即冶金、汽车和拖拉机工业的创立，特别是位于苏联内陆深处的工厂的存在，对苏联在第二次世界大战期间的生存和最终胜利至关重要。苏联之所以在乌拉尔地区部署如此多的巨型工厂，一个原因是让它们远离任何入侵，不仅要让它们远离地面攻击，而且要远离空中轰炸。许多关键的工业设施都被设计成可以迅速转化为军备生产的形式。当雷瑟兄弟在高尔基汽车厂的工具部工作时，军方专员会定期出现，检查制造军事装备的模具和固定装置，并对这些工具进行测试和储存，以备不时之需。第二次世界大战期间，该厂为军队生产了汽车、卡车、吉普车、救护车、装甲车、轻型坦克、自行火炮和弹药。斯大林格勒拖拉机厂也在战时生产轻型坦克，直到史诗式的斯大林格勒之战中这个工厂被德军摧毁为止。车里雅宾斯克拖拉机厂被证明更加重要，在战争之前，它就开始生产自行火炮、榴弹炮、轻型和重型坦克了。在德军入侵后，来自哈尔科夫拖拉机厂和柴油机厂等其他工厂的机械和人员被转移到车里雅宾斯克。在战争期间，扩建后的车里雅宾斯克工业综合体生产了 18000 辆坦克和同样数量的自行火炮、48500 台坦克发动机和 1700 多万发子弹。正如约翰·斯科特在 1942 年初所写的那样，马格尼托哥尔斯克工厂和更大范围的乌拉尔工业区是"防止被希特勒打败的第一保障"，当然，这也有助于确保同一阵营的英国和美国的胜利。[76]

但如果说苏联巨型工厂为工业化、现代化和国防做出了贡献，那么它在社会主义建设中的作用就取决于这些意义，而不仅仅是经济利益。作为国有企业，苏联巨型工厂是围绕政府建立的经济和社会制度的一部分，并且在较小程度上对生产资料拥有集体所有权。但是，这究竟是使苏联成为一个社会主义社会，还是一个国家资本主义社会，这是一个在 20 世纪四五十年代引起激烈辩论的话题。在当今世界，关心此类话题的人少得多，但这仍然是一个有争议的问题。[77]

社会主义和国家所有制是否改变了工厂内部的关系？改变了一点，但是不多。即使在大清洗的年代，苏联工人也可以就工厂的运作问题自由地批评工厂主管和政府官员，可能比福特公司或美国钢铁公司出现工会之前的工人有更多的自由。但具有讽刺意味的是，在美国工会开始成长的同时，曾给工人们提供某种自治基础的苏联工会却被剥夺了独立权和实权（尽管它在提供社会福利方面的作用扩大了）。在 20 世纪 30 年代后期，工人们有时利用猜疑的气氛和秘密警察的势力来打倒不喜欢的官员。在恐怖状态消退后，苏联颁布了严厉的新劳动法，将旷工、迟到和擅自离职定为刑事犯罪（在首批英国工厂成立时，上述行为也违反法律）。更为根本的是，工厂内部的社会关系仍然是等级森严的，就像在西方一样。正如一位记者所描述的斯大林格勒拖拉机厂那样，装配线"不再是资本家和社会主义者之间的分歧问题"。[78]

1931 年，曾在苏联担任冶金工业最重要的顾问之一的 H. J. 弗莱恩（H. J. Freyn）在泰罗学会（Taylor Society）就第一个五年计划发表了演讲。泰罗学会是科学管理之父泰罗的信徒的组织。弗莱恩称苏联是一个集权国家，但他认为，在目前阶段，集权制度"对人民的福祉至关重要"。在任何情况下，"一个现代企业都很难运用民主原则来进行经营或管理。"像卡恩一样，弗莱恩在讨论苏联工业发展时很少提到意识形态。[79]

巨型工厂塑造了苏联发展的道路，并在未来几十年里成为这个国家经济增长和现代化理念的支柱。但作为一个自成一体的制度，它明显地不受周边事物的影响。

注　释

1　*Detroit Sunday News*, Dec. 15, 1929. Photographs of the plant site and construction are in box 10, Albert Kahn Papers, Bentley Historical Library, University of Michigan, Ann Arbor, Michigan. See also "Agenda for Meeting with Russian Visitors-Saturday, June 13, 1964," *Russian Scrapbooks*, Vol. II, box 13, Kahn Papers;*Those Who Built Stalingrad, As Told by Themselves* (New York: International Publishers, 1934), p.29; Alan M. Ball, *Imagining America: Influence and Images in Twentieth-Century Russia* (Lanham, MD: Rowman & Littlefield, 2003), p.124; *New York Times*, Mar. 29, 1930, May 18, 1930; Margaret Bourke-White, Eyes on Russia (New York: Simon and Schuster, 1931), pp.118–127.

2　V. I. Lenin, "Our Foreign and Domestic Position and Party Tasks," Speech Delivered to the Moscow Gubernia Conference of the R.C.P. (B.), Nov. 21, 1920,*Lenin's Collected Works, Volume 31* (Moscow: Progress Publishers, Moscow, 1966), pp.419–420.

3　Edward Hallett Carr and R. W. Davies, *Foundations of a Planned Economy, 1926–1929*, Vol. I-II (London: Macmillan, 1969), pp.844, 898–902; Alexander Erlich, *The Soviet Industrialization Debate, 1924–1928* (Cambridge, MA: Harvard University Press, 1967), pp.164–165; J. V. Stalin, "A Year of Great Change, On the Occasion of the Twelfth Anniversary of the October Revolution," *Pravda* 259 (Nov. 7, 1929), https://www. marxists.org/reference/ archive/stalin/works/1929/11/03.htm; Stephen Kotkin, *Magnetic Mountain: Stalinism as a Civilization* (Berkeley: University of California Press, 1995), pp.32 (quoted passage), 69–70, 363, 366.

4　阿伦斯后来成为一个顶尖工业设计师，为一些最著名的美国公司工作。Barnaby Haran cites Arens's comments in his article "Tractor Factory Facts: Margaret Bourke-White's

Eyes on Russia and the Romance of Industry in the Five-Year Plan," *Oxford Art Journal* 38（1）（2015）, p.82. The full text is in *New Masses* 3（7）（Nov. 1927）, p.3. On Arens, see "Biographical History," Egmont Arens Papers Special Collections Research Center, Syracuse University Libraries, accessed Feb. 23, 2016, http://library.syr.edu/digital/guides/a/arens_e. htm#d2e97.

5　当然，总有一些归政府所有的工厂，特别是生产武器的工厂。如第4章所述，有时这些工厂在生产技术的发展中起着重要作用。

6　关于欧洲科学管理和大规模生产的影响，见于 Thomas P. Hughes, *American Genesis: A Century of Invention and Technological Enthusiasm, 1870-1970*（New York: Viking, 1989）, pp.285-323; Judith A. Merkle, *Management and Ideology: The Legacy of the International Scientific Management Movement*（Berkeley: University of California Press, 1980）, esp. pp.105, 136-223; Charles S. Maier, "Between Taylorism and Technocracy: European Ideologies and the Vision of Industrial Productivity in the 1920s," *Journal of Contemporary History* 5（2）（1970）, p.27-61; and Antonio Gramsci, "Americanism and Fordism," in *Selections from the Prison Notebooks of Antonio Gramsci*, ed. and trans. Quintin Hoare and Geoffrey Nowell Smith（New York: International Publishers, 1971）。

7　列宁对吉尔布雷斯的作品特别感兴趣（就像其他俄国共产党员一样），列宁称，通过简化完成任务所需要的活动，可以在不增加对工人的剥削的情况下提高生产力。S. A. Smith, *Red Petrograd: Revolution in the Factories 1917-1918*（Cambridge: Cambridge University Press, 1983）, pp.7-12; Merkle, *Management and Ideology*, pp.105-106, 179; Daniel A. Wren and Arthur G. Bedeian, "The Taylorization of Lenin: Rhetoric or Reality?" *International Journal of Social Economics* 31（3）（2004）, pp.287-299（quote from Lenin on 288）; V. I. Lenin, *Imperialism: The Highest Stage of Capitalism; A Popular Outline*（[1917] New York: International Publishers, 1939）。

8　列宁关于泰罗的评论很快被翻译成英文，在美国流传，并在商界经常被引用。Wren and Bedeian, "Taylorization of Lenin," pp.288-289; Merkle, *Management and Ideology*, pp.111-115（quote on 113）。

9　Isaac Deutscher, *The Prophet Armed; Trotsky: 1879-1921*（New York: Oxford University Press, 1954）, pp.499-502; Merkle, *Management and Ideology*, pp.118-119; Kendall E. Bailes, "Alexei Gastev and the Soviet Controversy over Taylorism, 1918-24," *Soviet Studies* 29（3）（July 1977）, pp.374, 380-383.

10　Merkle, *Management and Ideology*, pp.114-120; Bailes, "Alexei Gastev"; Vladimir Andrle, *Workers in Stalin's Russia: Industrialization and Social Change in a Planned Economy*（New York: St. Martin's Press, 1988）, pp.101-102; Wren and Bedeian,

"Taylorization of Lenin," pp.290-291; Deutscher, *The Prophet Armed*, pp.498-501.

11 最早的全俄科学管理会议是由托洛茨基在 1921 年组织的，但未能解决辩论双方的分歧。Bailes, "Alexei Gastev," pp.387-393; Kendall E. Bailes, "The American Connection: Ideology and the Transfer of American Technology to the Soviet Union, 1917-1941," *Comparative Studies in Society and History* 23（3）（July 1981），p.437; Wren and Bedeian, "Taylorization of Lenin," p.291.

12 1926 年，当福特汽车公司的一个代表团访问加斯捷夫的学院时，代表团成员认为它是 "一个马戏团，一个杂耍班，一个疯人院"，"一个浪费年轻人时间的鬼地方"。Merkle, *Management and Ideology*, p.123; Andrle, *Workers in Stalin's Russia*, pp.93-94; Bailes, "Alexei Gastev," pp.391, 393; Timothy W. Luke, *Ideology and Soviet Industrialization*（Westport, CT: Greenwood Press, 1985），pp.165-166; Wren and Bedeian, "Taylorization of Lenin" pp.291-296; Ball, *Imagining America*, pp.28-29.

13 我对俄美工业公司的评论基于 Steve Fraser, "The 'New Unionism' and the 'New Economic Policy'，" in James E. Cronin and Carmen Sirianni, eds., *Work, Community and Power: The Experience of Labor in Europe and America, 1900-1925*（Philadelphia: Temple University Press, 1983）。

14 William Z. Foster, *Russian Workers and Workshops in 1926*（Chicago: Trade Union Educational League, 1926），p.52; Erlich, *Soviet Industrialization Debate*, pp.24-25, 105-106, 114.

15 Erlich, *Soviet Industrialization Debate*，pp.xvii-xviii,140, 147, 161; Smith, *Red Petrograd*, pp.7-8, 10-12; Orlando Figes, *Revolutionary Russia, 1891-1991: A History*（New York: Metropolitan Books, 2014），p.112.

16 Bailes, "The American Connection," pp.430-431; Hans Rogger, "Amerikanizm and the Economic Development of Russia," *Comparative Studies in Society and History* 23（3）（July 1981）; Hughes, *American Genesis*, p.269; Dana G. Dalrymple, "The American Tractor Comes to Soviet Agriculture: The Transfer of a Technology," *Technology and Culture* 5（2）（Spring 1964），pp.192-194, 198; Allan Nevins and Frank Ernest Hill, *Ford: Expansion and Challenge, 1915-1933*（New York: Charles Scribner's Sons: 1957），pp.255, 673-677.

17 福斯特还声称，苏联工人接受的只是计件工作和泰罗主义，因为 "增加生产的好处是归工人的，而不是归贪婪的资本家"。William Z. Foster, *Russian Workers*, pp.13, 54; *New York Times*, Feb. 17, 1928（"Fordizatsia"）。

18 托洛茨基认为社会主义是苏联的制度与美国的方法相结合的产物，这不仅是对列宁的呼应，也是布尔什维克的共同信念。例如，1923 年，尼古拉·布哈林宣称 "我们需要马克思主义加美国主义"。Rogger, "Amerikanizm," p.384. The Trotsky quotes come from

his essay "Culture and Socialism," *Krasnaya* Nov, 6（Feb. 3, 1926）, translated by Brian Pearce, in Leon Trotsky, *Problems of Everyday Life and Other Writings on Culture and Science*（New York: Monad Press, 1973）.

19　五年计划是一份非常详细的文件，有1700多页。Erlich, Soviet Industrialization Debate; Carr and Davies, Foundations of a Planned Economy, pp.894, 896; Figes, R evolutionary Russia, pp.4, 139, 146-148.

20　也许在苏联拥抱工业巨人主义的过程中也有一种文化因素；在革命前后，俄罗斯普遍倾向于纪念性建筑，例如，从埃尔米塔日博物馆（Hermitage）到从未完工的莫斯科苏维埃宫（Moscow Palace of Soviets），都明显地体现了这一点。在这方面，我要感谢凯特·布朗（Kate Brown）的帮助。Carr and Davies, *Foundations of a Planned Economy*, pp.844, 898-902; Erlich, *Soviet Industrialization Debate*, pp.67-68, 107-108, 140; Andrle, *Workers in Stalin's Russia*, p.27; *Those Who Built Stalingrad*, pp.33-38.

21　Bailes, "The American Connection," p.431; Merkle, *Management and Ideology*, p.125; R ogger, "Amerikanizm," pp.416-417.

22　另一位美国人比尔·沙托夫（Bill Shatov）负责监督苏联早期的第二个大型项目——土西铁路，但那是一个截然不同的故事；沙托夫是一个俄罗斯出生的无政府主义者，活跃在美国的世界产业工人联盟，1917年回到俄罗斯。Hughes, *American Genesis*, pp.264-269; Carr and Davies, *Foundations of a Planned Economy*, pp.900-901; Bourke-White, *Eyes on R ussia*, pp.76-88; Sonia Melnikova-R aich, "The Soviet Problem with Two 'Unknowns': How an American Architect and a Soviet Negotiator Jump-Started the Industrialization of R ussia: Part II: Saul Bron," *Industrial Archeology* 37（1/2）（2011）, pp.8-9. 梅尔尼科夫－莱奇（Melnikova-R aich）的文章是她对美国公司和专家在苏联工业化中所扮演角色的启示性研究——基于对美国和苏联档案的广泛研究——的第二部分。关于沙托夫，见于 Editors' Notes（accessed Jan. 11, 2016）, http://editorsnotes.org/projects/emma/ topics/286/。

23　Adler, "R ussia 'Arming' with Tractor"; Maurice Hindus, "Preface," in Bourke-White, *Eyes on R ussia*, pp.14-15; Dalrymple, "The American Tractor Comes to Soviet Agriculture," p.210; Andrle, *Workers in Stalin's R ussia*, p.3.

24　苏联计划在国际收割机模式的基础上生产拖拉机，在不支付专利费的情况下与该公司进行合作。*New York Times*, Nov. 5, 1928, May 5, 1929, and May 7, 1929; Sonia Melnikova-R aich, "The Soviet Problem with Two 'Unknowns': How an American Architect and a Soviet Negotiator Jump-Started the Industrialization of Russia: Part I: Albert Kahn," *Industrial Archeology* 36（2）（2010）, pp.60-61, 66; *Economic R eview of the Soviet Union*, Apr. 1, 1930.

25　*Detroit Free Press*, May 14, 1929, and June 1, 1929.

26 Melnikova-Raich, "The Soviet Problem with Two 'Unknowns,' Part I," pp.61, 66–68; *New York Times*, July 1, 1929, Mar. 29, 1930, May 18, 1930, and Mar. 27, 1932; *Those Who Built Stalingrad*, pp.38–45, 50–56 (Ivanov quote on 52),206; Andrle, *Workers in Stalin's Russia*, pp.84–85; Rogger, "Amerikanizm," pp.383–384.

27 *New York Times*, June 19, 1930; *Those Who Built Stalingrad*, pp.13, 62.

28 Melnikova-Raich, "The Soviet Problem with Two 'Unknowns,' Part II," pp.9–11, 23–24; *New York Times*, May 5, 1929, May 7, 1929, June 1, 1929; Nevins and Hill, *Ford: Expansion and Challenge*, pp.677–678, 683; Richard Cartwright Austin, *Building Utopia: Erecting Russia's First Modern City, 1930* (Kent, OH: Kent State University Press, 2004), p.12.

29 Melnikova-Raich, "The Soviet Problem with Two 'Unknowns,' Part II," pp.11–12; *Michigan Manufacturer and Financial Record*, Apr. 19, 1930; Lewis H. Siegelbaum, *Cars for Comrades: The Life of the Soviet Automobile* (Ithaca, NY: Cornell University Press, 2008), p.40; Betsy Hunter Bradley, *The Works: The Industrial Architecture of the United States* (New York: Oxford University Press, 1999), p.22; Austin, *Building Utopia*, pp.5–6, 13–19.

30 Austin, *Building Utopia*, pp.31–43, 59–101, 121–139; *New York Times*, Dec. 2, 1931.

31 1930 年 4 月，苏联汽车托拉斯公司认为，让奥斯汀设计汽车工人的城市是一个错误："美国人或许是汽车制造方面的专家，但是他们肯定不是为苏维埃共和国设计社会主义城镇的专家。"尽管如此，在激进的社会主义愿景中，也有一些美国施加的影响力。其中一位关键人物，建筑师兼教育家亚历山大·泽连科（Alexander Zelenko）曾在美国度过一段时间，包括参观芝加哥的霍尔馆（Hull House in Chicago）和纽约大学定居点（the University Settlement in New York），在那里他受到约翰·杜威思想的影响。*New York Times*, Dec. 16, 1929, Apr. 11, 1931, Mar. 27, 1932; Yordanka Valkanova, "The Passion for Educating the 'New Man': Debates about Preschooling in Soviet Russia, 1917–1925," *History of Education Quarterly* 49 (2)(May 2009), p.218; Austin, *Building Utopia*, pp.45–53, 84–85, 161–168; Kotkin, *Magnetic Mountain*, p.366.

32 非常受欢迎的苏联小说《水泥》，英语版见于 *Fyodo Vasilievich Gladkov* ([1925] New York: Frederick Ungar Publishing Co., 1973)，生动地描绘了苏维埃工业化进程中所遇到的巨大障碍和英勇的努力。有关第一年计划项目的第一人称叙述之作，英语作品请参阅 *Those Who Built Stalingrad* and John Scott, *Behind the Urals: An American Worker in Russia's City of Steel* (Cambridge, MA: Houghton Mifflin, 1942)。

33 On-site reports include *The Detroit Sunday News*, Dec. 15, 1929, and *New York Times*, Nov. 21, 1930. Time coverage includes "Great Kahn," May 20,1929, "Austin's Austingrad," Sept. 16, 1929, and "Architects to Russia," Jan. 20, 1930.

34 Saul G. Bron, *Soviet Economic Development and American Business* (New York: Horace Liveright, 1930) , pp.76, 144−146.

35 Melnikova-Raich, "The Soviet Problem with Two 'Unknowns,' Part I," pp.60−63; *New York Times*, Jan. 11, 1930; "Architects to Russia," *Time*, Jan. 20, 1930; Terry Smith, *Making the Modern: Industry, Art and Design in America* (Chicago: University of Chicago Press, 1993) , p.85; *Detroit Free Press*, Jan. 18, 1930; *Detroit Times*, Mar. 17, 1930.

36 "Industry's Architect," *Time*, June 29, 1942; Melnikova-Raich, "The Soviet Problem with Two 'Unknowns,' Part I," pp.62−66, 75.

37 拖拉机的制造是在车里雅宾斯克，而它的许多设计是在底特律的办事处完成的，有 12 名美国工程师和 40 名苏联工程师参与。Melnikova-Raich, "The Soviet Problem with Two 'Unknowns,' Part I," pp.69−71.

38 *Those Who Built Stalingrad*, pp.56−58, 261; Bourke-White, *Eyes on Russia*, p.188. 当然，由于不讲俄语，也不熟悉当地情况，这很可能是伯克－怀特和其他美国观察家未能完全理解他们所看到的情况的原因。

39 *New York Times*, Nov. 7, 1930, Nov. 24, 1930, Dec. 27, 1930, Sept. 28, 1931, Oct. 4, 1931, Apr. 14, 1934; Nevins and Hill, *Ford: Expansion and Challenge*, p.522; Meredith Roman, "Racism in a 'Raceless' Society: The Soviet Press and Representations of American Racial Violence at Stalingrad in 1930," *International Labor and Working-Class History* 71 (Spring 2007) , p.187; *Those Who Built Stalingrad*, pp.64−66, 161, 164, 228−229, 261, 263.

40 *New York Times*, July 20, 1930;*Austin, Building Utopia*, pp.190−191; Victor Reuther, *The Brothers Reuther and the Story of the UAW* (Boston: Houghton Mifflin, 1976) , pp.93, 101.

41 *New York Times*, July 20, 1930; May 11, 1931; May 14, 1931; May 18, 1931; Dec. 2, 1931 (Duranty) , May 18, 1932; Austin, *Building Utopia*, pp.190−191, 197; Andrle, *Workers in Stalin's Russia*, p.35; Reuther, *Brothers Reuther*, pp.88, 93, 101, 110.

42 Melnikova-Raich, "The Soviet Problem with Two 'Unknowns,' Part I," p.69; *Those Who Built Stalingrad*, p.158; *New York Times*, Dec. 2, 1931.

43 对马格尼托哥尔斯克的描述主要基于 Stephen Kotkin's brilliant history, *Magnetic Mountain*, and the first-person account by American John Scott, who worked in the plant, *Behind the Urals*。

44 "Mighty Giant" from *USSR in Construction*, 1930, No. 9, p. 14. 下塔吉尔的工厂看起来很像卡恩的工厂，但显然该工厂是由苏联专家自主设计、建造和启用的，其中许多专家是第一个五年计划项目里培养出来的老手。See *USSR in Construction*, 1936, No. 7

（July）.

45　"Super-American tempo" from *USSR in Construction*, 1930, No. 9, p.14. On the weather, see http://www.weatherbase.com/weather/weather.php3?s=83882&cityname=Magnitogorsk-Chelyabinsk-Russia（accessed Jan. 26, 2016）and Scott, *Behind the Urals*, pp.9–10, 15. 对许多除斯科特外的美国人来说，他们在苏联的经历中的一个典型之处，就是不得不忍受严寒。维克多·赫尔曼（Victor Herman）陪同父亲在高尔基汽车厂工作。当他还参加了克里姆林宫举办的一场庆祝活动，庆祝第一批下线的车辆时，他首先注意到，宴会厅里分外温暖，于是才意识到，自从他来到这个国家以来，他从来没有这样"完全温暖"。Victor Herman, *Coming Out of the Ice*（New York: Harcourt Brace Jovanovich, 1979）, p.53.

46　科特金和斯科特都广泛地讨论了强制劳工的使用。See, also, William Henry Chamberlin, *Russia's Iron Age*（Boston: Little, Brown, 1934）, pp.51–53; Lynne Viola, *The Unknown Gulag: The Lost World of Stalin's Special Settlements*（New York: Oxford University Press, 2007）, p.101.

47　除了科特金和斯科特（引用于159页的一段）之外，请参阅 Melnikova-Raich, "The Soviet Problem with Two 'Unknowns,'" Part II, p.19; Herman, *Coming Out of the Ice*; and Siegelbaum, *Cars for Comrades*, pp.58–59。

48　Scott, *Behind the Urals*, pp.204–205, 277–279.

49　Siegelbaum, *Cars for Comrades*, p.45; Andrle, *Workers in Stalin's Russia*, p.16; Robert C. Allen, *Farm to Factory: A Reinterpretation of the Soviet Industrial Revolution*（Princeton, NJ: Princeton University Press, 2003）, p.92–93,102–106. 关于获取准确的苏联经济数据的困难之处，见于 Oscar Sanchez-Sibony, *Red Globalization: The Political Economy of the Soviet Cold War from Stalin to Khrushchev*（Cambridge: Cambridge University Press, 2014）, pp.12–19。

50　Kotkin, *Magnetic Mountain*, pp.70, 363; Sheila Fitzpatrick, *Everyday Stalinism: Ordinary Life in Extraordinary Times: Soviet Russia in the 1930s*（New York: Oxford University Press, 1999）, pp.79–83.

51　Scott, *Behind the Urals*, p.16; *Those Who Built Stalingrad*, pp.168–173.

52　Andrle, *Workers in Stalin's Russia*, p.35; Scott, *Behind the Urals*, p.144; Kotkin, *Magnetic Mountain*, p.189. 性别角色转变过程中的紧张关系，是《水泥》的主题之一。格拉德科夫的小说被广泛阅读，小说讲述了重建并投产一个巨大的、革命前就有的水泥厂的奋斗过程。

53　Nelson Lichtenstein, *The Most Dangerous Man in Detroit: Walter Reuther and the Fate of American Labor*（New York: Basic Books, 1995）, p.39; *Those Who Built Stalingrad*, p.98.

54 Scott,*Behind the Urals*, pp.138, 152, 212-219; Fitzpatrick, *Everyday Stalinism*, p.87; Kotkin, *Magnetic Mountain*, pp.214-215.

55 Scott, *Behind the Urals*, p.40; Katerina Clark, "Little Heroes and Big Deeds: Literature Responds to the First Five-Year Plan," in Sheila Fitzpatrick, ed., *Cultural Revolution in Russia, 1928-1931* (Bloomington: Indiana University Press, 1978), p.197; Reuther, *Brothers Reuther*,pp. 98-99; *Those Who Built Stalingrad*, pp.52-53. 奇怪的是，人造棕榈树在苏联似乎很流行；1929 年，恩斯特·梅带领一队德国建筑师团队来到这个国家，去设计新的工业城市，他们发现在候车室里经常能看到人造的棕榈树。Ernst May, "Cities of the Future," in Walter Laqueur and Leopold Labedz, eds., *Future of Communist Society* (New York: Praeger, 1962), p.177.

56 Fitzpatrick, *Everyday Stalinism*, pp.49, 55-56, 95-103; Andrle, *Workers in Stalin's Russia*, p.37; A. Baikov, *Magnitogorsk* (Moscow: Foreign Language Publishing House, 1939), pp.19, 30-31; Kotkin, *Magnetic Mountain*, pp.67, 182-192, 290-291; Scott, *Behind the Urals*, pp.235-236.

57 Herman, *Coming Out of the Ice*, p.38; Scott, *Behind the Urals*, p.234; Kotkin, *Magnetic Mountain*, pp.108-123.

58 Fitzpatrick, *Everyday Stalinism*, pp.80-82; *Those Who Built Stalingrad*, pp.212-219.

59 Clark, "Little Heroes and Big Deeds," pp.190-92; Susan Tumarkin Goodman, "Avant-garde and After: Photography in the Early Soviet Union," in Goodman and Jens Hoffman, eds., *The Power of Pictures: Early Soviet Photography, Early Soviet Film* (New Haven, CT: Yale University Press, 2015), pp.23, 31-32; Lydia Chukovskaya, *Sofia Petrovna* (1962; Evanston, IL: Northwestern University Press, 1988), p.4. 丘科夫斯卡娅的中篇小说直到 1962 年才以俄文出版，直到 1967 年才以英文出版。

60 关于比较美国和苏联的纪实摄影，见于 Bendavid-Val, *Propaganda and Dreams: Photographing the 1930s in the U.S.S.R. and U.S.A.* (Zurich: Edition Stemmle, 1999)。

61 随着时间的推移，该杂志开始涵盖更多不同的主题，包括政治事件、军队、民族群体、异域国家以及体育。*USSR in Construction*, 1930-1941; *USSR in Construction: An Illustrated Exhibition Magazine* (Sundsvall, Sweden: Fotomuseet Sundsvall, 2006); University of Saskatchewan Library, Digital Collections, USSR in Construction, "About" (accessed Feb. 5, 2016), http://library2.usask.ca/USSRConst/ about; Goodman, "Avant-garde and After," ,pp.27-28; Bendavid-Val, *Propaganda and Dreams*, pp.62-65.

62 *SSSR Stroit Sotsializm* (Moskova: Izogiz, 1933); *USSR in Construction: An Illustrated Exhibition Magazine* (press run data); B. M. Tal, *Industriia sotsializma. Tiazhelaia promyshlennost' k VII vsesoiuznomu s' ezdy sovetov [Industry of Socialism. Heavy Industry for the Seventh Congress of Soviets]* (Moscow: Stroim, 1935).

63　Goodman, "Avant-garde and After," pp.15, 17; *USSR in Construction*, 1930, No. 1.

64　Goodman, "Avant-garde and After," pp.22-7, 38. 利·本达维-瓦尔（Leah Bendavid-Val）在《宣传与梦想》（*Propaganda and Dreams*）中强调了苏联和美国摄影师之间的相似之处，其中包括，巴博夫、阿尔伯特和彼得罗索夫拍摄的马格尼托哥尔斯克的照片。更多的彼得鲁索夫作品，见于 Georgij Petrussow, *Pioneer Sowjetischer Photographie*（Köln, Germany: Galerie Alex Lachmann, n.d.）and *Georgy Petrusov: Retrospective/Point of View*（Moscow: GBUK "Multimedia Complex of Actual Arts," Museum "Moscow House of Photography," 2010）。

65　*Entuziazm*（*Simfonija Donbassa*），Ukrainfilm, 1931. 维尔托夫和谢尔盖·爱森斯坦等电影制作人利用先锋手法追求革命主题，在苏联之外吸引了相当大的关注，但苏联国内观众更喜欢传统的娱乐。Jens Hoffman, "Film in Conflict," in Goodman and Hoffman, *The Power of Pictures.*

66　苏联还用英文出版了一批在苏联工作的外国人的信件。Melnikova-Raich, "The Soviet Problem with Two 'Unknowns,' Part II," pp.17-18; Cynthia A. Ruder, *Making History for Stalin; The Story of the Belomor Canal*（Gainesville: University Press of Florida, 1998）; *Those Who Built Stalingrad*; Baikov, *Magnitogorsk*; Garrison House Ephemera（accessed Nov. 13, 2016）, http://www.garrisonhouseephemera.com/?page=shop/flypage&product_id=546; *Sixty Letters: Foreign Workers Write of Their Life and Work in the USSR*（Moscow: Co-operative Publishing Society of Foreign Workers in the USSR, 1936）.

67　杜兰特关于苏联工业的文章不胜枚举，无法一一引用。而张伯林的可见于 *Russia's Iron Age*. On American academic experts and intellectuals, see David C. Engerman, *Modernization from the Other Shore: American Intellectuals and the Romance of Russian Development*（Cambridge, MA: Harvard University Press, 2003）, esp. pp.5-6, 9, 156-157, 166, 237（Fischer quote）.

68　Hans Schoots, *Living Dangerously: A Biography of Joris Ivens*（Amsterdam: Amsterdam University Press, 2000）, pp.74-81.

69　1941 年，伯克-怀特回到苏联，当时她拍摄了被德军袭炸的莫斯科、在克里姆林宫的斯大林和战争前线。Bourke-White, *Eyes on Russia*（quotes on p.23,42）; Margaret Bourke-White, *Portrait of Myself*（New York: Simon and Schuster, Inc., 1963）, pp.90-104, 174-188; Vicki Goldberg, *Margaret Bourke-White: A Biography*（New York: Harper & Row, 1986）, pp.128-132; Haran, "Tractor Factory Facts."

70　要比较伯克-怀特拍摄的苏联和美国工厂的照片，请参阅 Bourke-White, Eyes on Russia and Bourke-White, "Amoskeag"（1932）, reproduced in Richard Guy Wilson, Dianne H. Pilgrim, and Dickran Tashjian, *The Machine Age in America 1918-1941*（New

York: Brooklyn Museum and Harry N. Abrams, 1986），p.234。伯克－怀特也在马萨诸塞州劳伦斯市的美国羊毛公司拍摄了类似的照片。关于她的苏联作品的有趣的评述，见 Haran, "Tractor Factory Facts"。

71　在集体化的头几年，粮食产量下降，再加上大量的粮食出口，都使粮食危机加剧。Sanchez-Sibony, *Red Globalization*, pp.36–53（Stalin quote on p.51）; Bailes, "The American Connection," pp.433, 442–443; *Those Who Built Stalingrad*, pp.150, 198; Scott, *Behind the Urals*, pp.86–87, 174; Melnikova-Raich, "The Soviet Problem with Two 'Unknowns,' Part I," pp.74–75; *New York Times*, Mar. 26, 1932; *Detroit Free Press*, Mar. 29, 1932; *Daily Express*, Apr. 19, 1932; *Detroit News*, Apr. 24, 1932; Nevins and Hill, *Ford: Expansion and Challenge*, p.682.

72　Merkle, *Management and Ideology*, p.132; Bailes, "The American Connection," pp.442–444; *Those Who Built Stalingrad*, pp.54, 198; Michael David-Fox, *Showcasing the Great Experiment: Cultural Diplomacy and Western Visitors to the Soviet Union, 1921–1941*（New York: Oxford University Press, 2012）, pp.285–286, 297–299; Melnikova-Raich, "The Soviet Problem with Two 'Unknowns,' Part I," pp.75–76; Scott, *Behind the Urals*, pp.230–231.

73　Bailes, "The American Connection," p.445; Chamberlin, *Russia's Iron Age*, pp.61–65; R. W. Davies, Mark Harrison, and S. G. Wheatcroft, eds., The Economic Transformation of the Soviet Union, 1913–1945 (New York: Cambridge University Press, 1993), pp.95, 155; Figes, *Revolutionary Russia*, pp.5, 178.

74　Donald Filtzer, *Soviet Workers and Stalinist Industrialization: The Formation of Modern Soviet Production Relations, 1928–1941*（Armonk, NY: M.E. Sharpe, 1986）, pp.126–127, 261–266; Erlich, *Soviet Industrialization Debate*, pp.182–183; Allen, *Farm to Factory*, pp.152, 170–171; Flaherty, "Stalinism in Transition," pp.48–49.

75　革命之后，苏联人（像法国人一样）引入了一种新的时间组织，用每五天（冶金业四天）放假一天的休息制度取代了周末，后来改为每六天放一天假，最后恢复到了更传统的计时。Filtzer, *Soviet Workers*, pp.91–96, 156; Kate Brown, *A Biography of No Place: From Ethnic Borderland to Soviet Heartland*（Cambridge, MA: Harvard University Press, 2003）, pp.92–117; Fitzpatrick, *Everyday Stalinism*, pp.4, 42–45.

76　战争爆发时，斯大林格勒的2万名拖拉机厂工人大部分被解散。这家工厂战后又被重建。下塔吉尔铁路车辆厂也被改造成军工工厂，和车里雅宾斯克工厂一样，继续生产军用和民用设备，2016年，下塔吉尔工厂雇用了3万名工人。Melnikova-Raich, "The Soviet Problem with Two 'Unknowns,' Part I," pp.68–69, 71–73; Reuther, *Brothers Reuther*, pp.102–103; Siegelbaum, *Cars for Comrades*, pp.61–62; Jochen Hellbeck, *Stalingrad: The City that Defeated the Third Reich*（New York: Public Affairs Press,

2015）, p.89; "History-Chelyabinsk tractor plant（ChTZ）" （accessed Jan. 18, 2016）, http://chtz-uraltrac.ru/articles/categories/24.php; *New York Times*, Feb. 25, 2016; Scott, *Behind the Urals*, vii-viii, pp.63-65, 103.

77　John P. Diggins, *Up from Communism* （[1975] New York: Columbia University Press, 1994）, pp.189-198; Christopher Phelps, "C.L.R. James and the Theory of State Capitalism," in Nelson Lichtenstein, ed., *American Capitalism: Social Thought and Political Economy in the Twentieth Century* （Philadelphia: University of Pennsylvania Press, 2006）; Filtzer, *Soviet Workers*, pp.270-271.

78　Andrle, *Workers in Stalin's Russia*, pp.126-176, 198-201; Kotkin, *Magnetic Mountain*, pp.206-207, 318-319; Filtzer, *Soviet Workers*, pp.233-236; Federico Bucci, *Albert Kahn: Architect of Ford* （New York: Princeton Architectural Press, 1993）, p.92.

79　如果有什么不同的话，那就是弗莱恩认为苏联人有点过于民主了，如果"更多的决定可能是由负责任的个人而不是委员会和讨论组做出的"，那就更好了。Edmund Wilson, "A Senator and an Engineer," *New Republic*, May 27, 1931; "An American Engineer Looks at the Five Year Plan," *New Republic*, May 6, 1931; *Detroit News*, Apr. 24, 1932.

/ 第六章 "工业化的共同要求"
———冷战时期的大规模生产

　　从 20 世纪 40 年代初至 60 年代，研究政治的知识分子和学者，特别是在美国的那些，认为美国和苏联正在变得越来越相似，最终会变得别无二致。詹姆斯·伯纳姆（James Burnham）在其出版于 1941 年的著作《管理革命》（*The Managerial Revolution*）中首次向广大公众阐述了这一观点。伯纳姆是托洛茨基的一个美国支持者，他最初接受的是这个流亡的俄国领导人的说法，即将苏联描述为"工人国家"。但在 1939 年底，他与托洛茨基决裂，开始将苏联视为一个既非社会主义也非资本主义的国家，而是一种全新的社会组织，在这种社会组织中，负责管理的精英们通过对国有财产的控制来进行统治。伯纳姆主张，官僚集体主义，或他所称的"管理社会"，代表了历史发展的普遍阶段，是资本主义实质上的继承者，而不是一个世纪以来左派分子们所主张的社会主义。他认为，苏联是美国和欧洲资本主义国家不可避免地会采用的一种社会组织形式的先行者。[1] 几年后，弗里德里希·冯·哈耶克（Friedrich von Hayek）从政治权利的角度出发，也提出了类似的主张，他看到那些资本主义社会中集体主义的发展，这将这些社会推向了"农奴制"。

　　关于苏联和美国正在趋于一致的想法很快在美国的社会科学家中流行起来。第二次世界大战后的主要社会学家塔尔科特·帕森斯（Talcott Parsons）是"趋同论"的早期采纳者，这种理论以各种形式被 C. 赖特·米尔斯（C. Wright Mills）、亚历克斯·英克勒斯（Alex Inkeles）、赫伯特·马尔库塞（Herbert Marcuse）和沃尔特·罗斯托（Walt Rostow）等名人接受。米尔斯和马尔库塞等左翼分子担心，苏联令人窒息的官僚体制也会在西方建立起来，而帕森斯和其他支持现代化理论的自由派人士则认为，苏联将不可避免地变得更像美国。

这些理论所共有的是这样一种信念，即经济发展是趋同背后的原因。正如马尔库塞在 1958 年所说的那样，苏联和美国都受到了"工业化的共同要求"的影响，这种要求将它们推向了官僚主义、中央集权和组织化。实际上，这些学者认为，现代工业是独立于其所嵌入的经济安排之外的一种社会和文化体系而存在的。最终，它将塑造一个更大的社会。他们采用"工业社会"和"工业文明"作为描述术语和分析范畴，将铁幕连接起来，抓住了"发达"或"先进"这些国民生活的核心特征。相比之下，在成熟的学术界，"资本主义"和"共产主义"被视为老掉牙的口号，被认为在理解现代生活方面几乎没有什么阐释价值。[2]

具有讽刺意义的是，正当左翼、右翼和中间派的一些领导人宣称工业发展正在导致资本主义和共产主义集团趋同的时候，他们的实际工业做法正在分化。第二次世界大战期间，工业巨人主义在这两个领域都被采纳，作为一条通往经济发展、社会进步和现代性的道路，是艺术、文学和政治上的英雄事迹。但战争结束后，美国公司不再扩大工业规模，认为巨型工厂已经达到了盈利和管控的极限。它们不再继续在巨型工厂里集中生产，而是开始将生产分散在更小的工厂。相比之下，苏联集团和世界其他地区的领导人仍然相信，大型工业项目是实现经济快速增长的手段，是国家实力和社会进步的象征。尽管美国、苏联、西欧以及后来第三世界大型工厂的命运迥然不同，但是劳工组织的进程是对它们至关重要的。美国阶级冲突的加剧，给大型工厂里的工人带来了前所未有的好处，使得以往被称为"美国梦"的梦想成为现实，至少在一段时间内是这样。但这也导致了巨型工厂的消亡。在其他地方，由于劳动力更加老实听话，巨型工厂就继续被视为一条通往未来的可行道路。

巨型军工厂

在第二次世界大战期间，美国出现了最后一波巨型工厂，当时这些工厂是专门生产军用物资的。之后，工厂开始了大规模的裁员。一些军备生产机构是在政府主导下建立和运转的。战争期间，这些机构不断膨胀。布鲁克林海军造船厂（Brooklyn Navy Yard）的规模扩大了一倍，占用了邻近的土地，建造了世界上最大的干船坞，使用了世界上最大的起重机，员工人数达到了 7 万人。但大部分国防生产是在商业公司经营的工厂和造船厂进行的。原有的这些地方都进行了改建，以配合军工生产，或者为军工目的而重建。[3]

阿尔伯特·卡恩在 1942 年 12 月去世之前的最后一个项目里设计了一些庞大的战争工厂。其中包括位于密歇根州沃伦（Warren）的克莱斯勒坦克兵工厂（Chrysler Tank Arsenal），位于芝加哥地区东部的美国钢铁铸造公司（American Steel Foundries Company）的装甲制造厂，位于芝加哥市的阿默托普公司（Amertorp Corporation's Torpedo Plant）的鱼雷制造厂，位于圣路易斯（St. Louis）的柯蒂斯 - 赖特公司工厂（Curtis-Wright Corporation Plant），位于辛辛那提（Cincinnati）的赖特航空工厂（Wright Aeronautical Plant）和制造航空发动机的道奇芝加哥工厂（最后三个用了极为庞大的结构）。但是卡恩设计的最大的战争工厂，也是最著名的战时国防设施，是福特柳条河飞机制造厂（Ford Willow Run Aircraft Factory）。这是一次尝试，试图把福特主义带入一个比汽车工业更复杂的行业。[4]

　　随着第二次世界大战的迫近，为了增强美国的空战能力，负责国防的官员以及沃尔特·路则——此时已是全美汽车工人联合会的最高领导人——迫切要求汽车工业部分转向飞机生产。福特公司以前曾生产过小型飞机，但收效甚微。该公司的官员提议用装配线的方法来生产新设计的 B-24 重型轰炸机。在负责国防的官员同意后，在底特律以西 25 英里的密歇根州伊普西兰蒂（Ypsilanti），在福特所拥有的土地上，人们开始建造一个大型工厂，并配备临近的机场。主建筑占地 67 英亩，是当时世界上最大的工厂建筑。它很快就建好了，但投产是另外一回事。事实证明，联邦政府和福特公司的表现并不比苏联好多少，它们如此大费周章地建立工厂，而且是在一个远离现有熟练劳动力源的地区（无论如何，现有的技术工人都太少了，无法满足战时需求），也面临类似苏联那样的问题。

　　柳条河工厂的生产计划一再延迟——这已成为一个棘手的政治性问题——部分原因是制造轰炸机的技术要求太苛刻了。要制造零件，就要先制造专用工具和夹具，制造出飞机制造业通常使用的标准机床，这就使飞机零件制造迟迟不能开始。

　　军方一再修改设计方案，也削弱了基于长期标准化零件的制造方法的优势。如同在苏联一样，原材料运送速度缓慢也造成了延误。福特公司内部的联邦国防机构一再重组和人员变动以及管理层的混乱，也是造成延误的原因之一。（与它那理性主义的公共形象相反，福特公司里贪腐严重，高管之间相互倾轧且责任界限混乱不明。）但是，无法找到和留住足够的工人是最大的问题。

　　在美国各地，国防工业争相寻找工人，特别是具备工业技术的工人。柳条河的偏远位置造成了一个新的负担。管理层人员和生产工人涌入这片原本人口稀少的农村地区后，几乎买不到房

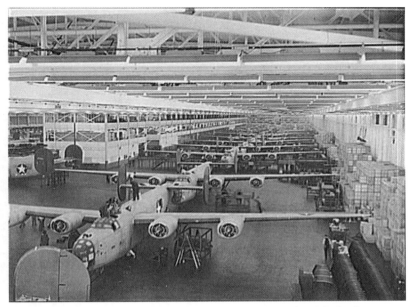

图 6-1　1944 年左右，在密歇根州柳条河工厂的 B-24 "解放者" 轰炸机装配线

子，也租不到房子。这种情况，迫使他们与当地居民同住，或者住在拖车、帐篷或草草搭就的建筑里，这些都有高尔基工厂和马格尼托哥尔斯克工厂的影子。

全美汽车工人联合会提议建造一个有万套单元的 "国防城"，这是用来安置工人的全新的永久定居点。出生于德国的现代主义建筑师奥斯卡·斯托诺罗夫（Oscar Stonorov）受委托设计 "国防城"，之前他在费城设计了一个由工会赞助的住宅区。〔1931 年，在莫斯科，斯托诺罗夫在设计苏联宫的国际竞赛中屈居第二，但是击败了勒·柯布西耶和瓦尔特·格罗皮乌斯等名人。]

在"国防城"和联邦官员的"轰炸机城"之类的计划里，提出了多户式建筑和广泛的公共设施，这是欧洲在两次世界大战之间开辟的、在高尔基工厂和苏联其他地方尝试过的社会性住房。斯托诺罗夫和他当时的合伙人路易斯·I.卡恩（Louis I. Kahn）（后来以他的现代主义建筑而闻名，与阿尔伯特没有关系）设计了各种各样奇特的居住单元。但在当地房地产利益集团、福特集团，甚至一些工会成员的强烈反对下，什么也没有建成。他们和那些俄罗斯同行一样，更喜欢单独居住（这里指独户住宅），而不喜欢左翼规划者宣扬的社区主义。在这种"开倒车"行为的推动下，联邦当局迅速拆除了预制的临时住所，其中也包括——同样是苏联的阴影——工人宿舍。

因为柳条河工厂的生活条件太差，其他地方的工作很容易找到，所以工人们从柳条河工厂辞工流出的速度几乎和他们流入的速度一样快。他们中的大多数人几乎没有工业生产经验，在开始有效工作之前，需要进行大量的培训。虽然福特一度预计工厂员工人数为10万人，但实际上，该工厂在招到42506人时就达到顶峰，规模虽庞大，但不足以满足生产计划。福特不情愿地放弃了"胭脂河式"的全面整合生产，开始将一些B-24重型轰炸机零部件生产转移到其他工厂，甚至还进行了一些分包。

最终，特制工具做好了，生产方法完善了，足够多的劳动力得到了培训，可以实现高产量了。到1944年，这家工厂每63分钟就能生产一架飞机。到1945年6月生产结束时，该工厂生产了8685架B-24重型轰炸机。有些是作为成套的零件运往其他地方进行最后组装，但是有6792架是被现场组装，然后飞离工厂，许多飞机几乎是立即投入行动。[5]

没有其他飞机制造厂像它一样尝试过大规模生产方法，但工业巨人主义将战时航空工业联结成一个整体。在巴尔的摩北部的中央河（Middle River），格伦·L. 马丁（Glenn L. Martin）的工厂雇用的工人比柳条河工厂雇用的还多，有45000人。既生产 B-26 重型轰炸机也生产 PBM 水手飞艇（PBM Mariner Flying Boat）。工厂里有一个卡恩设计的巨大的装配车间，其中有人类所应用的有史以来最长的平展桁架，以及允许飞机进出的巨大的升降门。在长岛（Long Island），共和国飞机公司（Republic Aircraft Corporation）的工人从几百人增长到24000多人，格鲁曼飞机公司（Grumman Aircraft）的工人从1000人增长到25000多人。在西雅图（Seattle）地区，波音公司（Boeing）雇用了5万名工人，其中近一半是女性。[6]

战时的造船业，也依靠庞大的设施和装配线操作。在战争爆发之前，船只都是由技艺娴熟的工人定制的，在马里兰州斯帕罗斯角伯利恒钢铁公司船厂（Bethlehem Steel Shipyard）这样的工厂里，海军船只仍在使用这种做法。该厂雇用了8000名工人。但是，对于大量用于战争的军舰，人们发展了装配线技术，包括设计的标准化、零部件的广泛预制、使用焊接代替铆接，以及高度发达的劳动分工。在伯利恒新建的巴尔的摩港费尔菲尔德船厂（Fairfield Yard），在战争期间雇用了45000名工人，生产了400多艘船，其中90%的工人以前从未在造船厂工作过。在西海岸，一家建筑公司的新老板亨利·J.凯撒（Henry J. Kaiser）建造了一系列大型船厂，用大规模生产的方法生产自由轮和其他船只。他所拥有的加州里士满（Richmond）造船厂雇用了大约9万名工人，这使它成为美国历史上雇员最多的工厂之一。为了支持他的工作，凯撒在洛杉矶东部的丰塔纳（Fontana）建造了西海岸的第一座综合钢铁厂；为他的工人建造了新城市，如俄勒冈州波特兰（Portland）的梵冈市（Vanport），这里为将近一万户人家提供了住房；大肆开展他的预付费全面医疗计划。他将该计划改名为"凯撒永久医疗计划"（Kaiser Permanente）——这完全是美国的"中心"计划。第二次世界大战后，凯撒从联邦政府手中租下了柳条河工厂，为新成立的凯撒 - 弗雷泽公司（Kaiser-Frazer Corporation）生产汽车，该公司一直经营到 1955 年。[7]

国防生产——特别是在大型工厂里——提高了蓝领工人的社会声望，新政和工会组织运动的内容和良好形象，也起到了同样的作用。政治、军事和劳工领导人一再强调工业家园对胜利的重要性，将爱国主义覆盖在已经与这个巨型工厂及其内部工人联系在一起的普罗米修斯英雄主义之上。悬挂旗帜，推销战争债券，为救济英国、苏联、希腊和中国而献血捐物，这些活动使工厂和造船厂成为爱国情绪表达的舞台。新闻短片、广告牌和杂志里颂扬军工工人——无论男女——的技能和奉献精神，操作巨型机器和建造大型物体的能力，以及他们在保家卫国中发挥的作用。工人们对这样的公开报道、稳定的工作带来的更高收入、工会化和劳动力需求旺盛的市场做出了反应，这些在许多战时的短暂罢工中表现得很明显，这些罢工是对工会运动的不罢工承诺的蔑视，也体现了全国工业劳动力的普遍特点。这可以在战时的照片上看到，工业工人，如多萝西·兰格（Dorothea Lange）在凯撒的里士满造船厂采取的那些。虽然当时很少有人意识到这一点，但战争使巨型工厂和蓝领工人达到了美式生活的巅峰。[8]

慷慨的工会化工业

第二次世界大战的结束，导致国防工厂的就业迅速萎缩，造成了对大规模失业的恐慌情绪，以及工人和他们的雇主之间结构的崩溃。眼下的问题是工人们渴望提高工资，以减少通货膨胀带来的影响，并补偿战争结束后减少的工作时间。但更大的问题是有组织的劳工在战后世界的地位，工会希望巩固他们的新政和战时收益，而雇主希望阻止或者打压他们。在战争结束后的一年里，500万名工人参与了美国历史上最大规模的罢工浪潮。在1946年1月的失业高峰时期，有200万名工人失去工作，其中包括75万名钢铁工人、17.5万名通用汽车厂的工人、20万名发电厂工人和20多万名肉类加工工人。左翼记者阿特·普雷斯（Art Preis）在匹兹堡写道，钢铁厂"毫无生气"，熄火冷却的高炉钢水"仿佛联结山谷和河岸上下的巨大链条"。第一次世界大战结束时，也出现过类似的糟糕局面。工会赢得了一些战役，输了其他一些（包括钢铁罢工），但在压制、经济下滑和政治局势转向保守面前，最终的结果是劳工运动的规模和力量急剧下降。第二次世界大战后的工会运动，见证了一个不同的故事。总的来说，在广泛的公众支持下，大罢工以工资增长到每小时18.5美分（相当于2017年的2.46美元）或相近的水平而结束，这是一个巨大的进步。这是唯一一次在美国有效地解决全国工资问题。物价上涨很快导致了工资大幅上涨，但罢工标志着产业工人工资和福利的大幅度提高的开始，而这将要持续一个世纪。[9]

　　第二次世界大战之前，新成立的产业工会联盟并没有强调涨工资，部分原因是，那是在通货紧缩时期，稳定的工资就意味着实际收入的增加。相反，它通过工会认可、日益详细的合同、车间管理人员、申诉程序以及在裁员和工作分配中动用资历，来努力制约车间管理层的权力。战后，工会成功地要求越来越多的雇主增加工资和提供福利，包括健康保险、补充社会保障的养老金和补充性失业保险。

　　累积的结果是，大规模工业工人的日常生活及其家庭和社区出现了一场革命。钢铁工人工会主席菲利普·默里（Philip Murray）曾经说过，对于工人来说，工会意味着"墙上挂的画，地板上铺的地毯和家里放的音乐"。第二次世界大战后四分之一个世纪后，工人在资本雄厚、工会化的行业已经实现了这一点，而且还有更多。在工人中间曾经是不寻常的或闻所未闻的事物——拥有独立住房、现代电器、假期、汽车或二手汽车，送孩子们进大学，人生既健康又自由——已经很常见了。工会主义如此的牢不可破，以至于在 1949 年，一个左翼报纸的评论家写道："在揭示工厂建筑之美上，［查尔斯］希勒成了福特的拉斐尔。那么，谁将是全美汽车工人联合会的乔托（Giotto）？"

　　由政府和雇主提供的更高的收入和福利项目，包括养老金、失业保险、残疾保险和健康保险，都给了工人一种前所未有的安全感和福利待遇。许多人对他们为改善生活方式付出的高昂代价感到不满，特别是福特主义生产中持续已久的专制主义，尽管这种专制已经基本消失，只剩下装配线上单调乏味的工作，以及制造业劳动中的体力消耗。然而，正如宾夕法尼亚州约翰斯敦之子杰克·梅茨加（Jack Metzgar）在他的家庭回忆中写道的那样："如果我们在 20 世纪 50 年代经历的不是解放，那么，在人类历史上没有什么能算得上解放了。"[10]

分散与缩减

　　1945 至 1946 年的罢工浪潮给工人们带来了物质生活的改善和工会力量的发展，但对工厂主来说，它给他们带来了一个教训，一个他们当中的某些人在 20 世纪 30 年代的罢工期间已经开始受到的教训，也就是大型工厂中工业极度集中的危险。早在20世纪30年代中期劳工运动爆发之前，一些大公司就开始对冲它们的赌注，建造更小的工厂以协助它们的主要生产工厂。到20世纪20年代末，三大轮胎制造商固特异、百路驰（Goodrich）和凡士通（Firestone），除了原有的在阿克伦的巨型工厂外，都在洛杉矶建立了工厂，以满足西海岸市场的需求。1928年，固特异又建了一家轮胎工厂，这次是在亚拉巴马州的加兹登（Gadsden），一个远离任何主要轮胎市场的工资低廉、社会主义销声匿迹的地方。其主要目的似乎是降低劳动力成本，并对阿克伦工厂的罢工工人施压。1936年，固特异在阿克伦的主要工厂发生罢工后，该公司扩建了亚拉巴马州的工厂。其他阿克伦公司也开始分散生产。到1938年，阿克伦的凡士通工人已经从10500人降到了6000人，因为公司把部分生产转移到了在孟菲斯（Memphis）建立的工厂和其他偏远的工厂。固特异在阿克伦的工厂裁减了五分之一的劳动力。

/ 236

劳动力并不是轮胎公司开始分散生产的唯一原因。技术革新和轮胎尺寸的日益标准化，使它们有可能建立更小的工厂，其规模比阿克伦巨型工厂更小。随着汽车市场的扩大和人口地区分布的变化，在南部新兴市场附近建厂意味着运输成本的降低。

但最大的因素似乎是，它们不希望再被一小撮工人要挟。轮胎生产的连续性意味着，如果一个部门罢工，整个工厂可能会关闭。这种情况在阿克伦一再发生，在那里，静坐和其他罢工往往在没有正式工会参与的情况下开始，随着罢工风气的蔓延，这种情况已经成为一种普遍现象。在1944年10月固特异工厂的罢工中，只有4名工人罢工，却导致5000人无法进行生产。

在选择新工厂地址时，公司寻找劳动力成本较低、工会主义不可能成功的地方，或者至少是一个不那么激进的地方。战前，全美橡胶工人联合会（United Rubber Workers）多次努力组建固特异的加兹登工厂和凡士通的孟菲斯工厂，都以被暴力镇压而告终。亚拉巴马州的暴力镇压力量包括公司雇用的打手和反工会组织者，他们与当地执法部门的人串通一气。[11]

美国无线电公司（RCA）也迅速对劳工斗争进行了抵制。1936 年，一次长达一个月的罢工，克服了外来破坏罢工的势力和警察的暴力镇压，使该公司 200 万人联合起来。在位于新泽西州卡姆登市、与费城隔着特拉华河（Delaware River）相望的 200 万平方英尺的建筑群里，有 9700 名工人（75% 是女性）生产该公司几乎所有的产品。几乎是立刻地，美国无线电公司进行了反击，开始将生产转移到其他地方，1936 至 1947 年，它在印第安纳波利斯（Indianapolis）建立了一个收音机制造厂，在印第安纳州的布卢明顿（Bloomington）建立了一个零件工厂，在宾夕法尼亚州的兰开斯特和印第安纳州的马里恩（Marion）分别建立了管厂，在好莱坞（Hollywood）建立了一家唱片厂，在弗吉尼亚州的珀拉斯凯（Pulaski）建立了一家机壳厂。到了 1953 年，卡姆登只剩下 300 个生产电子产品的工人。原来的综合体仍然是该公司的一个重要中心，主要是研究开发以及制造军事装备，但所有关于消费品的大规模生产都分散到了较小的工厂里。[12]

通用汽车公司同样也很早就意识到了其一体化生产会导致军事化的劳动力形成巨大威胁。1935 年，在托莱多变速器（Toledo Transmission）工厂发生的罢工，迫使雪佛兰在北美的所有工厂关闭。不久之后，该公司启动了一项耗资 5000 万美元的项目，以扩大其制造业规模并使之现代化，其中包括建设新的工厂。这样，仅仅一家工厂的生产停止就不会影响其他地方的工厂运转。大多数新工厂位于工会力量薄弱的小镇或小城，例如印第安纳州曼西城（Muncie）的一家工厂，它补回了托莱多工厂的产量。[13]

通用汽车也进行了一系列筹划，但是它实行的太晚了，未能阻止全美汽车工人联合会在1937年的胜利。弗林特工厂的静坐和随后的罢工进一步强化了有关工业集中化的弊端。虽然在一家工厂专门生产雪佛兰发动机，或者在一家工厂专门为某一特定体型的通用汽车生产车身，可能会产生规模经济效益，但当工人们变得好战时，这种做法也会带来危险。

没有一家公司，包括通用汽车这样拥有庞大财力的巨头在内，能够迅速地建造工厂，复制它们最集中的工厂里的所有装配线——比如胭脂河工厂，或者道奇工厂，或者弗林特的雪佛兰和别克（Buick）综合工业体系。但第二次世界大战为开始或推进这一进程提供了机会。就像在苏联一样，国家安全决定了国防工厂在这个国家内部的位置，其首选位置是要免受轰炸的。美国西南地区气候温暖，有大片空旷土地，对做军事规划的人特别有吸引力。在政府的资助下，橡胶公司在艾奥瓦州、得克萨斯州、宾夕法尼亚州、亚拉巴马州、俄克拉何马州和堪萨斯州修建了许多新的轮胎厂，以满足战争需要。战争结束后，华盛顿以低廉的价格将工厂出售给经营这些工厂的公司。其他战时的大型国防工厂也被出售，并转为民用生产，比如堪萨斯州堪萨斯城的北美航空轰炸机厂（该厂有2.6万名工人），被通用汽车公司接管，改为组装汽车的工厂，但是也生产喷气式战斗机。肯塔基州的路易斯维尔（Louisville）军工厂，则成了通用电气的"电器园"工厂的核心。[14]

战后的罢工浪潮，进一步推动了工业迁移和更多的小型工厂的建立。这个国家以前从未出现过这样的事情。罢工不仅规模巨

/ 238

大，而且纪律严明，很少有工人打破集体原则。一些罢工持续了很长时间，通用汽车工人是113天，纺织业工人是133天，玻璃业工人是102天。企业主管们发现，罢工者在工业中心赢得了广泛的支持，这一点让他们深感不安。在钢铁城镇，一个世纪以来，地方官员、报纸和企业都站在公司那边，支持它们镇压工人，而现在他们保持中立或支持罢工者。罢工的电子业赢得了大学生群体、克利夫兰和匹兹堡市长以及55名国会议员的支持。老兵在战后许多罢工中扮演了重要的角色，为他们提供了自己在战场上获得的道德资本。在新泽西州的布卢姆菲尔德（Bloomfield），通用电气和西屋电气都有工厂，美国退伍军人协会（American Legion）的地方支会支持了罢工，尽管这些罢工是由左派领导的。美国退伍军人协会是一个臭名昭著的保守团体，有反共产主义的传统。在芝加哥，药店和杂货店店员加入了罢工的包装厂工人行列，连牧师也加入了他们。杜鲁门政府在处理罢工问题上摇摆不定，但是它认为工会主义的合法性是理所当然的，并最终动用联邦政府权力来迫使大公司批准大幅加薪的要求。[15]

这些罢工让制造业公司痛苦地认识到，它们对自己最大的那些工厂里的物理、社会和政治环境失去控制了。通用电气公司总裁查尔斯·威尔逊（Charles Wilson）在国会提供证词时，愤愤不平地抱怨说，罢工工人霸占了所有设施，禁止他人进入，只要是非工会会员——无论是经理、科学家还是办公室职员——都不能进入。"依我看，一个公司不应该低声下气地去找工会，求它允许把工程师等人带进工厂。"工业社区的政治和日常生活发生了变化，因为左翼政治家当选地方和州政府官员，小企业与工人阶级以及顾客结盟，工会将自己注入了公民生活的各个方面，从公益金到娱乐体育再到文化活动，无处不在。在纽约州的扬克

斯，像奥的斯电梯公司（Otis Elevator）和亚历山大·史密斯
（Alexander Smith）地毯公司——它庞大的工厂里雇用了7000
名工人，是全美一流的地毯制造商——这样的公司，已经有效地

控制了这个城镇。但是，在第二次世界大战之后，关于税收和公
共政策的法令成了争论的主题，组织良好、雄心勃勃的地方劳工
运动对它施加了重要影响。曾经是公司权力堡垒的大型工业综合
体，已经成为城市中心人口密集的工人社区，在那里，各族裔群
体、退伍军人团体以及酒吧、保龄球场等社交场所和教堂、工厂
大门内都形成了工人阶级的团结。[16]

通用电气对其主要工厂内部和周边地区激增的工会力量做
出了一系列的反应。1946年罢工后，该公司任命一位公关专家，
莱缪尔·R.博尔瓦尔（Lemuel R. Boulware）为副总裁，负责
员工和社区关系。博尔瓦尔对工会采取了强硬政策，要求员工在
谈判中必须接受公司的条件，否则必须离开公司，同时通过报纸
广告和其他媒体向通用电气工厂所在城镇的雇员和居民论证其合
理性。除了宣传公司的优点，博尔瓦尔还努力向通用电气的员
工和公众灌输自由市场资本主义的优越之处，请罗纳德·里根
（Ronald Reagan）作为公司意识形态攻势的代言人。通用电气
所做的努力，涉及面非常广泛，是公司重塑公众对经济的思维的
广泛运动的一部分，这是一项长期的运动，旨在对抗新政的意识
形态和政治影响。[17]

通用电气和其他电气设备制造商也开始将其大型工厂的生
产业务转移到位于南部、边境州、西海岸、新英格兰农村、中
西部、大西洋中部地区和波多黎各（Puerto Rico）的小型工厂
里。因此，旧工厂的就业人数大幅下降。当通用电气将其康涅
狄格州桥港（Bridgeport）的一些小家电产品转移到位于纽约

州的布洛克波特（Brockport）和锡拉丘兹（Syracuse）、宾夕法尼亚州的艾伦敦（Allentown）和北卡罗来纳州的阿什波洛（Asheboro）的新工厂里，原工厂的工人人数从 6500 人缩减到不足 3000 人。在富有历史意义的通用电气斯克内克塔迪工厂里，第二次世界大战期间雇用了 4 万名男女工人。随着公司将工作转移到弗吉尼亚州、印第安纳州、马里兰州、纽约州、佛蒙特州（Vermont）和加利福尼亚州的工厂里，劳动力人数从 1954 年的 2 万人下降到了 8500 人。[18]

分散的原因是多方面的。就通用电气而言，建立地理上分布的工厂是与公司体系相联系的，正是后者创建了分散的生产部门。正如开战前那样，许多公司在不断增长的市场附近建造工厂，特别是在南部和西部，而交通、通信和空气调节系统的改善为工厂提供了便利。现代化，有时需要从头打造基础设施。在像底特律这样的城市，很少有铁路运输便利的大片空地（对于汽车等大型产品的生产商来说是必需的）。制造商寻求用单层厂房取代旧的多层厂房，并为卡车装载码头和员工停车留出空间。它们往往转向郊区、中小城市，甚至农村地区，因为那里有大片土地。地方政府的激励措施也开始起作用，这些措施包括税收减免、免税期限、融资债券和劳工培训计划，这些都被南方各州广泛应用，用来吸引北方的工业进驻。[19]

关于产业区位，有大量的理论文献，但是劳工这个因素受到的关注不多。有时，人们会考虑平均工资的不同，但激进的工人和工会存在与否几乎总是被忽视。[20]然而，在实践中，劳工往往是企业决策的一个关键因素。其中一本名为《供负责评估公司产能布局的主管参考》（*For Executives Charged with Evaluating the Placement of a Company's Productive Capacity*）的指南中坦言，并且是实事求是地指出："一些公司所遵循的非正式决策规则，是避免一个工会化的工厂出现，并且避免工会组织扩大化，其依据的是管理层对其设施的生产力和灵活性一直保持着的关注。"当公司大规模扩张的速度比不上工会组织在工厂里的发展速度时，它们通常会在别处建造新的工厂，"通常是在缺少劳工权利的国家或地区"。通用电气公开宣称，缩小老厂规模和工作迁移的理由是保持竞争力，因为同类公司也在使用南方的低薪劳动力。但博尔瓦尔私下讨论说，原因不仅如此，而且是为了敲打老工人，以此作为约束他们的一种方式。[21]

当一些有全国性工会合同的大公司开始将生产转移到对劳工组织抱有敌意态度的地区时，它们遭到了原有工人的反对。1960年，罢工工人寻求达成一项协定，限制通用电气公司将工作岗位从北方工厂转移到南方，但该公司拒绝了这一提议，这次罢工令人沮丧地失败了。10年后，全美汽车工人联合会也面临同样的问题，它指责通用汽车在路易斯安那州、亚拉巴马州、乔治亚州和密西西比州建设零部件厂，并在俄克拉何马市建造装配厂，提出了在新工厂发展组织的"南方战略"。最终，所有的通用汽车工厂都加入了工会。但是，很多公司，比如美国无线电公司，往往发现，在从老牌工厂搬到新社区的过程中，新工厂的工人可能会加入工会，但工会比老工厂的工会力量弱，也没那么激进。[22]

并不是所有新工厂里的工会规模都比它们取代或部分取代的那些工厂里的小，但大多数如此。有时，这反映了为中间产品或最终产品开启多源供应的愿望，为以前只在一个大工厂完成的一些生产建造多个工厂。当然，自动化技术也导致了裁员。第二次世界大战后，许多制造商采用了新技术，使机器能够自我调节，可以执行以前需要人力的工作。其动机包括提高准确性和速度以及取消繁重的工作任务。但是，希望降低劳动力成本和削减工人的力量，这些想法也在很大程度上推动了自动化。

在汽车工业中，福特在自动化方面处于领先地位。它成立了一个"自动化部门"，而且开始把生产工作从胭脂河工厂转移出来，因为这个工厂里盘踞着美国最激进的工会之一——全美汽车工人联合会，而且在那里"野猫罢工"*和减速仍然很常见。事实证明，这样节省下来的劳动力相当可观。20 世纪 50 年代中期，公司将福特和水星发动机的生产从胭脂河工厂转移到克利夫兰一个新的自动化工厂。它还在迪尔伯恩建了一家工厂，用于制造林肯发动机。在胭脂河工厂，制造活塞连接杆需要 950 名工人，但是在克利夫兰和林肯工厂，只需要 292 名工人。在 20 世纪 50 年代，福特公司将许多其他业务从胭脂河工厂转移到更自动化的工厂，包括冲压、机械铸造、锻造、钢铁生产和玻璃制造。因此，在胭脂河工厂的就业人数从 1945 年的 85000 人减少到 1954 年的 54000 人，再减少到 1960 年的 30000 人，但是，这时的它仍然是美国最大的工厂之一，尽管只是它在全盛时期的影子。[23]

道奇集团经历了类似的变形，包括与克莱斯勒公司的合并、分散，以及自动化生产。自第二次世界大战期间工人人数达到高峰时期的 4 万人以后，工厂的生产劳动力持续缩减，在 1963 年已经只有 8300 人。随着零件生产转移到其他地方，这个庞大的工厂几乎只剩下装配业务。在 1980 年，当公司完全关闭的时候，只剩下 5000 名男女雇员。[24]

自动化和机械化促成了生产力的显著提高。在第二次世界大

---

* 野猫罢工，指的是没有经过工会同意的罢工，这种罢工形式在许多国家被认定为非法。

战后的四分之一个世纪里，汽车工业的就业人数稳定在 75 万人，产量却几乎翻了一番。1947 至 1967 年，制造业企业的总就业人数增长了 27%，而生产值（考虑了通胀因素）增长了 157%。更有效的管理和生产加速是部分推动因素，但新工厂和新设备占了很大的比重。

大型工厂还在继续建设。1967 年，美国有 574 家工厂有 2500 名以上的工人，而在 20 年前只有 504 家。[25] 但是，在制造业里，公司很少能建立起 19 世纪末和 20 世纪初那种巨大的、具有示范性的工厂。通用电气位于路易斯维尔的电器园是个例外，该公司在这里生产冰箱、洗衣机、干燥机、电磁炉、洗碗机、售货机，后来还生产空调。这个风景如画的建筑群始建于 1951 年，占地 700 英亩（最终扩展到 920 英亩），包括 6 座工厂建筑、1 个研发中心、1 个仓库和许多专属厂房。它甚至有自己的邮政编码。在 1955 年有 16000 名工人，1972 年达到顶峰时有 23000 人（其中 15000 人是工会成员），无论以什么标准衡量，这个建筑群都是巨大的。但在其全盛时期，它的员工规模从未达到该公司昔日的斯克内克塔迪综合体的员工规模，只相当于胭脂河工厂和道奇工厂这样的巨头的一小部分。[26]

逐渐消逝的工人

随着巨型工厂的缩小和社会的变化，产业工人在大众文化和政治上的显著地位逐渐消失了。第二次世界大战结束后的一段短暂时期内，媒体仍在关注他们。1946 年，《财富》杂志派沃克·埃文斯（Walker Evans）为一篇关于"福特的重生"的报道给胭脂河工厂拍摄照片。[27] 早期的电视节目《赖利的一生》（*The Life of Riley*）的主角是洛杉矶的一名飞机制造工人，首先由杰基·格利森（Jackie Gleason）饰演，然后由威廉·本迪克斯（William Bendix）饰演。这个角色，一边铆接飞机翅膀，一边抱怨着工作和富人的虚荣（尽管大多数电视剧都是围绕家庭琐事展开）。这部电视剧一直播放到1958年。但是，直到20世纪70年代，蓝领工人才再度出现在电视屏幕上。[28]

20世纪50年代中期以来，白领工人的人数开始超过蓝领工人，工会越来越多地融入既定的经济和政治关系里，知识分子也基本上对在大型工厂工作的男女工人失去了兴趣，或者至少不再认为他们是未来的关键。像米尔斯（Mills）和马尔库塞这样的左翼学者以及他们在新左翼阵营的许多追随者们，纷纷放弃了工业无产阶级将充当进步社会变革的代理人的想法。1972年，美国有1350万名制造业生产工人，其中超过200万人在雇用了2500名以上工人的工厂工作。曾经的社会主义者、著名社会学家丹尼尔·贝尔（Daniel Bell）在第二年出版的书《后工业社会的到来》（*The Coming of Post-Industrial Society*）中，表明了这一观点。对贝尔和其他许多人来说，"知识型员工"或"白领"已经组成了关键的经济群体，并把蓝领工人排挤到了一边。

20世纪60年代末70年代初，工人的不满情绪——所谓的"蓝领蓝"——曾短暂地引发了政治和文化领域的关注，但经济下滑很快就结束了这种情况。下一次工人引起公众的注意时，是由于去工业化和"锈带"的大规模社会危机。1978至1982年，汽车行业的就业人数下降了三分之一，仅底特律地区就有30多家工厂关闭。在同一年中，钢铁行业裁掉了超过15万个工作岗位。伯利恒公司在斯帕罗斯角裁减了一万个工作岗位，并逐步停止了在纽约拉卡万（Lackawanna）和宾夕法尼亚州约翰斯敦的工厂的运转。美国钢铁公司在盖瑞裁减了两万个工作岗位，这个举措把这个城市毁了。并且，它于 1986 年关闭了具有历史意义的霍姆斯泰德工厂。在这个巨大的工厂里工作的工人们，曾经是英雄般的人物，掌握着炼铁高炉和巨大的机器，至少在美国是这样，现在却被看作一种返祖现象、一个问题、一个逝去年代的悲哀遗物。[29]

苏联超级工业继续进军

在美国的公司缩小规模、分散工厂的同时，世界上其他许多大型工业基地仍在继续建设并备受关注。第二次世界大战后，苏联恢复了超大型生产设施和随之而来的工人城市的模式。在苏联的影响下，超级工厂模式传播到东欧和中国。在冷战的另一阵营，在西欧的部分地区和一些发展中国家，超级工厂仍然生机勃勃。与战前一样，建设规模特别大的工业园区，被视为经济发展的快速手段和有效的投资战略，特别是在具有集中规划机制的国家。它们还继续发挥重要的思想文化功能，仍然是现代性思想和美好生活的载体，是维护民族自豪感的手段。在美国，超级工厂正在变成明日黄花，而在世界其他许多地方，超级工厂仍与未来联系在一起。

在遭受第二次世界大战的破坏后，苏联一开始是集中力量进行重建工作的。像斯大林格勒拖拉机厂这样的大型工厂得到了重建，主要是继续生产军事设备，同时也恢复了民用产品的生产。

马格尼托哥尔斯克曾在战争中扮演重要角色，在 20 世纪五六十年代，它的规模又扩大了一倍。到 20 世纪 80 年代末，它已成为世界上最大的炼钢厂，拥有 6.3 万名员工，其中 5.4 万人与钢铁生产直接相关，每年产出的钢铁数量几乎与英国钢铁总产量相当。与第一个五年计划相关的新的大型基础设施项目——运河、水坝、电站和灌溉系统——"共产主义的庞大建设项目"也已经启动。[30]

在 20 世纪 40 年代末和 50 年代，苏联还建造了一系列新城市作为科学研究和核武器生产中心，如乌拉尔地区的奥焦尔斯克（Ozersk），它是庞大的马亚克钚工厂（Maiak Plutonium Plant）的所在地，是巨型工业模式的变种。科研和核武器城市，很多是由劳役犯人建造的，就像马格尼托哥尔斯克那样，是独立的定居点，有学校、文化机构和员工住宅区。许多城市是封闭的，非本地居民无法进入，本地居民有时也不得擅自离开。它可能是秘密的地方，在地图或地名目录中根本找不到它的踪迹。[31]

这时的苏联，较慢地接受了消费社会的理念，试图提高民用物品的产量。这批苏联领导者们在开始他们的职业生涯时，有 247 人接受过技术培训，当过工厂经理，因此他们把目光转向了超级工厂。对他们这一代人来说，第一个五年计划是一个塑造自我的经历。1959 年访问美国时，总书记尼基塔·赫鲁晓夫（Nikita Khrushchev）回忆说——可能会遭到他身边的美国人的嫌弃——"当你帮我们建造第一座拖拉机厂时，我们摸索了两年时间才让它顺利运转"。25 年过去了，这一幕仍然清晰地留在他的脑海里。[32]

20 世纪 60 年代中期，汽车工业再次走在苏联工业化的前列。在苏联，由于军事和其他行业的投资地位比较高，汽车生产已经衰退。此外，一些共产党领导人，尤其是赫鲁晓夫，更喜欢公共交通而不是私家小轿车。1965 年，这个国家只生产了 61.7 万辆汽车，主要是卡车和公共汽车，而这时已经衰退的美国工厂里还涌出了 930 万辆小轿车。赫鲁晓夫下台后，苏联领导人回归了他们早期采取的方式，试图振兴汽车工业。1966 年，苏联领导人与菲亚特公司（FIAT）签署了一项协议，为一家新的大型工厂进行技术援助和培训，以大规模生产现在的一种菲亚特汽车。这是自几十年前与福特公司的交易以来，苏联签署的最重要的对外商业合同（按金额计算，它已经超过了前者）。

苏联人在伏尔加河边的一个小城市陶里亚蒂（Togliatti）设厂。在不久之前，这座小城才被换了这个新名字，陶里亚蒂是已故的意大利共产党领导人。虽然陶里亚蒂是意大利人这件事并非苏联选择这个地方的主要原因，但双方都充分利用了这个联系，将新工厂描绘成意大利和苏联友谊的典范。这个纵向一体化的工厂，甚至包括属于自己的冶炼厂，最终占地面积1000多英亩。该公司于1970年开始运营时，员工超过42000人（其中包括近35000名生产工人），大多数年龄在30岁以下。该工厂里的劳动力数量不断增长，1981年达到惊人的112231人（46%为女性）。

为了安置工人和他们的家庭成员，苏联索性建立了一个新的城市——阿夫托格勒（Avtograd）。就像20世纪30年代一样，来自苏联各地的年轻工人来到这里建造工厂和城市（这时已经没有劳改犯了）。和其他苏联工厂城市一样，这里有大量的俱乐部、体育设施、学校、图书馆和日托中心，工厂负责从当地的冰球队到军事博物馆的一切事务。然而，让这座城市与众不同的是，这里大量生产的产品是小轿车。在这个国家，小轿车一直都是个新奇的事物，很少有人能拥有私家车。[33]

苏联政府在鞑靼斯坦共和国（Tatarstan）的卡马河畔（Kama）切尔尼市（Chelny）纳博日涅（Naberezhnye）建立了第二个大型汽车厂卡马兹（KAMAZ），以制造重型卡车。10万名工人被动员起来建造这个工厂。苏联从外国公司购买了大部分设备，预计每年生产15万辆卡车和25万台发动机。后来，工厂又增加了微型车的生产，周边城市人口增加到 50 万。[34]

近代这些苏联的汽车制造巨头一直持续到苏联解体时。21世纪初，改名为"拉达"（AvtoVAZ）的陶里亚蒂汽车公司仍雇用了大约 10 万名工人（有些人在别的城市）。在公司被经理、寡头和犯罪团伙据为己有并被掠夺到濒临崩溃的边缘时，雷诺（Renault）和日产（Nissan）最终获得了公司的大部分控制权。2014 年，当它们开始裁员和重组工厂时，工厂里仍有 6.6 万名工人，比美国任何一家工厂的工人都多，而且，也比胭脂河工厂以外的有史以来美国任何一家汽车厂的工人都多。在一个深陷困境的经济体系中，雇用如此多的员工，相当于分发一种社会福利，很难被一朝废除。卡马兹〔戴姆勒集团（Daimler AG）在2008 年购买了少数股权〕也在继续经营，在 2012 年生产了它的第 200 万辆卡车。[35] 苏联解体后，斯大林式的超级工厂在俄罗斯依然存在。

第一座共产主义之城

20 世纪 40 年代末，随着苏联帮助东欧当地共产党巩固对其国家的控制权，它也在东欧地区帮助建立了以大型工业项目为中心的典型的社会主义城市。与苏联的情况一样，其出发点是经济发展，通过对重工业的集中投资来促进经济高速增长。东欧的大部分地区，过去是没有多少工业的，只有东德和捷克斯洛伐克的部分地区除外，而且这些国家的大部分工业设施已在战争期间被毁，或者，由于协助德国入侵苏联的缘故，被苏联当作战争赔款拆下运走。但是，工业和城市的综合体也发挥了重要的政治和意识形态功能。第二次世界大战结束时，东欧共产党的势力很小，只是因为红军的存在，才掌握了权力。在构建自己的政治合法性、动员民众进行重建（特别是德国和波兰，这两地遭受了大规模的破坏），以及赢得民众对其庇护者苏联的好感方面临巨大挑战。模范工业城市是社会主义新社会的前身，其目的是为所有的这些功能服务。[36]

有几个城市支持新的钢铁厂：东德的斯大林斯塔特（Stalinstadt）、匈牙利的斯大林瓦罗什（Sztálinváros）、波兰的诺瓦胡塔（Nowa Huta）和捷克斯洛伐克的诺瓦·奥斯特拉瓦（Nová Ostrava）。一位历史学家称之为与斯大林崇拜有关的"钢铁崇拜"（斯大林这一名字的意思就是"拥有钢铁之躯的人"）。共产党领导人认为钢铁是工业发展和武器生产的关键，随着冷战的到来，这是一个优先发展事项。为了突破这种模式，保加利亚在一座大型化工厂（以斯大林的名字命名）和一座大型发电厂周围建立了自己的模范城市——季米特洛夫格勒（Dimitrovgrad）。季米特洛夫格勒和斯大林斯塔特也有水泥厂，这是一种在苏联集团受欢迎的建筑材料。[37]

/ *250*

全新的工厂和城市被大张旗鼓地推出，作为社会主义的第一个活生生的体现，是维持工业和工人稳定的重要部分。在这些新生的人民当家做主的民主国家的图标和仪式中，我们可以看到许多工厂和工人。1948年，波兰发行了一张100兹罗提钞票，钞票一面的图案是矿工和工业景观，另一面是相当老式的工厂建筑和冒烟的烟筒〔与美国形成鲜明对比，美国的100美元钞票，一面是本杰明·富兰克林，另一面是矗立在一片田园风光之中的美国独立纪念馆（Independence Hall）〕。东欧各国政府向人们呼吁，要他们为迅速建立工业定居点付出英勇的努力。它们为短期劳工和全职工人组织了青年旅，后者大多是从农村地区招募而来的。大多数工人是年轻人，他们的出现，正是新社会的光明前景的证明。

　　虽然每个模范城市都有自己鲜明的特色和迥异的历史，反映了其所在国的特殊国情，但也有许多共同的特点。它们的规划者和建筑师都向苏联专家咨询如何搭建整体布局，甚至是个别建筑的设计。新城市最引人注目的不是它们的社会主义特点，而是它们的城市主义特点。最初，一些计划设想搭建分散的住房，消除农村和城市之间的严格界限，并为种植粮食提供绿色空间和地区。但是，规划者很快就改变了做法，向高密度、人口集中的模式发展，在城市范围内没有给花园留下场地。

　　有几个因素可以解释这种转变。一是成本。建造公寓大楼，往往需要标准化设计，而且在许多情况下要使用预制材料，比建造许多独立的小型住宅便宜，对于住房需求很大的国家来说，这是一个重要的考虑因素。二是紧凑、密集的城市更容易提供广泛的社会和文化服务。这是城市的重要特征，预示着社会主义生活将是什么样子。三是工业城市的都市化是对西方资本主义社会战后流行文化的明显排斥：英国的新城镇，斯堪的纳维亚（Scandinavian）卫星城，美国郊区的扩张。（分裂的柏林成为一个展示双方规划远景的竞技场：东部是高密度和连续的楼房；西部则是大片绿化，低密度和分散的建筑。）大型的林荫大道和大型广场被用作游行和集会的场所，但也有城市主义的小型"姿态"，如拱廊。工业城市代表着现代化、新事物和通向未来的大门。任何带有老旧乡村气息的东西，连同那些组织分散的房屋和园地，似乎都是对现代工业精神的一种反动。

　　虽然东欧这些城市的出现主要归功于苏联，但它们成了民族主义的中心。虽然对苏联的礼节性的表达方式比比皆是，有纪念碑、苏联人捐赠的建筑物、斯大林的雕像，以及以苏联领导人的名字命名的一些城市和工厂，但是，这些城镇被视为国家建设的工具，是社会主义建设，而不是抽象的、稀松平常的社会主义革命。具有讽刺意味的是，从苏联强行引进的社会主义现实主义得到了进一步发展，这是通过推广一些模糊的概念——建筑应该在内容上是社会主义的，在形式上是民族主义的——来实现的。因此，许多新的工厂和伴生城市的建筑物里融入了与民族的过去有关的图案和风格。建设社会主义，在图像上和字面上，都被描绘为一个民族戏剧。

大多数模范工业计划从来没有完成，至少是没有完成最初的计划。1953 年斯大林逝世后，苏联对其卫星国集团放松了控制，结束了它们对苏联的仪式性服从。以极快的速度建造的大型工业设施和新城市，被证明是非常昂贵的开支。原本为了刺激更广泛经济发展的大型项目和规模经济，现在看来已不再那么有利。因为，将如此多的金融和政治资本投入少数几个地方所产生的扭曲效应已经显而易见了。这些工业中心计划，在实施了短短几年后，就被削减或放弃了，而经济增长通常是临时性和偶然性的。大多数"第一座共产主义之城"很快就变得黯淡无光，被重新命名，大部分被人遗忘，只留下斯大林时代的残迹。[38]

但诺瓦胡塔，这些新工厂里最大和最重要的工厂所在地，可以说是最后的斯大林主义乌托邦。在波兰中部建造一个钢铁厂的想法，早在第二次世界大战和社会主义政权建立之前就已经出现了。1947 年，波兰政府与弗赖恩工程公司（Freyn Engineering）制订了建立一个大型工厂的计划，这家美国公司以前就在苏联做过项目，其中包括马格尼托哥尔斯克公司的工厂。但冷战紧张局势的加剧，导致了这一合同的取消。1948 年波兰与苏联签订的经济协议，以及第二年苏联和东欧国家经济互

/ 252

助委员会（Council for Mutual Economic Assistance）的成立，为一个新的开端提供了框架。这一次，波兰人与苏联人合作，他们要求建立一个非常大的工业体系，为整个共产主义阵营服务，这个体系的规模要比东欧地区其他模范城市的钢铁厂大得多。苏联借给波兰 4.5 亿美元（以替代如果苏联允许东欧国家参与马歇尔计划时美国可能借给它的资金），用于建造该工厂。波兰政府在离克拉科夫（Kraków）以东 6 英里的地方选择了一块场地，设计了工厂，建造了大部分设施，在苏联钢铁厂培训了 1300 名波兰工程师，苏联还派遣了熟练的工人和专家协助工厂运转，承担了许多外国公司 20 年前在苏联扮演的角色。

　　本着斯大林主义的精神，政府做了许多工作，迅速建造了诺瓦胡塔工厂（后来被命名为"列宁钢铁厂"），成了波兰六年计划（1950~1955）的主导项目。这个庞大的企业占地 2500 英亩，最终包括 500 栋建筑（包括它自己的电力和供热厂），在几十年的时间里逐步发展起来。1954 年，该公司开始运营其首座高炉。更多的高炉、焦炉、平炉和电气钢转炉，还有一个烧结厂，在随后建立起来。到 1958 年冷轧厂投产时，该厂有 17929 名员工，年产钢 160 万吨（是第二次世界大战前波兰 23 家钢铁厂全部产量的一半），其中大部分出口到苏联。随着更多的焦炉、平炉，一个管道焊接厂，一个镀锌厂和一个氧气厂（一些冶炼设备需要吹氧气）的出现，这个工业综合体不断成长。1967 年，第五座高炉开工，这是世界上最大的高炉之一，比苏联的任何高炉都大。这时，该厂的劳动力也达到了 29110 人。波兰的一篇报道称，这个工厂的持续扩建"清楚地证明了当局对宏伟的热爱——与其说是出于经济考虑，倒不如说是出于政治考虑"。巨大的高炉需要无烟煤，成本高昂。随后，许多新的切割和轧钢工厂也建立了。该工业综合体的年产量,在 1978 年达到最高峰,为 650 万吨钢铁,一年后工人达到 38674 人(比任何美国钢铁厂的工人数量都多,虽然还是比马格尼托哥尔斯克工厂的工人少)。[39]

尽管像工厂一样,诺瓦胡塔市也是国家优先照顾的城市,但事实证明,它的建设是一个漫长而艰难的过程。虽然有重型设备,但是是优先用于建造钢铁厂的,资金也很有限,这意味着住宅和商业建筑大部分是人力建造的,用铲子、手推车,偶尔用起重机。材料短缺和管理不善使建筑进度变得缓慢,而建筑材料的劣质,又导致了随后的一系列问题。在这片被称为"伟大的社会主义建筑工地"的土地上,当局采用了劳动激励、劳动竞赛(工人之间互相竞争)和义务劳动等一系列方式推动建设的步伐。无论是在工厂还是在建筑工地中,妇女都被大量雇用,以促进两性平等,并帮助满足劳动力需求。许多女性从事传统上为男性保留的蓝领体力工作,比如工厂里的女铸工和城市里的砌砖工、泥瓦工。由于住房建设落后于钢铁厂的发展和大量涌入的工人的需求,多年来,诺瓦胡塔的大多数人不得不住在简陋的、寒冷的、单性别的营房里,有时十几名男子或女子共用一间房,缺乏基本的卫生用品,就像翻版的马格尼托哥尔斯克。[40]

但到了 20 世纪 50 年代中期,住房短缺和普遍恶劣的生活条件开始得到缓解。1949 至 1958 年,工人们在诺瓦胡塔建造了 14885 套公寓。而最初的计划在两年内就基本上完成了,当时的常住人口达到了 10 万人。许多波兰人前来欣赏这座城市。[41]

1960 年以前,诺瓦胡塔地区形成了半个八角形,主要的林荫大道从中心广场的一侧向外辐射(2004 年,该广场更名为"罗纳德·里根广场")。钢铁厂的大门远在半英里之外,所以,从市中心望去,几乎看不到它。毫无疑问的是,在工厂的全盛时期,从工厂烟囱里喷出来的烟雾，是非常明显的污染源，肯定是可以从半英里外看到的。有轨电车将工厂与住宅和商业区连接起来。

　　一个鲜明的城市主义特征是，这个市中心通过借用文艺复兴时期的设计元素（如拱廊和广场）而得到强化，住宅面积大致相当，设计基本相同。这与美国当代工业城镇的住宅开发形成了鲜明的对比，比如莱维敦（Levittown）、纽约和加利福尼亚州的莱克兰（Lakeland），后者都是单户式的独立住宅，配有私家车车库。在诺瓦胡塔，公寓大楼排列在主要道路的两旁，并填满了道路之间的区域，每个街区都是可供5000到6000名居民居住的建筑群。从林荫道上望去，两到七层楼高的长屋的立面给人一种很严肃的感觉，但在它们后面是一片封闭的、安静的、人性化的、几乎没有什么车辆往来的空间。草坪、操场、学校、日托中心、车库和晾衣绳充斥着整个空间。每个社区单元，基本上都是自给自足的。在建筑物一楼，商店、保健中心、图书馆和其他服务应有尽有。电影院、剧院、百货商店、餐馆和公共机构一般离住所只有几步之遥，有轨电车线路则把它连接到克拉科夫（1951年，该线路在行政上被划给了诺瓦胡塔）。实际上，许多社会组织按照高尔基早期工人住房的思路，对社区生活进行了更充分的实现，尽管不像高尔基设想的那么激进。

　　诺瓦胡塔的城市规划，一直在调整，这在某些方面是对城市发展有利的。最早的住房单元是相当简陋的，但与诺瓦胡塔的构想保持一致，它预示着一个新的共产主义社会。随后的许多住宅区的建造标准远远高于普通波兰人的居住水平，有更多的空间、私人浴室、内置收音机、大冰箱和阳台，每个楼道入口都有公共电话。20世纪50年代前期建成的街区，与其他地方的类似住宅相比，它们的高度更低，规模更小，不会像东柏林的斯大林大街（Stalinallee）（现在的卡尔·马克思林荫道）那样，成为陈旧的时代产物。它对人类规模的贡献是放弃了建立一个并不吸引人的宏伟市政厅和一座纪念性剧院的计划，而这两者本来是要为城市中轴线压阵的。它将波兰的传统元素融入其中，这成了它的吸引人之处和荒诞不经之处，比如小小的卢多伊剧院（Ludowy Theater）（这是波兰最有创意的建筑之一），比如两座工厂管理大楼中的一座被设计成文艺复兴时期的宫殿，带有"波兰护栏"。

随着斯大林的去世，更多的建筑种类进入了诺瓦胡塔人的住房范围，包括现代主义的"瑞典之家"公寓楼，它来自勒·柯布西耶的设想。它削减了成本，却没有了电梯和拼花地板等事物。由于城市人口的增长超出了原来的预期，在城镇的郊区，新的住宅小区被建造了出来。其中很多建筑是现代主义风格，但建筑质量低劣，无论是低层还是高层建筑都被绿地空间隔开，附近几乎没有商店或相关设施，这种"公园塔"的开发项目已经成为共产主义和资本主义阵营中都市住宅的时尚。[42]

诺瓦胡塔是社会主义在波兰的一个展览品，在波兰全国乃至国际上都引起了广泛关注。多年来，游客包括赫鲁晓夫、夏尔·戴高乐（Charles de Gaulle）、海尔·塞拉西（Haile Selassie）、夸梅·恩克鲁玛（Kwame Nkrumah）和菲德尔·卡斯特罗（Fidel Castro）。这座钢铁厂和附属城镇在无数的小说、新闻报道、电影甚至音乐作品中占有一席之地。这家工厂于1951和1964年出现在邮票上。总体来说，宣传和艺术效果都非常积极地将诺瓦胡塔展示为"民族的骄傲"、"我们的繁荣的产物"，以及共产主义美好未来的开端。但是，在被当局提升到国家叙事中的一个显著位置之后，它也成了对共产主义事业的批评的一个焦点。亚当·瓦伊克（Adam Wazyk）（当时他被一位作家称为"强硬反共分子")在 1955 年的《成人诗篇》(*Poem for Adults*)里公开批判了波兰社会主义,他为诺瓦胡塔("一个新的黄金国")*及其居民("一大群移民,带着混乱的野心……一堆诅咒和羽毛枕头,一加仑的伏特加和淫乱的欲望")涂抹了一幅丑陋的肖像。安杰伊·瓦伊达(Andrzej Wajda)执导的著名电影《大理石的人》(*Man of Marble*)于 1977 年上映,用诺瓦胡塔来讲述波兰共产主义的历史和神话,并预言了即将发生在这个钢铁城市、这个国家的革命。[43]

社会主义之城

东欧的这些工业城市,不仅要负责生产钢铁、混凝土和其他重要物资,而且要培育新的男女,为未来的社会主义公民树立榜样,就像它们的"老大哥"苏联的城市一样。保加利亚的一个青年旅选择了"我们建造季米特洛夫格勒,这座城市建设我们"作为它的座右铭。但实际情况复杂得多。

一些工人出于对社会主义工程和新人民民主的真正热情,搬到了诺瓦胡塔和其他展示城市。还有一些人发现,帮助开办新工厂和建设城市的经历让人陶醉,他们会深情地回首往事。但许多工人参加了建设工作,并在新工厂找到了工作,不是出于任何特定的意识形态认同,而是出于实际需要。

同苏联一样,建筑业和工业劳动力的招聘热潮与农村的恶劣条件密切相关,是增税、谷物压价、集体化、长期贫困和多年

---

* 黄金国(西班牙文:El Dorado)为一个古老传说,始于一个南美仪式,部落族长会在自己的全身涂满金粉,并到山中的圣湖中洗净,而祭司和贵族会将珍贵的黄金和绿宝石投入湖中献给神。

战争影响的结果。许多移居到斯大林瓦罗什的匈牙利农民，认为这些政策是对他们家乡村庄和生活方式的破坏。斯大林瓦罗什没有任何教堂，所以他们对它的感情更加疏远了。至少对某些人来说，斯大林瓦罗什不再被看作通向更光明未来的灯塔。来到这座城市的有经验的产业工人则持更积极的看法，他们欣赏这里，因为这里有比其他地方更好的住房和更高的工资。但是，尽管如此，他们也经常对工厂的专制管理、劳动的高强度以及持续的食品和其他商品短缺感到不满。[44]

在苏联的默许下，波兰没有试图推行农业集体化，因此强迫农民流离失所与诺瓦胡塔的工人招募之间没有直接联系。然而，大部分的建设力量和新增城市人口来自农村，大多数是 30 岁以下的人。即使在钢铁厂，许多工作也需要工业技能。在 1954 年，47% 的工人是农民出身，许多是来自附近地区的穷困农民。"展望未来，"历史学家凯瑟琳·莱博（Katherine Lebow）写道，"他们看到了一种残酷的奴役和一种文化荒漠般的生活，并发现这种前景是令人无法忍受的。"他们不是被社会主义新生活所吸引，而是更希望诺瓦胡塔能够提供一个获得技能和金钱的机会，摆脱乡村的枯燥生活，实现更光明的个人未来。正如工会成员后来回忆的那样，这种吸引力并不是对在国家主要工业机构工作而感到自豪，而是希望在诺瓦胡塔能苦尽甘来，享受到更好的工资待遇、住房和权利。[45]

对许多新来的人来说，特别是在早年的诺瓦胡塔，由于生活和工作风险很大，比如经常发生工业事故，现实是令人失望的。许多人干脆离开了，这造成了严重的劳动力流失问题（在其他模范城市也是如此）。相反的情况似乎也正在发生，就像共产党人所看到的，是农村的积贫积弱影响了城市，而不是诺瓦胡塔把农民打造成优秀的社会主义男女。同样的，这里居住着一个庞大的年轻男子群体，但妇女少得多，缺乏娱乐、新鲜事物，或精神寄托，这导致这里的生活非常无聊和吵闹。酗酒现象变得很流行，尽管当局花费巨大的精力试图控制它。随之而来的是大量的冲突和性侵犯，这被共产党官员归为"流氓主义"。随着传统和家庭权威的衰退以及宗教权威的消失、性自由（和性病）的"繁荣"，随后发生的一切让政府官员感到沮丧。曾经的农民确实采用了一种现代化的方式，但这不一定是当局想要的那种。一些年轻男子变成了比基尼男孩（得名于原子弹爆炸地点，而不是比基尼泳衣），模仿美国小青年的服装和发型。

其他方面也出现了类似的问题。在季米特洛夫格勒，曾经的农民圈占了公园和社区空地，在那里种植蔬菜，并在公寓楼的地下室里饲养山羊、鸡和兔子。直到 20 世纪 60 年代，当局才最终设法制止了在城里种地的现象。在斯大林瓦罗什，来自农村的工厂工人与来自城市郊区的建筑工人经常发生争执。[46]

当局对他们所创造的新生工人阶级的行为和精神面貌非常不满意，经常展开批评，并加强了社会主义文明教育。他们私下里承认，有时甚至在公开场合也承认，向共产主义人格的巨大飞跃并没有按计划进行。但只要这种行为不端不属于政治问题，他们就不会采取激烈的行动。

严重的政治问题，首先发生在斯大林瓦罗什，不是对钢铁厂特殊条件的反应，而是作为 1956 年匈牙利革命的一部分发生的。斯大林瓦罗什成了革命行动的中心，工人重新命名斯大林瓦罗什为"邓纳佩泰勒"（Dunapetele）。邓纳佩泰勒是钢铁厂建立之前这里的村庄的名字。工厂和城市名称的改变，标志着它们从苏联与匈牙利友谊的象征变成了它的对立面。1956年后，由苏联人组建的新共产党领导层提高了工资和社会福利，因而争取到了工人的支持，最终改变了人们对斯大林瓦罗什的看法。20世纪50年代末60年代初，共同的阶级经验和自豪感逐渐变成了一种当地的社会主义爱国主义，这种爱国主义又使它被再次称为"斯大林瓦罗什"。[47]

后来在诺瓦胡塔也出现了麻烦，但是是不同的形式。钢铁工人带头发起了对当权者的挑战，起初不是因为工作问题，而是为了维护他们的天主教信仰。像马格尼托哥尔斯克和斯大林瓦罗什一样，当时的诺瓦胡塔没有设计任何教堂，这迫使居民不得不在附近的村庄做礼拜。克拉科夫教区提出的在该市修建教堂的要求一再遭到拒绝，直到1956年秋天，为了应付广泛的抗议，波兰当局把曾经被监禁的瓦迪斯瓦夫·哥穆尔卡（Władysław Gomuł ka）释放，并让其担任第一书记。一年后，一个地点被选中，那里竖起了一个十字架。后来，当局开始拖延，1960年，他们把这块地重新分配，打算建一所学校，命人将十字架移走。但是，派去拆除它的人被拦住了，首先来的是一群居住在附近的妇女，然后是一群从工厂里下班的工人。这些人，既唱了《国际歌》（*The Internationale*），又唱了赞美诗，这表明了他们的多重信仰。当天晚上，居民和民兵部队展开了全面战斗，当局很晚才意识到事态的严重性，最后让十字架留下了。几年后，一些波兰天主教领导人在新任大主教嘉禄·沃伊蒂瓦（Karol Wojtyła）〔也就是未来的教皇约翰·保罗二世（John Paul Ⅱ）〕的支持下，要求建立教堂。1965年，政府批准在新的住宅开发项目附近建造一座教堂。在没有政府合作的情况下，天主教进行了长期的活动，为这座建筑筹集到足够的资金，并将其建造起来，被命名为"上帝方舟"

教堂，最终于 1977 年 5 月由当时的枢机主教沃伊蒂瓦（Wojtyła）主持揭幕，共有 7 万人参加了开幕仪式。[48]

但是，诺瓦胡塔的政治性绝不是这么简单的。1968 年，波兰各地爆发了学生抗议活动，当局不得不采取强硬措施，阻止诺瓦胡塔的中学和技校学生参加克拉科夫的示威活动。与此同时，钢铁厂的工人坐着公共汽车到了克拉科夫市，殴打了雅盖隆大学（Jagiellonian University）的学生，这或许反映了阶级和文化上的对立，也反映了政治分歧（比如两年后，在美国发生的安全帽示威活动，是建筑工人殴打学生中的反战抗议者）。直到 1980 年，工厂中大约四分之一的工人是执政的波兰统一工人党（Polish United Workers' Party）党员。

在那时，知识分子和工人反对波兰当局的声音越来越大，组织也越来越严密。1979 年 4 月，在诺瓦胡塔，一个利用天主教进行社区教育的团体——劳动人民基督教社区（Christian Community of Working People）——在几个月前被政府拒绝使用"上帝方舟"作为活动场所，于是在一个附近的修道院举行活动。"十字架和人的工作是分不开的，"沃伊蒂瓦发表讲话时宣称，"基督与人的工作也是分不开的。这一点已在诺瓦胡塔得到证实。"[49]

国家和地方的发展变化都削弱了钢铁工人对现有政权的支持。1970 和 1976 年的物价上涨引发了全国范围的工人抗议活动。与此同时，在卡托维兹（Katowice），又一家大型钢铁厂建成，与诺瓦胡塔形成竞争，而且越来越多的批评列宁钢铁厂污染的环保运动兴起，这些都引发了人们对未来的担忧。[50] 1980 年 7 月，当又一次提价导致了新的罢工浪潮时，诺瓦胡塔的工人加入进来，赢得了管理层的让步。次月，工人开始组建独立的团结工会（Solidarity Trade Union），该工会是在格但斯克（Gdańsk）列宁造船厂建立的。长期以来，诺瓦胡塔的钢铁工人都有工会，但它几乎没有什么权威，工人们往往希望得到某样东西，即在工厂里真正当家做主的权力。当另一种选择出现时，工人们便蜂拥而至。

到1980年秋季，90%的钢铁厂工人签约加入团结工会，它成为全国工会里的第二大会员活动地，重要性仅次于格但斯克。工人们开始把在"上帝方舟"教堂供奉过的十字架（连同团结工会的旗帜）带入工厂，扭转了文化创造从公民社会流向工作场所的趋势。诺瓦胡塔团结工会的积极分子也参与创建了工会"网络"，将波兰最大的那些工业工作场所联系在一起，承认它们都具备先锋作用。[51]

1981年12月13日，一个戒严令被宣布出来，在诺瓦胡塔（和其他地方）开始了团结工会与政府之间的长期"战争状态"，前者被迫转入地下。第二年，工人们在工厂里建立了一个团结工会的秘密组织。这体现了企业的庞大规模和丰富资源将会促进工人的组织化。团结工会成员使用工厂里的材料和印刷机生产地下报纸和大量宣传品，在厂内外流通。工厂技术人员建立并维持了一个能在波兰南部地区沟通联系的秘密无线电网络。他们还从工厂取走物资，分发给其他地方的团结工会积极分子。海外支持者也向团结工会提供了援助，他们的组织甚至在工厂拥有电脑之前就获得了一台电脑。

在这种情况下，工厂内外的抵抗网络迅速发展开来，诺瓦胡塔成为反政府的最激进的中心之一。在1982年，定期的抗议游行开始了，最初是由工人领导的，但随着时间的推移，参加游行的青少年越来越多。抗议者们在出发前往市中心之前，常常聚集在教堂里，不可避免地会与警察和民兵交锋。在频繁的冲突中，至少有三名抗议者被打死。然而，团结工会在工厂内部举行抗议罢工的努力，却不那么成功。

1988年，诺瓦胡塔将波兰彻底推到了危机的泥潭里，这场危机包含经济和政治问题，从很久之前就已经开始了。由于物价上涨，本已十分不满的人们再次爆发抗议。为了结束抗议活动，政府联系了莱赫·瓦文萨（Lech Walesa），即团结工会的倡导者。最终，政府与该组织进行了谈判。团结工会获得合法地位，并于1989年参加了全国参议院公开选举。团结工会候选人的大规模胜利，结束了波兰社会主义政权的历史，并加速了东欧剧变的进程。[52]

团结工会的崛起过程，以及它的最终胜利，向波兰当局表明了工厂主义和工业城市化的危险，但是为时已晚。诺瓦胡塔的目标之一是建立一个主要由农民子女组成的政治化的工人阶级，这一目标成功了，但是是以一种它的规划者意料不到的方式实现的。根据团结工会成员的说法，诺瓦胡塔工人对在厂里工作有共同的自豪感，这不是因为他们为创建社会主义波兰发挥了作用，而是因为他们在与社会主义波兰的斗争中发挥了作用。[53] 正如固特异、通用汽车、福特、通用电气和美国的其他公司在几十年前就了解到的那样，大型工厂里的工人们一起工作、一起生活、一起祈祷、一起喝酒、一起死亡，可以把最大、最重要的工厂从产出效益的场地变成劳工力量的武器。

对波兰工人来说，胜利的成果是讽刺性的。在波兰向资本主义过渡的过程中，为迈向社会主义而建造的工业堡垒，几乎没有几个能完整地幸存下来。波兰的大型工业企业大多投资不足，生产力低下，人员过剩，缺乏像西方那样先进的机器。随着政府补贴的减少、垄断市场的丧失、私有化的开始，它们无法产生竞争力。格但斯克的列宁造船厂经历了多次重组、裁员和私有化，在1980年诞生团结工会时，它有1.7万名工人，到了2014年，却缩减到不足2000人。[54]

在第一届非社会主义政府掌权后不久，在诺瓦胡塔，据一位团结工会主义者估计，在西方，产量与列宁钢铁厂相同的工厂只需要7000名工人，而不是3万名工人，前者是一个更现代化的生产机制，工作情况更紧张，而且没有任何义务保留年迈、生病或酗酒的工人的岗位。随着诺瓦胡塔的钢铁产量急剧下降，1991年，政府在与各种工会（当时成员仅占劳动力总数的三分之一）谈判之后，开始实施一项整合计划，剥离该地各种附属功能，如内部铁路网和渣料回收，并叫停了20个企业的生产，这些企业总共雇用了约60%的旧劳动力。从那时候起，诺瓦胡塔就只剩下最基本的钢铁业务了。为了减少污染，工厂的大部分地方被草草地关闭了，包括两个高炉、一个平炉、一个烧结厂和一些炼焦炉。工厂的社会职能也迅速缩小，远不如前。多年来，它承担了为劳动力和城市服务的许多职能，包括经营农场、食堂、医疗中心、度假设施，甚至是一个足球俱乐部。这些设施也被剥离或关闭。

2001年，诺瓦胡塔钢铁厂〔当时已经改为波兰工程师泰德伍兹·森吉米尔（Tadeusz Sendzimir）的名字〕与国内其他的大型钢铁厂合并。在私有化和后来的合并之后，它成为世界上最大的钢铁公司安赛乐米塔尔（ArcelorMittal）的一部分。新老板在该工厂的现代化方面投入了一些资金。在2007年，一个先进的热轧厂开工了。但在2015年，只有3300名员工仍然在工资单上，另有1.2万名员工在与工厂有关联的独立公司里工作。工资一度大大高于正常水平，但现在与其他地区的企业大致相

/ 265

同。像欧洲和美国的许多其他工厂一样，这家钢铁厂已经变得很普通，雇用的劳动力规模也不大，只提供母公司全部产出中的一小部分，而且面临全球钢铁产能过剩的挑战。[55]

全球超级工厂

在美国企业把产能转移到规模较小、分散的工厂的时代，苏联坚持采用巨型工厂模式，并将其推广到东欧。与此同时，世界其他地区也在继续建造非常大的工厂，并为之喝彩。一些大型工厂在西欧运营，最显著的是在德国。在发展中国家也有一些非常大的工厂。

今天，世界最大的汽车工厂在德国的沃尔夫斯堡（Wolfsburg）。在那里，有 7.2 万名工人在占地 1600 英亩的工业综合体里工作，每年能生产 83 万辆大众汽车。大众汽车在全球的员工有近 60 万人，其中包括德国的 27 万人，沃尔夫斯堡的员工仅占公司员工总数的 12%。[56] 然而，在欧洲或北美，没有其他任何公司在一个地点集中这么多的工人。

德国的工业史与美国或英国稍有不同。在 19 世纪，埃森的克虏伯钢铁厂是世界上最大的工厂之一。但在 20 世纪上半叶，中小型公司主导着德国工业，它们常常相互合作，因为该国的工业实力在于生产多样化的高质量产品，而不是标准化的低成本产品。的确有一些非常大的工厂，其产品是基础的生产资料——主要是钢铁和化学品——但是生产消费品的工厂仍然比较小。尽管福特主义在德国受到了很多关注，但在实际操作中，德国企业在学习应用新生产技术方面行动迟缓，而且由于资本短缺、限制市场规模的贸易壁垒，以及使用的劳动力技术水平较高，因此美国的模式很难在德国工厂里推行。[57]

20 世纪 20 年代初，德国汽车公司开始尝试使用装配线，但是转向集成化、大规模生产的速度非常缓慢。当纳粹党掌权时，福特的仰慕者阿道夫·希特勒（Adolf Hitler）敦促两家公司联合起来，大规模生产德国的 T 型车——一种"人民的汽车"或大众汽车。当它们拒绝时，政府索性自己动手办厂。1938 年，希特勒在法勒斯列班（Fallersleben）（那时候还是个村庄，后来改名为"沃尔夫斯堡"）为"汽车力量之城"（Stadt des KdF-Wagens bei Fallersleben）——大众汽车工厂奠基。和苏联一样，纳粹党人也从美国购买专用的、单一用途的机械。但是，在大众汽车大规模投产之前，战争就爆发了。这家工厂使用强制劳动力生产军工产品，其中大部分人来自东欧。

在战争期间，德国制造商在大规模生产军备方面获得了丰富经验。到 20 世纪 50 年代初，随着国内消费能力和贸易的增加，西德的条件成熟，促使这一经验应用于民用生产。沃尔夫斯堡工厂在战争中幸存下来，几乎没有什么损坏，又恢复了原来的用途。就像早期的福特工厂一样，多年来，它只生产一个型号，甲壳虫（Beetle）大众汽车，后来增加了一个与之大同小异的面包车。该公司抵制在海外建厂以稳定产量，并使广泛的自动化技术使用变得有利可图。德国的共同决策模式使工会在企业管理上发挥了广泛作用，高工资和丰厚的社会福利（包括高额利润分享）有助于确保和睦的劳资关系。与当时的美国制造商不同的是，大众公司并不担心工人们会联合起来扰乱生产，并将他们的意愿强加给公司。[58]

/ 267

虽然中小型企业继续主宰西德的经济，并在后来主宰了合并的德国的经济，但除了大众公司之外，还有一些制造商拥有非常大的工厂。化学巨头巴斯夫（BASF），曾经是法本集团（IG

Farben）的一部分，在第二次世界大战后作为一个独立实体进行了改革，进行集中生产。其工业综合体建立已久，位于莱茵河畔（Rhine）的路德维希港（Ludwigsafen）。1963年，该公司的管理委员会承认："一个公司的生产规模集中在一个地区，在许多方面（例如，罢工、地震和其他无法控制的力量）就会变得无比脆弱。"尽管如此，该公司还是决定继续投资并扩大这个工厂，因为这是它历史上的最重要的工厂之一。但是，后来还是增设了其他工厂以增加产能。2016年，在这片占地4平方英里的工业园区里，大约有2000栋建筑，约有3.9万名员工在这里工作。[59]

但是，大众汽车仍然是德国工业的典范，沃尔夫斯堡则是工业巨人主义的殿堂。与亨利·福特一样，大众汽车的管理层也意识到，工厂可以成为广告宣传的工具。大众汽车的管理层在主厂旁边修建了一个汽车主题公园，2014年，那里迎来了220万名访客。许多购买汽车的消费者被公司招待、安排，在那里取走新生产的汽车。德国合并后，该公司在德累斯顿（Dresden）建立了一个不同寻常的新工厂，专门生产其最高价位的车型。玻璃幕墙使生产过程完全可见，成品车陈列在一个12层高的玻璃塔里，这是21世纪的水晶宫。[60]

如果说，在战后的西欧，大众汽车成为超级工业的典范，通过企业管理和国家社会民主政策来形成稳定的劳动关系，那么，在埃及，位于尼罗河三角洲（Nile Delta）中心的大迈哈莱（Mahalla el-Kubra）的米斯尔纺纱和织造公司（Misr Spinning and Weaving Company）就是另一个反面典型。后者再次证明了大型工厂将大批工人聚集在一起，并且苛刻对待他们，是极其危险的行为。年复一年，一个又一个政权在埃及更替，大迈哈莱的工人一直站在埃及劳工运动的最前线，捍卫他们的经济利益，并越来越多地干涉国家的政治事件。

米斯尔公司成立于 1927 年，由米斯尔银行（Bank Misr）创立，这是一家明确的民族主义银行，目的是为埃及人的企业提供资金。当时，英国仍占领着埃及，并控制着埃及经济的大部分领域。尽管埃及棉花工业历史悠久，但米斯尔公司开办了第一个由埃及穆斯林拥有的现代化机械纺织厂。第二次世界大战结束时，这家集纺纱、织布、染色于一体的工厂雇用了 2.5 万名工人，并成为中东地区最大的工业企业。

埃及政府和公司高管将机械化的纺织厂定义为"现代化、国家进步和经济发展的堡垒"。但是，主要是从农民中招募的劳动力，并不接受工厂是一个共享的民族主义项目的精英概念，他们反复抗议苛刻的工作条件和微薄的工资。1938 年，工厂发生了第一次大罢工，工人要求提高计件工资金额，并将 12 小时工作制改为 8 小时制。1946 年又发生了一次短暂罢工，次年发生了一次大规模的罢工，抗议裁员和专制管理。这次罢工遭到政府的镇压，三名工人在冲突中丧生。1952 年，贾迈勒·阿卜杜勒·纳赛尔（Gamal Abdel Nasser）领导的军官组织夺取了政权，推翻了埃及的君主制。工厂的工人们期待自己的条件随之得到改善，但当他们再次发动罢工时，又被军队镇压了。在某种程度上，米斯尔工厂的象征意义和实际意义是，1960 年纳赛尔"向左转"，接受了"阿拉伯社会主义"，这个工厂是第一个被国有化的工业企业。在政府的控制下，工人们仍然在发扬斗争的传统，包括在 1975 年进行了为期三天的罢工，这使得由国家雇用的产业工人的工资大幅度增加。1986 年，工人再次罢工，又赢得了加薪。两年后，他们又发动了罢工，这次是明确地把矛头指向时任总统胡斯尼·穆巴拉克（Hosni Mubarak）。2006 年末，当政府拒绝发放已经承诺的奖金时，该工厂的工人进行了罢工，并引发了其他纺织厂的工人随之响应的抗议浪潮，也是 2007 年规模更大的罢工的序曲。2007 年，他们赢得了大幅度上涨的奖金。

2008 年 4 月，大迈哈莱的工人举行了一次抗议活动，数千名警察驱散了示威人群，造成至少三人死亡，这引发了对穆巴拉克的公开抗议，最终导致他在 2011 年的"阿拉伯之春"（Arab Spring）运动中倒台。2014 年 2 月，工人又发动罢工，要求将从穆巴拉克时代起至今仍在公司任职的高管统统撤职。即使由阿卜杜勒·法塔赫－塞西（Abdel Fattah el-Sisi）领导的另一个准军事政权掌权之后，纺织工人仍在继续他们的抗争。除了奖金之外，冲突的另一个关键点是，抵制政府结束棉花补贴的决定，并要求罢免腐败的公司高管。就像在其他地方发生的那样，如果以民族主义和现代化的名义创办一家大工厂，就会创造出一支拥有自我想法的劳动力队伍，而他们对过去、现在和未来的想法，就会拥有举足轻重的地位。61

注　释

1　伯纳姆的许多论点都是布鲁诺·里兹（Bruno Rizzi）早些时候提出的，但是在左翼小圈子外几乎没有引起注意。大约在同一时期，詹姆斯与托洛茨基决裂，称苏联为"国家资本主义"。James Burnham, *The Managerial Revolution* ([1941] Bloomington: Indiana University Press, 1960); Isaac Deutscher, *The Prophet Outcast; Trotsky: 1929-1940* (New York: Oxford University Press, 1963), pp.459-477; Christopher Phelps, "C.L.R. James and the Theory of State Capitalism," in Nelson Lichtenstein, ed., *American Capitalism: Social Thought and Political Economy in the Twentieth Century* (Philadelphia: University of Pennsylvania Press, 2006).

2　这些段落基本上取材于 David C. Engerman, "To Moscow and Back: American Social

Scientists and the Concept of Convergence," in Lichtenstein, ed.,*American Capitalism*。

3 http://brooklynnavyyard.org/the-navy-yard/history/（accessed Mar. 29, 2016）. 关于私营企业在战时国防生产中的作用的叙述，请参阅 Arthur Herman, *Freedom's Forge: How American Business Produced Victory in World War II*（New York: Random House, 2012）。

4 为了承担战争工作，卡恩公司的员工数量从 400 人增加到 600 人。Hawkins Ferry, *The Legacy of Albert Kahn*（Detroit, MI: Wayne State University Press, 1970）, pp.25-26.

5 为了扩大劳动力储备，福特向女性开放了工作机会，她们最终在该厂占据了 35％ 的比例。然而，该公司背离了高地公园工厂和胭脂河工厂的政策，几乎排斥了非裔美国人。柳条河工厂的工人最终发挥出的生产力远远高于飞机行业标准。柳条河工厂的最新用途是作为无人驾驶汽车的试验场。Sarah Jo Peterson, *Planning the Home Front: Building Bombers and Communities at Willow Run*（Chicago: University of Chicago Press, 2013）; Allan Nevins and Frank Ernest Hill, *Ford: Expansion and Challenge, 1915-1933*（New York: Charles Scribner's Sons: 1957）, pp.242-247; Nelson Lichtenstein, *The Most Dangerous Man in Detroit: Walter Reuther and the Fate of American Labor*（New York: Basic Books, 1995）, pp.160-174; Gail Radford, *Modern Housing for America: Policy Struggles in the New Deal Era*（Chicago: University of Chicago Press, 1996）, pp.121-132; *New York Times*, June 6, 2016.

6 并非所有飞机制造厂的工人都住在单一的工厂里，共和国飞机公司和格鲁曼飞机公司在主要工厂附近建立了辅助工厂，让工人的工作地点更靠近他们通常居住的地方，减少了通勤和住房方面的问题。 T. P. Wright Memorandum for Charles E. Wilson, Mar. 21, 1943, box 7, National Aircraft War Production Council, Harry S. Truman Library, Independence, MO; Ferry, *Legacy of Albert Kahn*, pp.25, 127-128; Tim Keogh, "Suburbs in Black and White: Race, Jobs and Poverty in Twentieth-Century Long Island," Ph.D. dissertation, City University of New York, 2016, pp.53-56, 77; T. M. Sell, *Wings of Power: Boeing and the Politics of Growth in the Northwest*（Seattle: University of Washington Press, 2001）, p.19; John Gunther, *Inside U.S.A.*（New York: Harper & Brothers, 1947）, pp.142-143.

7 "Bethlehem Ship," *Fortune*, Aug. 1945, p.220; Bernard Matthew Mergen, "A History of the Industrial Union of Marine and Shipbuilding Workers of America, 1933-1951," Ph.D. dissertation, University of Pennsylvania, 1968, pp.2-3, 103-104, 134-137, 142; [Baltimore] *Evening Sun*, Dec. 8, 1943; Apr. 5, 1944; Apr. 20, 1944; May 15, 1944; July 1, 1944; Karen Beck Skold, "The Job He Left Behind: American Women in Shipyards During World War II," in Carol R. Berkin and Clara M. Lovett, eds., *Women, War, and Revolution*（New York: Holmes & Meier, 1980）, esp. pp.56-58; Eric Arnesen and Alex Lichtenstein, "Introduction: 'All Kinds of People,' " in Katherine Archibald, *Wartime*

Shipyard: A Study in Social Disunity ([1947] Urbana: University of Illinois Press, 2006) ,pp.xvi, xxxi-xxxv; Joshua B. Freeman, *American Empire, 1945–2000: The Rise of a Global Empire, the Democratic Revolution at Home*(New York: Viking, 2012), p.21; Peterson, *Planning the Home Front*, p.279.

8　关于第二次世界大战对美国工人阶级的影响，见于Joshua Freeman, "Delivering the Goods: Industrial Unionism during World War II," *Labor History* 19 (4) (Fall 1978) ; Nelson Lichtenstein, "The Making of the Postwar Working Class: Cultural Pluralism and Social Structure in World War II," *The Historian* 51 (1) (Nov. 1988) , pp.42–63; Gary Gerstle, "The Working Class Goes to War," *Mid-America* 75 (3) (1993) , pp.303–322. Dorothea Lange and Charles Wollenberg, *Photographing the Second Gold Rush: Dorothea Lange and the East Bay at War, 1941–1945* (Berkeley, CA: Heyday Books, 1995) 。

9　Jack Metzgar, "The 1945–1946 Strike Wave," in Aaron Brenner, Benjamin Day, and Immanuel Ness, eds., *The Encyclopedia of Strikes in American History* (Armonk, NY: M.E. Sharpe, 2009) ; Art Preis, *Labor's Giant Step: Twenty years of the CIO* (New York: Pioneer Press, 1965) , pp.257–283.

10　Ronald W. Schatz, *The Electrical Workers: A History of Labor at General Electric and Westinghouse, 1923–1960* (Urbana: University of Illinois Press, 1983) , pp.105–164; Nelson Lichtenstein, *The Most Dangerous Man in Detroit*, pp.282–298; Freeman, *American Empire*,pp.119–124; *Labor's Heritage: Quarterly of the George Meany Memorial Archives*, 4 (1992) , p.28; Joshua Freeman, "Labor During the American Century: Work, Workers, and Unions Since 1945," in Jean-Christophe Agnew and Roy Rosenzweig, eds., *A Companion to Post–1945 America* (Malden, MA: Blackwell, 2002) ; Ruth Milkman, *Farewell to the Factory: Auto Workers in the Late Twentieth Century* (Berkeley: University of California Press, 1997) ; *Charles Corwin in New York Daily Worker*, Feb. 4, 1949, quoted in Karen Lucic, *Charles Sheeler and the Cult of the Machine* (Cambridge, MA: Harvard University Press, 1991) , p.114; Jack Metzgar,*Striking Steel: Solidarity Remembered* (Philadelphia: Temple University Press, 2000) , pp.30–45 (quote on p.39) .

11　Daniel Nelson, *American Rubber Workers and Organized Labor, 1900–1941*(Princeton, NJ: Princeton University Press, 1988) , pp.82–83, 234–245, 257–264, 271, 307–309, 315–317; Charles A. Jeszeck, "Plant Dispersion and Collective Bargaining in the Rubber Tire Industry," Ph.D. dissertation, University of California, Berkeley, 1982, pp.31, 47–54, 106–108.

12　在美国无线电公司开始在那里生产电视机之后，布卢明顿工厂的员工人数已超过8000人，但该公司最终将大部分生产先转移到孟菲斯，然后转移到墨西哥华雷斯市（Ciudad

Juá）。Jefferson Cowie, *Capital Moves: RCA's Seventy-Year Quest for Cheap Labor* （Ithaca, NY: Cornell University Press, 1999）, pp.10, 15, 17, 22-35, 42-43.

13 为了避免生产进一步中断，通用汽车与福特不同，它制定了一项政策，使用外部供应商的大多数零件和配件来组装其车辆。Douglas Reynolds, "Engines of Struggle: Technology, Skill and Unionization at General Motors, 1930-1940," *Michigan Historical Review*,15（Spring 1989）,pp.79-80; *New York Times*, Aug. 12, 1935; Alfred D. Chandler, Jr., *Scale and Scope: The Dynamics of Industrial Capitalism* （Cambridge, MA: Harvard University Press, 1994）, p.208.

14 Jeszeck, "Plant Dispersion," pp.33-35; "Flying High," Kansas City Public Library, http://www.kclibrary.org/blog/week-kansas-city-history/flyinghigh, and "Fairfax Assembly Plant," GM Corporate Newsroom, http:// media.gm.com/media/us/en/ gm/company_info/facilities/assembly/fairfax. html（both accessed Apr. 5, 2016）; Schatz,*Electrical Workers*, p.233. 关于西南地区与战争有关的工业发展，参见 Elizabeth Tandy Shermer, *Sunbelt Capitalism: Phoenix and the Transformation of American Politics*（Philadelphia: University of Pennsylvania Press, 2013）。

15 Metzgar, "The 1945-1946 Strike Wave"; Freeman, *American Empire*, pp.39-41; Kim Phillips-Fein, *Invisible Hands: The Making of the Conservative Movement from the New Deal to Reagan*（New York: W. W. Norton, 2009）, pp.93-97; Elizabeth A. Fones-Wolf, *Selling Free Enterprise: The Business Assault on Labor and Liberalism, 1945-1960*（Urbana: University of Illinois Press, 1994）, pp.138-139.

16 Kim Phillips-Fein, "Top-Down Revolution: Businessmen, Intellectuals and Politicians Against the New Deal, 1945-1964," Ph.D. dissertation, Columbia University, 2004, p.220; Joshua B. Freeman, *Working-Class New York: Life and Labor since World War II*（New York: New Press, 2000）, pp.60-71; Tami J. Friedman, "Communities in Competition: Capital Migration and Plant Relocation in the United States Carpet Industry, 1929-1975," Ph.D. dissertation, Columbia University, 2001, pp.22, 70-76, 201-204.

17 Schatz, *Electrical Workers*, pp.170-175; Phillips-Fein, *Invisible Hands*, pp.97-114.

18 Schatz, *Electrical Workers*, pp.233-234.

19 Schatz, *Electrical Workers*, pp.234-236; Freeman, *American Empire*, pp.303-306; Thomas J. Sugrue, *The Origins of the Urban Crisis: Race and Inequality in Postwar Detroit*（Princeton, NJ: Princeton University Press, 1996）, pp.128-129; James C. Cobb, *The Selling of the South: The Southern Crusade for Industrial Development, 1936-1980*（Baton Rouge: Louisiana State University Press, 1982）; Friedman, "Communities in Competition," pp.111-166.

20 Martin Beckman, *Location Theory*（New York: Random House, 1968）; Gerald J.

Karaska and David F. Bramhall, *Locational Analysis for Manufacturing: A Selection of Readings* (Cambridge, MA: MIT Press, 1969) ;Paul Krugman, *Geography and Trade* (Leuven, Belgium: Leuven University Press and Cambridge, MA: MIT Press, 1989) , esp.pp.62–63 for discussion of Akron.

21　与管理者普遍的看法相反，工会工人的生产力常常超过非工会工人的生产力。Roger W. Schmenner, *Making Business Location Decisions* (Englewood Cliffs, NJ: Prentice-Hall, 1982) , vii, pp.10–11, 124–126, 154–157, 239; Phillips-Fein, *Invisible Hands*, p.104; Lawrence Mishel and Paula B. Voos, eds., *Unions and Economic Competitiveness* (New York: M.E. Sharpe, 1992) .

22　Kimberly Phillips-Fein, "American Counterrevolutionary: Lemuel Ricketts Boulware and General Electric, 1950–1960," in Lichtenstein, ed., *American Capitalism*, pp.266–267; John Barnard, *American Vanguard: The United Auto Workers during the Reuther Years, 1935–1970* (Detroit, MI: Wayne State University Press, 2004) , p.483; Cowie,*Capital Moves*, pp.53–58. See also Friedman, "Communities in Competition," pp.380–381, 403–421.

23　Sugrue, *Origins of the Urban Crisis*, pp.130–135.

24　Steve Jefferys, *Management and Managed: Fifty Years of Crisis at Chrysler* (Cambridge: Cambridge University Press, 1986) , p.155; Historic American Engineering Record, Mid-Atlantic Region National Park Service, "Dodge Bros. Motor Car Company Plant (Dodge Main) : Photographs, Written Historical and Descriptive Data" (Philadelphia: Department of the Interior, 1980) , p.20.

25　Freeman, *American Empire*, p.115; U.S. Bureau of the Census, *1967 Census of Manufactures*, Vol. 1: *Summary and Subject Statistics* (Washington, D.C.: U.S. Government Printing Office, 1971) , table 1 (pages 2–4) .

26　Charles Fishman, "The Insourcing Boom," *The Atlantic*, Dec. 2012; Mark Reilly, "General Electric Appliance Park," in John E. Kleber, ed., *The Encyclopedia of Louisville* (Lexington, KY: University Press of Kentucky, 2000) , pp.333–334.

27　"The Rebirth of Ford," *Fortune*, May 1947, pp.81–89. 埃文斯的照片现在由大都会艺术博物馆（Metropolitan Museum of Art ）收藏，见于 http://www. metmuseum. org/art/collection/search/281891 and http://www.metmuseum.org/art/collection/search/279282 (accessed Apr. 11, 2016) 。

28　Warren Bareiss, "The Life of Riley," Museum of Broadcast Communications-Encyclopedia of Television (accessed Apr. 11, 2016) , http://www.museum. tv/eotv/lifeofriley.htm. See also George Lipsitz, "The Meaning of Memory: Family, Class, and Ethnicity in Early Network Television Programs," *Cultural Anthropology*,1 (4) (Nov. 1986) ,pp.355–387.

29　Nelson Lichtenstein, *State of the Union: A Century of American Labor* ([2002] Princeton,

NJ: Princeton University Press, 2013）, pp.148-162, 215-218; U.S. Bureau of the Census, *Census of Manufactures, 1972*, Vol. 1, *Subject and Special Statistics*（Washington, D.C.: U.S. Government Printing Office, 1976）, p.68; Daniel Bell, *The Coming of Post-Industrial Society; A Venture in Social Forecasting*（New York: Basic Books, 1973）; Freeman, *American Empire*, pp.303-306, 344-349; Metzgar, *Striking Steel*, pp.210-223.

30 Anders Åman, *Architecture and Ideology in Eastern Europe during the Stalin Era; An Aspect of Cold War History*（Cambridge, MA: MIT Press, 1992）, p.76; Sonia Melnikova-Raich, "The Soviet Problem with Two 'Unknowns': How an American Architect and a Soviet Negotiator Jump-Started the Industrialization of Russia: Part II: Saul Bron," *Industrial Archeology* 37（1/2）（2011）, pp.21-22; "History-Chelyabinsk Tractor Plant（ChTZ）"（accessed Jan. 18, 2016）, http://chtz-uraltrac.ru/articles/categories/24. php; New York Times, Feb. 25, 2016; Stephen Kotkin, *Steeltown, USSR: Soviet Society in the Gorbachev Era*（Berkeley: University of California Press, 1991）,pp.xii-xiii, 2, 5.

31 Kate Brown, *Plutopia: Nuclear Families, Atomic Cities, and the Great Soviet and American Plutonium Disasters*（New York: Oxford University Press, 2013）; Lewis H. Siegelbaum, *Cars for Comrades: The Life of the Soviet Automobile*（Ithaca, NY: Cornell University Press, 2008）, pp.80-81.

32 Alan M. Ball, *Imagining America: Influence and Images in Twentieth-Century Russia*（Lanham, MD: Rowman & Littlefield, 2003）, p.162.

33 在阿夫托格勒，大部分住房是5~16层楼的楼房，里面划分出许多为单个家庭提供的公寓。Siegelbaum, *Cars for Comrades*, pp.81-109; *Wall Street Journal*, Apr. 11, 2016.

34 KAMAZ, "History," https://kamaz.ru/en/about/history/（accessed May 2, 2017）.

35 Siegelbaum, *Cars for Comrades*, pp.112-124; *Wall Street Journal*, Apr. 11, 2016; KAMAZ, "History"; KAMAZ, "General Information"（accessed May 2, 2017）, https://kamaz.ru/en/about/general-information/.

36 捷克斯洛伐克的特殊之处在于，它拥有一个被大量民众支持的大型共产党。Tony Judt, *Postwar: A History of Europe Since 1945*（New York: Penguin, 2005）, pp.129-139, 165-196; Åman, *Architecture and Ideology*, pp.12, 28-30, 147; Mark Pittaway, "Creating and Domesticating Hungary's Socialist Industrial Landscape: From Dunapentele to Sztálinváros, 1950-1958," *Historical Archaeology* 39（3）（2005）, pp.76, 79-80.

37 罗马尼亚从来没有一个像东欧其他地方那样的"第一个社会主义城市"。Åman, *Architecture and Ideology, 77*（"cult of steel"）, pp.81, 147, 157-161; Ulf Brunnbauer, "'The Town of the Youth': Dimitrovgrad and Bulgarian Socialism," *Ethnologica Balkanica* 9（2005）, pp.92-95. See also Paul R. Josephson, *Would Trotsky Wear a Bluetooth? Technological Utopianism under Socialism, 1917-1989*（Baltimore, MD:

Johns Hopkins University Press, 2012), pp.65-119.

38 Åman, *Architecture and Ideology*, esp. pp.33-39, 102-103, 158, 162; Pittaway, "Hungary's Socialist Industrial Landscape," pp.78-81, 85-87; Brunnbauer, "'The Town of the Youth,'" pp.94, 98-111; Katherine Lebow, *Unfinished Utopia: Nowa Huta, Stalinism, and Polish Society, 1949-56* (Ithaca, NY: Cornell University Press, 2013), pp.46, 52-56.

39 Paweł Jagło, "Steelworks," in *Nowa Huta 1949+* [English version] (Kraków: Muzeum Historyczne Miasta Krakowa, 2013), quote on 18; Lebow, *Unfinished Utopia*, pp.19-26, 36-40, 69; Alison Stenning, "Placing (Post-) Socialism: The Making and Remaking of Nowa Huta, Poland," *European Urban and Regional Studies* 7 (Apr. 2000), pp.100-101; Boleslaw Janus, "Labor's Paradise: Family, Work, and Home in Nowa Huta, Poland, 1950-1960," *East European Quarterly* XXXIII (4)(Jan. 2000), p.469; H. G. J. Pounds, "Nowa Huta: A New Polish Iron and Steel Plant," Geography 43 (1)(Jan. 1958), pp.54-56; interview with Stanisław Lebiest, Roman Natkonski, and Krysztof Pfister, Nowa Huta, Poland, May 19, 2015. 美国最大的钢铁厂，论就业人数是伯利恒帕罗斯角钢铁综合体，在1957年有28600名工人，年产量820万吨。1976年，位于印第安纳州盖瑞市的美国钢铁厂达到顶峰，当时估计有2.5万名工人。1996年，仅剩余7800名工人。该厂曾生产了1280万吨钢铁。Mark Reutter, *Sparrows Point: Making Steel-The Rise and Ruin of American Industrial Might* (New York: Summit Books, 1988), pp.10, 413; *Chicago Tribune*, Feb. 26, 1996.

40 Lebow, *Unfinished Utopia*, pp.37-40; 61-62, 74-77, 82-88, 92-93, 97-98, 103; Janus, "Labor's Paradise," pp.455-456; *Poland Today* 6 (7-8)(July-Aug. 1951), p.14. 从下书的照片可以看到诺瓦胡塔建筑工人的照片，其中有女石膏工的照片。Henryk Makarewicz and Wiktor Pental, *802 Procent Normy; Pierwsze Lata Nowej Huty [802% Above the Norm: The Early Years of Nowa Huta]* (Kraków: Fundacja Imago Mundi: Vis-à-vis/etiuda, [2007]).

41 Lebow, *Unfinished Utopia*, pp.65, 71, 157-158; Paweł Jagło, "Architecture of Nowa Huta," in *Nowa Huta 1949+*, p.26.

42 Leszek J. Sibila, *Nowa Huta Ecomuseum: A Guidebook* (Kraków: The Historical Museum of the City of Kraków, 2007); Jagło, "Architecture of Nowa Huta"; Lebow, *Unfinished Utopia*, pp.29-35, 41-42, 71-73; Åman, *Architecture and Ideology*, pp.102-103, 151-153; *Nowa przestrzeń; Modernizm w Nowej Hucie* (Kraków: Muzeum Historyczne Miasta Krakowa, 2012). For U.S. comparison, see Freeman, *American Empire*, pp.12-27, 136-139.

43 Lebow, *Unfinished Utopia*, pp.3, 146-149; Åman, *Architecture and Ideology*, p.151; stamps: https://www.stampworld.com/en_US/stamps/Poland/Postage%20

stamps/?year=1951 and http://colnect.com/en/stamps/list/country/4365-Poland/ theme/3059-Cranes_Machines（accessed Nov. 25, 2016）; Anne Applebaum,*Iron Curtain: The Crushing of Eastern Europe, 1944-1956*（New York: Doubleday, 2012）, pp.360, 372, 377-378, 384-385（quotes from Ważyk in her translation on 384）; Andrzej Wajda, *Man of Marble*（Warsaw: Zespól Filmowy X, 1977）. See also Marci Shore, "Some Words for Grown-Up Marxists: 'A Poem for Adults' and the Revolution from Within," *Polish Review* 42（2）（1997）,pp.131-54.

44 Brunnbauer, "'The Town of the Youth,'" p.96-97, 105; Janus, "Labor's Paradise," p.454-455; Pittaway, "Hungary's Socialist Industrial Landscape," pp.75-76, 82-85.

45 Judt, *Postwar*, p.172; Janus, "Labor's Paradise," p.464-465; Lebow, *Unfinished Utopia*, pp.45, 47, 50-51, 56; interview with Lebiest et al.

46 Janus, "Labor's Paradise," pp.459-464; Brunnbauer, "'The Town of the Youth,'" p.105; Lebow, *Unfinished Utopia*, pp.124-125, 138-145; Pittaway, "Hungary's Socialist Industrial Landscape," p.87.

47 1961 年，该城被改名为多瑙新城（Dunaújváros）。Josephson, *Would Trotsky Wear a Bluetooth?* pp.85-86; Applebaum, *Iron Curtain*, p.459; Pittaway, "Hungary's Socialist Industrial Landscape," pp.88-89.

48 Paweł Jagło, "Defense of the Cross," in *Nowa Huta 1949+*, pp.39-40; Lebow, *Unfinished Utopia*, pp.161-169.

49 Paweł Jagło, "Anti-Communist Opposition," in Nowa Huta 1949+; Stenning,"Placing (Post-) Socialism," pp.105-106; Chicago Tribune, June 10, 1979.

50 克拉科夫的环保主义者经常指责这家钢铁厂造成了该市严重的空气污染，但盛行的风是把诺瓦胡塔排放的废气向东吹离城市，而不是吹向该市。克拉科夫西郊和市内的工业、燃煤炉和不断增加的交通尾气排放更应该对空气污染负责任。Maria Lempart, "Myths and Facts About Nowa Huta," in *Nowa Huta 1949+*, p.50.

51 Judt, *Postwar*, pp.587-589; Stenning, "Placing（Post-）Socialism," p.106; Jagło, "Anti-Communist Opposition."

52 官方政府认可的工会默认支持 1988 年的罢工；尽管有自己的更温和的要求。关于诺瓦胡塔的团结的讨论主要来自 Lebow, *Unfinished Utopia*, pp.169-176, and my interview with Lebiest et al。See also Jagło, "Anti-Communist Opposition"; *New York Times*, Nov. 11, 1982, Apr. 29, 1988, May 3, 1988, and May 6, 1988; and Judt, *Postwar*, pp.605-608。

53 Interview with Lebiest et al.

54 "Poland Fights for Gdansk Shipyard," BBC News, Aug. 21, 2007, http://news.bbc.co.uk/2/ hi/business/6956549.stm; "Gdansk Shipyard Sinking fromFreedom to Failure," *Toronto Star* (accessed May 6, 2016), https://www.thestar.com/news/world/2014/01/27/gdansk_

shipyard_sinking_from_freedom_to_failure.html).

55 *New York Times*, Nov. 27, 1989; interview with Lebiest et al.; Jagło, "Steelworks," pp.19–20; Stenning, "Placing（Post−）Socialism," pp.108–110, 116.

56 *New York Times*, Oct. 6, 2015, and Oct. 7, 2015.

57 Harold James, *Krupp: A History of the Legendary German Firm*（Princeton, NJ: Princeton University Press, 2012）, p.39; Werner Abelshauser, *The Dynamics of German Industry: Germany's Path toward the New Economy and the American Challenge*（New York: Berghahn Books, 2005）, pp.3, 85–86, 89.

58 尽管在某些方面，沃尔夫斯堡工厂是仿照胭脂河工厂建立的，但大众集团并没有向后整合以生产其所有零部件，而是从一个紧密联结的供应商网络中购买许多零件。Abelshauser, *Dynamics of German Industry*, pp.91–104, 108–109; Volker R. Berghahn, *The Americanization of West German Industry 1945–1973*（Lemington Spa, NY: Berg, 1986）, pp.304–309.

59 Werner Abelshauser, Wolfgang Von Hippel, Jeffrey Allan Johnson, and Raymond G. Stokes, *German Industry and Global Enterprise; BASF: The History of a Company*（Cambridge: Cambridge University Press, 2004）, pp.487–499（quote on 488）; *New York Times*, Oct. 27, 2014; "BASF Headquarters"（accessed May 16, 2016）, https://www.basf.com/us/en/company/career/why-join-basf/basf-at-a-glance/basf-headquarters.html.

60 *New York Times*, Oct. 6, 2015; Gillian Darley, *Factory*（London: Reaktion Books, 2003）, pp.187–189.

61 Joel Beinin, *Workers and Peasants in the Modern Middle East*（Cambridge: Cambridge University Press, 2001）, pp.99–113（"citadels" on 109）, 127, 158; Beinin, "Egyptian Textile Workers Confront the New Economic Order," Middle East Research and Information Project, Mar. 25, 2007, http://www.merip.org/ mero/mero032507;Beinin, "The Militancy of Mahalla al-Kubra," *Middle East Research and Information Project*, Sept. 29, 2007, http://www.merip.org/mero/ mero092907; "The Factory," *Al Jazeera*, Feb. 22, 2012, http://www.aljazeera.com/programmes/revolutionthrougharabeyes/2012/01/201213013135991429.html; "Mahalla textile workers' strike enters eighth day," *Daily News Egypt*, Feb. 17, 2014, http://www.dailynewsegypt.com/2014/02/17/mahalla-textile-workers-strike-enters-eighth-day/;Alex MacDonald and Tom Rollins, "Egypt's Mahalla textile factory workers end four-day strike after deal reached," *Middle East Eye*, Jan. 17, 2015,http://www.middleeasteye.net/news/egypts-mahalla-textile-factory-workers-end-four-day-strike-after-management-agreement−260129749.

／ 第七章 "富士康城"

——中国和越南的巨大工厂

在 2010 年的年中，一系列工人自杀事件引起了全球的关注。鸿海科技集团运营着一家名为富士康的大型工厂。在 2007 年，《华尔街日报》称这家公司为"你闻所未闻的最大出口商"。2010 年在富士康工厂，18 名 17~25 岁的工人试图自杀，其中 14 人死亡，除了一人之外，其余都是从公司大楼上跳下去的。尽管自杀事件本身足以让人感到震惊，但是，这些自杀事件之所以轰动世界各地，成了一个大新闻，是因为它们发生在生产苹果平板电脑（iPad）和苹果手机（iPhone）的工厂里。为生产时尚和便利的设备而压低人力成本，产生了一些令人不安的问题。[1]

委托富士康生产产品的公司，包括苹果、戴尔（Dell）和惠普（Hewlett-Packard），都采取了低调的处理方式，表达了担忧，并表示它们正在调查。当时苹果公司的首席执行官（CEO）史蒂夫·乔布斯（Stevr Jobs）称这些自杀事件"非常麻烦"，并补充道"我们都在关注这件事"。直到 2012 年，在对富士康的负面宣传越来越多之后，苹果公司与非营利组织公平劳动协会（Fair Labor Association）签约，对富士康的工厂及相关工作场所是否遵守该监督组织的行为准则进行了检查。但是，富士康的主要客户，包括苹果公司在内，没有一个公司与富士康解约，它们推出的新产品仍旧委托它生产。

／ 271

随着自杀人数与负面报道的增多，以及富士康股价的下跌，公司不得不开始采取行动。2010 年 6 月，富士康将深圳工厂的基本工资从最低每月 900 元人民币（约 132 美元）提高到 1200 元人民币（约 176 美元），10 月又一次上调了工资。它还为员工设立了 24 小时心理咨询中心，并在其最大的工厂举行了精心准备的活动，包括游行、彩车、啦啦队、蜘蛛侠、杂技表演、烟花表演，以及"珍惜生命""关爱彼此，共创美好未来"等主题歌咏比赛。[2]

但是，该公司要求员工签署免责声明："若发生非公司责任导致的意外伤亡事件（含自杀、自残等），同意公司按相关法律、法规进行处理，本人或家属绝不向公司提出法律、法规规定之外的过当诉求，绝不采取过激行为导致公司名誉受损或给公司正常生产营业秩序造成困扰。"但是，这份协议引发了工人的愤怒情绪，因此它很快被取消了。该公司还开始将生产从深圳的工厂转移到中国内地的新工厂里，主要是为了降低工资，但也出于这样的考虑，即如果农民工——绝大多数员工的出身——离家乡更近，他们自杀的可能性就会降低。最后，公司开始在宿舍的露台和室外楼梯周围安装铁丝网，并把楼上的窗户闩上锁，以防止工人跳楼，同时在工厂和宿舍楼房四周距离地面 20 英尺的地方安上铁丝网。在这个过程中，富士康工厂使用了超过 300 万平方米的铁丝网，并把它漆成了醒目的黄色，其面积之大几乎足以覆盖纽约中央公园（New York's Central Park），如果新的克里斯托有那么雄心勃勃的话。*富士康的斯威夫特式（Swiftian）反应似乎又回到了查尔斯·狄更斯笔下的托马斯·格雷因（Thomas Gradgrind）式的扭曲功利主义。富士康的工厂规模太大了，以至于让曼彻斯特的纺织厂看起来就像家庭小作坊（mom-

---

*　此句为调侃之意。克里斯托是一位艺术家，他和同伴一起在纽约中央公园进行了名为"大门"的艺术展，在 37 千米长的路径上安装了 7503 个塑料门框，每个门框上都悬挂一块黄色的尼龙面料。

and-pop shops）一样。[3]

  尽管一些关于富士康员工自杀的报道中提到了富士康工厂的巨大规模，但没有人提到，该公司位于深圳的龙华科技园，也就是众所周知的"富士康城"，它是历史上规模最大、员工数量最多的工厂。据新闻界和学术界提供的消息，当时龙华科技园有 30 多万名员工，甚至一度超过 40 万人，甚至连像胭脂河和马格尼托哥尔斯克这样的工业巨人主义的里程碑式的工厂都相形见绌。这些工厂的工人数量，就算加在一起，总数也比富士康工厂少得多。一位来访的苹果公司高管，发现自己的车被淹没在工人人群里，当时龙华科技园正在换班，他宣称："这种场面，你是无法想象的。"[4]

  在东亚地区，还有很多超大型工厂，虽然它们都没有龙华科技园那么多的工人。富士康公司自身就拥有很多这样的工厂。2016 年，该公司在 30 个国家雇用了 140 万名员工，其中 100 多万人在中国境内的工厂工作，这些工厂的用人规模从 8 万到几十万不等。2010 年，富士康在深圳的第二家工厂与龙华科技园紧密合作，雇用了 13 万名工人。在成都的一家富士康工厂里，有 16.5 万名工人生产苹果平板电脑。这家工厂在一个 10 平方千米的工业综合体里，比龙华科技园还要大几倍。在 2016 年的高峰时期，在郑州富士康工厂生产苹果手机的工人达到了一个惊人的数字——35 万人，这是历史上工人数量最多的工厂之一。[5]

  其他电子公司也在中国开设了非常大的工厂。2011 年，苹果公司开始把一些苹果平板电脑和苹果手机的生产转移到了和硕（Pegatron），它是一家跟富士康一样的台湾公司。2013 年末，和硕公司在上海的工厂里有超过 10 万名工人，其中 8 万名工人住在拥挤不堪的宿舍里。[6]电子厂有 1 万、2 万，甚至 4 万名工人，这在中国并不是稀罕事。尽管以富士康的标准衡量，它们的员工人数还是很少，但它们的员工数量几乎比美国任何一家工厂都多。2006年的纪录片《人造风景》(*Manufactured Landscapes*)讲述的是加拿大摄影师埃德伍德·伯汀斯基(Edward Burtynsky)的故事，影片一开始，就是一组在厦门市一家工厂的过道上缓慢移动的跟踪拍摄镜头。这家工厂里有大约2万名工人，生产电咖啡壶、电熨斗和其他小电器。这组镜头很长，持续了近8分钟。它让人感受到，即使只有2万名工人的工厂，也是一个十分庞大的存在。[7]

在亚洲，除电子业外，还有一些类型的工业有非常大的工厂。华纺集团是中国的代表性纺织集团之一。在它所拥有的一个产业园里，厂房超过100栋，员工有3万多人。有一些玩具制造厂的规模也十分庞大。[8] 还有一些生产运动鞋和休闲鞋的工厂，规模也让人叹为观止。

掌管鞋类富士康的是裕元实业（控股）有限公司。台湾宝成公司成立于1969年，裕元只是它的一个子公司。从富士康工业城向北驱车一个多小时，就到了坐落在东莞的裕元工厂。在2005年前后，这里有11万名工人，是历史上规模最大的制鞋厂。工人们每月为耐克等国际品牌生产近100万双鞋（耐克公司在厂内设有办事处），以及裕元自己的品牌YYsports。在中国，该公司开设了许多连锁零售商店，专门用来销售YYsports品牌的产品。像富士康和许多其他中国工厂一样，这个工厂里还包括宿舍和员工餐厅，以及由耐克公司出资建造的阅览室和迪斯科舞厅。在中国，裕元集团还有其他5家工厂，其中有3家工厂也在广东省。在2015年，宝成集团有84亿美元的收入，控制了分布在中国、印度尼西亚、越南、美国、墨西哥、孟加拉国、柬埔寨和缅甸的众多制鞋厂。2011 年 6 月,越南一家裕元工厂 9 万多名工人举行了罢工,这可能是几十年来世界上最大规模的单点罢工。[9]

工业巨人主义的最新篇章,是由两个巨大的变革揭开的。首先,中国和越南从 20 世纪 80 年代开始对私人资本和外国资本开放,这是两国为提高国民生活水平、拥抱席卷全球的现代化所进行的努力的一部分。而现代化,在很大程度上是由资本衡量的。其次是在美国和西欧零售业发生的一场革命。在许多产品线上,商家而不是制造商,成为设计、营销和物流的关键参与者。这些变化加在一起,促成了历史上最大的工厂的出现。

在许多方面,21 世纪的巨型工厂与早期的超级工厂非常相似,这几乎是令人震惊的。但是,它在某些方面与后者截然不同,代表了巨型工厂的一种新形式。当代的亚洲巨型工厂在组织、管理、劳资关系和技术方面都有过去的经验,但与早期的大型工厂相比,它们在经济、政治和文化方面扮演着不同的角色。就像过去最大和最先进的工厂一样,今天的巨型工厂体现了大规模制造业的无限可能。但是,它们在很大程度上是在聚光灯下进行的,而不是像以前的工厂那样被隐藏起来。

毛泽东时代的工业革命

过去 20 多年里,在中国和越南建造的巨型工厂,已经不再被赋予社会机构的性质了。把工厂当作社会性机构的最后一次实质性努力,是在毛泽东时代。1949 年,共产党的力量在中国获得胜利。在之后的几年里,在中国朝着工业化的努力中,展开了一个宏大的复杂故事。中国共产党一直在探索新的生产组织方法,而不是满足于简单地把在资本主义和斯大林主义下发展起来的工厂移植到革命的中国。

　　起初，在中国，工厂的故事好像是苏联剧情的重演，就像东欧正在发生的一样。在经历了战争结束后的一段经济复苏时期后，1953 年，中国政府在苏联的建议下，启动了第一个五年计划。依照苏联的先例，中国的五年计划非常重视工业。在这个以农业为主的国家，关于工业的投资计划，占一半以上。钢铁、机械制造、电力、煤炭、石油和化工行业在计划中是优先发展的。694 个资本密集型的大型项目，将成为经济增长的主要推动力，其中四分之一将在苏联的援助下建造。中国使用短期借贷的形式，从苏联进口了大量机器和其他设备。和东欧一样，中国也成了一种工业传统的继承者。这种工业传统是从美国经由苏联传入中国的，侧重于特殊的任务和设备、高产量、等级化的管理和奖金。[10]

　　但是，在第一个五年计划结束之前，中国领导人就已经开始偏离苏联模式。首先，他们拒绝"一人管理"的工厂，寻求党和工人的更广泛的参与，并开始放弃个人奖金制度。其次，在第二个五年计划的初步规划中，重点从资本密集型的大型项目转向规模更小、分布更广泛的工厂，这被认为更适合中国，因为中国的财政能力很有限。由于 1958 年发生的"大跃进"运动，第二个五年计划没有完成。"大跃进"运动的目的，是通过大规模动员和遍地开花的创新来加速经济增长。在工业方面，新政策包括"两条腿走路"，即在持续进行资本密集型、大规模的现代化工厂建设的同时，促进使用当地资源的、小规模的、劳动密集型的、技术简单的工业的发展。其中，微型工业的目的，是把没有得到充分利用的农村劳动力和材料整合起来，为农业服务，并为大型工业提供物资。最著名的是全国各地建造的几十万座非常小的"后院"鼓风炉，这些高炉连同用来满足它们需要的小型矿坑，一度雇用了 6000 万名工人。在这一时期，地方的倡议在工业发展中发挥了更显著的作用。

除了在工厂规模上进行实验外，"大跃进"的支持者还试图打破工厂内部的管理和劳动分工格局，以及格局中的权力和权益分配不平等现象。1957 年 5 月，中共中央指示工厂的所有管理人员、行政人员和技术人员把一部分时间用于直接从事生产活动，使他们能够了解工人的处境、观点和意见。同时，工人有更多的机会参与工厂的管理，或者至少对管理者的决策有一些发言权。工厂里定期举行的工人大会，让工人有机会评价管理层，而壁报提供了一个更直接的批评渠道。一些行政任务、会计事务、日程安排、质量控制、工作分配和纪律管理等程序都从管理者那里被转移给了工人团队。为了使工人能够在知情的情况下处理技术和行政问题，中国启动了大规模的技术教育方案，这让人想起了 20 世纪 30 年代的苏联。

创建小型的乡村工业，让工人在工厂管理上有更大的发言权，这些举措反映了毛泽东思想，即把民众动员放在经济发展和建设社会主义的中心地位。但是，"大跃进"以及其包含的关于工业规模的激进实验，后来被证明是一场灾难。有些产品的产量激增，但质量很低劣，而且往往生产出来不被需要，几乎是毫无用处。与此同时，把劳动力从农业转移到乡村工业上，再加上中央计划的削弱和对即将到来的农业收成的盲目估计，导致了严重的饥荒。即使是"大跃进"运动最有力的支持者，包括毛泽东在内，也不得不承认，仅仅通过大规模群众动员是不可能实现经济增长的。

然而，就在中国领导人叫停了大部分"后院"高炉、恢复中央控制、让专家重返工业的同时，这套实验仍然在继续进行，尤其为毛泽东所提倡。他的目的是避免苏联模式存在的缺陷，以及以牺牲共产主义理想为代价强化等级制度和官僚体制。在再次把工业巨人主义作为国家发展道路的同时，毛泽东希望给予大型企业比较大的自主权，以减少中央计划的复杂性和僵化性，并创造一个工人更广泛地参与管理的环境。

鞍山钢铁厂与大庆油田一道，成为毛泽东倡导的工业管理的典范。鞍山，位于中国的东北地区，在社会主义中国成立之前，它就是中国两个最大的钢铁厂之一，后来在第一个五年计划期间，在苏联的帮助下，鞍钢又被扩建。1960年，毛泽东批准了工厂管理的"宪法"，据说是由工人自发起草的。尽管其细节尚不为外人所知，但它的一般原则强调将政治置于领导地位，依靠群众动员，让工人参与管理，改革不合理的规章制度，以及建立将技术人员、工人和管理层结合在一起的工作团队。鞍钢"宪法"被明确地提出来，作为马格尼托哥尔斯克的管理方法的对立面，后者通过一系列限制性的规则和规定使工人处于从属地位。[11]

毛泽东相信，大型工业企业可以成为新社会的支柱之一。钢铁厂不仅可以生产钢铁，还可以经营机械、化工、建筑和其他业务，实际上成为一个样样皆能的商业、社会、教育，甚至是农业和军事组织。这家工厂将成为一个包罗万象的社区的核心，它的延伸意义甚至超越了苏联和东欧的大型工厂。大庆油田和马格尼托哥尔斯克一样，都是在一个人烟稀少的地区发展起来的，它提供了一个通过构想一种新的聚落来打破城乡分化局面的机会。苏联在马格尼托哥尔斯克以沿袭传统的方式建造了一座新城市。与之不同的是，中国人在大庆建立了分散的居住区，同时为农业生产以及一系列社会和教育服务提供了支持。[12]

毛泽东认为，社会主义社会进步的关键在于生产关系的进步，而不仅仅是物质层面的发展，它既要更快速地发展，也要更加平等。由谁掌管工厂，这决定了工厂的命运。但是在"大跃进"之后，许多中国领导人并没有促进企业自给自足和工人自治，反而呼吁企业和工人更加专业化，更多地采用物质激励措施。

1964 年，劳动部部长马文瑞指出——与四十年前的托洛茨基的观点非常相似——现代工业拥有复杂的机器和大量需要工人协同配合的活动，不管它是在资本主义社会还是在社会主义社会中运作，都需要一种特定的组织形式。实现产出最大化以满足社会需要，仍然是国有企业的"根本任务"。社会主义消除了资本主义制度下工厂内部固有的阶级冲突，因为所有的产出都是为了整个社会的利益——工人和管理者不再有利益分歧了。但是，工厂的实际内部组织与资本主义的模式之间，不需要设置显著的差异。马文瑞赞同工人参与管理者的监督工作，但并不希望消除他们之间的区别。

但对另一些人来说，管理权的改变只是改造工厂和整个社会的第一步。他们认为，政治不仅需要在工厂内部占主导地位，在厂外也要如此，要促进的不但是更大的平等，而且是"人的革命化"。社会主义应该缩小脑力劳动和体力劳动之间以及干部和工人之间的差别。

实际上，这意味着要求所有与工厂有关的人都做一些体力劳动，把工人纳入行政和领导机构，并由共产党监督工厂的管理工作。工人可能会继续从事高度专业化的活动，工种划分会更详细，但他们不会什么都做。他们与那些技术人员和政治干部将没有什么不同，他们直接参与管理，以确定工厂的各方面运作。[13]

在 1966 年，"文化大革命"的爆发，使关于谁应该管理工厂和谁该做什么的争论更加激烈了。鞍钢虽然迟迟未被卷入不断升级的冲突之中，但随着动荡的政治环境助长了工人对工厂的领导层及其享有的权利和特权的不满情绪，它最终成为战场的中心。不满的工人们和他们的盟友一齐提出了挑战，对手是他们眼中臃肿不堪的官僚机构。他们认为，官员几乎没有什么实际用处，工人们却被排除在技术创新等关键领域之外，不得参与。更激进的是，这一热潮的支持者，不再认为工厂应该仅仅被看作一个负责实现生产最大化的经济单位。他们赞同毛泽东在"大跃进"时期提出的观点，认为工厂应该是一个社会机构，为工人和周围社区的多种需求服务，即使以生产和利润的减少为代价也不要紧。一些人推动工厂的非专业化，特别是乡村地区的工厂，这样，他们的设备和专门知识就可以满足当地的需要，生产适合当地消费的各种产品，而不仅仅是为适应全国市场而生产的少数几种产品。

　　这个进行激进实验的时期，是极其短暂的。随着学校、政府机构和工厂中的对立加剧，甚至有可能完全失控，共产党高层领导人采取行动，重新恢复了秩序。尽管各个工厂之间的差别很大，工人继续在一定程度上参与管理和实验组织形式。不过，很明显，潮流已经发生变化了。[14]

"摸着石头过河"

　　"文化大革命"导致了中国与过去的工业决裂。过去的工业，诞生于中国的第一次工业革命中，以资本密集型的国有企业为基础，生产钢铁和石化等生产资料类产品，而后来的工业，以劳动密集型的私有企业为基础，生产各种消费品。1976年"文化大革命"结束后，以邓小平为首的改革者们试图重振停滞不前的中国经济，改善中国人民的生活。到 20 世纪 70 年代末，许多人开始相信，之所以中国持续处于贫困状态，不仅落后于西方发达国家，而且落后于新加坡这样迅速发展的亚洲国家，是因为缺乏市场。

为了刺激经济增长，改革者希望，至少要有限地引入市场。他们还要求政府转变对重工业的投资。他们与半个世纪前苏联的布哈林和其他一些人一样，认为劳动密集型消费品的生产，将为促进经济增长和提高生活水平提供一条更便捷的道路。因为他们所在的国家都缺乏资本，但拥有大量未得到充分利用的劳动力。随着时间的推移，从轻工业积累的资金可以用于投资更先进的、资本密集型的产业。[15]

与之呼应的是，邓小平提出了" 摸着石头过河 "的方法。1979 年，政府在广东省和福建省建立了一些"经济特区"作为试点，旨在吸引外国商人投资。在这些区域内，企业的税率将低于全国的其他地区。此外，企业还可以享受最多为五年的免税期；将企业利润汇回国内，在合同期满后，可以再进行投资；进口的原材料和半成品可享受免税待遇；产品不用支付出口税。经济特区内的地方政府，拥有相当大的自主权，一般都支持私有企业发展。20 世纪 80 年代以来，沿海的经济特区相继建立，1990 年又在上海建立了浦东新区，这被认为是一个巨大的成功。于是，两年后中国其他地区也出现了一系列的特区。[16]

20 世纪 80 年代，中国领导人对西方市场的力量和效率表示认可。社会学学者潘毅写道，中国的现代化梦想与"资本和市场的伟大信念"紧密联系在一起。曾经几乎是靠计划经济一统江山的中国，开始追求市场化，"追求现代化"和"追求全球化"成了流行语。[17]

越南也出现了类似的情况。与美国的长期战争，随后与柬埔寨和中国的战争，以及与柬埔寨开战后被国际社会抵制，这些事情的发生，严重消耗了越南的经济。在南方的资本主义经济与北方的社会主义经济的调和方面，越共领导人遇到了很大的困难。以人均收入来衡量，越南是当时世界上最贫穷的国家之一。

为了重振越南南部的经济，1981 年和 1982 年，西贡市（Saigon）地方当局允许中国商人恢复活动，这使西贡迅速出现了繁荣的局面。到了 1986 年，主导西贡的共产党人赢得了国家的领导地位。他们推动了有利于市场的改革。这场旨在推动越南走向"社会主义市场经济"的"改革"，其政策包括在国营部门进行改革，并开放外国投资、允许市场活动和出口贸易。[18]

在中国，以市场为导向的新政策迅速改变了广东珠江三角洲地区的面貌。这个地区被选定为首批经济特区的所在地之一。当时，香港（仍在英国的控制之下）的经济在很大程度上依赖于制造业、贸易业和交通运输业。随着土地和劳动力成本的上涨，毗邻香港的内地的开放为制造业提供了一个机会，它们可以转移到一个成本低得多的地区。而且，许多香港商人在此地有亲戚关系。起初，港资企业的业务，主要是面向境内市场，但到了 80 年代中后期，随着政府放松对境外直接投资的限制，以出口为导向的制造业越来越流行，首先是在服装行业，然后是鞋类和塑料制品行业，最后是电子行业。

香港与广东的结合，形成了一个获利丰厚的非凡机制。它反映了资本的优势，以及不平衡的全球发展局面。很多有丰富国际贸易经验的香港企业，最初都会在内地得到比香港低廉得多的劳动力和土地，以及它们在管理劳资关系方面的自由支配权。它们将最简单、劳动最密集的业务转移到内地，把商务办公、产品设计和营销业务放在香港，并利用香港先进的基础设施，出口由内地制造的那些商品。香港拥有世界上最繁忙的集装箱港口和强大的空运能力。正如一篇关于珠江三角洲的研究报告所指出的那样："发展中地区的成本与发达地区的管理、基础设施和市场知识水平结合在一起。"[19]

香港敢为人先，进行了关于制造业的尝试，并且取得了成功。随后，内地政府进一步放松了监管，为经济特区的基础设施投入了大量资金，之后，更多的资金流入了内地。香港的公司开始将更复杂的制造流程、物流、质量控制、采购和包装等程序转移到内地。与此同时，台湾的公司也开始在内地投资制造业。日本和韩国的公司紧随其后。但是，日韩企业在一开始对中国进行投资，几乎总是通过香港或澳门的中间商来运营。2000年，美国与中国建立永久正常贸易关系，第二年中国加入世贸组织之后，美国的公司也开始将制造业务转移到中国。[20]

打工妹与打工仔

以出口为导向的中国制造业的爆炸式增长，可以从深圳人口的惊人增长中看出。深圳的人口，从1980年的32.1万上升到2000年的700多万，这是历史上最快速的城市人口增长之一。大部分新居民是来自中国其他地方的"移民"，他们来到工厂里工作。深圳的工厂遍地开花。[21]随着深圳当地劳动力的迅速枯竭，一个农民工体系形成了。农民工一直是中国第二次工业革命的核心，也使得21世纪中国制造业的超级工厂化成为可能。

苏联和东欧的工厂，招募因农业集体化而流离失所的农民，在中国，却是农业的去集体化解放了劳动力。从此，农民们不再受集体农场的利益和义务的束缚了。改革开放后，集体农场被解散，变成了在"家庭联产承包责任制"下租给农民个人的小块土地，他们在交过公粮后可以在公开市场上出售剩余的农产品。起初，新制度使农村的生活水平迅速提高。但是进一步的变化，包括国家对粮食进口的开放，以及医疗、教育和其他社会服务成本的上升，使得农村比城市贫困得多。许多出身农村家庭的年轻人意识到，如果留在当地发展，经济和社会机会有限，于是，他们搬到了以出口为导向的新制造业中心，在工厂里工作。

但是，他们在工厂里通常只是临时工。与英国和苏联不同的是，中国农民并没有被剥夺地产，尽管国家继续拥有全国的农业土地，但是，30年的租约，把实际的控制权给了农民家庭。工人们可以在农田和工厂之间两头忙，而且他们确实这样做了，如果他们知道家乡的村子里有事情需要他们返回的话。[22]

由于20世纪50年代实行的中国户口制度，在大多数情况下，他们即使不愿意，也不得不返回家乡。中国公民需要有"许可证"才能在特定地区生活，大多数社会服务，包括医疗保健和公立学校的教育，都与他们所拥有的特定户口相关。移民工人在被雇主雇用后，才能得到暂住证，这个证件在他们结束工作时就过期了。在一个城市取得永久居住许可，是非常难的。对于第一代农民工来说，工厂里的工作（以及城市里的建筑业和服务业的工作）必然是临时的，通常持续几年，一般是在毕业或辍学后到成家之间，就像新英格兰工人的情况那样。[23]

农民工与国有企业的工人性质不同，地位也更低。在20世纪80年代末开始的改革之前，中国的国有工厂和集体工厂为工人提供了广泛的服务，包括终身工作资格、培训、住房、终身医疗、养老金和其他福利，甚至还提供剪头发的补贴。一般而言，国有工厂工作强度较低，管理纪律最为宽松。[24]但是国有工厂开始逐渐萎缩，那些蓬勃发展的私有工厂却与前者截然不同。经济特区的工作更替率高得惊人。许多工厂为农民工提供免费宿舍，或者收取一定费用，但工厂不为他们提供任何福利保障。工人有资格领取的福利——包括子女的教育机会和工人的养老金——都来自他们的家乡，他们在户口制度下登记的居住地。法律要求私营雇主为其工人缴纳社会福利基金，但是，与最低工资和限制加班的规定一样，这一要求常常被忽视。私有工厂的工作强度很高，纪律很严苛。[25]

事实上，中国发展出了两种截然不同的工厂生产体系，一种是国家或集体所有，另一种是私人所有。[26]

农民工体系，为雇主提供了大量的劳动力，后者可以随意扩招和裁员。当时农村的青年男女人数众多，在近两代人之后才开始出现劳动力短缺。这是一个廉价且丰富的劳动力来源。大多数工厂向农民工支付法定最低工资（在中国，这是由地方政府规定的），或者更低，因为执法力度一般很低。它们在农村招聘工人，那里的生活水平和工资水平远低于城市标准，沿海地区的出口导向型工厂，为农民工支付的工资，不必像支付给本地人的工资水平或国有企业支付给工人的工资水平那样高。因为，以农村标准衡量，即使这些工厂开出很低的工资，也能吸引到工人。此外，由于工厂没有为工人所需的大部分社会服务支付津贴，后者实际上享受的是农村政府提供的社会服务，所以，雇用他们的劳动力成本很低，企业可以将盈余更多地投入社会再生产。[27]

对于专营产品出口的大型工厂来说，提供宿舍既是必要的，也是一种优势。由于新兴的工业城市里住房短缺和外来务工人员本身缺乏永久居民身份，他们往往难以找到住处。为了吸引工人，工厂自己提供工人宿舍，正如洛厄尔工厂和苏联工业巨头所做的那样。如果这些工人在外面租房子，也会多花很多钱，如果工厂提供宿舍就可以向工人支付远低于它们必须支付的工资。

在私有工厂的早期发展阶段，农民工大多数是年轻女性，所以为她们提供一个严守男女大防的环境，也是重要的住宿要求。有一家大型电子公司，这样要求所有年轻的未婚单身女工：必须住在工厂大楼的宿舍里，否则就不予雇用。即使在男性开始受雇从事生产工作之后，仍然实行男女分宿舍制度，并严格隔离。

宿舍制度的实行，使公司对工人拥有了特殊的控制权。与洛厄尔式工厂一样，很多中国工厂有（现在还一直有）详细的行为准则，不仅对上班迟到、工作质量差、上班时间闲聊的人处以罚款，还对乱扔杂物或离开宿舍的人处以罚款。富士康禁止员工出入异性的宿舍，禁止在房间内饮酒和赌博，并实行宵禁。

工人们住在公司的宿舍里，这样，在需要紧急工作时，工厂就可以迅速动员大量工人，并使大批年轻妇女上夜班更容易。如果工人住在工厂里，长时间的工作——有时是 12 小时或更长时间——是一种常见的做法，特别是在生产旺季。[28]

在 20 世纪 90 年代中期，中国估计有 5000 万 ~7000 万名中国农民工。2008 年，上升到大约 1.2 亿。到 2014 年，超过 2.7 亿人，这几乎是美国所有工种雇用的平民工人数量的两倍。这支大军，在农田和工厂两地流动。

乡土人际网络，在这场运动中扮演了重要的角色，因为农民工会把工作机会和城市生活的状况告诉他们的兄弟姐妹和邻居，并帮助他们找到工作。各省级政府和地方政府为人口流动提供了便利。内陆省份帮助沿海地区的工厂招聘工人，鼓励他们把钱寄回家。一些地方政府在深圳设立办事处，将来自本地的工人与外商独资工厂联系起来。没有国家的积极支持，整个系统是不可能建立的。

农民工的城镇就业，使春节那几天变成了关于物流、情感和劳动力招聘的史诗。每年春节，外来务工人员返乡度假，与父母、子女和乡村朋友团聚，这已成为世界上最大规模的人口流动潮。2009 年，中国铁路系统估计，将在春节假期期间运送约1.88 亿人次。大群乘客涌入车站，涌入邻近的街道，挤得满满当当。由于访问量激增，票务系统崩溃了。火车和汽车上挤满了人和行李（尽管最近中国大力发展铁路系统，在一定程度上缓解了这种混乱）。假期结束时，并不是每个人都会返回工厂工作。每年，都会有众多外来务工人员决定待在家里，迫使工厂和其他雇主争先恐后地寻找替代者。[29]

为什么如此大规模？

外来劳动力使得出口导向型制造业在中国以及越南的迅速扩张成为可能，但这并不能解释工厂建得比以往任何时候都大。[30]在大多数情况下，它们的大小不是生产技术要求的结果。在越南一个大型运动鞋厂的照片中，你很可能看到的是一排排工人坐在单独的工作台前，把预制件组合在一起。（运动鞋和休闲鞋是由橡胶、合成纤维、合成革材料制成的，有时也包括真皮材料。）在同一个屋檐下，可能有许多工人在工作，他们大多是以个人或小组的形式进行工作，与附近的其他个人或小组的工作内容相同，并不与他们产生互动。[31]在这方面，这些工厂并不像胭脂河工厂或马格尼托哥尔斯克工厂，而更像英国早期的纺织工厂，织布工或纺纱工肩并肩地做各自的工作。

即使产品需要更复杂的装配程序，制造特定产品所需的工人数量和工厂规模之间通常也没有明确的关系。灿坤工厂，是中国台湾地区的一个小型家电工厂，爱德华·伯汀斯基（Edward Burtynsky）最著名的照片之一，拍摄的就是它。装配产品的工人们被安置在一个巨大的、现代化的单层厂棚里。但是，它里面的每一条装配线都很短，工艺相对简单。30条装配线生产电烤架，平均每条装配线上只有28名工人，而不是像汽车或拖拉机厂集成装配线上那样，有几百名工人。一排排装配工人在慢慢移动的皮带的两旁。在大多数情况下，他们使用的工具相对简单，也不需要跟随机械的生产节奏，可以从传送带上拿取和放置"工件"，而不是像汽车工厂那样跟随着缓缓移动的部件工作。

电子工厂是出了名的神秘，所以人们很难摸得清它们的生产流程。但是，关于龙华科技园内富士康的苹果生产区的一篇文章中说，每一条装配线的工人从几十人到一百多人不等，比制鞋厂或小家电厂的装配线还大，但与工厂的整体规模相比仍然非常小，因为整个工厂里有几十万人。

纵向的一体化，是工厂规模扩大的原因之一。一些鞋厂先制造合成材料，再用其来制作运动鞋和皮鞋，它们制作模具和预制件，还制作绣花商标。在灿坤工厂里，所生产的产品中使用的大部分部件是自己制作的。富士康制造了一些可以安装在装配线设备中的部件，尽管大多数高端部件是从其他地方购得的。

不过，即使是加入零部件制造这种技术层面的需求，也不能完全解释工厂为什么能扩展到如此庞大的规模。相反，它就像阿尔弗雷德·马歇尔对棉纺织业评论的那样："所谓大工厂，只不过是同一屋檐下的几家平行的小工厂。"在富士康城，情况几乎也是这样，不同的公司在不同的建筑物里组装着类似的产品。

在某些领域，生产的规模对经济的影响会减少或消失。小阿尔弗雷德·D.钱德勒（Alfred D. Chandler, Jr.）在他的经典研究《规模与范围》(*Scale and Scope*)中指出，世界上有将近四分之一的煤油产自标准石油公司(Standard Oil)的三个炼油厂，他接着写道："想象一下，如果将世界上四分之一的鞋、纺织品或木材生产集中在三个工厂里，会是多么糟糕的局面！在这种情况下，对排成几英里的机器进行行政协调，以及操作这些机器所需的大量劳动力的集结，既无经济意义，也无社会意义。"然而，在电子产品和一些鞋类产品的生产过程中，还是出现了大规模集中生产。以苹果为例，生产集中度已经超出了钱德勒想象的荒谬的程度：每一个苹果平板电脑都是在同一家工厂组装的，而大多数苹果手机的机型只在一两个工厂里组装。[32]

  为什么工厂建得这么大？答案似乎在于规模经济和竞争优势，在于销售其产品的零售商，而不在于制造者。这反映了两者之间关系的根本转变。直到最近几十年，产品的设计、制造和营销一般都是在一家公司的范围内进行的。但自20世纪70年代起，它们就开始脱钩了。正如社会学家理查德·P.阿佩尔鲍姆(Richard P. Appelbaum)所说，在当今的全球供应链中，零售商和品牌人(那些依靠第三方制造产品的设计师和营销商)最有权力制定生产计划和条款，而不是工厂主。工业巨人主义是符合他们的利益的。[33]

/ 291

  在制造业的早期历史上，一些最成功的制造商打造品牌，凭借好口碑销售它们的产品，并且形成独立的分销网络，建立它们的统治地位。在美国，洛厄尔工厂率先采用了这种方法，后来这种方法又被麦考米克收割机公司(McCormick Harvesting Machine Company)等采用。胜家缝纫机制造公司将这一模式扩展到全球范围，其销售人员和经销代理在欧洲和美洲各地销售缝纫机，缝纫机都是在该公司的两家工厂里生产的。大型汽车制造商也使用这种模式，通过被它们有效控制的专门经销商，销售品牌汽车——福特、雪佛兰、克莱斯勒和凯迪拉克。同样，通用电气、国际商业机器公司（IBM）和美国无线电公司也以自己的名义出售或租赁其产品，即使不能完全控制分销网络，也能对它们施加相当大的影响。

20 世纪 70 年代，以制造商为主导的品牌产品体系，一直在欧洲和美国存在着。大众、通用、西门子、索尼、福特、飞利浦、李维斯（Levi）和英国其乐（Clarks）等商品生产商都是家喻户晓的名字（1851 年在水晶宫展览上展出产品并赢得奖项后，这些品牌引起了公众的广泛关注）。而现实中，在人们的印象里，这些公司及其产品和生产它们的工厂都紧密地联系在一起。[34]

20 世纪 70 年代，严重的全球性经济危机爆发了，再加上随后一系列事件的发生，破坏了这种联系。国际竞争加剧、能源和劳动力成本上升、信贷紧缩和通货膨胀，导致生产利润率下降，许多美国公司在股东的压力下，为了降低成本，不得不削减利润较低的业务。为了变得更精简、更灵活，迅速减少支出，它们开始将原来属于自己的工作外包给其他公司。它们往往从支持服务开始，例如数据处理和通信。但随着时间的推移，公司也开始将包括制造业在内的核心功能外包出去。[35]

以运动鞋为例。从 19 世纪初到 20 世纪 60 年代，运动鞋一般是由同一家公司设计和制造的，这些公司大多是大而古板的橡胶公司，如美国橡胶公司（United States Rubber Company）和百路驰公司（BF Goodrich, PF Flyers）。但是，鞋业逐渐由像阿迪达斯（Adidas）、彪马（Puma）、锐步和耐克这样的公司主导，这些公司是围绕运动鞋和服装而不是橡胶成立的，它们专注于技术创新、时尚设计和营销。到了 20 世纪 80 年代，包括耐克在内的大多数行业领先企业，越来越多地将生产外包出去，直到它们本身只剩下了品牌。[36]

在电子产品和计算机行业，一些大公司也开始将它们的生产业务外包出去。升阳（Sun）和思科（Cisco）是美国硅谷的两个成功传奇，它们与专业的代工制造商合作，例如旭电（Solectron）和伟创力（Flextronics）等专业代工制造商（在富士康崛起之前），生产前沿产品，并贴上它们的品牌进行销售。一些公司，包括国际商业机器公司、得克萨斯州仪器公司和爱立信（Ericsson）（瑞士一家大型的电信设备制造公司），将个别工厂或整个制造部门出售给较小的公司，然后与它们签订合同，生产产品。随着时间的推移，合同制制造商在产品设计和物流能力方面变得日益成熟。通过电子数据通信技术，它们与客户结合起来，形成综合的多公司生产系统。[37]

在同一时期，销售领域也发生了革命。这场革命有两个方面，一方面是新兴的、巨大的低价零售商网络的崛起，另一方面是全球品牌公司的兴起，这些公司本身很少或根本不制造产品。

在美国，新一批大众零售商起源于20世纪60年代。当时，包括沃尔玛（Wal-Mart）和达吉特（Target）在内的一系列经常打折促销的连锁超市相继成立。但是，直到20世纪80年代，它们才真正开始腾飞。沃尔玛凭借廉价劳动力、低价商品、先进的技术和高效率的物流等优势，成长为世界上最大的零售商。2007年，沃尔玛在美国有4000家门店，在其他国家有2800家。尽管在欧洲和美国，没有一家公司在规模上能与沃尔玛相比，但是家乐福（Carrefour）、乐购（Tesco）和家得宝（Home Depot）等零售商，同样在扩张和收购中迅速扩大规模。

/ 293

凭借强大的销售能力，大型零售商赢得了比供应商更多的优势，不管是李维·施特劳斯（Levi Strauss）这样的知名公司，还是那些在零售商的商店里贴标签销售产品的默默无闻的公司。新的通信和物流技术，包括条形码、计算机跟踪系统和因特网，使零售商几乎能够即时地监测和指导供应商。由于担心大规模订单流失的潜在可能，为大型零售商生产商品的生产商只能任其调遣，并经常调整业务以满足前者的需求和愿望。[38]

在苹果、迪斯尼和耐克等品牌产品公司的发展史上，也出现了类似的过程。这些公司专注于产品设计，尤其是市场营销，使它们的产品象征着时髦、流行、现代和有趣，从而获得了全球范围内的绝佳销售业绩。一些大品牌在某一特定时期曾自己做生产，但是，通常情况下，它们最终把大部分或全部商品的生产外包出去。1998年，旭电的首席执行官西村光一（Koichi Nishimura）对他的客户说："较为复杂的公司，是致力于创造财富和创造需求的公司。在这两者之间的所有事，它们都交给别人做。"苹果公司，最初是自己生产产品的，一些产品是在其硅谷总部附近的工厂生产的。但在20世纪90年代中期，它开始出售和关闭工厂，将几乎所有的实物生产外包出去。2016年，苹果在美国只生产一款主要产品，即高端台式电脑。同样，20世纪90年代，阿迪达斯开始退出制造业领域，关闭了所有工厂，只有一家作为技术核心的小工厂除外。而在此之前，它的所有产品都是在德国生产的。[39]

将制造业外包出去的一个好处是，使品牌公司远离生产产品所需要的工作条件。寻求更低的劳动力成本通常意味着将制造业转移到低工资地区。如果使用童工、工作时间过长、使用有毒化学品、镇压工会会员等事件发生在一家品牌公司的相关机构内，其形象——最重要的资产——很可能会受到损害。但是，如果这些问题可以推给供应链上的承包商，对公司形象的损害就会较低，也更容易处理。在工作条件恶劣和工人待遇差等方面的长期问题被揭露出来后，耐克公司和苹果公司都能独善其身，它们通过指责承包商、承诺进行更好的监管和实现更高的透明度，以及发布新的产品制造准则来化解公关危机，几乎没有受到什么长期损失。[40]

为大型零售商和品牌公司提供服务的合同制工厂，其所在位置和规模千差万别，而且经常随着时间的推移而变化。在早期，许多美国电子公司与硅谷当地的公司签订合同，由后者制造它们的产品。但是，后勤和政治形势上的变化，使得在远离母体公司的地方建立制造工厂变得更加容易。轮船集装箱运输业的发展和空运能力的加强，使运输速度提高，运输成本降低。通信卫星和互联网的构建，改善了国际通信条件，降低了国际通信成本。关税的降低，使针对制造业的跨境附加费也降低了。

沃尔玛和苹果等零售商和名牌公司不断向供应商和分包商施压，要求它们降低价格。与此同时，这些公司在全球范围内寻找低工资地区，用来建立工厂。墨西哥是最受欢迎的地点之一。在苏联解体之后，东欧各国也出现了这种工厂。纺织和服装制造商们，在中美洲、加勒比、南亚和非洲建立了工厂。马来西亚、新加坡和泰国吸引了许多代加工电子制造商。而且，越来越多的制造商希望在中国建立工厂，因为那里有大量廉价的劳动力和友好开放的政府机构。[41]

来自惠普、阿迪达斯和沃尔玛等跨国公司的订单数量之大，使得它们可以很方便地利用集中的生产中心进行生产，从而最大限度地减少使用许多分散的供应商可能带来的管理和物流成本。现代运输业的发达，使它们可以将生产集中在一个小的地区，或只是一个工厂内。在 19 世纪和 20 世纪，即使是以集中生产著称的公司，比如福特，进行垂直集成生产，也要在远离其主要工厂的地区设立分厂，用来组装其产品。但是，由于集装箱海运和高效率港口物流的发展，运输成本大幅降低，运输速度也有了提高。而后者意味着，像苹果这样的公司可以在一个或两个地点生产特定产品，然后向世界各地的零售商店和互联网客户供应这些产品。[42]

集中生产不一定意味着大工厂，有时它意味着，在一个很大的工业区或工业中心，许多小工厂和辅助服务机构聚集在一起。在 21 世纪第一个十年中期，世界上超过三分之一的袜子——每年 90 亿双——是在中国大唐镇生产的，不是只有一家公司生产袜子，而是由多家公司生产袜子，然后供应给包括沃尔玛在内的各大零售巨头。领带的集中化生产始于 1985 年，当时，一家香港公司将领带生产转移到了内地的嵊州。不久之后，领带工厂在这里遍地开花，直到这个城市成为全球闻名的领带之都，能够同时满足许多订单的需求，即使订单所需要的领带多达数十万条。有一段时间，中国的义乌有 600 家工厂，那里的工人生产了世界上 60% 以上的圣诞节装饰品和周边产品。但是，他们当中有很多人，并不知道圣诞节是怎么回事。[43]

在某些情况下，扩大工业规模，只意味着建立一个巨型工厂。对于一些产品，例如鞋类和电子产品，大买家，特别是品牌营销者，比起中小型工厂，他们更喜欢大型工厂，因为后者能够持续稳定地为其提供货源，并能够为生产新产品或满足紧急订单迅速地做好准备。苹果，就是这种走向极端的趋势的一个代表。它生产的产品种类非常有限，但数量之多令人难以置信。其营销策略依赖于精心安排，苹果公司每年或半年发布一次产品介绍，用来刺激全球市场，吸引那些渴望得到最新产品的消费者，并展示它在技术、风格和现代化方面的前沿地位。2010 年 6 月，苹果公司在推出苹果 4 手机后的三天里，售出了 170 万部。2012 年 9 月，该公司在推出苹果 5 手机后的第一个星期售出了 500 万部。三年后，苹果公司在发售后的头三天里售出了超过 1300 万部苹果 6 和 6 Plus 手机。由于最终的产品设计经常是在销售开始前不久才被敲定，苹果公司需要在很短的时间内动员大量的劳动力来为即将到来的销售高峰进行生产，以保证库存量能满足需求。工业巨人主义，是苹果采取的解决方法，尽管这些巨型工厂并不是它自己的。

依托像富士康和裕元这样的大型代工制造商，苹果、耐克和它们的同类企业能够在没有大量库存的情况下开始运营，如果不这样的话，这些产品会占用资金，并增加仓储费用。更重要的是，手机、笔记本电脑或运动鞋在本质上属于时尚产业，如果是即时生产的产品，就规避了过时的风险。苹果高管蒂姆·库克（Tim Cook）曾将库存称为"彻头彻尾的罪恶"。库克策划了苹果从内部生产转向外包，之后才接替史蒂夫·乔布斯担任首席执行官。"你要像管理奶制品行业一样管理它。如果过了保鲜期，你的麻烦就大了。"他说。[44]

通过快速动员数十万年轻、低工资的中国工人，富士康和和硕让苹果的"牛奶"永远保鲜。这些工人的工作环境通常是很恶劣的（可能比产品积压还糟糕）。2007 年，就在第一代苹果手机发布的几周前，乔布斯突然决定把手机从塑料屏幕换成玻璃屏幕。当第一批玻璃屏幕于午夜抵达龙华科技园富士康工厂时，宿舍里的 8000 名工人从睡梦中被叫醒，他们得到了一块饼干和一杯茶，并被派去开始 12 小时轮班，其工作就是把屏幕放进手机框里。工人们日夜不停地工作，很快就能每天生产出 1 万部苹果手机。有时候，为了完成订单，富士康会把大批工人从一个工厂转移到另一个工厂。要满足激增的需求，不仅需要庞大的劳动力大军，还需要庞大的初级管理人员队伍和数以千计的工业工程师来建立装配线并对其进行监督，这正是中国要做的事情。中国开设了许多技术学校，能提供这么多的技术和管理人员。正是这种快速扩大产量的能力（以及在订单完成时迅速缩小产量的能力），让苹果和其他客户从东亚地区迅速涌现的大型合同制工厂中获得了收益。[45]

福特主义和泰罗主义的结合，促进了快速动员非技术工人的能力。对这种方法而言，苹果手机是最理想的应用对象，因为它要求生产海量的高度标准化产品，就像亨利·福特做的那样。苹果电脑和其他移动设备的一些最终组装程序是高度智能化的，但大多数程序不是。相反，它们包含了细之又细的劳动分工，都是非常简单的工序，被工人们机械地重复着，工人几乎可以马上就学会它。工厂里的工人流动性非常高，而且在接到大订单时需要迅速召集大批新员工，因此，对工人的培训是至关重要的。富士康为新员工安排了关于公司文化和规章制度的讲座，但没有实际生产任务方面的培训。[46]

如果出现了大量的紧急订单，许多大型合同制制造公司也可能将部分工作分包给与它们有关系的小工厂来处理。大工厂和小工厂并不是互不相容的，而是一种共生关系，经常一齐开展工作。在大公司的帮助下，小工厂，有时是家庭作坊，成为前者的零件供应商、分包装配商或加工商。这样的网络增强了大公司在不增加固定成本的情况下快速扩大生产规模的能力。[47]

一些合同制制造商为了自己方便或出于某种做生意的虚荣

心，喜欢选择大工厂，而不考虑其客户的偏好。一家生产电脑和游戏机的公司的负责人说，他更喜欢在靠近主要市场的低工资地区购买土地，建立一个大工厂，并在那里建立供应商网络。他的公司没有跟很多小工厂建立联系，而是在全球范围内经营着六个大型工业园区。为了成为世界上最大的鞋类公司，裕元建了一些巨型工厂，迅速提高产能以生产大量的鞋子只是其中一部分原因。在扩大生产的热潮中，富士康的龙华工厂变得非常庞大，同时也成为公司及其首席执行官郭台铭的展示平台。这个综合体的经理觉得它太大了，无法有效地运作。尽管富士康随后的工厂规模相对减小了，但相比于其他大多数工厂的规模，还是相当大。⁴⁸

亚洲的工业巨人主义，离不开国家的支持。近几十年来，中国政府曾一直坚持苏联和早期毛泽东时代的观点，即生产力高度集中是工业发展和经济增长的最佳途径（越南也采取了这一政策）。随着分散式、小型制造业的发展，它不再是主要推动力。集中，并不一定意味着要拥有巨大的工厂。中国政府积极鼓励创建规模庞大的中小企业集群，这些企业生产特定产品，政府提供大片土地用于开发，创建工业园，建设基础设施和交通，并提供税收优惠。但是，这常常意味着超大型的工业园区。一位中国汽车行业的经理对社会学家张璐说："这些企业部分由政府拥有，并在很大程度上受到政府机构的大力引导。为了在短时间内实现大规模和高产量，我们不仅要依靠高度先进的机器，还要靠勤奋工作的工人——我们的相对优势。"中国的省级政府已将工业作为一种发展战略。希望建造大型新工厂的公司，获得了土地（有时是免费的）、税收减免、低成本的电力，并且由政府帮助招聘劳动力。⁴⁹

巨兽的体内

在现代亚洲的工业巨兽中工作是什么样的感觉？在某些方面，这种经历与之前一代又一代的工人的经历非常相似，甚至几个世纪前的英国、美国和苏联也是如此。像19世纪洛厄尔式的工厂一样，许多青年男女被吸引到20世纪和21世纪的亚洲工厂里，因为他们有机会挣钱、帮助家人建造房屋、用来支付兄弟姐妹的教育费用，以及通过储蓄购置产业或结婚（为妇女提供一些婚后保障，以防万一）。还有一些妇女试图逃避包办婚姻、父权的控制或家庭纠纷。就像在洛厄尔式的工厂一样，大多数工人在工厂工作几年后就回到了家乡，在农村安家落户、务农，有时做了小生意。

但是，在中国，工厂里的工作不仅是一种赚钱的手段，也是一种摆脱乡下的狭隘地方主义、体验城市生活和被视为现代化的方式的机会。在20世纪80年代和90年代，第一代外来务工人员对未来会发生什么几乎一无所知。回乡的工人，几乎像生活在一个不同世界的广告牌上一样。一位来自广西少数民族的十几岁的女子回忆说，看到村里的年轻人打工归来，穿着新衣服欢庆春节时，她羡慕不已，这与近两个世纪前美国的新英格兰地区青少年的经历是差不多的。她很快就去一家电子厂打工了。后来的农民工新人更加老练，他们从电视上看到了城市生活和现代工厂的画面，通过智能手机至少从表面上熟悉了时尚和时尚产品。一位来自湖南的年轻女工，在广州附近的一家电子厂工作，她回忆说："那时候，我经常能在电视上看到工厂，它们看起来太漂亮了：房子盖得特别好，瓷砖铺得整整齐齐，环境又那么整洁干净。所以，我觉得那会是个好地方。"[50]

工厂里挤满了成千上万的工人，他们都来自好几百公里以外的农村，这可能会让人感到非常困惑。如今，工业化的中国城市看起来并不像现代版的曼彻斯特。由于低收入工人大都住在公司宿舍里，所以这里没有贫民窟。一些工业区，如深圳，附近的社区或村庄里面挤满了农民工和为他们提供服务的相关人员，再现了一些农村生活的感觉。但是，大多数新兴工业区是现代化和大规模的地方。社会学家安德鲁·罗斯（Andrew Ross）在上海报道说："新铺设的高速公路完美无瑕，向四面八方延伸。在公路两旁，是新盖起来的工厂——有着高技术屋顶的矮胖的仓库，像货运火车一样长的一排排厂房，还有很多后现代主义风格的盒子形建筑，上面印着公司所有者的商标，却对墙里面在做什么只字未提。"尼尔森·利希腾斯坦（Nelson Lichtenstein）和理查德·阿佩尔鲍姆驾车横穿东莞，他们看到了"宽阔但交通繁忙的街道，路两旁是商店、焊接店、仓库、小型制造工厂，偶尔会出现大型工厂。这就是旧美国的'锈带'城市曾经的样子、曾经的气味，甚至是曾经的心跳"。[51]

那些很少离开自己出生地的小村庄的青少年，在富士康这样的大型工厂里往往会晕头转向，找不到出去的路。龙华工厂占地两平方千米以上，从一边走到另一边要花一个小时。富士康工厂的许多标牌都是英文缩写，新来者完全看不懂。他们会感到沮丧，像是突然进入了一个外星世界，变得不知所措。

但是，他们也会感到兴奋。许多外来务工人员，对全新的景象和经历赞叹不已。一位来自湖南的工人，分配到一间工厂宿舍，他回忆道："我从来没有住在一个多层建筑里，所以爬楼梯和上楼感觉很刺激。"就像 20 世纪 30 年代苏联的情况一样，楼梯这类简单的东西——被一些人认为是理所当然的——就像两个宇宙之间的分界线。[52]

中国和越南的巨型工厂，一般来说，是新近建成的，有现代化的外观，尽管外表大同小异。内部大多是干净有序的，有良好的照明。有些厂房是带空调的。一般来说，外资大工厂的工作条件、工资和福利要比当地人的小工厂和车间好。而且，比起小工厂，大工厂更不可能损害工人的利益。[53]

富士康特别注重遵循详细的规则和进行工作指导——一种超泰罗主义——通过一个多级的管理层次来执行。基层领导的工资微薄，他们监督个人的生产工作，反过来又由更高层次的领导来监督。工人们被禁止在工作时间讲话（尽管在实际执行中效果并不理想）或在工厂里随意走动。工厂墙上挂着标语和海报，有些海报让人想起了阿列克谢·加斯捷夫，如"分秒必争、事半功倍"，有的说法更夸张，如"要是不达目标，太阳就不会升起"，还有更粗鲁的威胁标语，如"今天不努力工作，明天努力找工作"。

工人参与国企管理的实验，在富士康和中国的其他外资工厂里没有任何反响。近代中国的工业巨擘，其内部组织系统来自西方和日本的管理制度，而不是社会主义中国的早期制度。等级制度是不容置疑的，规章制度是广泛实施的。从发达资本主义国家引进的质量监督体系，由自上而下的组织实施。[54]

装配厂的工作，需要长时间快速重复一组动作，让人筋疲力尽，甚至不堪重负。这让人想起早期的英国纺织厂，那里的童工一遍又一遍地做同样的工作，这使他们的身体受到了严重伤害。在富士康的成都工厂，一些工人一站就是一整天，腿肿得厉害，走路都困难。超长的工作时间，也使问题复杂化了。尽管中国法律规定每周正常工作时间为 40 小时，并将加班时间限制为每周

9 小时以内，但工厂通常对此视而不见，实际安排的工作时间要长得多。超过 60 小时的工作时间安排，并不少见。在富士康，通常每天工作 12 小时（包括加班）。但在那里和其他地方，当订单截止日期临近时，每天的工作时间可能还会延长。富士康工人每月倒班一次，就像美国钢铁工人每两个星期轮换一次，这导致他们睡眠不足，昏头涨脑。尽管工人们喜欢以长时间的加班来提高他们的收入，但他们努力控制自己的工作时间，希望提高工资，因此长时间的加班并不是维持体面的生活所必需的。在裕元的一家大型工厂，工人们发现强制加班太累了，于是他们罢工以示抗议。就像马克思的时代一样，在今天的巨型工厂里，劳资之争大多围绕着工作日的劳动时长展开。[55]

/ 303

纪律是另一个饱受争议的点。公司通常会对工作疏忽甚至轻微的违规行为处以罚款，比如在工作时说笑，这让人想起英国的纺织厂，马克思注意到，在英国纺织厂里，惩罚自然会变成罚款和从工资里扣款，而在这种来格古士（Lycurgus）式的工厂里，如果可能的话，工人违反它的规定，并接受惩罚，比遵守它的规定对它更有好处。（相比之下，在越南，将罚款作为劳动纪律的一种形式，是非法的。）一些外国经理人认为，中国需要采取特别严格的纪律措施，因为中国继承了过去的舒缓工作节奏，还有一种人人"吃大锅饭"的文化，而不是依靠个人的努力获得回报。

在富士康，主管们肆意辱骂那些犯了小错的工人。有一次，一位主管强迫一名工人抄写了郭台铭语录三百遍，这是一种学校式惩罚。保安有时会殴打涉嫌偷窃或违反规定的工人（有胭脂河工厂"服务部"的影子）。[56]

2014 年富士康工人许立志在报纸《打工诗人》上发表了一篇

名为《车间，我的青春在此搁浅》的诗，是这样描述工厂纪律的：

> 流水线旁，万千打工者一字排开
> "快，再快！"
> 站立其中，我听到线长急切的催促

在《我就那样站着入睡》中，他写道：

> 我被它们治得服服帖帖
> 我不会呐喊，不会反抗
> 不会控诉，不会抱怨
> 只默默地承受着疲惫[57]

亚洲的一些大型工厂，出现了严重的健康和安全问题。1997 年，在耐克委托下进行的一次内部调查报告显示，越南的一家由韩国人承包的大型工厂存在严重的有毒化学品问题。空气中甲苯的含量极高，远远超过了美国和越南的国家安全标准。厂房里到处都是扬尘，闷热和噪音使环境变得更加恶劣。在中国，有些制鞋厂的甲苯、苯和二甲苯的含量往往也会超标，形成了危险的环境。在电子工厂中，用于清洁筛网的化学溶剂是一种危险的物质。制造和抛光苹果平板电脑外壳过程中产生的铝尘，是另一种危险的物质，工人们会吸入这种粉尘，而且它具有高度爆炸性，很可能引发事故。2011 年，富士康成都工厂发生爆炸，导致 4 名工人死亡，18 人受重伤。[58]

在洛厄尔，工人有寄宿公寓、社交中心和休闲中心，虽然它们都受到公司的严格监管，但能在一定程度上缓解工厂里工人工作单调、疲劳和行动受限的状况。在很多中国工厂，情况却并非如此。大约四分之一的富士康深圳员工住在公司的宿舍楼里，30栋宿舍楼位于工厂内，120栋宿舍楼分布在工厂附近。在富士康的宿舍里，通常一个房间要住6~12个工人，比洛厄尔寄宿公寓的房间里住的人要多得多，尽管不像在洛厄尔那样几个人睡在同一张床上，而是每个工人都有自己的床。（许多台资工厂为管理人员提供了更高档的住房。）工人被随机分配到房间，这样的话，朋友、亲戚、在同一生产车间工作或来自同一地区的工人很少会住在一起。由于有些室友上白班，另一些人上夜班，作息被打乱了，所以，在这些房间里不能进行社交活动。像洛厄尔一样，中国工人在宿舍里的行为被严格规范：强制性宵禁，限制访客，并且禁止做饭。[59]

但是，许多巨型工厂，包括一些富士康所在的工业园区，都有大量的社交和娱乐设施，为人们提供放松、社交和娱乐的机会。除了宿舍、生产大楼和仓库之外，富士康还有一个图书馆、几个书店、各种食堂和餐厅、超市，同时配备有大型体育设施，包括游泳池、篮球场、足球场，另外还有健身房、电子游戏室、网吧、婚庆服装店、银行、取款机、两所医院、一个消防站、一个邮局和许多大型LED显示屏，显示屏上面播放工厂公告和卡通短片。在2012年，一个中央厨房，每天为工人们提供饭菜，要消耗3吨猪肉和13吨大米。另一家公司的工厂大楼里，工人们生产用于电子设备和汽车配件的小型发动机，这家工厂还包括溜冰场、篮球场、羽毛球场、乒乓球场、台球场和一个网吧（尽管工人们抱怨宿舍里没有无线网络）。

/ 305

在富士康，巨大的户外电视屏幕以及众多的购物和娱乐场所，给工厂本身带来了属于消费文化的现代性，让工人们体验到了他们离开村庄寻找的新世界的滋味。外来务工人员，常常很快就能融入其中。记者詹姆斯·法洛斯（James Fallows）2012年访问富士康龙华工厂后写道："在我之前在中国各地见过的工厂里，工人们的外表和行为都和终日辛劳的乡下人没什么两样。但是，富士康的大部分员工看上去像是大专院校的毕业生。"许多第二代农民工拥有（或者正在攒钱，准备购买）他们自己制造的、象征着现代化的产品，比如智能手机、时髦的鞋子和服装。[60]

军事化管理

法洛斯认为，中国是一个听起来很美好的故事，一个从威廉·布莱克笔下的英国工人阶级的生活环境迅速转变为20世纪20年代的美国那样的生活环境，并且还在继续向上发展的国家。自从开始允许外国资本建立和经营工厂以来，越南的贫困状况也大幅改善。根据世界银行的数据，1981~2012年，超过5亿中国人脱离了贫困（以2011年的美元计算），每日生活费在1.90美元以上。新出生人口的预期寿命从1981年的67岁提高到2014年的76岁。然而，即便是在中国和越南最现代化的巨型工厂里，那些工厂的工资和工作条件高于当地平均标准，工人们也一再通过高辞工率、罢工和抗议表达他们的不满情绪。

中国的各种工厂都受到了罢工的打击，包括大大小小的国有和私有工厂。电子和制鞋业的主要工业巨头，因为工资、福利和工作时间等方面的问题，都发生过罢工。工人采取的手段，除了停止工作，还有封锁道路和在政府办公区游行。由于许多罢工者住在公司的宿舍里，罢工往往会成为事实上的占领工厂或静坐抗议。

即使是最大的合同制造商也受到了冲击。2012年，位于富士康武汉工厂的150名工人花了两天时间待在一栋建筑的屋顶上，威胁要跳下来，抗议公司把他们从深圳调到武汉、新厂的恶劣工作条件，以及随之而来的减薪。2014年春天，广东省裕元工业园区的一家工厂里，在原本雇用的4万名工人中，大多数人罢工，抗议该公司出台的一项规定，即强制要求工人自行缴纳养老金。这是中国遭遇的最大的单点罢工之一。一些抗议是伴随着暴力的。富士康成都工厂的工人们不满于恶劣不堪的宿舍条件和减薪，用暴力行动表达了愤怒。

大多数罢工是在没有预先组织、没有工会参与，也没有明确的领导人的情况下发生的，最多只能持续一两天。通常当政府介入调停时，它们就会终止。

在越南发生的罢工行为比中国更普遍。那里的工人有合法的罢工权利，尽管实际上大多数罢工是在没有经过授权所必需的复杂步骤的情况下进行的。在2007年、2008年、2010年、2012年和2015年，工人的罢工打击了为耐克、阿迪达斯和其他全球知名品牌生产鞋子的大型韩国和中国投资工厂。2011年裕元工厂发生了抗议低工资的大规模罢工，以其庞大的规模引起了国际关注。

三年后发生的骚乱，更令人震惊。在这场骚乱中，胡志明市郊外的数十家外国工厂遭到了破坏，或者被摧毁。抗议者将攻击目标转向了运动鞋和服装制造工厂，参与者并不是只有越南人，还有许多中国人、韩国人、日本人或马来西亚人，他们对停滞不前的工资和外国资本的剥削感到愤怒。台湾骏辉制衣厂的职员报告说，大约8000~10000名工人参与了对工厂的攻击，烧掉了"所有的东西，包括所有的材料、电脑和机器"。[61]

在中国，由于国际劳工权益团体和品牌公司的压力，以及工人的持续抗议，制造商担心自己的名誉受损，担心被人指责虐待工人，于是增加了工人工资，并且改善了工作条件。即便如此，到 2010 年，大型工厂在招聘和留住农民工方面还是遇到了困难。制造业的快速扩张、农村人口的萎缩、男多女少的性别不平衡以及服务业女性就业岗位的增长，意味着工厂所青睐的农村年轻女性的资源库实际上已经枯竭了。富士康和其他一些公司被迫扩大招聘范围，转向男性——现在他们构成了富士康员工的大多数——和年龄较大的工人。[62]

为了应对工资成本上涨和劳动力短缺的问题，制造商开始在中国中部的低工资地区修建新工厂。许多人还采取半强制性的措施来招聘和留住工人，这与工厂成立初期的做法相呼应——尽管这种做法已经远不如以前那么过分了。一些公司坚持要求外来务工人员"交保证金"以获得他们的工作，只有在公司允许的情况下，才会退还这些钱。与之类似，公司扣留工人的部分工资，在年底一并付给他们。[63] 更大的工厂，在更严格的审查制度和国际标准之下，不太可能采取这种手段。相反，它们转向将实习学生作为一个新的、廉价的劳动力供应源。

中国的职业学校，要求学生在毕业前完成 6 个月或 1 年的实习。富士康和其他一些公司利用这一要求，与政府、学校和相关教育部门合作，将大批实习学生和他们的教师一起送到工厂。2010 年夏天，在深圳观澜的富士康工厂有 15 万名实习生，其中超过 2.8 万人在生产苹果系列产品。一般来说，实习生从事的是基础性生产工作，与他们的研究领域并没有什么关系。实习生得到的是基本的入门级工资，但没有正式福利，这使工厂雇用他们比雇用正式员工更便宜。虽然他们不像英国纺织厂的感化院学徒一样被束缚，但他们也不是通过开放的劳动力市场接受雇用的自由劳动者，尽管他们已经成为中国工厂劳动力中日益重要的组成部分。[64]

隐藏在视线之外

在中国和越南开设的巨型工厂，并没有像早年在英国、美国、苏联和东欧开设的那些工厂那样引起广泛注意。中国农民工的困境受到了相当大的关注，尤其是在电影中，但公众对他们工作的工厂的关注要少得多。[65] 部分原因是工厂主有意保守秘密。在大多数情况下，人们只看到工厂主允许看到的那部分，而不利的部分被隐藏在公众视线之外。在 19 世纪和 20 世纪，各公司把自己的工厂看作活广告、它们在工业领域前沿地位的象征，以及使它们的产品在消费者中更广为人知的途径。苏联和东欧当局认为，他们的巨型工厂是社会主义优越性的象征，同样以不同的方式展示着它，吸引着公众的目光。

相比之下，中国和越南大型制造企业的所有者，不希望工厂与公众有任何瓜葛。在大多数情况下，他们的客户不是最终端的产品用户，而是中间的经销商。至于那些经销商，总的来说，对制造工艺了解得越少，对自己越有好处。

首先，像苹果和阿迪达斯这样的公司，希望对即将推出的产品的制作工艺和相关细节保密。另外，加工工厂担心人们对生产产品的恶劣工作条件提出批评，后者包括国际社会上那些经常传播"工厂虐待劳工"的图像和信息的公益团体。虽然普通游客以前曾经参观过，并且现在仍然可以参观胭脂河工厂，但是，参观富士康工厂或中国其他的大多数大型工厂，是不可想象的。学者、记者和纪录片制作人很难通过工厂的大门，即使进入，他们也会受到警卫人员的严密控制，不能完全"为所欲为"。在英国纺织工厂、洛厄尔工厂、霍姆斯泰德工厂、斯大林格勒拖拉机厂和诺瓦胡塔工厂的时代，主流媒体上充斥着它们的形象。相比之下，富士康、和硕和裕元的工厂照片却出奇地不起眼，关于它们的照片更是少得多。[66]

亚洲这些最大的工厂，并不具有做产品的广告或符号的宣传功能，因此，亚洲的制造商没有动力像 19 世纪和 20 世纪的制造商那样为独特的或创新的建筑花钱。在中国没有贝尔特圆形工厂（Belper Round Mill）或菲亚特林戈托（FIAT Lingotto）那样的环形工厂。相反，工厂里的建筑很普通，看起来是很现代的，但完全没有装饰，也没有与其他建筑相区别的特点，甚至连大窗户也没有，而这曾经是生产场所的主要标志。许多中国工厂看起来就像郊区的办公楼。《彭博商业周刊》（Bloomberg Businessweek）形容富士康工业城，充斥着灰色或白色的混凝土楼房，"单调且实用"。近几十年来，中国一直是全球领先的知名建筑师的乐土，他们在这里建造不同寻常的、大型的、现代主义的建筑，但后者往往是办公楼、音乐厅、体育馆、博物馆、图书馆、购物中心和酒店，而不是工厂。[67]

近年来，在中国和越南建立的工厂，并不像在宾夕法尼亚州的布洛克（Braddock）和波兰的诺瓦胡塔建造的工厂那样被当作民族自豪的源泉。与过去那些巨型工厂不同，在中国和越南新建的大型工厂主要是外国所有的，由外国经理人经营，生产的产品大部分是为了在海外消售。它们并不象征着东道国的发达程度，而是提醒人们，要在技术、设计和管理方面赶上韩国和日本等，他们必须在多大程度上付出努力。

包括中国在内的许多发展中国家的领导人，都不把本土拥有的、大规模的制造业视为他们真正的目标，也没有将其视为进入发达国家俱乐部的标志。他们敏锐地意识到，像美国这样的富裕国家一直在削减自己的大规模生产制造业，转而专注于生产高端的专业产品、设计、技术创新、营销、服务和金融。无论好坏，基础制造业在许多发达国家似乎都像过时的东西一样，特别是在美国。这种对待制造业的态度，在欠发达国家得到了进一步加强。

现代性并不意味着中国的政策制定者和精英紧紧盯着生产线。相反，他们把大规模制造视为实现现代化的必经之路和落伍的阶段。中国官员仍认为，大规模生产在提高生活水平方面发挥着重要作用，他们希望通过将低端、低薪制造业转移到比较贫困的内陆地区来实现这一目标。在中国较富裕的地区，包括经济特区，官员们希望推动更高层次的生产，超越装配线基础作业。深圳是中国工业巨人主义的中心，在那里，老旧的工厂正在被拆除，地皮被腾出来建造高档住宅和商业建筑。[68]

中国和越南的工厂被视为一种必要手段，而不是胜利，这些工厂缺乏早年的大型工业项目、中国现代化基础设施项目（如三峡大坝）、摩天大楼、桥梁和高铁线路所带来的英雄色彩。从某种程度上讲，这是一个性别问题：现代服装、鞋类和电子工厂的工作人员都是女性，不像在钢铁厂、汽车厂和大型建筑工地等地方，男性是主要劳动力，直到今天仍然如此。女性工人较多的行业，有时被与乌托邦梦想联系在一起，比如早期新英格兰的纺织工厂。但是，普罗米修斯式的开拓精神，通常与强壮的男性工人联系在一起，他们的形象就如同普罗米修斯本人一样。[69]

亚洲巨型工厂生产的平庸产品决定了它们本身的平庸。在21世纪，员工最多的工厂通常是生产小物件的工厂，比如咖啡壶、运动鞋或智能手机，这些东西可以装进一个小盒子或捏在手心里，而不是 19 世纪和 20 世纪最大的那些工厂生产的巨大的、令人敬畏的大炮、超级计算机、机器、汽车和飞机。全球数十亿人可能想要苹果手机或耐克运动鞋，把它们视为现代化的象征，但这些东西太不起眼了，缺乏昔日巨型钢铁厂和汽车厂所生产的产品的历史厚重感和宏大气魄。

现代的巨型工厂，并不代表着人类精神力量的蓬勃发展，而似乎常常象征着它的衰落。中国工厂的形象，通常不是对机械或人类掌握自然的赞美，而是对单调乏味的现实的记录，或者整齐划一、千篇一律的复制。[70] 伯汀斯基拍摄的中国工厂照片，非常与众不同。其原因并不是中国人对材料和机器的掌握，或者机器本身的美观和人类的力量，而是这是许多早期工厂描绘的主题。在他拍摄的照片里，展示的是在工厂巨大空间中的一排排网格里，人头攒动，每个人就像蚂蚁一样渺小。与安德烈亚斯·古尔斯基（Andreas Gursky）一样，伯汀斯基也以拍摄越南和中国的工厂以及公共场所的壮观照片而闻名。他通常从远处拍摄大画面，以抽象的模式展示人类，像玛格丽特·伯克 - 怀特和沃克·埃文斯这样的早期工厂摄影师那样。他们很少关注单独的某个人，偶尔几次除外。[71]

富士康、裕元和其他现代亚洲制造业的巨头，代表了工业巨人主义的顶峰。它们以过去为基础，吸收了有关聚集和协调工人群体的所有经验、详细的分工、外部动力设备、部件的装配体系和生产节奏、规模经济以及其他影响工人生活的方面。过去的所有事物，在当下依然鲜活。但未来不会是一成不变的，至少技术会有创新。巨型工厂不再代表一个全新世界的到来、一个乌托邦式的未来或者一种新的梦魇。富士康式的现代化，可以与更高的生活水平和创新的技术联系在一起，却不再是人类历史的一个新阶段。它不再像曾经的巨型工厂那样了。那时，在英国和美国出现了全新的阶级社会，而苏联和波兰出现了新型无阶级社会。未来已经来临，而我们似乎陷入了停滞不前的状态。

<h2 style="text-align:center">注　释</h2>

1　Pun Ngai, Shen Yuan, Guo Yuhua, Lu Huilin, Jenny Chan, and Mark Selden, "Apple, Foxconn, and Chinese Workers' Struggles from a Global Labor Perspective," *Inter-Asia Cultural Studies*, 17（2）（2016）, p.166; Jason Dean, "The Forbidden City of Terry Gou," *Wall Street Journal*, Aug. 11, 2007. Ngai, Chan, and Selden have written the most important study of Foxconn and of Apple in China, *Dying for an iPhone*, from which I have greatly benefited. It is forthcoming in English but available in Spanish and Italian editions, *Morir por un iPhone*（Bueno Aires: Ediciones Continente S.R.L., 2014）and *Moirire per un iPhone*（Milan: Jaca Books, 2015）.

2　为了抵消工资的上涨，富士康也提高了产品价格。*New York Times*, May 25, 2010, June 2, 2010; Elizabeth Woyke, *The Smartphone: Anatomy of an Industry*（New York: New Press, 2014）, pp.135–136; *Bloomberg Businessweek*, June 7, 2010, Sept. 13, 2010; "Foxconn's Business Partners Respond to Suicides," CCTV Com English, May 20, 2010,http://english.cntv.cn/program/china24/20100520/101588.shtml; "Foxconn Shares Dive on Suicides," CCTV Com English, June 29, 2010,http://english.cntv.cn/program/bizasia/20100528/102843.shtml; "Foxconn to Hike Prices to Offset Pay Increase," CCTV Com English, July 22, 2010, http://english.cntv.cn/20100722/104196.shtml; "Foxconn Hikes Salaries Again in South China Factory After Suicides," CCTV Com English, Oct. 1, 2010, http://english.cntv.cn/program/20101001/101698.shtml.

3　Ngai, Chan, and Selden, *Dying for an iPhone*; *Bloomberg Businessweek*, Sept. 13, 2010; James Fallows, "Mr. China Comes to America," *The Atlantic*, Dec. 2012.

4　有关2010年富士康深圳工厂员工人数的各种陈述，请参阅"Foxconn Hikes Salaries Again in South China Factory After Suicides," CCTV Com English, Oct. 1, 2010; *Bloomberg Businessweek*, June 7, 2010, Sept. 13, 2010; *New York Times*, May 25, 2010; Pun Ngai, *Migrant Labor in China: Post-Socialist Transformations*（Cambridge: Polity

Press, 2016）, pp.101, 119。 See also Charles Duhigg and Keith Bradsher, "How the U.S. Lost Out on iPhone Work," *New York Times*, Jan. 21, 2012 ("unimaginable").

5　在中国以外的富士康工厂一般都要小得多，在某些情况下，规模不大。为当地市场服务的大型装配厂可用于规避关税。富士康的一些工厂为多个客户生产零部件或成品，包括微软、国际商业机器公司、英特尔、思科、通用电气、亚马逊、惠普、戴尔、摩托罗拉、松下、索尼、东芝、任天堂、三星、乐金、诺基亚、宏碁和联想。有的工厂只服务于一个客户，甚至只生产一种产品。Ngai, *Migrant Labor*, p.105; Rutvica Andrijasevic and Devi Sacchetto, "Made in the EU: Foxconn in the Czech Republic," *WorkingUSA*, Sept. 2014; Devi Sacchetto and Martin Cecchi, "On the Border: Foxconn in Mexico," *openDemocracy*, Jan. 16, 2015, https://www.opendemocracy.net/devi-sacchetto-mart%C3%ACn-cecchi/on-border-foxconn-in-mexico;Ngai, Chan, and Selden, *Dying for an iPhone; New York Times*, Mar. 29, 2012; David Barboza, "China's 'iPhone City,' Built on Billions in Perks," *New York Times*, Dec. 29, 2016.

6　Ngai, Chan, and Selden, *Dying for an iPhone; New York Times*, Dec. 11, 2013; "BBC Documentary Highlights Conditions at a Chinese iPhone Factory, But Is It All Apple's Fault?" *MacWorld,* Dec. 19, 2014,http://www.macworld.com/ article/2861381/bbc-documentary-highlights-conditions-at-a-chinese-iphone-factory-but-is-it-all-apples-fault. html.

7　Ngai, *Migrant Labor*, p.102; Boy Lüthje, Siqi Luo, and Hao Zhang, *Beyond the Iron Rice Bowl: Regimes of Production and Industrial Relations in China*（Frankfurt: Campus Verlag, 2013）, pp.195, 198; Hao Ren, ed., *China on Strike: Narratives of Workers' Resistance*, English edition edited by Zhongjin Li and Eli Friedman（Chicago: Haymarket Books, 2016）, pp.11, 201–203; Jennifer Baichwal, *Manufactured Landscapes*（Foundry Films and National Film Board of Canada, 2006）.

8　David Barboza, "In Roaring China, Sweaters Are West of Socks City," *New York Times*, Dec. 24, 2004; Ngai, *Migrant Labor*, p.102.

9　*New York Times*, Nov. 8, 1997, Mar. 28, 2000; Nelson Lichtenstein, *The Retail Revolution: How Wal-Mart Created a Brave New World of Business*（New York: Metropolitan Books, 2009）, p.173; Richard P. Appelbaum, "Giant Transnational Contractors in East Asia: Emergent Trends in Global Supply Chains," *Competition & Change* 12（Mar. 2008）, p.74; "About PCG," http://www.pouchen.com/index.php/en/about/ locations, and "Yue Yuen Announces Audited Results for the Year 2015," http://www.yueyuen.com/index.php/en/news-pr/1147-2016-03-23-yue-yuen-announces-audited-results-for-the-year-2015（both accessed June 3, 2016）; International Trade Union Confederation, *2012 Annual Survey of Violations of Trade Union Rights-*

10 有一万名苏联技术人员被派往中国协助工业化建设，而中国赴苏受训的人数是苏联来华人数的近三倍。 Carl Riskin, *China's Political Economy: The Quest for Development Since 1949*（Oxford: Oxford University Press, 1987）, pp.53–63, 74; Nicholas R. Lardy, "Economic Recovery and the 1st Five-Year Plan," in Roderick MacFarquhar and John K. Fairbank, eds., *The Cambridge History of China*, Vol. 14: *The People's Republic, part 1: The Emergence of Revolutionary China, 1949–1965*（Cambridge: Cambridge University Press, 2008）, pp.157–160, 177–178.

11 Riskin, *China's Political Economy*, pp.64, 117–118, 125–127, 133, 139, 161–165; Kenneth Lieberthal, "The Great Leap Forward and the Split in the Yenan Leadership," in MacFarquhar and Fairbank, eds., *The Cambridge History of China*, Vol. 14; Stephen Andors, *China's Industrial Revolution: Politics, Planning, and Management, 1949 to the Present*（New York: Pantheon, 1977）, pp.68–134. 到 20 世纪 90 年代，鞍钢已成为中国最大的工业企业，雇用了大约 22 万名工人。"Anshan Iron and Steel Corporation," in Lawrence R. Sullivan, *Historical Dictionary of the People's Republic of China,* second edition（Plymouth, UK: Scarecrow Press, 2007）, pp.24–26. See, also, Cheng Tsu-yuan, *Ashan Steel Factory in Communist China*（Hong Kong: The Urban Research Institute, 1955）.

12 Andors, *China's Industrial Revolution*, pp.144–147, 158–159.

13 Andors, *China's Industrial Revolution*, pp.135–142.

14 尽管在"文化大革命"期间，工厂非专业化得到了推动，但在生产过程中显然并没有将工人个人的工作非专业化，尽管他们被赋予了在管理工厂及其他方面的更大的角色。Andors, *China's Industrial Revolution*, pp.160–240.

15 Ngai, *Migrant Labor*, pp.11, 15.

16 Henry Yuhuai He, *Dictionary of the Political Thought of the People's Republic of China*（London: Routledge, 2015）, p.287; Michael J. Enright, Edith E. Scott, and Ka-mun Chang, *Regional Powerhouse: The Greater Pearl River Delta and the Rise of China*（Singapore: John Wiley & Sons, 2005）, pp.6, 36–38.

17 Pun Ngai, *Made in China: Women Factory Workers in a Global Workplace*（Durham, NC: Duke University Press, 2005）, pp.1, 7.

18 Gabriel Kolko, *Vietnam: Anatomy of a Peace*（London: Routledge, 1997）; The World Bank, "Vietnam, Overview," Apr. 11, 2016,http://www.worldbank.org/en/country/vietnam/overview; Nguyen Thi Tue Anh, Luu Minh Duc, and Trinh Doc Chieu, "The Evolution of Vietnamese Industry," Learning to Compete Working Paper No. 19, Brookings Institution（accessed Aug. 13, 2016）, https://www.brookings.edu/wp-

content/uploads/2016/07/ L2C_WP19_Nguyen-Luu-and-Trinh-1.pdf.

19 Enright, Scott, and Chang, *Regional Powerhouse*, pp.6, 12, 16, 36, 38–39, 67–68, 74, 98, 101–102, 117.

20 Enright, Scott, and Chang, *Regional Powerhouse*, pp.75, 98, 108; Andrew Ross, *Fast Boat to China: Corporate Flight and the Consequences of Free Trade-Lessons from Shanghai* (New York: Pantheon, 2006), pp.24–26; *Bloomberg Businessweek*, Sept. 13, 2010.

21 Enright, Scott, and Chang, *Regional Powerhouse*, p.47.

22 Ngai, *Migrant Labor*, pp.2, 20–21, 25, 32, 76–78.

23 *The Guardian*, July 31, 2014, https://www.theguardian.com/world/2014/ jul/31/china-reform-hukou-migrant-workers; Ren, ed., *China on Strike*, pp.4–5; Ngai, *Made in China*, pp.36, 43–46.

24 要了解 20 世纪 80 年代国有工厂生活的有趣写照，请参阅 Lijoa Zhang, *"Socialism Is Great!" A Worker's Memoir of the New China* (New York: Atlas & Co., 2008)。 See, also, Ching Kwan Lee, *Against the Law: Labor Protests in China's Rustbelt and Sunbelt* (Berkeley: University of California Press, 2007), pp.35–36; Ross, *Fast Boat to China*, p.57.

25 Ngai, *Migrant Labor*, pp.35, 93, 128–129; "Workers Strike at China Footwear Plant Over Welfare Payments," *Wall Street Journal*, Apr. 16, 2014, http://www.wsj.com/ articles/SB10001424052702304626304579505451938007332; Ren, ed., *China on Strike*, p.186.

26 Ngai, *Migrant Labor*, p.31. 关于中国制造业系统的深入比较，参见 Lüthje, Luo, and Zhang, *Beyond the Iron Rice Bowl*。

27 在高成本地区，工厂的工资和福利将不足以支持工人在当地养活家庭，向他们提供的服务也不够，"社会再生产" 的成本很高昂。Enright, Scott, and Chang, *Regional Powerhouse*, pp.192, 250; Ngai, *Migrant Labor*, pp.32–35.

28 Ngai, *Migrant Labor*, pp.83–104, 123; Hong Xue, "Local Strategies of Labor Control: A Case Study of Three Electronics Factories in China," *International Labor and Working-Class History*, 73 (Spring 2008), p.92; Anita Chen, *China's Workers Under Assault: The Exploitation of Labor in a Globalizing Economy* (Armonk, NY: M.E. Sharpe, 2001), p.12; Ngai, Chan, and Selden, *Dying for an iPhone*; Duhigg and Bradsher, "How the U.S. Lost Out on iPhone Work" ; Ren, ed., *China on Strike*, pp.7, 184.

29 要获取有关农民工家庭和他们回家过程的详细描述，参见 the documentary film *Last Train Home*, directed by Lixin Fan (EyeSteel Films, 2009)。 Ngai, *Migrant Labor*, pp.30–32; Xue, "Local Strategies of Labor Control," pp.85, 98–99; U.S. Department of

Labor, Bureau of Labor Statistics, "The Employment Situation-May 2014," http://www. bls.gov/news.release/archives/empsit_06062014. pdf（accessed July 16, 2016）; Michael Bristow, "China's holiday rush begins early," BBC News, Jan. 7, 2009, http://news.bbc. co.uk/2/hi/asia-pacific/7813267.stm; Ross, *Fast Boat to China*, p.16; *New York Times*, Jan. 26, 2017.

30　和中国一样，在越南，外来务工人员在外资工厂劳动力中占了很大比例，尤其是在 胡志明市附近。参见 Anita Chan, "Introduction," in Chan, ed., *Labour in Vietnam*（Singapore: Institute of Southeast Asian Studies, 2011）, p.4。

31　除了彼得·查尔斯沃思（Peter Charlesworth）为工人们拍摄的制作锐步鞋的照片外， 还有 Dong Hung Group, "Shoe Manufacturers in Vietnam"（2012）, http://www.donghungfootwear. com/en/phong-su-ve-dong-hung-group.html, 其中包括工厂照片和一段视频，显示制 作运动鞋的过程。另外可参见,Tom Vanderbilt, *The Sneaker Book: Anatomy of an Industry and an Icon*（New York: New Press, 1998）, pp.78−80。

32　For EUPA, see the documentary film *Factory City*（Discovery Channel, 2009）. Ngai, Chan, and Selden, *Dying for an iPhone*; Dean, "The Forbidden City of Terry Gou"; Alfred Marshall, *Principles of Economics*（[1890] London: Macmillan and Co., Ltd., 1920）, 8th ed., IV.XI.7, http://www.econlib. org/library/Marshall/marP25.html#Bk. IV,Ch.XI（accessed Sept. 22, 2014）; Alfred D. Chandler, Jr., *Scale and Scope: The Dynamics of Industrial Capitalism*（Cambridge, MA: Harvard University Press, 1994）, p.25.

33　关于阿佩尔鲍姆的分析，主要见于 Appelbaum, "Giant Transnational Contractors"。

34　关于制造业和分销之间联系的重要性的经典论述是 Alfred D. Chandler, *The Visible Hand: The Managerial Revolution in American Business*（Cambridge, MA: Harvard University Press, 1977）。See also, Nelson Lichtenstein, "The Return of Merchant Capitalism," *International Labor and Working-Class History*,81（2012）,pp.8−27; http://www.clarksusa.com/us/about-clarks/heritage（accessed July 19, 2016）.

35　Joshua B. Freeman, *American Empire, 1945−2000: The Rise of a Global Empire, the Democratic Revolution at Home*（New York: Viking, 2012）, pp.343−354.

36　Vanderbilt, *Sneaker Book*, pp.8−25, 76−88.

37　Boy Lüthje, "Electronics Contract Manufacturing: Global Production and the International Division of Labor in the Age of the Internet," *Industry and Innovation*,9(3)（Dec. 2002）,pp.227−247.

38　有很多论述零售业变化的文献。In addition to Appelbaum, "Giant Transnational Contractors," particularly useful works include Charles Fishman, *The Wal-Mart Effect: How the World's Most Powerful Company Really Works-and How It's*

Transforming the American Economy (New York: Penguin, 2006) ; Lichtenstein, *The Retail Revolution*; and Xue Hong, "Outsourcing in China: Walmart and Chinese Manufacturers," in Anita Chan, ed., *Walmart in China* (Ithaca, NY: Cornell University Press, 2011) .

39　要了解对现代品牌的开创性评论，请参阅 Naomi Klein, *No Logo: Taking Aim at the Brand Bullies* (New York: Picador, 1999)。 Lüthje, "Electronics Contract Manufacturing," p.230 (Nishimura quote) ; Marcelo Prince and Willa Plank, "A Short History of Apple's Manufacturing in the U.S.," *The Wall Street Journal*, Dec. 6, 2012, http://blogs.wsj.com/digits/2012/12/06/a-short-history-of-apples-manufacturing-in-the-u-s/; Peter Burrows, "Apple's Cook Kicks Off 'Made in USA' Push with Mac Pro," Dec. 19, 2013, http://www.bloomberg.com/news/ articles/2013-12-18/apple-s-cook-kicks-off-made-in-usa-push-with-mac-pro; G. Clay Whittaker, "Why Trump's Idea to Move Apple Product Manufacturing to the U.S. Makes No Sense," *Popular Science*, Jan. 26, 2016, http://www.popsci.com/why-trumps-idea-to-move-apple-product-manufacturing-to-us-makes-no-sense; Klein, *No Logo*, pp.198-199.

40　Vanderbilt, *Sneaker Book*, pp.90-99; *New York Times*, Nov. 8, 1997; Klein, *No Logo*, pp.197-198, 365-379; Donald L. Barlett and James B. Steele, "As Apple Grew, American Workers Left Behind," Nov. 16, 2011, http://americawhatwentwrong.org/story/as-apple-grew-americanworkers-left-behind/; David Pogue, "What Cameras Inside Foxconn Found," Feb. 23, 2012, http://pogue.blogs.nytimes.com/2012/02/23/ what-cameras-inside-foxconn-found/.

41　Lüthje, "Electronics Contract Manufacturing," pp.231, 234, 236-237; Boy Lüthje, Stefanie Hürtgen, Peter Pawlicki, and Martina Sproll, *From Silicon Valley to Shenzhen: Global Production and Work in the IT Industry* (Lanham, MD: Rowman & Littlefield, 2013) , pp.69-149; Appelbaum, "Giant Transnational Contractors," pp.71-72.

42　有关物流革命，请参见 Marc Levinson, *The Box: How the Shipping Container Made the World Smaller and the World Economy Bigger* (Princeton, NJ: Princeton University Press, 2006)。

43　David Barboza, "In Roaring China, Sweaters Are West of Socks City" ; Oliver Wainwright, "Santa's Real Workshop: The Town in China That Makes the World's Christmas Decorations," *The Guardian*, Dec. 19, 2014, https://www.theguardian.com/artanddesign/architecture-design-blog/2014/dec/19/santas-real-workshop-the-town-in-china-that-makes-the-worlds-christmas-decorations.

44　Ngai et al., "Apple, Foxconn, and Chinese Workers' Struggles," p.169; *Wall Street Journal*, July 22, 2014; Adam Starariano and Peter Burrows, "Apple's Supply-Chain

Secret? Hoard Lasers," *Bloomberg Businessweek*, Nov. 3, 2011, http://www.bloomberg.com/news/articles/2011-11-03/apples-supply-chain-secret-hoard-lasers; and Adam Lashinsky, "Apple: The Genius Behind Steve," *Fortune*, Nov. 24, 2008, http://fortune.com/2008/11/24/apple-the-genius-behind-steve/（Cook quote）.

45　2004 年，富士康在深圳就雇用了 5000 名工程师。Ngai, Chan, and Selden, *Dying for an iPhone*; Lüthje et al., *From Silicon Valley to Shenzhen*, p.191.

46　Lüthje, Luo, and Zhang, *Beyond the Iron Rice Bowl*, pp.188-189; Ngai, Chan, and Selden, *Dying for an iPhone*.

47　Ngai, *Migrant Labor*, pp.102-103; Xue, "Local Strategies of Labor Control," pp.88-89.

48　Lüthje, Luo, and Zhang, *Beyond the Iron Rice Bowl*, p.197; http://www.yueyuen.com/index.php/en/about-us-6/equipments（accessed Dec. 20, 2016）; Dean, "The Forbidden City of Terry Gou"; lecture by Pun Ngai, Joseph S. Murphy Institute, City University of New York, Feb. 23, 2016.

49　Barboza, "In Roaring China, Sweaters Are West of Socks City"; Lu Zhang, *Inside China's Automobile Factories: The Politics of Labor and Worker Resistance*（New York: Cambridge University Press, 2015）, pp.8, 23, 60; interview with Qian Xiaoyan（First Secretary, Embassy of the People's Republic of China in the U.S.A.）, New York, Apr. 16, 2015; Ngai, *Migrant Labor*, pp.115-119. For Vietnamese government policy, see Nguyen Thi Tue Anh, Luu Minh Duc, and Trinh Doc Chieu, "The Evolution of Vietnamese Industry," pp.14-24.

50　Ngai, *Migrant Labor*, pp.66, 72, 78; Ngai, *Made in China*, pp.2-3, 55-56, 65-73; Ren, ed., *China on Strike*, p.96.

51　Ngai, *Migrant Labor*, pp.86, 101; Emily Feng, "Skyscrapers' Rise in China Marks Fall of Immigrant Enclaves," *New York Times*, July 19, 2016; Ross, *Fast Boat to China*, pp.164-165; Richard Appelbaum and Nelson Lichtenstein, "A New World of Retail Supremacy: Supply Chains and Workers' Chains in the Age of Wal-Mart," *International Labor and Working-Class History*, 70（2006）, p.109.

52　Ngai, Chan, and Selden, *Dying for an iPhone*; Ren, ed., *China on Strike*, p.97.

53　Ngai, *Made in China*, p.32; Ren, ed., *China on Strike*, pp.5-9, 27.

54　Ngai, *Migrant Labor*, pp.120-123, 128-129; Ngai et al., "Apple, Foxconn, and Chinese Workers' Struggles," p.174; Duhigg and Bradsher, "How the U.S. Lost Out on iPhone Work"; *Wall Street Journal*, Dec. 18, 2012. See also Lüthje et al., *From Silicon Valley to Shenzhen*, pp.184-187.

55　Charles Duhigg and David Barboza, "The iEconomy; In China, the Human Costs That Are Built Into an iPad," *New York Times*, Jan. 26, 2012; Ngai, Chan, and Selden,

Dying for an iPhone; Ren, ed., *China on Strike*, pp.7, 184; Xue, "Local Strategies of Labor Control," pp.89, 92. For comparison, see William Dodd, A Narrative of the Experience and Sufferings of William Dodd, A Factory Cripple, Written by Himself, reprinted in James R. Simmons, Jr., ed., *Factory Lives: Four Nineteenth-Century Working-Class Autobiographies*（Peterborough, ON: Broadview Editions, 2007）.

56　Chen, *China's Workers Under Assault*, pp.10, 12, 23, 46–81; Xue, "Local Strategies of Labor Control," pp.91–92; Ngai et al., "Apple, Foxconn, and Chinese Workers' Struggles," pp.172–174; Karl Marx, *Capital: A Critique of Political Economy*, Vol. 1 （[1867] New York: International Publishers, 1967）, p.424;Jee Young Kim, "How Does Enterprise Ownership Matter? Labour Conditions in Fashion and Footwear Factories in Southern Vietnam," in Chan, ed., *Labour in Vietnam*, p.288; Ngai, *Made in China*, pp.80, 97.

57　"The Poetry and Brief Life of a Foxconn Worker: Xu Lizhi（1990–2014）"（accessed Aug. 4, 2016）, libcom.org, https://libcom.org/blog/ xulizhi-foxconn-suicide-poetry.

58　尽管这些问题十分严重，但与资源较少和国际监督较少的零部件小型供应商相比，大型工厂通常拥有更好的健康和安全设备及记录。在耐克公司的压力下，越南工厂的条件得到了改善，更多地使用了毒性较低的水基溶剂。 *New York Times*, Nov. 8, 1997, Apr. 28, 2000; Chen, *China's Workers Under Assault*, pp.82–97; Duhigg and Barboza, "The iEconomy"; Ngai, Chan, and Selden, Dying for an iPhone; Lüthje et al., *From Silicon Valley to Shenzhen*, p.187.

59　一些中国工厂有意识地在装配线上混合来自不同地区的工人，以削弱工人的团结性。其他的，通常是较小的工厂，往往从特定地区甚至村庄招募工人，以便把家乡的纽带延伸到工作场所和宿舍。Ngai, Chan, and Selden, *Dying for an iPhone*; Ngai, *Migrant Labor*, pp.129–130; Lüthje et al., *From Silicon Valley to Shenzhen*, p.190; Xue, "Local Strategies of Labor Control," pp.93, 97–98.

60　*Bloomberg Businessweek*, Sept. 13, 2010; Duhigg and Bradsher, "How the U.S. Lost Out on iPhone Work"; Lüthje, Luo, and Zhang, *Beyond the Iron Rice Bowl*, p.187; Ren, ed., *China on Strike*, pp.201–203; Ngai, *Migrant Labor*, pp.119, 130; Fallows, "Mr. China Comes to America," p.62. See also *Factory City*.

61　越南政府通常更多地支持针对外国公司的工人罢工，并且较少使用镇压来对付他们。 Benedict J. Tria Kerkvliet, "Workers' Protests in Contemporary Vietnam" and Anita Chan, "Strikes in Vietnam and China in Taiwanese-owned Factories: Diverging Industrial Relations Patterns," in Chan, ed., *Labour in Vietnam*; "10,000 Strike at Vietnamese Shoe Factory, USA Today, Nov. 29, 2007, http://usatoday30.usatoday.com/news/world/2007-11-29-vietnam-shoe-strike_N.htm; "Workers Strike at Nike

Contract Factory," *USA Today*, Apr. 1, 2008, http://usatoday30.usatoday.com/money/ economy/2008−04−01−1640969273_x.htm; "Shoe Workers Strike in the Thousands," *Thanh Nien Daily*, http://www.thanhniennews.com/society/shoe-workers-strike-in-the-thousands−16949.html; "Vietnamese Workers Extract Concessions in Unprecedented Strike," *DW*, Feb. 4, 2015, http://www.dw.com/en/vietnamese-workers-extract-concessions-in-unprecedented-strike/a−18358432 (all accessed Aug. 8, 2016); International Trade Union Confederation, *2012 Annual Survey of Violations of Trade Union Rights-Vietnam*; Kaxton Siu and Anita Chan, "Strike Wave in Vietnam, 2006−2011," *Journal of Contemporary Asia*, 45:1 (2015), pp.71−91; *New York Times*, May 14, 2014; *Wall Street Journal*, May 16, 2014, June 19, 2014.

62 农村人口的减少和性别失衡，在一定程度上受中国的独生子女政策影响。Ngai, Chan, and Selden, *Dying for an iPhone*; "Urban and rural population of China from 2004 to 2014," Statista (accessed Aug. 16, 2016), http://www.statista.com/statistics/278566/ urban-and-rural-population-of-china/; Ren, ed., *China on Strike*, p.21−23; Ngai, *Migrant Labor*, pp.35, 114.

63 Bruce Einhorn and Tim Culpan, "Foxconn: How to Beat the High Cost of Happy Workers," *Bloomberg Businessweek*, May 5, 2011, http://www.bloomberg.com/news/ articles/2011−05−05/foxconn-how-to-beat-the-high-cost-of-happy-workers; Ngai, *Migrant Labor*, pp.114−115; Xue, "Local Strategies of Labor Control," p.96; Chen, *China's Workers Under Assault*, p.9.

64 Zhang, *Inside China's Automobile Factories*, pp.57−59; Ngai, *Migrant Labor*, pp.117−118; Ngai, Chan, and Selden, *Dying for an iPhone*.

65 有关中国工厂和农民工的电影，请参阅 Elena Pollacchi, "Wang Bing's Cinema: Shared Spaces of Labor," *WorkingUSA* 17 (Mar. 2014); Xiaodan Zhang, "A Path to Modernization: A Review of Doc-umentaries on Migration and Migrant Labor in China," *International Labor and Working-Class History* 77 (Spring 2010)。

66 对于将工厂作为销售工具，请参见 Gillian Darley, *Factory* (London: Reaktion Books, 2003), pp.157−189。在中国，EUPA 似乎是个例外，允许电影制作人和摄影师为其工厂拍摄照片视频。有关其严格控制的流程，请参见 James Fallows, "Mr. China Comes to America," and Dawn Chmielewski, "Where Apple-Products Are Born: A Rare Glimpse Inside Foxconn's Factory Gates," Apr. 6, 2015, http://www.recode. net/2015/4/6/11561130/ where-apple-products-are-born-a-rare-glimpse-inside-foxconns-factory。

67 *Bloomberg Businessweek*, Sept. 13, 2010; Xing Rung, *New China Architecture* (Singapore: Periplus Editions, 2006); Layla Dawson, *China's New Dawn: An*

Architectural Transformation（Munich: Prestel Verlag, 2005）.

68　Neil Gough, "China's Fading Factories," *New York Times*, Jan. 20, 2016; Feng, "Skyscrapers' Rise in China Marks Fall of Immigrant Enclaves"; Mark Magnier, "China's Manufacturing Strategy," *Wall Street Journal*, June 8, 2016.

69　例如，美国摄影师拍摄的两组图片的比较。Lewis W. Hine: Hine, *Men at Work: Photographic Studies of Modern Men and Machines*（[1932] New York: Dover, 1977）, and Jonathan L. Doherty, ed., *Women at Work: 153 Photographs by Lewis W. Hine*（New York: Dover, 1981）. 当然，性别模式随时间和地点的不同而变化，在社会主义国家，在重工业工作的妇女比在资本主义国家要多，性别不平衡随着时间的推移而改善。

70　通过谷歌搜索中国工厂的图片，可以看到无数的例子。

71　伯汀斯基的照片见于 http://www.edwardburtynsky.com/site_contents/ Photographs/ China.html（accessed Dec. 2, 2016）；古尔斯基的照片见于 Marie Luise Syring, *Andreas GuGursky: Photographs from 1984 to the Present*（New York: TeNeues, 2000）。

300 年来，庞大无比的工厂一直与我们同在。但是，没有任何一家工厂能一直陪伴在我们身边。隆贝的德比丝绸厂是第一家现代化的大型工厂，也被见证是持续时间最长的工厂之一。从建立之初起，一直有工人在生产丝线，直到 1890 年停产，运营时间长达 169 年之久。与之相比，克罗姆福德的历史是如此短暂，从阿克莱特建立第一家棉纺厂开始，在 70 年内工厂几乎全部关闭。位于马萨诸塞州洛厄尔的第一个工厂，由梅里马克制造公司建造，这个工厂比它的后继工厂都更长久，生产纺织品的历史有 134 年之久。洛厄尔曾经是世界上最大的纺织综合体，但是，仅仅过了一个世纪就关闭了。位于宾夕法尼亚州约翰斯敦的坎布里亚钢铁厂一直经营到 1992 年，总共运作了 140 年，比纺织工厂要长 35 年，它是一个史诗般的充满劳动斗争的战场。[1]

一些具有里程碑意义的工厂巨头还在继续。虽然福特的道奇工厂、弗林特的雪佛兰工业综合体，以及菲亚特的林戈托工厂都在几十年前关闭了，但"胭脂河工厂"仍是福特目前四处分散的生产系统的一部分，约有 6000 名工人在生产美国最畅销的F-150 卡车。[2]斯大林格勒拖拉机厂、马格尼托哥尔斯克钢铁厂和诺瓦胡塔工厂也在继续运营。

100 到 150 年的时间似乎很长，但是，许多其他的机构会在它们原来的建筑里运作更长的时间：议会、监狱、医院、教堂、清真寺、学院、预备学校，甚至歌剧剧团等，在这里仅仅举少数的例子。从时间上看，大型工厂让同时代人印象深刻的坚固性和永恒的印象是名不副实的，它们的延续时间很少能超过一两代人。

　　现代化的活力创造了巨型工厂，并最终导致它的消亡。大型工厂有一个自然形成的生命周期。它们伴随着举世震惊的力量诞生了，不仅改变了生产方式，而且改变了整个人类社会。它们的成功至少部分取决于对以前主流劳动力之外的人——儿童和少年、农民和农场主、游牧民、囚犯和国家监护者（wards of the state）——的剥削。在原始积累时期，工人可能遭受剥削，有时可能面临残酷的、长时间的工作，以及低工资和苛刻的条件，因为他们缺少行动自由、合法权利或现成的替代办法。

　　在彻底的工厂改革之后，会有一段渐进式的改进或停滞时期。大量的资本与现有的建筑和机器捆绑在一起，助长了制度上的保守主义。而新的竞争者能够在此基础上使用更先进的方法和技术，成为效率更高的生产者。与此同时，工人的抗议和来自改革者的压力推升了劳动力成本。一些公司通过不断招聘新的劳动力、新的年轻工人或来自远方的移民，从高利润的原始积累中得到了更多益处。但在某些时候，陈旧的技术、老旧的建筑和不断上涨的劳动力成本，迫使人们决定是要现代化、从别处重新开始，还是榨取地产，然后关闭它。

　　洛厄尔博特工厂的老板是一个典型的例子。1902年，他聘请的一位顾问说："你们的老房子在过去也许是有用的。但是，说实话，它们早就过时了，现在一点价值也没有了。因此，我建议把现有的建筑统统拆除，或者尽可能把那些有安全隐患的房子都拆掉，或者从头再来，盖一个一流的新工厂，用上最好的设计布局和建筑。"然而，在许多新英格兰的工厂主在工资较低的美国南部投资建厂的时候，博特的老板们却决定，不建一个"一流的新工厂"，而是继续在危险的老工厂上一瘸一拐地走。在这里，工人们又为投资者生产纺织品和赚取利润长达半个多世纪。[3]

在社会主义国家里，成本计算的方式是不同的，因为工人的意识形态和政治地位比在资本主义国家更高，所以大工厂在社会福利系统中更重要。关闭工厂，甚至缩小工厂规模，都会带来巨大的社会和政治风险，政府为了回避这些风险，就把臃肿多余的劳动力留在越来越没有竞争力的工厂里。即使在今天，中国政府在试图关闭不需要的或效率低下的国有工厂巨头时，仍是小心翼翼地采取行动。

总体来看，跨越时空的巨型工厂的重复循环式发展，代表了一种连续性和进步。制造业的规模越来越大，效率也越来越高，但仍然明显保留了三百年前德文特河谷的特点。随着工业巨头能力的提高，它们能跨越海洋和政治分歧的界限，通过授权、仿制和盗窃使每一波工厂开发商都能够借鉴过去的创新成果。但是，如果工业巨人主义作为一个整体不具有弹性和持久性，那么，事实证明，它在任何地方都是不可能持久存在的。在大型工厂以及工业社区里，并不是一个持续的进步路线，而是一个爆发式创新、增长、衰落和被遗弃的弧形轨迹。历史学家杰斐逊·考伊（Jefferson Cowie）和约瑟夫·希斯科特（Joseph Heathcott）在一本关于美国的去工业化的书中写道："在固定资本投资的熔炉中锻造出来的工业文化，它本身就是一个暂时的条件。数以百万计的男女工人，可能做过稳定、可靠、收入颇丰的体面工作，而实际上它只持续了很短的时间。"[4] 特别是在由单一产业主导的地区，随着巨型工厂的周期向前推进，长期的衰退就会出现，甚至在世界其他地方的大型工厂正在创造新的可能性和财富的时候，也是如此。

/ *317*

当前工业巨头的发展周期，与早期的工业有很多共同之处，但也有重要的区别。一方面，从发展到衰退的弧线变短了。从富士康在深圳建造第一个工厂开始，仅仅 30 年后，该地区已经度过了其作为大型制造业中心的巅峰，包括富士康在内的公司纷纷前往国外或中国其他地区，以获得更廉价的土地和劳动力。另一方面，在新的大型工厂里，许多工人并不像早期工厂的工人一样，希望在其他地方度过大半生之后，还回到他们出生的地方，或者去其他更好的环境里。

尽管大型工厂仍被视为创造利润和促进国家经济发展的工具，但与过去相比，如今，大型工厂受到人们的追捧或成为大众楷模的可能性更小了。通常情况下，消费者对生产商品的工厂几乎一无所知，而它们很可能近在数英里之内，或者远在国界之外。以前，一个买胜家缝纫机或福特 T 型车的人，可以确切地知道它是在哪里制造的。今天，运动鞋、冰箱甚至汽车的购买者可能连它是在哪个国家制造的都不知道，更不用说什么工厂了。生产曾经骄傲地与我们所需要和珍爱的实物联系在一起，现在基本上被隐藏起来了。

作为一种全球现象，工业巨人主义可能已经达到了它的顶峰。尽管许多大型工厂仍被建造出来，但许多制造商已转向其他方向，它们试图降低劳动力成本，避免它们的工人利用生产集中的优势来维护自己的权利，就像过去所发生的那样。机械化和自动化在持续向前发展，它们在美国工厂里排挤掉的就业岗位，比工厂向国外迁移损失掉的就业岗位多得多。即使是雇用了世界上最多工人的富士康，也在尝试更高程度的自动化。距离上海不远的地方，有一个昆山的智能手机工厂，公司在工厂的机器人化上投入了大量资金，将员工从 11 万人减少到了 5 万人。尽管员工数量仍然很大，但已不再位居全球最大工厂名单的前几名了。[5]其他公司转向了孟加拉国等低工资地区，在那里开设了许多中小

400

/ *318*

型工厂。时光似乎在倒退，年轻女性刚从农村出来，来到那里，为沃尔玛和 H&M 等全球资本巨头生产商品，这些工厂技术含量低、拥挤不堪，而且往往环境极其危险，与现代的中国巨型工厂相比，前者更像 19 世纪晚期的美国血汗工厂。[6]

但是，即使巨型工厂已经失去了一些吸引力，仍然有企业家渴望在新的区域，即没有经历过劳工运动或环境破坏的地区，重新开始这个循环。2012 年，中国公司华坚鞋业在埃塞俄比亚开设了一家工厂，这个公司一直为古驰（Guess）等国际品牌生产鞋子。2014 年，埃塞俄比亚的基本税后最低工资为每月 30 美元，而中国制造业的平均工资为 560 美元。在两年内，它就有了 3500 名工人。但是，该公司的宏伟计划远不止如此，它还制订了一个长远计划。该计划以在埃塞俄比亚的斯亚贝巴（Addis Ababa）附近拟修建的新建筑群为中心，雇用 3 万名工人，建筑群包括工人宿舍、度假胜地、技术大学、酒店和医院。所有这些建筑都位于一个由中国长城的复制品环绕的场地上，轮廓像一个女人的鞋。2016 年 10 月，华坚鞋业宣布，计划将东莞的一家工厂迁移到埃塞俄比亚，这家工厂是为伊万卡·特朗普（Ivanka Trump）生产鞋子的。[7]

无论巨型工厂在未来会如何发展，它都已经留下了一个发生了翻天覆地变化的世界。在某些方面，工业巨人主义实现了其推动者的梦想，迅速为社会福祉、舒适、长寿、物质财富和安全等领域做出了巨大贡献，这是人类历史上前所未有的事情。巨型工厂所推动的工业革命不仅提高了生活水平，而且促成了现代国家、城市化社会的建立，并且改变了地球的面貌。

它还帮助创造了一种"新人"。新人，并不是配合自动化机械及工业流程"生产"出来的全新的人，也许并不完全像亨利·

福特、阿列克谢·加斯捷夫和安东尼奥·葛兰西所设想的那样。然而，从纵向的时间来看，新的男人和女人，受大众的需要、协调的活动和机械的节奏所支配。他们致力于通过技术创新和提高效率来追求进步的理念，他们崇拜工厂产品和工业美学，他们认为为未来利益而牺牲是理所当然的。

简而言之，巨型工厂促进了现代化，即使它不再有过去的那种令人敬畏的新奇感，我们现在还是对它不太习惯。它是一种超越特定政治和经济体系的现代性。巨型工厂通常被描绘成资本主义的产物，是其历史发展的一个阶段。然而，正如研究表明的那样，要严格地把巨型工厂描绘成一个资本主义机构，就需要抹去它的大部分历史，包括一些有史以来最大的工厂。巨型工厂不仅在经济上而且在社会、文化和政治上都是资本主义和社会主义发展的中心。在不同的文化和社会制度中，工厂从来不是一成不变的，但它的本质特征已经被证明是非常稳定和持久的，即使它在世界各地漫游，落在看似完全不同的地方，也是如此。随着各种演变，巨型工厂从一个资本主义独有的特征变成了现代性的特征。[8]

巨型工厂，已经让梦想成真，但它也让噩梦成真。在每一个社会，巨型工厂的伟大生产力都依赖于惨重的牺牲，而且，几乎总是分配不均。在资本主义世界，工厂里的工人遭受了最明显的苦难，他们被剥削了所生产出的大量的产品和利润。但是，在不同时期为工厂生产原材料的工人，包括棉花的奴隶种植者、煤矿工人、铁矿工人、橡胶收割工，以及如今挖掘电子元件所需的稀土的矿工也受到了影响。使用旧方法的工匠也是如此，他们被迫与实力雄厚的工厂竞争。

在社会主义世界里，工厂里的工人也要辛勤地劳动，但往往在社会中占有相对优越的地位，他们的住房、食物和福利比其他公民都要好。

第二次世界大战后的几十年里，在欧洲和美国，巨型工厂成为工人改善工资、福利和安全方面的工具（尽管实际工作仍然是消耗体力、单调和异化的）。在资本主义社会漫长的历史上，由于工会化，工人们分享了大规模工业产生的巨大的生产力收益，这是一个相对平等和民主的时刻。过去四十年来，工薪阶层的收入停滞不前，不安全感与日俱增。当他们回顾第二次世界大战后的时代，就把它看作一段黄金时代。这段历史里对工厂的批评，几乎被人们遗忘了。但是，巨型工厂丑陋的残余物是很难被忽视的。

就像创建和运营巨型工厂的成本存在分配不均的情况一样，它所留下的环境和社会废墟也是如此。没有什么地方比密歇根州的弗林特更能代表工业巨头死后的噩梦般的世界了。弗林特曾是伟大的通用汽车帝国的中心。如今，这里已经是一个日渐萎缩、极度贫困的社区，因为该州官员和当地的地方官员几乎毫不顾忌质量监管人员，用被铅污染的水毒害民众，以节省开支。像弗林特当地民众这样被毒害的人群，在全球各地都能发现。

接下来会发生什么？现在就宣布这个巨型工厂成为一种全球机构还为时过早。但在许多城市、地区和国家，其进口业已经大幅缩减，或者几乎消失。被工业抛弃的城市试图重塑自己，常常希望利用低廉的土地价格和废弃的工业结构作为基础，重新打造文化和创业中心，这一战略的回报，总归是有限的。[9]在国家层面上，英国、美国和其他工业先驱国家的资本越来越多地从生产领域转向金融领域，以前是从工厂系统本身获得持续的经济收益，现在是通过为该系统及其许多附属活动融资，而不是通过实际运作来获得收益。这一战略给少数人带来了巨大的财富，使经济不平等加剧，并造成了深刻的社会裂痕。

如果说巨型工厂的到来，是与乌托邦的幻想（连同反乌托邦的恐惧）联系在一起的话，那么它的终结总会被认为是社会萎靡和理想主义消逝的体现。工业革命和巨型工厂，留下了对进步、技术决定论和目的论的持续信念。但是，对许多人来说，未来曾经来了，然后又走了，也许给他们留下了运动鞋和智能手机，但是对他们创造一个新世界的能力来说几乎没有带来什么希望或信念，他们不知道如何打造一个建立在巨型工厂的非凡进步基础上的后工业世界，打造一种新的截然不同的现代化方式，一种更加民主和更可持续的社会、经济，也许最重要的是生态。

我们都卷入其中，都牵涉其中。2016 年，鸿海精密的第二大股东与富士康的第一大股东是同一家基金公司——先锋集团。这家共同基金公司形象温和，拥有超过 2000 万人（包括本书作者）的储蓄账户和退休基金。这些储户中很少有人知道，这家公司还拥有一个巨型工厂的一部分。（先锋还是富士康最大的竞争对手和硕的第三大股东，同时也是鞋类生产商裕元集团的第九大股东。）甚至那些声称对社会负责的基金，也用了肮脏的手段。卡尔弗特投资基金（Calvert Investments）是苹果公司最大的控股方，它"建立在这样一个信念上，即投资资本在经过适当的管理后，能够改善弱势居民的生活"。它也是富士康的合作伙伴和最大客户。[10] 当然，即使你没有通过退休基金或储蓄账户拥有一家巨型工厂的一小部分，几乎可以肯定的是，你也用过它们的某些产品。

巨型工厂，给我们留下了复杂的遗产和许多教训。它以实际、具体的方式展示了人类掌握自然的能力（至少在一段时间内），极大地提高了数十亿人的生活水平，但也对地球进行了大肆掠夺。它阐明了强迫与自由、剥削与物质进步之间的深刻联系。它揭示了美不仅存在于自然界，而且存在于人造世界、劳动及其产品中。劳动人民渴望支配自己的生活，并获得一定程度的正义。因为十年又十年以来，一个世纪又一个世纪以来，他们发起了反对剥削者和压迫性国家的多次斗争，而这些斗争往往是在面临巨大困难的情况下进行的。但是，也许此时此刻，关于巨型工厂的最重要的教训是最容易被忘记的，那就是，它具备重新塑造世界的能力。它曾经做到了，现在也可以做到。

注　释

1　Kenneth E. Hendrickson III, ed., *The Encyclopedia of the Industrial Revolution in World History*, Vol. III, 3rd ed.(Lanham, MD: Rowman & Littlefield, 2014),p. 568; R. S. Fitton, *The Arkwrights: Spinners of Fortune* ([1989] Matlock, UK: Derwent Valley Mills Educational Trust, 2012), pp.228-229; Timothy J. Minchin, *Empty Mills: The Fight Against Imports and the Decline of the U.S. Textile Industry* (Lanham, MD: Rowman & Littlefield Publishers, 2013), p.31; Tamara K. Hareven and Randolph Lanenbach, *Amoskeag: Life and Work in an American Factory City* (New York: Pantheon Books, 1978), pp.10-11; Gray Fitzsimons, "Cambria Iron Company," Historic American Engineering Record, National Park Service, Department of the Interior, Washington, D.C., 1989; William Serrin, *Homestead: The Glory and Tragedy of an American Steel Town* (New York: Random House, 1992).

2　Lindsay-Jean Hard, "The Rouge: Yesterday, Today & Tomorrow," Urban and Regional Planning Economic Development Handbook, University of Michigan, Taubman College of Architecture and Urban Planning, Dec. 4, 2005, http://www.umich.edu/~econdev/riverrouge/; Perry Stern, "Best Selling Vehicles in America-September Edition," Sept. 2, 2016, http://www.msn.com/en-us/autos/autos-passenger/best-selling-vehicles-in-america-%E2%80%94-september-edition/ ss-AAiquE5#image=21.

3 Laurence Gross, *The Course of Industrial Decline: The Boott Cotton Mills of Lowell, Mass., 1835–1955* (Baltimore, MD: Johns Hopkins University Press, 1993), pp.44–45, 102–103, 229, 238–240.

4 Jefferson Cowie and Joseph Heathcott, "The Meanings of Deindustrialization," in Cowie and Heathcott, eds., *Beyond the Ruins: The Meanings of Deindustrialization* (Ithaca, NY: Cornell University Press, 2003), p.4. 有大量关于去工业化的文献，见于 "Crumbling Cultures: Deindustrialization, Class, and Memory," ed. Tim Strangleman, James Rhodes, and Sherry Linkon, in *International Labor and Working-Class History* 84 (Oct. 2013)。

5 Paul Wiseman, "Why Robots, Not Trade, Are Behind So Many Factory Job Losses," *AP: The Big Story*, Nov. 2, 2016, http://bigstory.ap.org/articl e/265cd8fb02fb44a69cf0eaa2 063e11d9/mexico-taking-us-factory-jobsblame-robots-instead; Mandy Zuo, "Rise of the Robots: 60,000 Workers Culled from Just One Factory as China's Struggling Electronics Hub Turns to Artificial Intelligence," *South China Morning Post*, May 22, 2016, http://www.scmp.com/news/china/economy/article/1949918/rise-robots-60000-workers-culled-just-one-factory-chinas. See also *Wall Street Journal*, Aug. 17, 2016.

6 Rich Appelbaum and Nelson Lichtenstein, "An Accident in History," *New Labor Forum* 23 (3) (2014), pp. 58–65; Ellen Barry, "Rural Reality Meets Bangalore Dreams," *New York Times*, Sept. 25, 2016.

7 Kevin Hamlin, Ilya Gridneff, and William Davison, "Ethiopia Becomes China's China in Global Search for Cheap Labor," *Bloomberg*, July 22, 2014, https:// www.bloomberg. com/news/articles/2014–07–22/ethiopia-becomes-china-s-china-in-search-for-cheap-labor; Lily Kuo, "Ivanka Trump's Shoe Collection MayBeMovingfrom 'MadeinChina'to 'MadeinEthiopia,'" Quartz Africa, Oct. 8, 2016, http://qz.com/803626/ivanka-trumps-shoe-collection-may-be-moving-from-made-in-china-to-made-in-ethiopia/; Chris Summers, "Inside a Trump Chinese Shoe Factory," *Daily Mail.com*, Oct. 6, 2016, http://www. dailymail. co.uk/news/article-3824617/Trump-factory-jobs-sent-China-never-comeback. html.

8 有关不同社会制度下的工厂的变化，见于 Michael Burawoy, *The Politics of Production: Factory Regimes Under Capitalism and Socialism* (London: Verso, 1985), and Dipesh Chakrabarty, *Rethinking Working Class History: Bengal, 1890–1940* (Princeton, NJ: Princeton University Press, 1989)。

9 The documentary film *After the Factory* (Topografie Association, 2012). 比较罗兹和底特律在后工业改造方面的努力，可以看出这种战略的可能性和局限性。

10 4-traders: "Hon Hai Precision Industry Co., Ltd.," http://www.4-traders.com/HON-HAI-PRECISION-INDUSTR-6492357/company/, and "Pegatron Corporation," http://

www.4-traders.com/PEGATRONCORPORATION-6500975/company/, both accessed July 5, 2016, and "Yue Yuen Industrial（Holdings）Ltd.," accessed Jan. 1, 2017; "Fast Facts About Vanguard"（accessed Jan. 3, 2017）, https://about.vanguard. com/who-we-are/fast-facts/; Calvert Social Investment Fund, "Annual Report," Sept. 30, 2016, pp.4, 7.

/ 致　谢

　　如果没有借鉴数百年以来的学者、记者和作家的工作成果，这本书是不可能出版的。他们都对大型工厂感兴趣，而且拥有很重要的社会和文化地位。他们的出版物，在我的笔记中经常被引用，它们共同代表了一个巨大的、了解过去和现在都必不可少的智慧成就。我欠他们一大笔"债"。

　　在我完成这项研究的同时，我的父亲，哈罗德·弗里曼（Harold Freeman），度过了他的 100 岁生日，这时我意识到他有多么丰富的人生阅历。在他的一生中，他把对技术问题的浓厚兴趣与批判性的政治立场以及对欧洲和美国文化的广泛了解结合在一起，这种启蒙主义观点曾经在他成长的工人阶级环境中是很常见的。我还清楚地记得我小时候他带着我去玻璃厂看到的景象。一个工人从生产线上扯下一个还在发着红光的灼热的可乐瓶，用火钳对它又拉又拧，逗我们玩。我想，这个研究的开端，就是这个小小的"魔法"。

　　我很幸运，因为我不仅从学者那里，而且也从工人和工会成员那里了解工厂及其影响。我 18 岁时，在一家化妆品厂里度过了夏天。那段时间，我看到、听到、感受到：无聊、骄傲、疲劳和团结，流言蜚语、故事传闻和争论，相互纠缠在一起的不同的经历和理念，工作、生存的技能，以及工作的男男女女必须掌握的生存本身。在此后的几年里，在其他工作岗位和劳工运动的工作中，我有幸了解到诗人菲利普·莱文（Philip Levine）所了解的更多的东西，我们称之为"工作是什么"。我感谢许多劳工活动家和工人，即使他们往往没有意识到这一点，他们也丰富了我对劳动、工会主义、政治和工人阶级生活的理解。

这个研究的雏形出现在《新劳动论坛》(*New Labor Forum*)杂志上，是我和史蒂夫·弗雷泽(Steve Fraser)为《在后视镜里》(*In the Rearview Mirror*)专栏写的一系列文章之一。先前，史蒂夫提出了关于这个专栏的想法。在专栏里，将会探讨当前所发生的事件的历史先例。他的想法是关于如何将过去和现在联系起来，这激发了后来我写作《巨兽：工厂与现代世界的形成》的想法，我有时认为这本书就是我们的专栏文章之一，尽管它的篇幅非常长。在纽约城市大学(City University of New York)约瑟夫·S.墨菲工人教育和劳工研究所(Joseph S. Murphy Institute for Worker Education and Labor Studies，以下简称"墨菲研究所")的同事们听了我在午餐时就大型工厂的历史所做的一次演讲，他们对我进行了鼓励，使我相信这个主题值得进一步探讨。当时，布赖恩·帕尔默(Brian Palmer)建议我把那篇演讲的文字版本投稿给《工党／勒特拉费尔》(*Labour/Le Travail*)——一个有趣的、包罗万象的杂志。长期以来，帕尔默在该杂志担任编辑。

我在纽约城市大学研究生中心的高级研究合作中心进行的为期一年的研究，使这本书成为可能。我非常感谢研究中心主任唐纳德·洛克汉(Donald Robotham)和我的同事们，这是令人振奋和硕果累累的一年。这个项目的额外支持是由专业人士代表协会(The Professional Staff Congress)和纽约城市大学共同赞助的 PSC-CUNY 奖 * 提供的。

服务业雇员国际工会(Service Employees International

---

* 该奖名称是专业人士代表协会和纽约城市大学的英文首字母缩写，一个鼓励、支持教师进行研究的奖励计划，奖金分为三档，在3500美元到12000美元之间。

Union）的马克·莱文森（Mark Levinson）、美国劳工联合会的凯西·法因戈尔德（Cathy Feingold）以及波兰团结工会（NSZZ Solidarność）的罗伯特·祖奇克（Robert Szewczyk）和多洛塔·米克罗斯（Dorota Miklos）帮助安排我与团结工会领导人在诺瓦胡塔见面。斯坦尼斯奥·利比斯特（Stanisław Lebiest）、罗曼·纳特孔斯基（Roman Natkonski）、克雷斯托夫·普菲斯特（Krysztof Pfister）及其同事们〔彼得·斯姆莱先斯基（Piotr Smreczynski）贡献了精准的翻译〕，非常慷慨地花时间讨论了工厂和他们进行联合的历史，并带我参观了这家工厂。 墨菲研究所的陈美英和陈楚婷以及天普大学（Temple University）的张璐为安排我参观中国的工厂做了大量的工作。虽然最后未能如愿，但我深深地感谢她们的尝试和我从她们那里学到的许多关于中国的知识。

还有许多人为我帮忙。早期，卡罗尔·奎克（Carol Quirke）给了我一些关于工业摄影的有价值的建议。戴夫·吉莱斯皮（Dave Gillespie）、约翰·塞耶（John Thayer）和马扬·布罗德斯基（Maayan Brodsky）为我提供了研究帮助。乔希·布朗（Josh Brown）非常慷慨地为我的插图做贡献，分享他那丰富的知识——19 世纪的插画和个人素描图像，以确保本书的真实还原性。在一个以工厂和工业化为重点的全球历史课程里，我在皇后学院（Queens College）的学生们很幽默地容忍我用他们作为本书中的许多想法的实验品。丹尼尔·埃斯特曼（Daniel Esterman）陪我到洛厄尔进行了一次研究性旅行，并在项目展开时参与了无数次的讨论，充当我的倾听对象，并提出了许多好主意。我还多次与埃德加·马斯特斯（Edgar Masters）讨论工厂的情况，他长期从事纺织业，并努力保护工业遗址，这使他成为一个充满了丰富信息的宝库，而且他的见解很独到。

我尤其感谢那些审阅我的初稿部分章节的同事：蒂莫西·阿尔博恩（Timothy Alborn）（第一章），凯特·布朗（Kate Brown）（第五章）和张晓丹（第七章）。即使我的见解与他们不同，他们的专业知识和建议也是无价之宝。由于他们无私的帮助，这些章节的内容有了很大的改进。在我写这本书的时候，杰克·梅茨加也成为一个坚定的支持者，他阅读了草稿中的每一章，提供了详细的评论。最重要的是，当我的自我怀疑增加的时候，他让我确信，自己已经取得了一些成果。再没有比他更慷慨的同事和朋友了。

在本书即将完成时，史蒂夫·弗雷泽阅读了全部手稿，就像读第一稿一样。并且，他用我已经习以为常的方式做出回应，他的评论既详细又全面，找出和加上了我所错过的一些问题和他发现的联系，并就行文结构提出了建议，这大大提升了本书的叙述水平。我们之间的友谊和多年来的合作，对我来说是非常重要的。在我接近终点线时，金·菲利普斯－费恩（Kim Phillips-Fein）把自己手头的其他工作放在一边，一边读手稿的前几章，一边帮助我把它们改得更清晰和深刻。

在将近 20 年前，马特·威兰德（Matt Weiland）编辑了我写的一本书，这是一个很有意思的经历。重温旧梦，是这个研究项目的乐趣之一。马特再一次发现了我想做的事情，并鼓励我更加大刀阔斧地去做，结合冒险的意识和必要的现实主义去做。雷米·考利（Remy Cawley）引导我完成了出版工作，他给了我很多鼓励、很多建议，让我能够刨根问底，把那些错综复杂的细节都弄清楚。我也要感谢威廉·哈德逊（William Hudson），感谢他帮我审稿；感谢布莱恩·穆利根（Brian Mulligan），感谢他为这本书做的精美设计；感谢 W. W. 诺顿出版社（W. W. Norton）的每一个人，感谢他们卓越的敬业精神。

最后，我要感谢我的家人，特别是我的妻子黛博拉·埃伦·贝尔（Deborah Ellen Bell）*，感谢他们多年以来的爱与支持。黛博拉阅读了这本书的手稿，并提供了她一贯能提出的好建议。我还要特别感谢我们的好女儿朱莉娅·弗里曼·贝尔（Julia Freeman Bell）和莉娜·弗里曼·贝尔（Lena Freeman Bell）。

---

* 扉页的"黛比"即黛博拉的昵称。

（本部分页码为英文版页码，即本书的页边码）

call for unprecedented rapid
industrialization, 183–84
capitalist industrialization vs., 172–73,
224–25
conveyor method (assembly line), 182
culturalization efforts, 205–10
documentary and artistic depictions
of, 210–18
factory design and construction, 187–
88, 191–92, 194–95, 201–2
factory start-up difficulties, 196–205
Five-Year Plans, 183–86, 198, 201,
205–6, 210, 213, 215, 217, 220,
222–23, 225, 372n
forced labor, 203–4
Fordism, 180–82, 187, 196–99
Great Terror, 220–21
interest and adoption of Americanism,
173–78, 184–85
iron and steel industry, 171, 185, 201–
5, 207, 209–10, 214, 246
judging success of, 221–25
Kahn partnership, 194–95, 219
legacy of giant factories for workforce,
320
paying for, 218–19, 378n
productivity increases, 205
rejection of foreign involvement,
219–21
resistance to Americanism, 176
scientific management, 174–79, 181,
371n
security police, 203–4
tractor industry, 180–82, 186–89,
189, 194–98, 200, 224, 372n, 374n,
379n
Soviet Union, 149, 161. *See also*
Cold War mass production;
names of specific locations; Soviet
industrialization
convergence theory, 226–27
involvement in Chinese
industrialization, 275
involvement in Eastern European
industrialization, 251–52, 258
Spanish Earth, The (film), 216

Sparrows Point, Maryland, 95, 104–5,
232, 356n, 385n
spinning. *See* cotton industry
spinning mules, 7, 9, 14–15, 20, 77
Springfield, Massachusetts, 55
St. Louis, Missouri, 85, 229
Stalin, Joseph, 170–71, 184–85, 190,
198, 201, 205, 215, 219, 251
Stalingrad, Soviet Union, 169–70, *170*,
185–89, *189*, 194, 196–97, 206,
208, 210, 217, 224, 246, 314, 379n
Stalingrad Tractor Factory (Bourke-
White), *170*
Stalinstadt, East Germany, 249
Standard Oil, 58, 104, 290
standardization and interchangeability
armor and armaments industry, 120
automotive industry, 120–23, 141–42,
359n
shipbuilding industry, 232
skilled labor and, 120, 229
in Soviet Union, 197
tire industry, 236
steamboats, 82–83
steel industry. *See* iron and steel
industry
Steel Workers Organizing Committee
(SWOC), 166–67
Steffens, Lincoln, 97
Stella, Joseph, 96–97
Stepanova, Varvara, 212
Stieglitz, Alfred, 149
Stockport, England, 10, 17
Stonorov, Oscar, 230–31
Strand, Paul, 149
strikes. *See* protests and strikes
Strutt, Jedidiah, 8–9, 14–17, 45
Strutt, William, 15
Studebaker, 137, 163
Suffolk Manufacturing, 53
Sultan of Turkey, 17
Sun, 292
supervision of labor, 11–12, 17, 23–24,
60, 169, 203, 301, 303
Surinam, 46
Sutton, New Hampshire, 62

图书在版编目（CIP）数据

巨兽：工厂与现代世界的形成 /（美）乔舒亚·B.
弗里曼（Joshua B. Freeman）著；李珂译. -- 北京：
社会科学文献出版社，2020.5（2021.5重印）
　　书名原文：Behemoth: A History of the Factory
and the Making of the Modern World
　　ISBN 978-7-5201-5440-6

　　Ⅰ. ①巨⋯　Ⅱ. ①乔⋯　②李⋯　Ⅲ. ①工厂史－世界
Ⅳ. ①F419

　　中国版本图书馆CIP数据核字（2020）第039140号

巨兽：工厂与现代世界的形成

著　　者 / 〔美〕乔舒亚·B.弗里曼（Joshua B. Freeman）
译　　者 / 李　珂

出 版 人 / 王利民
责任编辑 / 周方茹
文稿编辑 / 许文文

出　　版 / 社会科学文献出版社·联合出版中心（010）59367151
　　　　　　地址：北京市北三环中路甲29号院华龙大厦　邮编：100029
　　　　　　网址：www.ssap.com.cn
发　　行 / 市场营销中心（010）59367081　59367083
印　　装 / 北京盛通印刷股份有限公司

规　　格 / 开　本：787mm×1092mm 1/16
　　　　　　印　张：28　字　数：336千字
版　　次 / 2020年5月第1版　2021年5月第2次印刷
书　　号 / ISBN 978-7-5201-5440-6
著作权合同
登 记 号 / 图字01-2018-5993号
定　　价 / 79.00元

本书如有印装质量问题，请与读者服务中心（010-59367028）联系

▲▲ 版权所有　翻印必究